让 我 们 一 起 追 寻

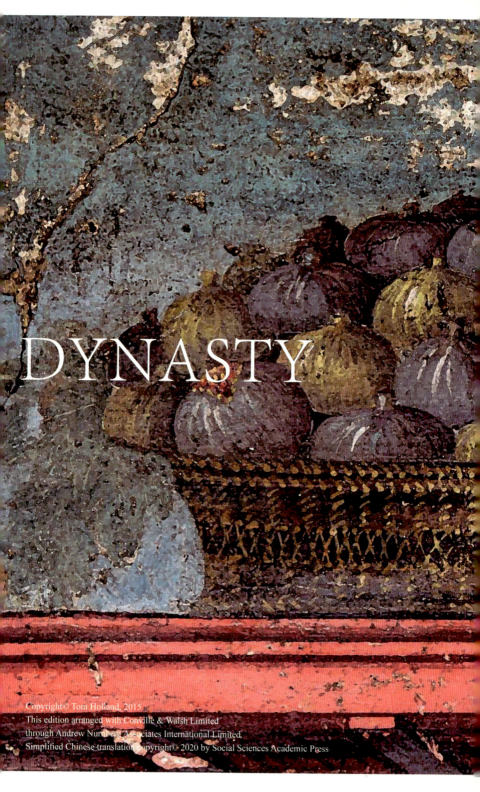

DYNASTY

王

TOM HOLLAND

〔英〕汤姆·霍兰 著

严华容 译

恺撒家族的兴衰

THE RISE AND FALL OF THE HOUSE OF CAESAR

朝

社会科学文献出版社
SOCIAL SCIENCES ACADEMIC PRESS (CHINA)

献给凯蒂

当你能够阅读英雄们的事迹与

你父亲的故事……

目　录

致　谢

与其他书一样，此书得以成书，要感谢众多人士的协助。感谢编辑理查德·贝斯维克（Richard Beswick）、格里·霍华德（Gerry Howard）、弗里茨·范德梅吉（Frits van der Meij）以及克里斯托弗·瑟尔泽（Christoph Selzer）的支持、帮助以及建议。感谢伊恩·亨特（Iain Hunt）耐心细致地帮我梳理稿件，处理书中的地图、时间线和尾注等。感谢苏珊·德·苏瓦松（Susan de Soissons），她简直是任何作家能期待合作的最棒最友善的公关经理。感谢我优秀的经纪人帕特里克·沃尔什（Patrick Walsh）以及康维尔与沃尔什公司（Conville and Walsh）每一位员工。感谢居伊·德拉·贝杜瓦耶尔（Guy de la Béedoyère）、保罗·卡特里奇（Paul Cartledge）、凯瑟琳·爱德华兹（Catharine Edwards）、卢埃林·摩根（Llewelyn Morgan）和安德鲁·华莱士-哈德瑞（Andrew Wallace-Hadrill），感谢学识渊博的上述诸位不吝赐教，指出了书稿中的诸多问题。感谢丹·斯诺（Dan Snow），他虽令我在2014年苏格兰独立公投期间无法全心关注公元1世纪的政治问题，但帮我审读《王朝》初稿一事已经珍贵之至。感谢杰米·缪尔（Jamie Muir），不仅从《卢比孔河》以来一直在第一时间阅读我的拙作，还格外用心地陪同我一路深入条顿堡山口。感谢华尔特·多诺休（Walter Donohue）愿意费时费心审读我每本书的手稿。感谢加雷思·布雷尼（Gareth Blayney）绘制的精美的古罗马插图，也要感谢他在本书的封面设计上不遗余力。感谢苏菲·海（Sophie Hay）的拍摄和陪伴，在前往内米和斯泊朗卡途中她一直善良、慷慨、热心，且细致记录了我推特头像的变化。感谢劳拉·杰弗里（Laura Jeffrey）能够享受在卡利古拉游船上的测量工作。感谢史蒂芬·凯（Stenphen Key）无私帮助苏菲、劳拉和我处理在罗马、内米、斯泊朗卡三地间的交通问题。感谢马蒂亚·布顿诺（Mattia Buondonno）在庞贝的热情接待。感谢查理·坎贝尔（Charlie Campbel），他令我有机会击出六分打，让乌代布尔王储出局，并且在罗德板球场畅玩。这番经历让我有机会亲身感受处在奥古斯都所属的阶层是哪般滋味。感谢我的两只猫，伊迪斯（Edith）和托斯蒂格（Tostig），感谢它们没有长期霸占我的键盘。感谢我亲爱的妻子莎蒂（Sadie），感谢她多年来对恺撒们和我的包容。感谢我的小女儿伊莉莎（Eliza）倔强地认定，涅尔瓦（Nerva）就是她最喜欢的皇帝。最后，谨以此书献给我挚爱的长女凯蒂（Katy）。

图　目

尤利安家族与克劳狄家族

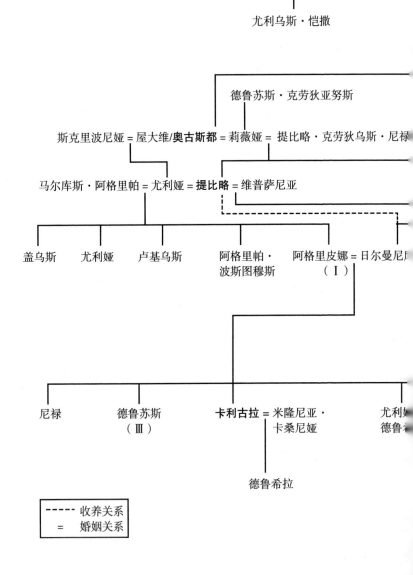

尤利乌斯·恺撒

德鲁苏斯·克劳狄亚努斯

斯克里波尼娅 = 屋大维/**奥古斯都** = 莉薇娅 = 提比略·克劳狄乌斯·尼禄

马尔库斯·阿格里帕 = 尤利娅　　**提比略** = 维普萨尼亚

盖乌斯　　　尤利娅　　　卢基乌斯　　阿格里帕·　　阿格里皮娜 = 日尔曼尼库
　　　　　　　　　　　　　　　　　波斯图穆斯　　（Ⅰ）

尼禄　　　　德鲁苏斯　　　**卡利古拉** = 米隆尼亚·　　尤利如
　　　　　　（Ⅲ）　　　　　　　　卡桑尼娅　　　　德鲁

德鲁希拉

------ 收养关系
= 婚姻关系

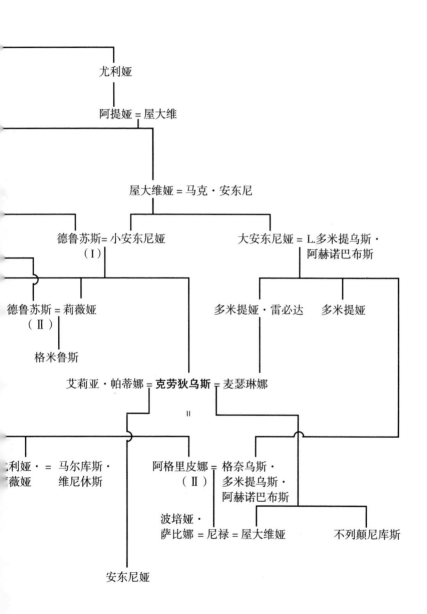

序

公元 40 年年初，盖乌斯·尤利乌斯·恺撒·奥古斯都·日
耳曼尼库斯坐在海边一处高耸的平台上，眺望前方的大海。入
眼处尽是惊涛拍岸，浪花飞扬。多少年来，数不胜数的罗马船
只沉没在这片大海的深处。烟灰色的海面下据传潜伏着奇异的
水怪，海平线另一侧屹立着一座孤岛，岛上满是胡子拉碴的野
蛮猎首族族人：不列颠人。诸如此类的威胁就潜伏在罗马文明
的边缘，足以让最勇猛坚毅的英雄都感受到挑战。

但罗马人的故事向来自带史诗光环。他们从名不见经传的
穷乡僻壤起家，一跃成为世界的霸主，这在历史上是数一数二
的成就。多少次遭逢劫难，多少次火中涅槃，罗马百炼成钢，
拥有了主宰天下的力量。此时距罗马建国已有七百九十二年，
高居君主之位的那个人的权力堪比神明。他北面的沙滩上挺立
着一列又一列的天底下最威风凛凛的铁血雄师，他们披坚执锐，
列于投石机和战地炮旁。皇帝盖乌斯扫视着整个军队，发出了
号令。顿时，号角声冲天而起。这是战斗打响的信号。紧接着
的是一片沉寂。皇帝抬高了声音。"战士们，"他高喊道，"听
我号令去捡贝壳，用从大海抢掠而来的战利品装满你们的头
盔。"[1]军队服从皇帝的命令，照做了。

不管怎么说，这就是那个伟大的故事。但它属实吗？那些
战士真的去捡贝壳了吗？如果真的去了，又是出于什么原因呢？
直到现在，盖乌斯的皇帝生涯都仍是罪恶的代名词，而这一故

事无疑又是其中最臭名昭著的插曲。皇帝盖乌斯有一个更广为人知的名字：卡利古拉。他的名字对色情文学作家和古典学家来说一样熟悉，这是古代历史上少有的现象。他在位时的秽闻恶行常常惹人津津乐道。"但别再提什么皇帝了，讲讲这个怪物吧。"[2] 盖乌斯·苏埃托尼乌斯·特兰克维鲁斯如是写道。这位罗马宫廷档案保管员在业余时间撰写恺撒家族的传记。他所著的卡利古拉传写于皇帝死后约一个世纪，是现存最古老的相关文献，里面列出了卡利古拉的一系列骇人听闻的堕落行为和罪恶。卡利古拉曾和自己的姐妹乱伦！曾装扮成女神维纳斯！还打算把罗马城内最高的官职授给自己的马！相较于这类浮夸的表演，卡利古拉在英吉利海峡的做法似乎就不那么令人惊讶。苏埃托尼乌斯在解读卡利古拉的行为时自然毫不费劲："他身心都有病。"[3]

可是，如果说卡利古拉身心都有病，那么整个罗马也是病恹恹的。换作在上一个年代，皇帝掌握生杀大权会叫人深恶痛绝。早在卡利古拉在海岸集结大军、远眺不列颠近一个世纪以前，他的五世叔祖就做过同样的事，且一度跨越了英吉利海峡。盖乌斯·尤利乌斯·恺撒立下的不世之功是足以彪炳罗马史册的：不仅两次进攻不列颠，还永久吞并了当时罗马人口中的高卢，也就是今天的法国。然而，这一桩桩辉煌战绩是他以共和国公民的身份打下来的。有一个论点在共和政体内几乎众所公认：死亡是取代自由的唯一途径。在尤利乌斯·恺撒践踏这一定论，跃居公民同胞之上后，罗马爆发了内战；后来他又像打压高卢人一样倾轧政敌，结果遭到了暗杀。直到两场惨绝人寰的自相残杀后，罗马人才习惯为奴为臣。一人当道、万民臣服的药方固然免除了罗马城及罗马帝国自我毁灭的结局，却无异于剜肉补疮。

他们的新领主自称奥古斯都，即"神明垂爱之人"，是尤利乌斯·恺撒的甥孙。他蹚过血海，掌控了罗马城和罗马帝国，待解决对手后，又冷静地摆出和平王子的姿态。奥古斯都狡猾无情、耐心果断，成功维持了数十年的统治，最后寿终正寝。取得这项成就的关键原因在于，他将罗马传统纳为自己统治所用，而非截然与之对抗：通过佯装自己不是独裁者，他允许公民们假装他们仍然自由。他在独裁统治的野蛮轮廓上盖了一层微光闪闪、美妙诱人的薄纱。然而，这层纱随着时间的流逝逐渐脱线破败。公元 14 年，奥古斯都逝世。他在漫长且充满谎言的统治生涯中积攒的权力终于展露全貌，但不是以权宜之策的形式展露的，而是整个儿地被传给了一位继承人。他选定的继位者自其孩提时代起就住在他家里，是一个名为提比略的贵族。这位新恺撒不仅有着无与伦比的贵族出身，而且战功赫赫，是罗马史上最杰出的将帅。不过，诸如此类的特质仍然比不上他那众所周知的奥古斯都养子的身份。

终生坚守已逝共和国美德的提比略在皇位上坐得很不开心，但二十三年后接替他的卡利古拉一点也不觉得尴尬。虽然卡利古拉统治罗马世界不是凭借年龄，也不是靠资历，单单因为他是奥古斯都的曾外孙，但这丝毫没让他烦恼。"在我看来，自然孕育他就是要证明，没有限制的罪恶结合了没有限制的权力后，能走多远。"[4] 这是知悉他的哲学家塞涅卡为他撰写的讣闻。但这番评论不只针对卡利古拉本人，还针对塞涅卡的一些同辈，他们在皇帝在世时，对其阿谀奉承、卑躬屈膝；另外，它也针对整个罗马民族。那是一个腐败的年代：早已病变、沉沦、堕落。

不少人是这么想的，但也有人不予认同。奥古斯都建立的政权若没能给人民提供他们在数十年的内战后极度渴求的东西，是不可能一直持续下去的，这种东西就是和平与秩序。而且从这种和平与秩序中受益的，还有幅员辽阔的罗马帝国治下的各个行省，从北海到撒哈拉，从大西洋到新月沃土，无一不是盛世太平。在奥古斯都统治期间，世间最受敬仰之人——耶稣诞生了。这一事件在三个世纪后得到了更大的关注，当时，一位名为尤西比乌斯的主教在皇帝奥古斯都的成就中看到了上帝的指引之手。"基督诞生的时候，世界上绝大部分地区处在罗马统治之下，"他宣称，"这不单是人类行为的结果。我们的救世主恰在这样的背景下展开使命，个中巧合无疑是神的安排。毕竟，世界如果仍然硝烟弥漫，仍然没有在同一个政体下凝为一体，那会给东奔西走的教徒们平添多少艰难险阻呢？"[5]

有了时间间隔提供的视角，尤西比乌斯能够看到奥古斯都及其后继者所开拓的全球化成就是多么惊人。尽管维护成就的方法比较血腥，但罗马军队所平定的地区前所未有的广阔。恰如古语所言："接受礼物等于出卖自由。"罗马全盘占有了它所征服的土地，同时赠予了这些地方不容小觑的和平。无论是在恺撒们统治下迅速成长为世界第一都的罗马的郊区，还是首次由同一霸权统辖的整个地中海，抑或是在这个幅员空前辽阔的帝国的边疆，"罗马治下的和平"（pax Romana）都造福了数百万人。行省之民或许对此感恩戴德。来自埃及伟大都市亚历山大港的一个犹太人狂热地撰文赞扬奥古斯都："他剿灭了海盗，并用商船填满海面。他将自由带给每一座城市，也将秩序带到了原本混乱不堪的地方，还教化了蛮族。"[6]类似的赞美也可被献给提比略和卡利古拉，事实上的确有人这么做。此二人由于堕落腐化而声名狼藉，但他们的堕落行径总体而言对整个世界没有造成太大影响。只要中央稳固，谁做皇帝对行省来说关系都不大。

然而，即使在罗马帝国最偏远的角落，恺撒都是一个永久的存在。他又怎么可能不是呢？"在这个广阔的世界里，没有一样东西能逃脱他的注意。"[7] 当然，这话有夸张之嫌，但它恰如其分地反映了皇帝在臣民心中激起的惧怕和敬畏。他一人掌控了罗马所垄断的暴力机构，即军队和行省政府的所有武力部队。它们的存在是为了确保人民及时缴税、反贼得到剿灭、罪犯被扔给野兽或钉死在十字架上。皇帝无须时时亮出底牌，便能让世界各地的人畏惧他的专制权力。也难怪在百万黎民眼里，恺撒的面孔便等于罗马的面孔。很少有城镇没有他的图像：雕塑也好，半身像也好，建筑上的浮雕也好。哪怕是在最偏远落后的地区，拿出钱币就能邂逅恺撒的侧影。在奥古斯都生活的年代，没有任何一个公民在尚存于世时其面孔就出现在了罗马钱币上；但在奥古斯都取得统治权后，恺撒的面孔就被刻在了帝国各地的每一枚金币、银币、铜币上。① "这像和这号是谁的？"哪怕一位加利利原野中的巡回传教士拿到一枚钱币，询问币面所画何人时，心里都会猜到一个十拿九稳的答案："恺撒的。"[8]

难怪一个皇帝的性情、功绩、人际关系和弱点会成为臣民百谈不厌的话题。"你的命运就像剧院舞台上的演员，而台下的观众就是整个世界。"[9] 这是一位罗马史学家对奥古斯都的股肱之臣梅塞纳斯的警告。无论他实际上说过与否，这番话用来形容奥古斯都的戏剧人生都毫不为过。据苏埃托尼乌斯称，奥古斯 xx

---

① 罗马硬币上最早出现的在世之人的人像似乎是尤利乌斯·恺撒的肖像，这种硬币于公元前44年铸造。但巧合的是，恺撒正是在当年被刺杀的。

都在弥留之际曾询问朋友，自己在生活这出喜剧中的表演是否到位；在得到朋友的肯定后，他要求他们鼓掌致意，然后在掌声中静静离场了。一个好皇帝必须是个好演员，与此同时，这场戏剧的其他演员也必须演技过硬。毕竟，恺撒不是唯一在舞台上抛头露面的人。他的潜在继承人纯粹因为和恺撒的关系而成了公众人物。就连皇帝的妻子、侄女或孙女或许都得在台上演绎一方角色。演不好可能会付出沉重代价，但如果把握得当，说不定就能和恺撒一起出现在帝国的钱币上。在奥古斯都之前，罗马历史上还没有任何一个家族曾这般直接地暴露在公众视线里。帝国各处的雕塑家细致描摹这一家族中著名成员的服饰和发型，完美复制其中的每一处细节；从叙利亚到西班牙，各地臣民无不争相效仿。这一家族取得的成就会有宏伟壮观的丰碑加以纪念；而关于他们的绯闻，也会夹杂在人们的欢声笑语中，在一个个海港之间散播流传。宣传与谣言相互影响，为奥古斯都王朝赢得了史上首度跨越大洲的声望。

但是，绚丽大理石上镌刻的豪言壮语与集市酒铺内飘飞的流言中，又有多少接近恺撒宫殿内的实况呢？诚然，苏埃托尼乌斯在撰写历代皇帝的传记时，不乏各种参考资料：从官方的正式铭文，到坊间含混的传言，应有尽有。但更精明的分析家会在探究奥古斯都及其继承人时发现：这一王朝的故事的中心有一团黑雾，他们挖空心思都无法弄出个所以然来。在曾经的共和岁月里，人们会对国家大事进行公开辩论，罗马领袖的演讲也都记录在案，以备史学家研究使用；但在奥古斯都掌权后，一切天翻地覆。"因为从那时起，所有事务都是秘密操办的，处理方式也不能被公开。"[10]的确，政治生活的节律和往常一样。年复一年的官职竞选与轮换一如既往地进行着，若是在以前的

共和时期，踌躇满志的罗马人便能趁此机会大展身手，左右他
们的城市的命运。可如今，这种节律总体上已沦为无关紧要的
陪衬。权力的战场已然转移了方位。掌管世界之地，已经逐渐
从群英荟萃的集会厅，变成了各个私室。无论是佳人在皇帝耳
旁的窃窃私语，还是奴隶轻悄悄递来的文案，都可能比最洪亮
有力的公共演讲更具影响力。这背后的含义固然让恺撒们的传
记家困顿伤神，却也无法忽略。"即便对于一些著名事件，我们
也一无所知。"[11]

　　发出这番告诫的历史学家是苏埃托尼乌斯同时代的密友。
但在解析独裁统治上，这个人的造诣远远超乎苏埃托尼乌斯。
事实上，他堪称世界上最伟大的独裁统治分析家。科内利乌
斯·塔西佗对罗马和罗马帝国的运行机制了若指掌，能够对其
加以利用。在璀璨夺目的职业生涯中，他既曾在法庭口若悬河，
又曾多次统辖行省，官拜十人九慕的高位；但他同时也表现出
了精明机警（虽然不太光彩）的求生本能。他成年时，主宰罗
马的已不再是奥古斯都创建的王朝，因为这个王朝于公元 68 年
在血泊里终结了——但新的王朝可能一样要命。面对新王朝的
苛政，塔西佗没有奋起反抗，反而一度俯首帖耳，置若罔闻。
他感到自己犯下了疏忽之罪，余生似乎一直于心有愧。远离公
共生活后，他越发沉迷于探索自己被迫身处的政权，追寻这个
政权的演变过程。他先是记述了自己青壮年时期罗马发生的重
大事件；接着，在最后也是最伟大的一部作品——自 16 世纪起
以《编年史》著称——中，他再次将目光转移至奥古斯都的王
朝。对于奥古斯都本人及其决定性的领导地位，他只用了最间
接隐晦的方式进行分析，没有把焦点放在奥古斯都身上，而是
着重讲述了奥古斯都之后的几位皇帝。四位恺撒在书中轮流占

据中心位置：先是提比略，继而是卡利古拉，再是卡利古拉的叔父克劳狄乌斯，最后是该王朝的末代皇帝——奥古斯都的曾外孙尼禄。尼禄的死标志着这一脉系的彻底终结。历史就这样反复验证着：天潢贵胄的尊贵身份总是与致命危险并存。到公元 68 年，奥古斯都的后裔中已无一人存活。这就是塔西佗所讲故事的大体框架。

这个框架也透露了别的信息：故事讲述过程中所面临的挑战。在《编年史》第一段，塔西佗尖刻地阐述了这个难题。"提比略、卡利古拉、克劳狄乌斯和尼禄在世时，人们出于忌惮不免会美化史实；但他们死后，人们的仇恨一时无法平息，因此帝王史的撰写者又会受到这种仇恨情绪的影响。"[12] 只有苦心孤诣地深入钻研，极尽所能地秉持公正，才能还历史以本真。在殚精竭虑地研究历代皇帝在位时期的正史时，塔西佗同样坚守不予轻信的态度。① 写于恺撒们在位时期的文本变得不可靠，甚至全然与史实相悖。"这是一个腐坏的时代，因为人民的阿谀奉承而堕落不堪。"[13]塔西佗从自身经历出发，做出了这番绝望的评价，且他的怀疑态度最终入侵了他付诸笔端的一切内容。在《编年史》一书中，没有一个立志造福苍生的君主没有沦为伪君子，也没有一项试图恢复城市传统的举措不是骗局，更没有一句听起来合理的意见不是天花乱坠的谎言。在塔西佗的笔下，罗马的历史变成了一场天昏地暗、血流如注的噩梦，罗马的公民几乎无法从这场梦中苏醒。它好比一幅展现独裁专制的画卷，后世之人在发现自己的自由变得越发模糊后，也很快意

---

① 西班牙近年发现的一条提比略在位时期颁布的政令揭示了塔西佗所用的方法。毋庸置疑的是，塔西佗深知该政令的措辞，也完全了解该政令并未呈现真相，只呈现了制定者希望被他人视为真相的东西。

识到了这点。无论暴政被建立在了自由秩序之废墟上的哪一处，无论当权者是在什么时候打出华而不实的口号来遮掩政府准允的罪行的，历史总会记得一切。奥古斯都创建的王朝仍旧定义着独裁权力的模样。

也难怪它会如此令人难以忘却。提到帝国时期的罗马，人 xxiii 们的脑海里最可能浮现的，是前几位恺撒盘踞的那座城市。这一时期登场的主要角色吊足了人们的胃口，令人不安却又深深沉迷，远非古代其他任何时期能比。他们身上的光芒太过刺眼，也因此成为明争暗斗、杀人如麻的残暴君主的典型。翻开塔西佗和苏埃托尼乌斯的作品，我们时不时会感受到，文中的"怪物"似乎是从奇幻小说或电视剧里蹦出来的：提比略冷酷偏执，喜欢在游泳池里让少年给自己口交；卡利古拉悲叹罗马人民没一个有脖子，不然他就能把它们砍断；尼禄之母阿格里皮娜费尽心思将儿子送上王位，却惨遭儿子毒手；而尼禄踢死身怀六甲的妻子，娶了一名阉男，还在被烧毁的罗马中心修建乐宫。对于那些钟情于穿插了投毒与性变态情节的宫廷权斗的读者来说，这些"怪物"的故事能为他们提供一切。杀人不眨眼的女主人、手握大权的乱伦夫妇、原本备受压迫最后却翻身掌握生杀大权的贝塔男（beta male）：这些近代戏剧中层出不穷的角色，源头都可追溯至帝国时期的罗马。这几位恺撒的名字迄今在世界各地仍家喻户晓，令那些类似的王朝的统治者相形见绌。他们的声名延续至今。

不妨承认，所有这一切都可能让研究这个时期的历史学家尴尬困窘。这些有关投毒下药、腐败堕落行径的故事就是因为太耸人听闻，才容易让他们感到不自在。毕竟，越轰动的故事似乎越不可信。正因如此，尤利安·克劳狄王朝（学界对奥古斯都创建的王朝的一贯称呼）所受指控的真相引发了人们长久的争论。举例而论，卡利古拉是否真像苏埃托尼乌斯等古代作家所说的那样癫狂？或许，他并非癫狂，只是他那夸张的表演在故事流传的过程中被歪曲了而已。在他命令军队捡贝壳这一看似疯狂的行为背后，会不会真的有合乎情理的解释？许多学者发表过类似的见解。近年来，史学界对此提出了大量的理论。或许军队曾发起政变，因此卡利古拉故意布置些侮辱性的任务来惩罚他的士兵——尽管没有任何文献提到过类似的事。又或许是他想让他们在海里寻找珍珠或可用以装饰水景的贝壳。抑或是卡利古拉在使用拉丁语中的"贝壳"（concha）一词时，实际上是在指代一些与贝壳截然不同的事物，如一种船，甚至妓女的生殖器。上述想法都可能成立；但没有一种是确凿无疑的。这则插曲宛如一场生动的梦，一切行为的背后似乎都暗含着一种深不可测的逻辑，但我们哪怕倾尽全力，也注定永远无法理解其中的深意。这就是研究古代史的学者常常要面对的失望之处：有些事情，我们永远无法准确知晓。

但也不必失望。对于研究诸位恺撒的历史的人来说，这些众所周知的未解之谜并非毫无价值。卡利古拉当年在高卢沙滩意欲何为，这一问题固然永远无法得到确凿解答；但我们可以确切得知的是，在罗马的历史学家看来，这件事情不需要特别解释。他们理所当然地认为，命令士兵捡贝壳是疯王才有的行径。他们讲述的有关卡利古拉的事迹，如冒犯神明、以施暴为趣、迷恋各种性变态行为等，其实并非卡利古拉独有。每当一位恺撒冒犯当下的风俗习惯时，各类风言风语就会漫天飞舞，而这些丑闻不过是其中一部分而已。"让丑恶的阴影仍然留在羞耻的深渊吧。"[14]这条一本正经的忠告由提比略统治时期的一位历史逸闻汇编者提出，但与他同时代的公民不太倾向于认可这种观点。他们太沉迷于流言蜚语了。众口相传的宫廷逸事宛如一面明镜，映照出传播者内心最深处的偏见和恐惧，也让我们得以窥见罗马人的精神世界。这也就是为什么，尤利安·克劳狄王朝的每一面都绝非表面上的那样简单，而是具有更深厚的意义——是一幅描绘罗马人民的画卷。

同样，这也是为什么在撰写一部覆盖整个尤利安·克劳狄王朝时期的历史时，采用叙述史的形式或许最能助我们在软弱轻信和质疑过度之间的进退两难的境地中开辟出一条路径。显然，不是所有关于恺撒们的故事都值得相信；但我们也能从许多故事中了解到它们背后的创作动因。趣闻逸事单独读来会显得怪诞荒谬，若是在叙述时为它们补充上前因后果，它们的怪诞意味就会大大减少。罗马专制政体的演变进程是漫长且充满偶发事件的。尽管史学界将奥古斯都列为罗马第一位皇帝，但奥古斯都从未公开加冕称帝。相反，他靠着权利和人民授予的荣誉，一步一步获得了统治地位。从来没有正规程序对继位一事加以管理；因此每位皇帝在揽政时都没有太多其他选择，只能自己去探索能做什么和不能做什么之间的界限。正因如此，尤利安·克劳狄王朝主宰罗马的岁月其实是一个漫长且连续不断的试验期。这也就是为什么我选择在这本书中追寻该王朝从建立到血腥收场的过程。要最大程度地理解每位恺撒皇帝的统治，就不应该单纯地只看那一个时期，而是应该在结合前一位和后一位帝王的统治期后加以审视。

更重要的是，研究这个王朝的历史和研究所有古代史一样，都不免体会到一种挫败感，因为这就像是在收听老式汽车里的收音机，各种电台的声音时隐时现。譬如，要是我们有塔西佗对卡利古拉在英吉利海峡沙滩上的所作所为的记述，那该多好。可惜啊，我们偏偏没有。《编年史》中，所有关于从提比略死后到克劳狄乌斯执政中期这段时间的内容都丢失了。而最臭名昭著的卡利古拉明明也属于尤利安·克劳狄王朝，但有关他统治时期的原始材料偏偏是最零散杂凑的，这几乎不可能是巧合。尽管两千年来的复述或许会让我们觉得，对这一时期的叙述早已定稿，但从很多方面来说它并非如此。在研究古代史时，找出我们不知道的内容，和梳理我们已经知道的内容一样重要。读者应意识到，本书叙述的许多内容，就像当初卡利古拉在那不勒斯海湾两处海角间搭建的浮桥一样，底下就是深不见底的湍流。对于这个时期的研究充满了争议和分歧。当然了，这也正是它的魅力所在。在近几十年里，有关尤利安·克劳狄王朝的学术研究范围变得更广，也变得更有活力，颠覆了我们对该王朝的理解。倘若读者在阅读过程中，能够对有关罗马第一王朝的研究产生哪怕一丝快感，本书也就达到了目的。两千年过去了，西方世界里最早期的君主制案例仍不失其指导意义，仍然令人惊骇不已。

"那些火炬没有让我们穿透黑暗，而是让我们瞥见了黑暗。没有什么的光比它们更加微弱了。"[15]塞涅卡在公元65年逝世前不久如此写道。这番话是塞涅卡在那不勒斯海湾沿岸旅游时有感而发的。当时他为了抄近路，正沿一条黑暗阴沉、布满烟尘的隧道行走着。"这是怎样的一座监狱啊，多么幽暗且漫长啊。没有东西可以和它相比。"塞涅卡观察罗马宫廷多年，对黑暗一清二楚。卡利古拉憎恨塞涅卡的耀眼光芒，想置他于死地，后来勉强饶恕了他的性命；他和卡利古拉的妹妹偷情，冒犯了克劳狄乌斯，后被流放到科西嘉岛；阿格里皮娜任命他为尼禄的家庭教师，希望通过他来控制儿子的恶毒天性；但最后，他的这个昔日爱徒逼他走上了割脉自尽的绝路。塞涅卡对自己侍奉的政权的性质没有心存幻想。他声称，就连这个政权营造的和平，都是建立在"疲于残酷"[16]这一不太高贵的状态的基础之上的。这个新秩序从源头起就隐含着专制元素。

但塞涅卡对自己憎恨的事物同样饱含爱慕。他对权力的蔑视并未妨碍他在权力中逍遥放纵。罗马的黑暗地带是由黄金照亮的。两千年后的我们在回顾奥古斯都及其继承人的历史时，同样会在他们的暴政和成就、暴虐和魅力、权欲和名望中，发现一种泛着金光的特质，往后再也没有任何王朝敢与之争辉。

"恺撒与国家是一回事。"[17]

至于为什么会演变成这样，那就是一个两千年来一直扣人心弦、精彩绝伦、极富教益的故事了。

公元前44年的罗马世界

北

0　100　200　300　400　500 英里
0　　200　　400　　600　　800 千米

高加索山脉

巴斯塔奈

多瑙河

托米斯

黑海

亚美尼亚

底格里斯河

小亚细亚

马其顿

腓力比

卡莱

西乌姆

隆迪

希腊

爱琴海

幼发拉底河

亚克兴角

雅典

安条克

叙利亚

克里特岛

地　中　海

犹地亚

耶路撒冷

亚历山大港

埃　及

尼罗河

红海

保卫、保存并保护事物当下的样子：即我们享受的和平与我们的皇帝。祈祷吾皇万寿无疆。待他履行完此生职责后，祈求上苍赐他一批贤明能干的后继者，其双肩将与他一样，足以托起帝国重担。

——维莱乌斯·帕特库鲁斯（约公元前20～约公元31年）

古代那些人所犯错误的污点永不会从历史书上淡去。恺撒家族所犯罪孽将永世遭受谴责。

——克劳狄（约公元370～404年）

第一部

主　人

第一章　狼之子

强权形成

　　罗马的故事始于一场强奸案。一名身为贞女祭司的公主遭 3
人偷袭强暴。有关这场重大性侵案的记载五花八门。有人说，
这件事发生在她的睡梦里：一个俊美非凡的男子将她带到绿树
成荫的河边，事后又抛下她，留她孤独一人惆怅、逡巡。也有
人称，她是在神圣的小树林里汲水时，遇上了雷雨，突然被人
捉了去。还有一个故事甚至讲到，是一只来由不明的阳具从皇
家壁炉的烟灰中突然出现，但只玷污了公主的奴婢，而非公主
本人。尽管如此，在所有版本的故事中，公主后来都因此怀孕。
除却一些恶劣暴躁的修正主义者外，绝大部分人深信，这个施
奸者是一位神。① 血之溅溢者（Spiller of Blood）玛尔斯将神种
播入了凡人的子宫。

　　两个神一样的男婴就从这次强奸中应运而生。这对代表着
母亲耻辱的双胞胎自呱呱坠地起便被扔进了附近的台伯河。但 4
神迹并没有停止。装着婴孩的箱子顺着洪水漂流，最终搁浅在
一座名为"帕拉蒂尼山"的山丘的陡坡下。这里，果实累累、
枝盈欲弯的无花果树下掩映着一口洞穴，一头母狼在洞口处发

---

① 历史学家马尔库斯·屋大维与李锡尼·马凯尔认为女孩的叔父才是施奸
　者，他"为掩盖罪行"而将侄女杀死，并将刚刚出生的双胞胎交给了养
　猪人。

现了两个男婴。但它并没有将其吞食，而是舔掉他们身上的泥，把自己的乳头放在了他们嗷嗷待哺的嘴里。一位路过的养猪人看到这不可思议的一幕后，爬下帕拉蒂尼山赶来救助。母狼悻悻逃走。养猪人救下这对双生子后，分别给他们取名"雷穆斯"和"罗慕路斯"。二人长成了出类拔萃的勇士。某日，罗慕路斯伫立在帕拉蒂尼山上，望见了12只雄鹰：这是天神给他的确切启示——他将在这山头建起一座城。城市从此以他的名字来命名，而他将作为第一代统治者君临罗马。

不管怎样，这就是数世纪后的罗马人在解释其城市渊源和丰功伟绩时所讲述的故事。外邦人听闻之后也觉得非常在理。对那些曾与罗慕路斯后裔鏖战的人来说，战神玛尔斯之子、母狼喂乳这些有关罗慕路斯的故事在很大程度上阐释了罗马人的性格。[1]马其顿人追随亚历山大大帝征服了一个靠近旭日东升之地的庞大帝国，就连这样的民族也清楚：罗马人是一个非比寻常的族群。在爆发于公元前200年的一次短暂的小规模冲突中，两方僵持不下，胜负难分，足以让马其顿人铭记这一点。尽管自罗慕路斯时代以来，已经过去了五个多世纪，但在敌人眼里，罗马人身上似乎仍携带着那些神话生物才拥有的令人不寒而栗的特质。在战场上收拾死尸时，马其顿人被那些混乱不堪的场面吓得魂不附体。只见罗马人剑下，横尸遍野、血流漂橹。尸骨被连肩带臂齐齐削掉、身首分家，战场上内脏成堆，恶臭千里：一切都直指一场惨无人道的杀戮。也不必责怪这些马其顿人在当天"发现自己要面对的是哪类武器及何种人类"[2]时感受到恐慌。毕竟，对文化之邦的教化之民而言，害怕"狼人"乃人之常情。罗马人身上的狼性，如其指甲下若隐若现的利爪、瞳孔内微微散发出来的黄光，都逐渐被地中海地区的人民视作理所当然之事。"毕竟，他们承认自己的祖先吸吮过狼奶！"一位国王在国家危亡之际发出了这样迫切的战斗号令，"我们自然能想到他们所有人都有一颗狼子野心。他们嗜血成瘾又贪得无厌。对于权利和财富，他们的欲望没有限度！"[3]

当然，罗马人对此的看法与之大相径庭。他们相信，是天神赐予了他们征服世界的能力。罗马人的天赋就在于统治。是的，也许有民族可以在其他领域做得风生水起。譬如，论及雕刻铜像或大理石像、绘画天体图或撰写性爱手册时，谁人能与希腊人一决高低？叙利亚人是技压群芳的舞者；迦勒底人是能力非凡的占星家；日耳曼人是首屈一指的卫士。但唯独罗马人具有征服天下、统治寰宇的天分。他们立下的赫赫战功不容置疑。在谈及赦免阶下之囚、打压倨傲之徒时，他们雄霸一方，无人能及。

因此，他们相信，这种卓越性可以追溯到自己民族的起源。"罗马的千秋大业就是建立在古老传统和公民品性之上的。"[4]自建国早期，罗马人的英勇之处就体现在：城内的居民随时准备好牺牲一切来维护全城利益，甚至不惜牺牲自己的性命。罗慕路斯在都城边上建了一道围墙，犁出一条垄沟，即"圣界墙"（pomerium），将墙内的所有土地献给众神之王朱庇特。但他知道，要让罗马城真正神圣不可侵犯，还须奉献更多。于是，他的双胞胎弟弟雷穆斯请愿为人祭。雷穆斯跳过圣界墙，被一把铁锹砸倒："就这样，他用自己的死让这座新城的堡垒得到了神佑。"[5]罗马城最初的土地就是由战神儿子的鲜血所滋养的。

雷穆斯是第一个为城市利益献身的人，但绝非最后一个。罗慕路斯之后，五个国王先后登上了王位宝座。但第六代国王"高傲者塔克文"邪恶残暴，并不符合这一绰号所代表的形象，于是百姓们纷纷铤而走险，揭竿起义。公元前 509 年，罗马王政时代终结。领导起义的人是塔克文的妻弟布鲁图斯，他让罗马人民集体宣誓，"再也不会让任何一个人单独统治罗马"。从那时候起，"国王"成了罗马政治用语中最肮脏的词。罗马人不再是屈身于人的臣民，而是化身成为"公民"（cives）。现在，他们终于可以自由地展露拳脚了。"他们开始昂首阔步，充分展现自己的才华——因为在过去，相比于劣迹斑斑的无能之辈，贤能之士反而更容易引起国王的猜忌和害怕。"[6]现在，这座城市挣脱了国王嫉妒的目光，公民们无须再遮掩自己对荣誉的渴求。来自罗马公民的称颂成了功绩的标杆。即便是最卑微的农民，只要他不想在他人轻蔑的目光中见到自己的身影，就需要扛起作为罗马公民的责任来证明自己是一名男子汉（vir）。

德（Virtus）是男子汉的品性，是罗马人追求的终极理想品质。它是气概与勇气的完美糅合，是罗马人眼里最重要的力量。就连天神也认同这一点。公元前 362 年，也就是"高傲者塔克文"倒台一个半世纪后，一个可怕的凶兆降临罗马城中。帕拉蒂尼山下罗马广场的宽阔铺砖平地上突然裂开了一道巨大的裂缝。再没有什么能比这个更让罗马人胆战心惊了。"罗马广场"是罗马公民生活的中心。政治家在这里面对公民发表演讲，行政官员在这里主持公道，商贩在这里叫卖商品，侍奉灶神维斯塔的贞女祭司在这里照看永不能熄灭的圣火。在对罗马日常生活这般重要的地方竟然开了一道通向地下世界的门，这无疑预示着可怖之事：天神动怒了。

这一情况得到了验证。他们需要向天神献祭，而且是献祭一样"你们所拥有的至贵之宝"。[7]但是，什么才是罗马最宝贵的东西呢？这个问题使许多罗马人抓耳挠腮。最后，一位名为马

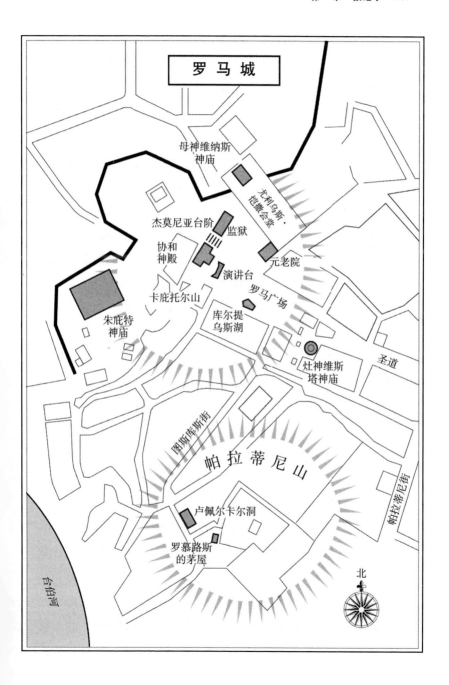

尔库斯·库尔提乌斯的青年挺身而出。他对其他公民说，男子气概和勇气是罗马人最宝贵的财富。接着，他披挂上马，策马直逼前方的深坑，继而凌空一跃，和马儿一起坠入了深渊，地缝当即闭合。一个水池和一棵橄榄树被用来标记事发地点，向这位牺牲小我成全大我的公民致以悼念。

罗马人高度珍视这种共同利益至上的政治理想，以至于他们为之取的名字"共和"（res publica）成了整套政体的代称。正是由于"共和"的存在，公民们才能够在严守纪律的基础上，热烈地渴求荣誉，坚定地在恶劣环境中接受身体和精神上的考验，并从磨难中破茧成蝶，重获新生。对罗马共和国的邻邦来说，"共和"带来的影响是毁灭性的。到公元前 200 年马其顿人首次领教罗马军团狼一般的野蛮凶残时，罗马已经成为雄踞地中海西部的霸主。而在此两年前，罗马军队还迎头痛击了一个妄图挑战其霸主地位的大国：北非海岸一个名为迦太基的富贾之都。罗马赢得的这场胜利具有划时代意义。两座城市已断断续续地进行了六十多年的殊死斗争。当时，战火烧到了罗马城的城门口。意大利的土地也已被鲜血浸透。"这场动荡混乱的战斗使得整个世界都跟着震动。"[8]其间，罗马人遭遇了一场重大的考验，换作其他任何民族，肯定都会迫切地寻求和解谈判，但罗马人仿佛铁打的一般，越战越勇，最终克敌制胜。难怪连亚历山大大帝的几位继承人都觉得这支军团锐不可当。地中海东部的君主们一个接一个地被押跪在罗马官员面前摇尾乞怜。和自由而严明的共和制相比，君主制似乎立刻就显得缺陷重重、漏洞百出。"我们的情感由大脑控制，"罗马人对一个战败君主的几个使臣正言道，"无论时运如何跌宕起伏，这一准则永不会变。我们不会因逆境而消沉，也同样不会被胜利冲昏头脑。"[9]

说这话的人——普布利乌斯·科内利乌斯·西庇阿拥有这方面的绝对话语权。他自己就是胜利者的代表。他的外号"非洲征服者"（Africanus）强有力地述说着他在征讨罗马死敌时所扮演的角色。他从迦太基人手里横刀夺走西班牙，并在对手的后院里把他们打垮，接着还让他们签订了丧权辱国的条约。几年后，西庇阿的名字光荣地出现在公民名单的第一位。在一个像罗马这样的社会里，这代表的是一种举世无双的殊荣。罗马人极度痴迷于等级制度。所有人都会被正式分入其应属的阶层。公民地位受到严格且精密的评估。在罗马共和国的这种严苛的阶级体系内，财富、家庭和功绩三者共同决定了每个罗马人在社会中所处的位置。即便在社会的顶层，人们的社会地位也会受到严厉的监察。排名靠前的公民有专属于他们的阶层：元老院。除却财富和社会地位以外，元老院还要求成员具备足够的从政资历，否则，此人就没有资格成为罗马命运的裁断者之一。由于元老院商议的内容太过敏感，影响也太过重大，因此"数世纪以来，没有一个元老在公众面前吐露过相关的一个字"。[10]因此，除非政客可以使自己的声音被诸位元老听到，否则还不如选择缄默。但元老的发言权并不是自然而然就有的。辩论时，最先被叫到发言的往往是那些凭借出身、德行和对国家的贡献积累了最多声望的成员。罗马人将这种人拥有的特质称为"权威"（auctoritas）——罗马共和国将西庇阿排在公民名单的首位，就是在肯定他的权威之盛。人们一致同意，这位迦太基人的征服者"取得了一份独一无二、璀璨夺目的荣耀"。[11]即便在功勋昭著的罗马人中，"非洲征服者西庇阿"也被公认为无人能比。他是首席元老（Princeps Senatus），即元老院的第一人。

但是，在西庇阿的这种领导地位下也潜伏着危险。他带来的阴影总是让其他公民不由得心生怨恨。共和国的基本纲领仍和以前一样：罗马城内，绝不允许一人独大。对罗马人民来说，行政长官的形象便是在警醒众人王政的诱惑和危险。他的托加袍（toga）边缘的紫色曾是君主专用的颜色。负责为他在人群中开路的"侍从执法吏"也与"高傲者塔克文"曾经的护卫相似。每位扈从的肩上扛着的由木棍和斧头组成的束棒——又名"法西斯"（fasces）——象征着皇权般让人望而生畏的强权：即处以他人罚款及刑罚的权力。[1] 这种权力令人惊叹且充满危险。只有做好最为谨慎的防护措施，罗马人才能放心地把它交给自由共和国的公民。这也就是为什么，王政时代的君主制被推翻后，被废除的王权被分配给了两位长官（执政官）而非一位。执政者身上的万丈光芒和随之而来的不朽荣耀就像烈酒一样，需要享用者事先小心翼翼地将其稀释。两位执政官可以相互监督，且每位执政官的任期只有一年。但西庇阿的声名太过耀眼，这些约束均未起到相应作用。就连罗马共和国选举出的最德隆望尊的执政官也不免觉得自己在西庇阿面前黯淡无光。因此，元老院内逐渐产生了对这位首席元老的怨言。

事实上，罗马共和国内，人们对荣耀总是持有深深的怀疑。在罗马人眼里，政治家们的形象理应是眼角有鱼尾纹且行为冷峻强硬的。"元老"（senator）一词的拉丁语词源就意为"长者"。但西庇阿如流星般绚烂的成就之路的起点早得离谱。年仅26岁时，他就受命领兵去攻打西班牙的迦太基人。仅仅五年

---

[1] 扈从不得在罗马城内执斧。这象征着公民可针对重罪指控提出上诉的权利。

后，他就首次成功当选罗马执政官。甚至当那些在功绩的阶梯上落后他一大截的元老们还在手忙脚乱地竞选低级官职时，他就已经升任首席元老了。当然，亚历山大在皮肤松弛之前的青壮年时期，也完成了引人瞩目的征服伟业。可那些心怀愤恨之情的元老一想到这个相似之处，就更难宽心了。毕竟，亚历山大是异邦人，而且是一位帝王。尽管亚历山大的雄心壮志声震四海，但对许多元老来说，这种麻烦人物的自我标榜行为若是由自己的同胞效仿，就令人惶惶不安了。有人称，西庇阿是其母亲和一条蛇交媾后生下来的；他在西班牙取得的胜利要归功于一位神及时出手相助；他选择在深夜穿过罗马广场，就是为了止息狗吠。尽管他是首席元老，但此类传言暗指他德不配位。

这一切是不可容忍的。公元前187年，西庇阿从东方征战回国，他的敌人驻足以待。他们指控他挪用公款，而西庇阿则在元老们的众目睽睽之下撕毁了账本，并愤怒地提醒控告方，自己为罗马赢取了多少财富。但那无济于事。这位首席元老不愿冒险担上被定罪的耻辱，于是请辞还乡。公元前183年，他潦倒去世。这个案例残酷地阐述了罗马共和国政治生活的基本原则："没有任何公民会被容许凭借过于炬赫的声名来躲过法律的质问。"[12]即便是西庇阿这样伟大的人物，到头来也无法与之对抗。 12

就算罗马人可能曾由狼哺育，但罗马共和国的未来，以及共和国之自主权的未来似乎都稳若磐石。

盛大游戏

然而，事实当真如此吗？

西庇阿臣服于共和国法律，这一点的确属实。但他的魅力可到达的程度又无不暗示：罗马共和国在崛起为超级大国的路上很可能陷阱重重。西庇阿的政敌固执偏狭、夜郎自大，理所当然地认为罗马的古老传统已登峰造极。但这种保守主义的局限性已经渐露端倪。西庇阿不过首当其冲而已。越发错综复杂的外交关系，骁勇善战、无与匹敌的军队，对他人的一丁点不敬的零容忍，这一切给罗马的上层公民带来了全球范围内的诱惑。西庇阿去世一个多世纪后，罗马人的新宠赢得了前人不曾想象的巨大财富和显赫声望。庞培·马格努斯（Pompeius Magnus）又名"伟大的庞培"，他在职业生涯中违抗法律及自我膨胀的行为达到了举城轰动的程度。23 岁时，他组建了一支私人军队，一场场名利双收的征战由此接踵而至。传统职业的枯燥差事不适合这位昔日号称"小屠夫"[13]的大人物。令人瞠目结舌的是，年仅 36 岁时，他就以非元老院元老的身份成功当选罗马执政官。

更糟糕更可气的还在后头。共和国的规则遭到了他的肆意践踏。公元前 67 年，庞培被授予一项军事任命，征伐范围首次覆盖整个地中海。一年后，他甚至赢得了"全权委托"（carte blanche），可直接统治一大片尚未被兼并的领土。小亚细亚（今土耳其）东部和整个叙利亚都被他吞并。庞培因此被誉为"全民族征服者"。[14]公元前 62 年他返回意大利时，身后拖曳的不单是胜利的荣耀。君主们成了他的委托人，战败国成了他的滚滚财源。他的军团不效忠共和国，而是忠心于这个令他们有机会卷走东方财富的人：他们那旗开得胜的大将军，他们的凯旋将军（imperator）。而庞培也没有时间惺惺作态、故作谦虚：他在罗马的街道上驭马游行，从装束打扮和举动看来俨然是亚历山大大帝。

13

即便最愤懑的保守派也无法否认他的卓越。"所有人都认可他作为首席元老的无可比拟的地位。"[15]不同于西庇阿的是，庞培荣获的头衔和元老院的投票绝没有半点关系。相反，恰如他用吱吱嘎嘎的运货马车从东方带回的香料的香味一样，他的权威馥郁又缥缈，笼罩在罗马的上空。庞培征战的战线之长，范围之广，皆嘲弄着共和国政治生活的传统节律。他从未想过要和另外一位同僚分享指挥权，也没有想过把这种权力限定在某一年内。元老院有什么资格来阻碍这位"世界的驯服者"[16]呢？庞培取得胜利，恰恰在于他犯了罪；而不是说，他虽犯了罪，但取得了胜利。这里面的寓意叫人不安至极。过去，罗马还只是偏安一隅；如今它统领了世界，曾经卓有成效的法律制度显然已开始崩塌。庞培囚车中那些畏缩谄媚的君王的存在彰显出：对那些反对君主制、捍卫共和制的崇高事物嗤之以鼻，或许就有机会收获更诱人的"财宝"。长久以来，公民们都将城市的伟大视作他们的自由的果实，而现在，伴随着自由的衰败，这种伟大似乎正威胁着共和政体的存在。

尽管庞培实力雄厚，但他绝不想剑指同胞，逼其就范。他虽然一向贪图权力和声名，却也有不愿跨越的底线。没有同胞认可的支配地位不值得他拥有。军事专制是毫无可能的。在罗马共和国，一切成就若缺乏元老院和罗马公民的尊敬，就无异于零。鱼与熊掌，庞培想尽收囊中。这就给了他的敌人可乘之机。虽然他们因为知道这位新任首席元老拥有大把资源而不敢起诉，但完全可以不配合他的行动。最终，形势陷入僵局。让庞培既震惊又愤怒的是，他发现，自己推行的政策在元老院多次受阻，提出的协议不能获批，取得的成就也被众人嘲笑和忽略。政治生活一如既往吗？庞培的政敌们就敢这么想。共和国那条永恒不变的政治定律似乎依然行之有效。自狂自大的人，免不了被煞煞威风。

但是，庞培的一些劲敌带着一种更冷酷无情、更虎视眈眈的目光来研究罗马城所遭遇的这场危机。绚丽的东方就掌握在自己的同僚庞培手中，他们心里被激发的嫉妒与恐惧固然和其他元老无异，但是他们还从中发现，一个令人振奋、充满无限可能的新时代已经初露曙光。执政官之位已不再是罗马人的最高理想。人们的欲望正逐渐超越共和政体能够满足的范畴。令人兴奋的是，四海之内的战利品似乎近在咫尺："大海、陆地、星际。"[17]他们需要做的就只是奋勇出击。

公元前 60 年，当政敌们还在这位伟大人物的身后咆哮狂吠时，两位可怕的掮客开始了一场胆大惊人的策划。马尔库斯·李锡尼·克拉苏和盖乌斯·尤利乌斯·恺撒虽然也对首席长老庞培心怀嫉妒，但在更大程度上决心效仿他。两人都有着坚实基础来支撑自己的千里之志。克拉苏若蜘蛛一般，一直盘踞在一张大网的中心。他不仅是名副其实的大将军，还是前任执政官，但他的权威既含光辉，也含阴影。和庞培一样，他很早就意识到，在罗马，最稳固的权力源头已经变了。虽然他在公共生活的舞台上表现得如鱼得水，但幕后结党营私才是他真正的才智所在。他富可敌国，而且唯独将无尽的投机潜能发挥得相当稳定。他利用万贯家财，将整代的能人志士都引诱到自己麾下。大多数人只要受了他的好处，便无法再撇清干系。只有政治才能罕有其匹的人，才能挣脱克拉苏的束缚，自己成为大玩家。

此人便是恺撒。公元前 60 年，他年方 40 岁，虽是古老家族出身，但家道早已中落。他以浪荡奢靡闻名，债台高筑，但他的无尽才华是他那一大批政敌都不敢否认的。他的非凡魅力中混杂着残酷无情，带着一丝坚决果断。在资源和声名上，他明显比克拉苏略逊一筹，更不能与庞培相比。但恺撒能够帮助两人牢牢抓住官方的权力缰绳。公元前59年，他理所应当地成了共和国选举出的两位执政官之一。无疑，有了庞培和克拉苏的共同支持，外加自身的沉着坚决等过人特质，他有能力（虽然是以非法手段）让另一位执政官保持中立。于是，执政官之位实际变成了"尤利乌斯和恺撒"[18]的位置。他和两位盟友可以强行颁布一系列非法措施。庞培、克拉苏与恺撒都能从这段三强联手的合作关系中牟取暴利。

确实如此。后世将在"三头政治"的诞生中辨认出一场命运攸关的可怕演变："共谋以挟共和国。"[19]事实上，三巨头的所作所为与历代政要如出一辙。党同伐异的行径一向在罗马盛行。不管怎样，"尤利乌斯和恺撒"的执政年确实成了罗马历史上一道致命的分水岭。恺撒的打手将粪桶扣在另一位执政官的头上，还将其扈从打得满地找牙，最终用暴力手段让这个可怜人退居闲曹。这宣告着接下来的一年是恺撒明目张胆地非法横行的一年，他所犯重罪是任何保守派都不会忘记或原谅的。恺撒强行促成的数笔交易给两位盟友带来的利益，和给他自己带来的几乎一样多，却仍无法阻止他被指责为应负主要责任。政敌们心怀发自肺腑的愤怒，竭力让他身败名裂，而恺撒也怀着同样热切的心情，竭力大展宏图。

不难理解的是，恺撒在担任执政官期间，便预先采取了尽可能完备的保险措施：管辖范围极广的行省总督职权。公元前58年春，恺撒挥师北上，占领了三大行省：一个在巴尔干半岛，一个在意大利正北部边陲，另一个在阿尔卑斯山脉远侧，

16

位于高卢南部。他预计自己可以在此避敌安枕。罗马官员是可以免于受审的，而恺撒的总督任期被设定为五年。这本已严重违反纲纪，可事实上，他的任期后来还延长了一倍。

尽管在三人同盟的关系中，恺撒相对年弱力微，但无论庞培还是克拉苏，都无法像这位新任高卢总督一样，充分利用这种三人联盟的关系。十年免于受审仅仅是一个开端。同样无比珍贵的还有供他追逐荣耀的机会。在阿尔卑斯山脉的另一端、罗马的势力范围以外，有一片居住着长发高卢人（Gallia Comata）的蛮荒之地。那是一群蛮夷：留着长须，半裸身体，习惯把敌人的脑袋钉在桩上，喝酒时大口畅饮、一滴不剩。数世纪以来，他们都是罗马人心中最恐怖的噩梦。但恺撒勇敢杰出，蔑视法纪，一抵达高卢就着手征讨此地。他发动的征战达到了惨绝人寰的规模。据说，其间共有一百万人丧生。还有一百万人被迫为奴。十年来，高卢处处血流漂橹、硝烟弥漫。到恺撒的总督任期结束时，莱茵河至大西洋一带的所有部落都已在他的剑下崩溃瓦解。即便是日耳曼人和不列颠人这些以勇猛著称的边疆部落，也被迫学会了对罗马武器心存敬畏。而在首都罗马，这位新起之秀的慷慨大度和卓越功勋让全城人大为轰动。恺撒霎时扬名立万，掠来的战利品丰厚无比，加上还有一支身经百战的军团，至公元前50年，他所获得的权威已足以和庞培抗衡。元老院的政敌们掐指计算着他总督任期的结束日。此时的他们比任何时候都清楚：机会难得，不容失手。

在法庭上不断地受到一群侏儒的烦扰，这样的情景对高卢征服者恺撒来说是无法忍受的。他不愿承受这样的羞辱，想通过天衣无缝的计划，从行省总督转型为罗马执政官。但他需要盟友来达到目的。可自从他上次离开罗马以后，政界早已发生了巨大变化。三头同盟之所以强大，是因为有三只强大的"足"。而到了公元前 50 年，其中一只"足"已经不复存在。早在四年前，克拉苏奔赴了叙利亚。他迫不及待地想追随庞培和恺撒的璀璨足迹，便替自己争取到了领兵亲征帕提亚人的机会。这个近东民族飞扬跋扈，哪怕到了此时都还在蔑视罗马的霸主地位。克拉苏发动的这场征战很有希望带回数不胜数的赃物，即便罗马城内最挥霍无度的人都将取之不尽、用之不竭。帕提亚人治下的帝国富得流油，版图从印度洋（"珍珠洋"[20]）一直扩展到波斯高地，又一路延伸至美索不达米亚。波斯高地上据说屹立着一座金山，而美索不达米亚的集市熙熙攘攘，售卖的绫罗绸缎、香水佳酿等奢侈品不计其数。

但不巧的是，帕提亚人不仅富甲一方，而且阴险诡诈。相比于正面厮杀，他们更喜欢骑马射箭的战斗方式，中途还时不时会转头撤退。作为进攻方的罗马人步伐笨重、大汗淋漓，在这种战术面前一筹莫展。公元前 53 年，克拉苏及其三万大军被围困在美索不达米亚的边城卡莱（Carrhae）外的炙热平原，惨遭全歼。银色的鹰旗落入敌手。雄鹰本是朱庇特的圣鸟，象征着罗马军团，却和克拉苏的人头一起出现在帕提亚人的宫廷，成了他们的战利品。事实证明，勇者不一定是胜者。

18

对罗马而言，兵败卡莱带来的损害远比最初呈现出的严重。这场败仗威胁着整个共和国的稳定。伴随着克拉苏的逝去，罗马的政治角逐场在一个千钧一发的时刻缩小了。不光是那些立志维护共和政体的运行框架及传统的保守派，就连三头同盟中剩下的另一巨头"伟大的庞培"也感受到了恺撒的辉煌战绩所带来的威胁。恺撒和政敌为夺取有利地位而急不可耐地玩弄花招。他们为赢取首席元老的支持展开了针锋相对的竞争。尽管这极大地满足了庞培的虚荣心，但同时也让他感到自己的地位已经微妙地降低了。要么支持恺撒，要么支持恺撒的政敌：庞培不得不做出一个异常艰难的抉择，而具体选项则是他那昔日年轻力微的盟友制定的。这样看来，两人最后的嫌隙或许就在所难免了。公元前50年12月，时任执政官之一来到庞培在罗马城外的别墅，递给了他一把剑，责令他持剑刺向恺撒，以维护共和国威严。庞培回答，"如若别无他法"[21]，他愿意效劳。单单这个回复就间接导致了后来的形势。恺撒面临两种选择：一是服从法律、提交兵权；二是坚决维护权威、发动内战。他几乎没怎么犹豫。西庇阿的自持态度不适用于他。公元前49年1月10日，恺撒带领一支军团跨过了高卢行省和意大利的交界——卢比孔河（Rubicon）。木已成舟。"刀光剑影之下，王国分裂；掌控海洋、土地乃至全世界的帝国人民之财富不足为二人共享。"[22]

等待英雄

19 　　罗马人的杀戮本领最初助他们赢得了统治世界的霸权，但现在，他们就要亲尝这种本领在自己身上释放出的威力了。罗马军团自相残杀，"世界遭受伤残"。[23]恺撒在跨越卢比孔河后掀起的这场战争历时四年多，而且从地中海一端席卷到了另一端。庞培从正面战场铩羽而归，又在逃避敌手的路上惨遭谋杀，身首异处。但这些都不能终止冲突。杀伐从非洲一路蔓延到西班牙。庞培"魁梧的无头尸身被丢弃在沙滩上"[24]，可战死他乡的人千千万万，他不过是其中名气最响的一个。传统和法律曾把罗马人民团结成一个目标一致的整体，但如今，在那些急功近利的战士们眼中，传承它们已经毫无意义。他们不再从集体为大的古老理念中寻求奖赏，而是开始追随前方骑马带队的指挥官。俘虏们被扔出城墙或斩断双手。一方的罗马人将刚刚被屠杀的另一方罗马人的尸体拿来堆堡垒。军队如高卢部落一般把同胞的脑袋钉在柱子上。公民情义沦落到了如此地步。

对那些自己的土地正惨遭罗马人蹂躏的民族而言，狼子们手足相残并不是什么稀罕事。长期以来，行省人民对其统治者的渊源都有着独特的阐释。他们比罗慕路斯的后裔更清楚母狼哺育意味着什么。被罗马人视为骄傲之源的故事，在这些被征服者看来充满了另一番味道。恶意的解读不断诋毁着罗马的本土传统。据说，罗慕路斯在帕拉蒂尼山上望见的不是雄鹰，而是飞去饱餐腐肉的秃鹫；第一批罗马人是"蛮夷和流浪汉"[25]；雷穆斯不是为了城市利益而无私献身，而是为亲哥哥所杀。"那么，罗马人是个什么样的民族呢？"[26] 对他们侧目而视的人不停地发出这般咄咄逼人的质问，如今连罗马人自己都无法再理直气壮地回答。如果敌人的说法是对的呢？如果罗慕路斯真的杀了亲弟弟呢？如果罗马人的命运就是在重复先祖所犯的罪孽，直至神明的愤怒终于平息，然后整个世界变成一片血海呢？毕竟，杀害弟弟之罪可不是轻易能得到姑息的。这个道理连那些因多年抗战而变得性情凶恶的战士都懂。公元前 45 年春，恺撒领军穿越西班牙南部平原去迎战最后一支敌军。途中，士兵们俘虏了一名敌方的士兵。事实证明，这名战俘曾手刃了自己的兄弟。战士们对他厌恶至极，最后将他乱棍打死。在一天后的决定性胜利中，恺撒大肆屠杀敌军，导致三万同胞横尸沙场，成了苍蝇的盘中餐。

然而，罗马遭受的毁灭不能单从伤亡人数上估量。国家的重要器官也受到了难以估计的损伤。无比理性的恺撒比谁都清楚这一点。他曾不合时宜地嘲笑说，共和国"只是一个称呼——没有形体，也没有实质内容"[27]。然而，他即便已经将自己打造为罗马无可非议的领袖，也仍得步步为营、小心谨慎。公民同胞们的情绪没有受到丝毫影响。在这个混乱动荡的时代，许多人仍如快要溺死之人抓着浮木一般，攥着一枚叫作历史传承的定心丸。

从西班牙杀戮场返回罗马后，恺撒适时地选择了用金钱来解决这一难题。他举办盛大且壮观的庆典，承诺启动宏大的工程，借此来赢取罗马人民的欢心。豪华的公共庆典开幕，千千万万的民众大快朵颐、举杯畅饮；一列象队顶着明亮的火炬在夜色中缓慢前行；台伯河改道计划欣然拟定。与此同时，恺撒还做出宽大为怀的姿态，力争与元老院的那些不易被收买的成员和解。他对政敌既往不咎，支持他们竞选官职，还委以军事重任，连那些与他不共戴天之人都大为诧异。庞培的塑像原已被他的朋党推倒砸碎，他后来又殷勤地命人对之进行修复。

然而，他广施恩惠的行为中，同样包含着些许令不少同僚憎恨与厌恶之处。他也许仁慈——但仁慈是君主才有的美德。恺撒自认没有必要为自己的独领风骚而赔礼道歉。在长期领兵立功的过程中养成的习惯，加上他本人的机智敏锐，都让他深信：唯独自己才能力挽狂澜，否则罗马的危机无解。共和国的传统仍旧基于这样的前提：个体不能永久独大。无疑，他的想法与此保持一致。恺撒赢取罗马的统治权可不是为了和被自己鄙视之人共享果实。于是，为掩盖行迹，以免承受被视为在进行赤裸裸的专制统治的风险，他采用了罗马历代决策者（不论他们多么激进、大胆）面临挑战时的一贯做法：诉诸过去。在共和国的体制内，有一条古老陈旧的先例或许能在很大程度上满足恺撒的需求。这条规定允许一位罗马公民在危机时刻以至高无上的权威管理罗马人民。这个职位名为独裁官（Dictator）。恺撒掸了掸这一古老座位上的灰尘，很快便走马上任了。他只要求对该职位的规定做一处修改：任何人在担任独裁官六个月后都要自动离职的古老约束。在奔赴西班牙前，他被授予了十年的任期。公元前44年2月初，情况变得更加遂他的意了。经由元老院颁布的一项法令，他被正式任命为"终身独裁官"。

　　一些公民原本满怀期待，以为古老的"德"或许能够恢复，内战留下的伤口或许可以痊愈，但迎接他们的是这样的一个令人心寒且预示着不幸的时刻。恺撒的新政府虽然行之有效，但也正是因此才充满了不祥的意味。只要独裁官恺撒没死或未被移除，同僚们夺取政治大权的前景就会被永久封锁。且不光是这些人倾向于认为新政府有害，那些因自己的城市所遭受的重重灾难而感到紧张困顿的人也是如此。毕竟，永久的独裁就意味着永久的危机。"被神明寄予统治世界之厚望的罗马人竟然会被奴役？绝无可能！"[28]但这明显是有可能的。神明的厚爱已不复存在。联系古今的金色纽带似乎已经断裂。神明的眷顾曾赋予罗马以伟大，可这种眷顾现在突然间变得虚无缥缈，而罗马城作为帝国之基也失去了光彩。一个人的永久独裁剥夺了全体罗马人自罗慕路斯首次登顶帕拉蒂尼山以来就与生俱来的品质：自信。

　　即便恺撒自己也可能焦虑不安。他无论多么蔑视共和政体及其传统，都始终没有嘲笑萦绕在这座城市四周的绚烂光环。在元老院和拥挤杂乱的罗马广场外，他利用从高卢掠取的财富

22

建起了另一个小广场；还在城市发展最前沿地区的中心打造了一道通往罗马恢宏灿烂的史前历史的传送门。一座绚丽的大理石神庙拔地而起，美轮美奂，折射着远古时期的光辉。在共和时期、王政时期乃至雷穆斯和罗慕路斯时期以前，出现过一位特洛伊王子。他是爱神维纳斯的儿子埃涅阿斯，体内流淌着不朽的血液的他，正是神明授予光荣使命的不二人选。特洛伊在历经十年围攻后败给希腊。在全城付之一炬、火光滔天之际，埃涅阿斯表现得勇敢无畏。他背起年迈的老父——维纳斯的旧情人，将逃难的族人聚在一起，领着他们从熊熊烈焰中逃出生

23　天。历经千难万险后，他和随行的一队特洛伊冒险者最终抵达意大利，并在此扎根。雷姆斯和罗慕路斯的母亲正是埃涅阿斯的后人。这意味着，罗马人也是他的后人，是埃涅阿斯后裔（Aeneads）[29]。恺撒的神庙就是为这位特洛伊王子的母亲而建的，这也为恺撒那低落萎靡的同胞们提供了一个机会，让他们重拾对自己高贵血统的信心。

更重要的是，在恺撒看来，维纳斯还是自己的祖先（genetrix）。尤利安家族自称是她的直系血亲。他们声称，埃涅阿斯的儿子曾自称尤鲁斯（Julus），且自然而然地，他们便将这种血缘关系视作板上钉钉的事了。然而，其他人就没这么肯定了。即便那些没有公开辩驳的人也持不可知论的态度。"隔这么久，又怎么能确切说明当时的具体情况呢？"[30]但恺撒正是要通过为祖先维纳斯修建这座神庙来杜绝他人的非议。罗马人是上天命定的民族——而他就是最正统的罗马人。

恺撒的才能"超乎寻常"[31]，而且他的精力惊人，近乎神力。这些都是不言而喻的事实，连他的死敌都不予否认。维纳斯神庙既映射着恺撒自己，也映射着远逝的人神交媾的时代，

由此以一种奇怪的方式模糊了人与神之间的界限。走近神庙的阶梯，只见两柱源源不断的喷泉旁矗立着一座恺撒的宝马的铜像。① 这头威武雄壮的野兽有着神似人类手掌的前蹄，当然也只有一位英雄人物才能驾驭它——"它拒绝让其余任何人骑在自己背上。"[32]在神庙内部，象征恺撒另一史诗般成就的标志物也正待大放异彩。公元前 48 年，内战正酣之际，恺撒会见了一位希腊化王国的统治者，该国在罗马共和国的许可下维持着卑微甚至有名无实的独立地位，这位统治者也就是埃及女王克莱奥帕特拉。恺撒向来不是一个放着便宜不占的人，很快就把她的肚子搞大了。这一"壮举"曾引得恺撒的政敌们窃笑不已，现在却被这座庙宇赋以隆重华丽的光彩。这也就是为什么维纳斯神庙内不仅有维纳斯女神的雕塑，还竖立着克莱奥帕特拉的铜像。在罗马人的祖先埃涅阿斯生活的年代里，战乱频仍，王国破碎，因此英雄配女王理所应当。这样看来，恺撒的时代自然也应如此。尽管已经高居独裁官之职，但恺撒还有一个更重要的地位。在他看来，对共和国不屑一顾的态度只会增添自己的古代气质，而非减弱。这确立了他作为古代史诗英雄的身份。

2 月 15 日，恺撒被任命为"终身独裁官"数天后，一个考验他这种自负心理的完美时机到来。这是个举城欢庆、亡灵出没的重大日子，和罗马日历中的所有节日一样令人欢欣鼓舞。据说亡灵会在当天爬出坟墓，游荡街头。这天一早便见街上人头攒动，熙熙攘攘。人们成群结队地穿过罗马广场，或聚集在帕拉蒂尼山另一边、昔日母狼给雷穆斯和罗慕路斯喂乳的洞穴

· ① 该雕像原为亚历山大大帝坐骑的雕像。恺撒将其从希腊运回罗马，并用自己的头像代替了亚历山大大帝的头像。

下方：这是卢佩尔卡尔（Lupercal）洞穴。① 在洞口的那棵神圣无花果树下，一群涂着油彩、只围了一小块山羊皮腰布的男人——牧神（Luperci）站在冬季的微风中瑟瑟发抖。他们手里的皮鞭也用山羊皮制成。人群中的女人大多赤裸上身，一往男人们挥舞皮鞭的方向看去便羞红了脸。毋庸置疑的是，唯有体格健美的男子围上缠腰布才好看——尤其在 2 月。男人们大多高大健壮、年富力强，但也不尽然。其中一位牧神已近不惑之年，而且还是一位执政官。罗马行政长官"赤身裸体、涂油抹彩、酩酊大醉"[33]的壮观场面是足以吓倒所有忧心共和国国威之人的，可这名执政官自己倒不以为意。马克·安东尼一向喜欢嘲弄那些精神紧张的大惊小怪之辈。即便到了中年，他也仍旧不失粗犷阳刚的英俊气质。他以行乐为重。但更重要的是，他有着识别谁是赢家的慧眼。在高卢服役及罗马内战期间，安东尼侍奉恺撒得当，后来成了这位独裁官的主要部将。此刻，他就要履行另一项职务了。安东尼知道，在帕拉蒂尼山的另一头，恺撒正坐在罗马广场的黄金王座上等候。时间不容耽搁。一切准备就绪。几头山羊和一条狗已经被献祭，它们的血被抹在两个年轻男子的额头上，又很快被擦去。这两个男子应时放声大笑。时机已到，该庆祝牧神节了！

男人们围着暴露的腰布，从卢佩尔卡尔洞穴四散开来，开始沿帕拉蒂尼山的山脊奔跑。这些路线将带他们逐渐深入罗马城的神秘往昔。牧神们一边飞奔，一边用山羊皮皮鞭狠狠抽打路边半裸的女人，力道之重，以至于女人们身上的鞭痕处渗出了血珠。他们在践行两个世纪前传下来的神谕："圣羊必须进入

---

① 罗马最渊博的学者沃罗（Varro）解释道，母狼被视作一位名为"鲁珀卡"（Luperca）的女神。在拉丁语中，"lupapepercit"意为"母狼饶恕了他们"。

意大利母亲们体内。"³⁴ 否则，每个新生命都将胎死腹中。这也就是为什么在牧神节这一天，女人们都心甘情愿地奉献出身体来接受鞭笞。毕竟，皮开肉绽终归要好过被邪灵入侵。然而，牧神节的起源其实远远早于神谕的出现。牧神们奔入罗马广场后，向第二棵无花果树靠近。这棵树标记的是城市的政治中枢，罗马人常常聚会的一块宽阔平地：户外集会场（Comitium）。元老院就设立在此处，第一张演讲台（Rostra）也是于共和国成立时在此兴建的。而即便在那时候，户外集会场也早已历经岁月蹉跎。有人称，演讲台旁的这棵无花果树就是当年见证母狼哺育雷穆斯和罗慕路斯的那一棵，是王政时期一个奇人从帕拉蒂尼山移植过来的。个中情节的混乱程度已经无须赘述。罗马人对过去的记忆一向充满矛盾之处。现在，牧神们拿着山羊皮鞭，从一棵无花果树奔跑向另一棵，以一种引人沸腾的方式再现了这些纷纭杂说。在这样的一个日子里，人狼混同、肉身与神灵淆杂、恺撒独裁下焦虑不安的罗马城和王政时期的幽灵城融为一体，还有什么事情不可能发生呢？

安东尼和其他牧神从广场一齐飞驰而过，又在户外集会场停了下来。这里，恺撒的工匠们正忙得不可开交。八年前的一场暴乱将元老院焚烧殆尽，如今该地仍遍布脚手架。不少别的标志性建筑也已被夷为平地，而且其中许多是年代久远的建筑，这是在为一条金光闪闪的大道腾空间。演讲台等地标虽被摧毁，但现已得到修缮，而且还多了一层别具一格的彩色涂层。安东尼慢慢走近，能看到恺撒就在此地端坐等待。也只有建筑工程和闪亮的大理石（这是他改造罗马城之雄心壮志的体现）之间，才是最适合这位罗马独裁官主持牧神节、受尽万人瞻仰的地方。当然，这并不是说他要除旧布新，把一切建立在崭新的

26

基础上。恰恰相反。在牧神节这一天，罗马的年轻人飞奔如狼，还有什么日子能比它更能让罗马人想起自己民族的历史渊源远早于共和时期呢？恺撒为了庆典特意穿上了古代国王的服饰：紫色的托加袍，长及腿肚的大红革靴。安东尼到达户外集会场后，蓦然在独裁官面前停下。他踏上演讲台，亮出了用以搭配独裁官衣衫的绝佳配饰，也就是君主地位的终极象征：一顶月桂王冠。

27　　伴随着这一幕的发生，断断续续的掌声慢慢响起。夹杂在中间的是一片几乎令人窒息的沉默。恺撒停顿片刻后推开了王冠——广场上霎时响起震耳欲聋的欢呼声。

安东尼再次把王冠戴在这位独裁官头上，而独裁官再次拒不领情。"于是，这场试验以失败告终。"[35]恺撒起身命令道，王冠应被献给朱庇特——"因为罗马不会再有其他的王。"[36]

他是对的。哪怕饱受威胁的政治秩序已暴露出显而易见的缺陷，哪怕种种灾难的降临已让共和国受到重创、鲜血直流，罗马人也绝不会让一个凡人以国王的身份来统领他们。这仍旧是一个"他们连听也不忍听"的词。[37]恺撒主张终生独裁，还把元老院的同僚打压得不见天日，无异于签下了一张死刑执行令。牧神节刚过一个月，也就是 3 月 15 日或三月月中日（Ides），恺撒就在一场元老院会议上被乱刀捅死。这桩阴谋的领导人是一个"布鲁图斯"，是那个驱逐塔克文、终结王政制的布鲁图斯的后代。布鲁图斯和同伴以自由之名杀死了恺撒，他们深信，恺撒的死将足以拯救共和国。但洞察事理的人不免更加绝望了。他们担心，谋杀恺撒终归于事无补。"如果像他那样聪明的人都找不到出路，"一位分析家问道，"那还有谁能呢？"[38]如果这场危机根本没有解决之道呢？如果罗马就是要灭亡了呢？

也许还不止罗马。恺撒被刺身亡后的数日乃至数周里，形势变得颇为令人不安，天空中出现了近乎世界末日的迹象。白昼开始变得阴沉，太阳被一片青紫色的阴影遮蔽。安东尼等人认为，太阳因"施加在恺撒身上的肮脏恶行"[39]而将目光从人间移开了。还有些人则愈加灰心丧气，害怕整个时代的罪恶都将得到惩处，无休止的长夜就要到来。在一颗彗星一连七日出现在夜空中后，人们的焦虑得到进一步加深。① 它意味着什么呢？ 28
人们再次莫衷一是，议论纷纷。恺撒死后不久，一群群愤怒的哀悼者就在罗马广场上为他搭建了一方祭坛；而今，炽热的星星又从天际划过，使人们越发相信：被杀的独裁官的魂魄正升向天堂，"将被接纳为不朽神灵中的一员"。[40]但是，其他人满腹狐疑。毕竟，彗星乃大凶之物。解读这类诡秘事件的先知们深信：神明正在降下一个不祥之兆。一个时代正在消逝，世界即将抵达终点。一位预言家警告说：正快速降临的灾难到底有多恐怖，人类不得知晓，而揭露个中玄机也会使他自己葬送性命。即便如此，他仍旧向人传达了预言，而且当即一命呜呼。

与此同时，罗马帝国的军营及各大城市内，硬汉们一边说着温暖的话语，一边井然有序地备战。

巍然的城市里，狼嚎声在夜间悠悠回荡。

---

① 在所有提及这颗彗星的资料中，不少于九份资料都将彗星现形之日定在举办恺撒葬礼的那一周。这一点若确切属实，定在当时无可估量地增强了该彗星的影响力。

第二章　回到未来

世事起伏

　　恺撒的魂魄在罗马天际划出耀眼光辉的十五年前，1月底，一个注定要成为神祇的女婴诞生人间。[1] 她还在母亲子宫里时，神灵们便开始悉心照料她。怀孕产子是一件危险重重的事。只有得到神明关照，才能保证一切顺利。自母亲受孕起，这个胎儿就在一系列神灵的护佑下发育着。最后，她从蹲伏在地的母亲的体内滑落，接生婆将她高高举在空中。她被清洗干净身上的血污，接着尝到了生命中第一口乳汁。即便到了这时，也仍有许多女神萦绕在她四周，时时关注她的成长——她们是莱瓦娜（Levana）①、罗弥娜（Rumina）和波提娜（Potina）。

　　然而，决定女婴存活与否的不再只有神明。母亲"十月怀胎的冗长等待"[2] 终于结束，现在轮到父亲行使权力了。罗马人不是天生的，而是后天锻造而成的。一周大小的新生儿在脐带

被剪断以前，无名无姓，毫无权利，"不似人类，更像一株植物"。[3] 这段时间内，她是会被接受，还是被丢弃等死，全取决于父亲一人。世界上没有任何人可以像罗马男性那样对子女有如此大的权力。② 就连执政官不被允许的专制统治，也都远远抵

---

① 莱瓦娜（Levana）取自拉丁文"Levare"，意为"举起"，主宰着接生婆将刚刚出生的孩子举起的那一刻。

② 尽管罗马人准备欣然接受这一点，但其实迦拉太人在这一方面与他们相距甚微。

不上父亲对子女的绝对掌控。当儿子的哪怕已经成年婚配，而且赢得了至高荣耀，也仍可能受制于父权（patria potestas）。毫不夸张地说，父亲对子女几乎有着生杀大权。但这并不意味着这种权力在罗马被广泛行使。情况恰恰相反。在罗马人的育儿观中，绝对权力都是与仁慈、宽容以及奉献联系在一起的。"毕竟，有哪个父亲会急着剁掉自己的四肢呢？"[4]虽然抛弃不想要的新生儿并不违法，但人们通常只会悄悄这么做。弃婴一般是因为家庭贫穷，或婴儿是通奸的结果以及婴儿畸形。总之，这种行为一直是一种耻辱。

不过，当年的2月并没有弃婴现象发生。女孩出生八天后，一场庆生典礼盛大举行。伴随着欢腾的聚会和庄严的净化仪式，她被赐名莉薇娅·德鲁希拉。① 她的父亲完全有能力将她养大成人。马尔库斯·李维乌斯·德鲁苏斯·克劳狄亚努斯有着一个叱咤风云的名字。他的父亲是一位以有原则而闻名的政治家，在其生活的年代里是罗马最重要的穷人阶级领袖。马尔库斯·李维乌斯·德鲁苏斯·克劳狄亚努斯从父亲手中继承了覆盖整个意大利的人脉资源。[5]在一个充斥着剧变与内战的时期，"李维乌斯·德鲁苏斯"这个名字承载着极大的分量。但女婴莉薇娅·德鲁希拉所继承的可不单单是这一个名号。在盛行以党同伐异为家族竞争手段的罗马，收养孩子是人们广泛采用的一种策略。一位出色政治家的儿子无论是亲生的还是收养的，都被认为是合法的。德鲁苏斯·克劳狄亚努斯就是被收养的。他的姓氏揭示了他的身份。虽然从法律意义上来说他是李维乌斯·德鲁苏斯的儿子，但他并未丢弃有关原生家族的记忆。他的姓

31

---

① 让罗马人自己都觉得神奇的是，男孩在出生九天后才被赐名。

氏克劳狄亚努斯让他脱颖而出：他不是一个普通的养子，而是罗马最赫赫有名、德隆望尊的家族之一的子孙。

克劳狄家族的声望和共和国的历史一样古老。其祖先阿提乌斯·克劳苏斯在"高傲者塔克文"被驱逐仅五年后，就从罗马北部数英里外的萨宾山迁到城内。他不到十年后就当选罗马执政官。自那时候起，克劳狄家族就一直在共和国的执政官名单中占据着重要比重。不可思议的是，这个家族前后出了五位独裁官。在所有克劳狄中，最闻名遐迩的当数"盲人"阿庇乌斯·克劳狄乌斯，一位铁骨铮铮的革新者和改革家。他的声名甚至散播到了意大利的各个平原和峡谷。公元前 312 年，共和国正致力于巩固意大利半岛上飘摇不定的统治，他便命人从罗马向南修建了一条宏伟大道。这条被誉为"阿庇亚大道"的道路最终延伸到意大利东南部的港口城市布隆迪西乌姆（即布林迪西），而该港口直通东方。这般雄伟的工程恰如系泊缆绳，将罗马和它治下最富裕的行省连在了一起。在外邦人看来，这样杰出的成绩最能充分阐述"罗马帝国的伟大"。[6]克劳狄家族的人又怎能否认呢？

世界最著名的道路以自己的祖先之名命名，这在以弱肉强食的行政竞选为主的罗马政治生活中，是一个无比珍贵的宣传口号。克劳狄家族对于人民有着强大且永久的吸引力。战场上，他们荣誉加身；和平时期，他们慷慨疏财。所有这一切使得他们久享盛名。共和国建立初期的十年里，阿提乌斯·克劳苏斯带着一大批被保护人来到了罗马。接下来的数世纪中，克劳狄家族的保护人权力不断膨胀，令克劳狄族人成了政场上所向披靡的胜选机器。义务之网将该家族的一代代人缠缚得脱不开身。无论是在对急功近利的家族施以恩惠时，还是在修建水道造福罗马民生时，克劳狄家族都有一种罕见的才干，能提供他人无从回绝的好意。这令他们一直"极有名望"（nobilis）。对那些身份相对低微的人而言，克劳狄这样的贵族便成了他们前进路上一个难以跨越的障碍，但他们除了气得咬牙切齿外别无他法。身为贵族的无限风光让人既羡慕又愤恨："贵族子弟们唯一要做的就是睡大觉，一边等着罗马人民把各种额外好处赠给他们。"[7]

但这种说法夸大了事实。如果说贵族身份带来了优势，那它也同样带来了残酷的压力。没有一个罗马人单凭出身就能当选元老，遑论竞选执政官了。即便是克劳狄家族的人也得先赢取选举才行。男孩们从小听着阿庇乌斯·克劳狄乌斯的故事长大，时常会感受到家族期望带来的沉重负担。不光男孩们如此，女孩们也被严格教导要履行对先祖的义务。当然，她们无法去竞选执政官，或领兵作战、修建道路。作为女性她们没有任何政治权利，但同样被认为应当怀揣抱负。"德"这个概念不光针对男性。女孩们每每站在父亲府邸的走廊墙壁面前，看见那些蜡制的先祖面具、水晶做的眼珠、漠然且令人费解的眼神和离奇逼真的面孔时，所感受到的先祖典范精神应该是丝毫不少于男孩们的。

克劳狄家族的编年史中遍布女性的杰出事迹。为了防止父亲被敌人拖至地面，一名侍奉维斯塔女神的神圣贞女曾勇敢跃上父亲的马车进行驾驶；还有一名女子迫切地想证明"她的正直品德是最古老的那种"[8]，便只手英勇地将一条船拖到了台伯河上游。但是，展露德行并不是小莉薇娅能向往的成年生活的全部。在她出生前的几十年中，罗马贵族女性的地位发生了一些细微变化。尽管在结婚后就由丈夫对她们行使权力，但她们越来越多地受制于父权。罗马妇女主要忠诚于自己的父系。克

33

劳狄氏妇女身上沿袭着其族人与生俱来的铁一般的自信，很难满足于花瓶一角。她们不甘于做丈夫温顺的附庸，常常独树一帜，按照独特的议程行事。兄弟们在公共讲台上高视阔步、为国家大事面露忧色的同时，她们就在幕后玩弄手腕。风头盖过大量元老的她们盘踞在许多事件的中心。在被一个身份尊贵的女人比下去后，哪怕是前执政官可能都会觉得是时候闭口缄默了。①

莉薇娅生命的前十年里，这种家族门第的权威仍然发挥着重要作用。庞培和恺撒投射的巨大阴影不仅没有震慑到克劳狄家族，反而引发了他们的投机行为，这些行为即便按当时标准看，也都是过火的。家族之首阿庇乌斯·克劳狄乌斯·普尔喀在追求家族利益上不仅强硬决绝而且恬不知耻。他认为只有神明才值得自己尊敬，沉迷于神谕和动物内脏，却又在其他公民面前显得十分倨傲及贪婪，以致他的名字成了这两种坏脾性的代称。内战前夕，他衔命改革元老院，以作奸犯科之名开除了一大批元老，而愤怒的政敌们毫不犹豫地指出：自始至终，他才是这些罪行上最高级的案犯。不过，论及厚颜无耻，他还是比他弟弟稍逊一筹。普布利乌斯·克洛狄乌斯将狂妄自大的本性和蛊惑人心的能力融合到了史无前例的程度，甚至令罗马中心都沾染上了罪恶。他忠心耿耿的准军事部队在广场扎堆而坐，对政敌加以威胁，甚至一度吆喝着调子嘲讽庞培的男子气概。他手下的匪帮在游荡街头的同时，他的姐妹们又如同不安分的猫咪，不断从这段婚姻跳到另一段，为了家族大业各显神通。年龄最大的克洛狄娅·梅特利有着乌黑的眼睛，十分聪慧，是

34

① 伟大的演说家西塞罗曾记载了尤利乌斯前情妇、马尔库斯·布鲁图斯之母赛维莉娅的五字反驳。"我忍住不说。"西塞罗如是记载。

罗马当之无愧的时髦女王。她在倾慕者心中激起的忠诚和畏惧恰如其分地体现了她的家族在庞培一霸独大、恺撒权势日盛的局势下博得的声望。"被伤害，他们怒火中烧；被激怒，他们大发雷霆；被冒犯，他们大打出手。"[9]即便在恺撒即将跨越卢比孔河的危机氛围中，克劳狄家族的权势都仍保持着其原有的威慑力。

　　但这是有代价的。在一个由新兴军阀主宰的时代，克劳狄家族必须心狠手辣才能一直处尊居显。可这种狠辣会引发不安，同时令他们显得卑鄙。他们奋力维护的家族荣光终究因此染上了污点。克劳狄对族谱的自豪感逐渐被敌党冠以更恶毒的描述："绝世狂傲，天生自负。"[10]原本声誉无瑕的家族先祖开始被编年史学家们涂抹上戏剧色彩，成了他们笔下的强奸犯和意欲称王者。功绩与滔天大罪形成了对比。久经遗忘的绯闻人物再次回归大众视线。举例而论，坚毅虔诚的"阿庇亚大道"修路人有一个与阿庇亚斯本人性格截然相反的孙子。在海战开始之际，后者得知献给神明的鸡不吃东西后，便命人将它们扔进了大海。"既然不吃东西，那就让它们喝水吧。"[11]他冷冷地嘲笑道，不久后就损失了舰队。然而，他的姐姐在街上乘轿穿行时被乱哄哄的人群挡住了道路，一时竟尖声怄哭说，自己的弟弟要是再损失一支舰队就好了。到了克洛狄乌斯及其姐妹生活的年代，这般狂傲无礼的怪物就以更加异常的方式出现在了公众想象中。没人能否认克劳狄家族的能力范围及大小，但他们的家族历史逐渐被政敌们涂抹得半黑半白。似乎每一个罗马人民保护人，都遭到了克劳狄们的践踏。

　　克劳狄家族可能会辩驳道：自狂自大总好过庸碌无能。但是，在公元前49年内战大爆发后，他们也无法像以往那样举动

35

自由了。早在恺撒横渡卢比孔河三年前，克洛狄乌斯便在阿庇亚大道上因一场争执而被人杀害。阿庇乌斯·克劳狄乌斯在庞培和恺撒之间游移不定，于是疯狂地向上苍寻求指引。好在两方还未交战，他便溘然长逝，就此摆脱了困境。莉薇娅出生时，她的父亲德鲁苏斯·克劳狄亚努斯还是恺撒的坚定拥护者。但随着自己的这位曾经的恩主变得越发炙手可热，他保持低调，心里默默地酝酿着愤恨。独裁官恺撒遭到谋杀后，德鲁苏斯·克劳狄亚努斯公开对这一行径表示认同。刺杀者们声称：杀死恺撒，古老的政治秩序就走上了复原的道路。这样的主张几乎像是被设计出来吸引克劳狄的。但时局仍旧一片混乱。毕竟，天空一直阴沉着脸，而且还有一颗彗星正划过天际。没有什么是可以被当作理所当然的。只有精打细算，克劳狄家族才有希望赢回他们在罗马公共事务中的合法席位。无论如何，这就是德鲁苏斯·克劳狄亚努斯对时局的判断。于是他拟定了一个计划，打算把女儿嫁出去。

此时的莉薇娅已经充分具备实现这一步的条件。她正值豆蔻年华，处于待嫁的年纪。很多贵族女孩早在 12 岁就已嫁为人妇。对贵胄家族而言，待字闺中的女儿宛若无价之宝，因此，让她为家族效劳之事绝不能耽搁过久。但德鲁苏斯·克劳狄亚努斯不喜欢操之过急。他的眼睛聚焦在一个特别的猎物身上。阿庇乌斯·克劳狄乌斯的后裔历经数代一共形成了两条分支。由阿庇亚斯的一个儿子克劳狄乌斯·普尔喀开创的，便是德鲁苏斯·克劳狄亚努斯所属的这一脉。在莉薇娅生命的前十年里，这一族系备受罗马人民瞩目和敬畏。而另一个儿子克劳狄乌斯·尼禄的子孙的成绩就相对逊色许多。最后一位尼禄担任执政官已经是公元前 202 年的事了，那时候西庇阿正忙着讨伐迦

太基人呢。不过，要是两个族系重新汇聚呢？只要莉薇娅有了 36
一位尼禄氏丈夫，克劳狄家族的资源就能得到有效巩固。混合
了普尔喀和尼禄血液的一代人将会是杰出强干的一代。无论风
云如何变幻，这肯定值得一试。

极其幸运的是，尼禄家族恰巧有一位合适人选。提比略·
克劳狄乌斯·尼禄比莉薇娅年长约20岁，前途一片锦绣。他在
内战中如鱼得水，获利颇丰。他准确地判断出了恺撒会是赢家，
在其麾下指挥一支舰队，赢取了各种各样的荣誉，后来又应这
位独裁官差遣去了高卢。现在，他兵返罗马，莉薇娅的玉手被
牵向了他。提比略·尼禄接过她的手，也接受了别的东西：未
来岳父的政治立场。和典型的克劳狄一样，他对死守立场持一
种不屑态度。曾受尽恺撒恩宠的他在恩主被刺后冷静地站起身
来，提议要给凶手授予荣耀。这次变脸只是碰巧关系到了刺杀
行动的正确与否而已。提比略·尼禄是在为他人树立榜样。终
于，罗马最著名的王朝从恺撒的阴影中挣脱出来了。未来会像
过去一样被涂抹上克劳狄家族的色彩。

但是，计划赶不上变化。侍女们在莉薇娅母亲的指导下，
按照传统的新娘装扮习俗，把莉薇娅的头发编织成非常复杂的
"高耸王冠"[12]。她们在莉薇娅身旁忙碌的同时，外面的世界正
酝酿着新奇与凶险之事。身穿亮白色托加袍来到新娘家门前的
新郎官对这一切浑然不觉。毕竟，危险会直接降临在一个豪族
家里，这样的前景太不吉利，也太过恐怖，没有人愿意这么想。
要知道，罗马最穷酸的人的房屋都有神明庇护。就是这种东西
将罗马人定义为文明人，定义为在所住城市扎下根来的人。"还
有什么能比公民们的房屋（无论他们属于哪个阶层）更加神
圣，还有什么能比各类神明的防卫更加严密？"[13]

对于这个问题，婚礼上的新娘便是一个特别有力的回答。
37 莉薇娅的头发被编成六束，令她看上去宛若侍奉灶神维斯塔的
贞女。她的盖头是番红花色的，与朱庇特女祭司的披肩相呼应。
这是专人用番红花雄蕊染出来的，而准母亲们会用这种番红花
雄蕊来助孕。[14]神祇认可的贞洁和生育能力相融合：新郎还有什
么可求的呢？就在岳父主持的婚宴结束后，提比略·尼禄从莉
薇娅母亲的臂膀里夺过莉薇娅的手，就像夹带俘虏似的，将她
带到了自己在帕拉蒂尼山上的府邸。这种假装拐走新娘的做法
要上溯到罗马刚建立时的一段插曲。罗慕路斯统治期间，城内
缺乏女性，罗马的原始居民便从附近的萨宾部落强抢民女；如
今新娘头上那高高耸起的、缠着墨角兰与花朵的发髻中插着一
只矛头，兴许就是对最早期的奸污行为的追忆吧。尽管"罗马
最早时期的配对一般都伴随着战争和冲突"[15]，但新娘踏入提比
略·尼禄的家门时，迎接她的不是噩兆，而是玩笑声、欢呼声
和掌声。正如首批罗马人抢来的新娘哺育了一个英雄辈出的民
族，人们深信，莉薇娅也会将克劳狄家族的血脉传承下去。她
会以夫家壁炉守护者的身份将香火延续，那里的火焰每晚都蹿
得很高，而且每到新的一天就会被重新点燃。公民家里的墙壁
如同罗马城的壁垒一样神圣不可侵犯。当提比略·尼禄夹带着
新娘跨过门槛时，孕神康瑟维乌斯已经将目光投在了这对夫妇
身上。公元前42年11月16日，莉薇娅诞下一名男婴。男孩的
名字与父亲一样：提比略·克劳狄乌斯·尼禄。两大克劳狄家
族的所有雄心壮志就在这个婴孩身上凝为一体。

然而，一切为时已晚。甚至在男婴马上降生时，希望就已
经落空了。而当初，就是这股家族希望把莉薇娅送上了提比
略·尼禄的婚床。在他们短暂的夫妻时光里，罗马经历了史上

前所未有的恐怖统治。罗马的命运不再因豪门贵族交相倾轧、争权夺利而受到影响，那样的日子一去不返了。共和国内的许多伟大家族不仅被笼罩在恺撒独裁的阴影下，还经历了丑恶的虐杀。针对他们的暴力行动是精心计划好的，而且非常野蛮。提比略·尼禄和莉薇娅还在欢庆婚礼时，被害独裁官恺撒的追随者已经在准备以人们所能想象的最残酷的方式先发制人了。与恺撒的刺杀者斗争一年半后，他们赢得了西部行省和罗马的控制权。公元前43年，也就是莉薇娅的儿子出生近一年前的一个深夜，罗马广场上突然出现了一块刷白的木板，上面罗列了背叛恺撒之人的名单，还有高额赏金，以奖励杀死叛徒的人。"杀人者要把他们的头颅交给我们。"[16]莉薇娅的父亲就在这份"公敌宣告"里。2300人据说已经殒命，但德鲁苏斯·克劳狄亚努斯运气稍好。他设法躲过了那些赏金猎人，一路东行投靠布鲁图斯。此时的布鲁图斯依旧脱身在外，正忙着招募军队，准备与敌党一决雌雄。

当然，没过多久，内战再次爆发。公元前42年初，恺撒的拥护者正式将死于非命的恩主拥立为神。接下来数月，他们将从公敌宣告的被害者身上盗取的财富大笔花在自己的军队上，在征战最后阶段，他们挥师穿越意大利向希腊行进，进入马其顿后在腓力比东部的平原与敌军交锋。两场恶战相继展开。历经殊死斗争后，恺撒的拥护者最终大获胜利。布鲁图斯扑剑而亡。本已因公敌宣告而受到损伤的贵族再次遭遇了一场致命的屠宰。"声望显赫的贵族们此前还未曾在任何一场战役中遭受过这般血淋淋的重创。"[17]战后和布鲁图斯一样扑剑而亡的人还有德鲁苏斯·克劳狄亚努斯。数周后，消息传到罗马。莉薇娅在分娩之际得知了父亲的死讯。

39　　莉薇娅能在罗马安然无恙，全靠提比略·尼禄的老奸巨猾和投机取巧。他辨清风向后，再次效忠已经被追封为神的恺撒。因此，尽管父亲德鲁苏斯·克劳狄亚努斯运数已尽、财产被没收，莉薇娅仍能在一个不辱其身份的环境里产子。帕拉蒂尼山如今是罗马城内最高贵且最排他的地方。罗慕路斯曾在这里搭建自己的茅草屋，而且这座茅屋至今仍伫立在卢佩尔卡尔洞穴上方，常年有虔诚的人对其进行修缮。但除此以外，山上每一样东西都宣告着权势。无疑，克劳狄家族就在这里享受了长久的尊贵地位。正是在这座帕拉蒂尼山上，克洛狄娅·梅特利举办了全罗马最时髦的晚宴；也是在这里，克洛狄乌斯将两座本已十分庞大的庄园凿通，构筑了自己壮丽奢华的府邸。无论提比略·尼禄有多痛惜那些在腓力比惨遭屠杀的同寅，他在豪宅踱步时，心里都会庆幸自己做出了正确选择吧。毕竟，改旗易帜总比丢掉自己在帕拉蒂尼山的家产要好。

　　然而，早在接生婆刚抱起他的儿子的那一刻，他就已经清楚，自己现在的命运岌岌可危。公敌宣告留下的记忆仍然鲜活。罗马贵族在自信上所遭受的冲击是不太能轻易平复的。罗马城内无一处可以被视为是安全的，就连最高档的住宅也不再是安全之地。公敌宣告的第一个受害者便是在自家的餐厅内被杀害的，而且死时身边还围着一群客人，那可是家里最私密的地方啊。士兵们冲着猎物奔来，搅扰了宴会的火热氛围，却没有流露出丝毫歉疚之意。百夫长拔剑砍下那可怜主人的头，又挥舞着刀身警告他人不要大惊小怪，否则就是一样的下场。人们惊恐万状，吓得在原地一动不动地待到了深夜。而他们身旁的无头尸身逐渐僵硬，鲜血浸透沙发一直渗入地板。华丽的房屋、
40　漂亮的雕塑和游泳池，这些都曾是公民不凡身份的象征。而如

今，在公敌宣告引发的疯狂行动中，它们的象征意义与之前完全相反：潜在的催命符。就连克劳狄们也开始害怕半夜的敲门声了。他们大脑深处总潜伏着对接下来一幕的恐惧："破门而入的士兵，被强行踹开的锁扣，咄咄逼人的恶语，凌厉凶狠的眼神，寒光四射的武器。"[18]

那些从公敌宣告和腓力比战争中幸存的贵族发现，自己从避风港颤颤巍巍地走出后，面对着一个天翻地覆的政治局势。无疑，和新执政者达成永久和解成了一件迫在眉睫的事。有三个人以恺撒的复仇者之名赢得了统治世界的许可权。他们之间的契约和前三头同盟不一样，不是那种典型的罗马政治掮客之间的阴暗协约，而是更具变革性：绝对统治的正式许可。后三头同盟的目标被定义为合法的"恢复共和"，但这个动听的口号骗不了任何人。这三位恺撒派领导人蹚过血海，可不是为了把辛苦获得的大权拱手让人。腓力比战争后，只有在西西里岛上还剩下一股反对势力。庞培之子塞克斯图斯在当地建立了一个喧闹的海盗政权。若没有这一政权的存在，后三头同盟的政权就是至高无上的。但同盟关系是否能够持续仍然令人存疑。众所周知的是，三头同盟的关系十分容易倾覆。因此，罗马上层阶级如果想把自己的命运重新建立在牢固的基础上，就需再做出可能关乎生死存亡的抉择：到底支持后三头同盟中的哪一位？

三人中的一位可以直接忽略。马尔库斯·埃米利乌斯·雷必达是恺撒曾经的亲信，血统高贵、人脉广博，但这仍然掩盖不了他的平庸。他在腓力比战役期间被降职去看守意大利时，就已经被淘汰出局了。这使得罗马及罗马帝国实际由两位截然不同的军阀划分。一个和雷必达一样，是一位门楣光耀、死心

效忠恺撒的贵族：不是别人，正是那位和牧神一起飞奔的执政
官马克·安东尼。尽管他参与了公敌宣告，但许多罗马贵族不
由自主地倾心于他。腓力比大战中，正是安东尼的将帅才干帮
助恺撒的拥护者们赢取了胜利。在横尸遍野的战场上，他还脱
下斗篷盖住布鲁图斯的尸身。他足智多谋、勇于冒险又慷慨大
度，拥有罗马人一向热衷的美好德行。虽然他是三执政之一，
但对昔日的同阶来说，至少他会让人感到亲切、放心。

　　就统治世界而言，另一位执政者与安东尼的情况截然不同。
自恺撒被刺以来，或许再没有什么能比这个叫盖乌斯·屋大维
的人上位掌权更能代表罗马人所经历的剧变和动荡了。他的卓
越令残损的贵族势力受到了奇耻大辱。他的族谱隐晦不详，政
敌几乎可以声称他的一个曾祖父是"被释奴、编草绳的人"[19]，
另一个曾外祖父则是非裔香料商转行的面包师—— 而且还大有
人信。[①] 他的童年不是在帕拉蒂尼山山顶度过的，而是在阿庇
亚大道下方约 20 英里处的一座尘土飞扬的小城——维利特雷
（Velitrae）。[②] 在短暂的从政生涯里，他给共和国最神圣的传统
带来了持久且残酷的抨击。恺撒被刺八个月后，还不满 19 岁的
他就发动了一场军事政变，但以失败告终。十个月后，他又带
领一支私人军队昂然挺进了罗马。不满 20 岁，他便当选执政
官，而且还成为法定的三执政之一。腓力比大战时，他又协同
安东尼指挥十九支大军。罗马历史上还从来没有人像他这样在
这么小的年纪以这么快的速度赢取了这么大的权力。他不容道

---

① 这位政敌就是安东尼。事实上，屋大维的家族古老而富裕，只是近年才取
　　得一定政治影响力。屋大维的父亲是其家族中进入元老院的第一人，后在
　　马其顿任职，若非在返回罗马途中去世，本可竞选罗马执政官。
② 哺育小屋大维的那间房因此具有了极强的超自然力量。任何人试图在该房
　　睡觉时，都会被一股无形的力量扔出房外。

德上的顾虑阻碍自己的道路。腓力比战场上，安东尼哀伤地凝 42
视倒下的死敌时，这位年轻人却一滴泪也没流。相反，他还命
人砍下布鲁图斯的头颅，将其包裹好带回了罗马，并做了一件
具有直接明了的象征性意义的事——把它放在了恺撒殒命的那
座雕塑下方。[20]

　　"暗算我们的人、令恺撒死于非命的人，其罪恶绝不能得
到姑息。"[21]凭借这些话，后三头同盟为其批准谋杀与内战的行
为赋予了合法性。为恺撒复仇的义务为盖乌斯·屋大维提供了
特别的行事许可。腓力比战争前夕，他公开承诺要在罗马建起
一座庙宇，以供奉复仇之神玛尔斯：这其实是在声明，参加内
战对他来说不是犯罪，而是在履行一种急迫而虔诚的责任。这
个年轻人不仅是独裁官妹妹的孙子，而且还有一个更引人瞩目
的身份。慧眼识珠且缺乏合法儿子的恺撒在死前不久将屋大维
收养为自己的继承人。当然，恺撒采用的这种策略和李维乌
斯·德鲁苏斯收养莉薇娅父亲的策略一模一样，都充分体现了
贵族们为维护家族脉系、将同僚缠缚在棘手的义务之网中所进
行的长年累月的斗争。不过，恺撒的收养行为倒是给屋大维带
来了独一无二的帮助。这个笨拙的 18 岁维利特雷青年由此继
承了两份无价之宝：舅公的财产和威望。恺撒的钱财给他带
来了军队，恺撒的声名则给他带来了权威。这些遗赠如此丰
厚，彻底点燃了少年屋大维的烈火雄心，而这般雄心壮志是
任何初出茅庐的罗马年轻人想都未敢想的，那便是：为自己
赢得唯一且永久的最高权力。当划过天空的彗星被证实是飞
向天堂的养父的灵魂后，他所继承的遗产无疑就更令人生畏
了。由此这位曾经名为盖乌斯·屋大维的青年赢得了一个超
脱凡俗、光芒万丈的名号。他不仅是一位恺撒，还是恺撒·神

之子（Casear Divi Filius）。

43 　　对罗马精英阶级而言，所有这一切似乎更多意味着灾祸而非福音。面对冷漠陌生的小恺撒，绝大多数贵族本能地畏葸退缩。腓力比大战的幸存者由于缺乏更好选择，大多转投了安东尼阵营寻求庇护。其他人则面临着更加艰难的抉择。在腓力比战争后的世界版图划分中，安东尼被授予东方的管辖权，而小恺撒则回到了意大利。居住在罗马的贵族（如提比略·尼禄）发现，神之子就住在自己的家门口。一方面，安东尼远在天外；另一方面，小恺撒为维护自己的利益而滥杀无辜的事情又广为人知。毋庸置疑，大多数人会倾向于低调保身。但的确也有一小部分人开始了密谋。他们派出密探前去接触安东尼留在意大利的代理人。恢复共和的秘密计划又开始在特定的圈子里流传。安东尼的兄弟卢基乌斯在当选执政官后，直言不讳地表示：要将罗马从暴政中解放出来。在这之后，人们对小恺撒及其代表的一切的愤恨便如熊熊烈火一般燃起。伊特鲁里亚和翁布里亚的火势尤其猛烈。这是罗马北部两片著名的壮丽土地，河水在山谷里悠悠流淌，悬崖峭壁之上矗立着古老堡垒，其中一座山城佩鲁贾便是卢基乌斯及其军队的据点。人们跨越意大利，成群结队地投奔他们。大部分投奔者赤贫如洗，唯剩残命一条。不过绝不尽然，也有些是元老，提比略·尼禄便位列其中。

　　在这场孤注一掷的行动中，妻子和幼儿都陪伴在提比略·尼禄左右。罗马妇女通常是不会和丈夫一同奔赴前线的，但时局今非昔比，哪怕男性特权也开始遭到削弱。在公敌宣告引发的剿杀行动中，许多被定罪的男人躲藏在阁楼或马厩里，羞耻地依赖于自己的妻子。在一则骇人听闻的故事中，一名风流荡妇竟把丈夫出卖给赏金猎人，而且还在同一天和情人结为伉俪。不过，大多数妇女还是忠诚而英勇的。其中一位甚至不畏雷必达的打手的鞭笞，以非凡刚毅的勇气为丈夫求饶。"他们把你打得遍体鳞伤，"他后来满怀感激与赞叹地回忆道，"却永远摧毁不了你的精神。"[22]还有一些女人显示出更加不可思议的阳刚之气和坚毅性格，直接冲上街头游行抗议。公元前42年年初，在后三头同盟的巧取豪夺就快榨干罗马的血液时，一群女人直奔罗马广场。发言人爬上演讲台，大胆地唤醒了公众之于一种被抹杀的传统的记忆：言论自由。霍滕西娅是当时的伟大雄辩家霍滕西乌斯·霍达鲁斯的女儿。霍滕西乌斯·霍达鲁斯敢于直击对手要害，其非凡胆气从其赢取的丰富财富就可瞥见一斑：罗马史上首次出现的摆放了孔雀肉的餐桌、一座无与伦比的葡萄酒酒窖、帕拉蒂尼山上的府邸。而现在，在罗马男人都噤若寒蝉的时候，他的女儿却以万夫莫敌之勇，大胆谴责三执政。"我们女人，既不能争夺荣誉，又不能带兵杀敌，也无权管理城市，"霍滕西娅狠狠发问，"为什么还要我们缴税？"[23]后三头同盟的回应方式是将这群女人赶下了罗马广场，但尴尬的是，他们最后还是不情愿地同意了减税。这一插曲无疑是莉薇娅感兴趣的。它所带来的经验教训符合当时的时代背景。罗马城就处在这样一种"邪气"的包围中，即女人或许会意识到自己有义务亲手维护祖产。

当然，与此同时，莉薇娅还得指望夫婿给儿子谋一个灿烂未来。这个孩子体内流淌着两大克劳狄家族的血液，前程可不能有辱身份。然而没过多久，她就发现自己对提比略·尼禄的信心似乎错付了。事实证明，加入对抗小恺撒的阵营并不是明智之举。灾难很快接踵而至。卢基乌斯的叛变遭到了意料之中的残酷镇压。尽管卢基乌斯本人得到了赦免，但其他元老就没这么幸运了。小恺撒在 3 月 15 日公开处死了一大批人，似乎是在血祭已位列仙班的养父。[24] 尽管提比略携家带口地逃脱了发生在佩鲁贾的劫杀，但毫无疑问的是，他仍旧面临杀身之祸。抵达那不勒斯后，他试图再次煽动一场起义，但同样被镇压了。这对夫妇一路逃亡到乡村，中途差点被小提比略的哭声泄露踪迹，最后才勉强躲开了追赶的士兵。他们又逃至塞克斯图斯·庞培在西西里岛的海盗根据地，却遭遇了无比冷漠的接待。恰如典型的克劳狄栽跟头时一样，提比略·尼禄恼羞成怒，气呼呼地拂袖东去。当安东尼也对他冷眼相待时，他便设法在希腊找到一处避风港，但不久后又被迫逃亡。他们穿过森林时，遇上大火。莉薇娅的裙子被烧焦，连头发也被火燎了。同时，罗马城内，莉薇娅的丈夫被正式列为人民公敌，他在帕拉蒂尼山上的府邸也被没收充公。莉薇娅身为一名克劳狄家族继承人的母亲，或许有资格认为，一切该适可而止了。

公元前 39 年夏，后三头同盟与塞克斯图斯·庞培达成条约。提比略·尼禄等被流亡者因此得到特赦，但这时候的莉薇娅对新秩序下的残酷现实已经不抱幻想。回到罗马后，她的处境大不如前。就连她再次身怀六甲的事实也无法令她情绪高涨。显然，提比略·尼禄够不上莉薇娅对于自己及后裔的期望。她跟随他一次次出生入死，所展现出的勇气是无可非议的。不过，归根结底，她效忠的并不是丈夫，而是父亲所属的脉系。莉薇娅血统高贵，美艳动人，而且还不满 20 岁。她知道，面对男人，自己手里仍然有足够的筹码，唯一需要的就是一个比提比略·尼禄更有价值的配偶。

在帕拉蒂尼山上的一座豪华府邸内，小恺撒也开始对自己的配偶感到厌烦。这座府邸曾属于霍滕西乌斯·霍达鲁斯，后来在公敌宣告中被没收。斯克里波尼娅是一个冷漠高贵的女人，或者按照她丈夫更喜欢的但比较不留情面的说法是，"让人忍不住想与她争论一番"25她身上缺乏某些东西，而这些东西又恰恰是莉薇娅充分具备的：魅力与性感。这一点连莉薇娅的敌人都甘愿承认。而且，斯克里波尼娅尽管出身名门望族，但家世可能仍旧不及克劳狄。对小恺撒来说，"神之子"的地位只是让他在真正的贵族眼里更趋粗野了，而与罗马最有声望的大家族联姻则将百利而无一害。他虽然是半个世界的领主，却依旧对暴发户这一指控十分敏感。莉薇娅在具备各方面条件的情况下还独具视觉上的魅力，无疑让他坚定了决心。公元前39年秋，就在莉薇娅流亡回城后不久，他对提比略·尼禄的这位孕妻发动了攻势。

然而，被戴绿帽的丈夫此时已堕落到连尊严都可以不要了。他急不可耐地想恢复家产，几乎逼着莉薇娅向小恺撒投怀送抱。这出新兴丑闻让罗马人既震惊又欢愉，但让他们情绪进一步高涨的是：斯克里波尼娅也怀孕且临产了。直到她生下女婴尤利娅后，丈夫小恺撒总算能够体面地和她离婚了。公元前39年秋，小恺撒和莉薇娅订婚。不过婚礼还得再等些时日。毕竟，娶一个身怀他人孩子的女人为妻，这一步哪怕对神明的儿子而言都是极不得体的。终于，公元前38年2月14日，莉薇娅诞下第二个儿子德鲁苏斯。三天后，她与小恺撒举行婚礼。提比略·尼禄充当起莉薇娅已故父亲的角色，将自己的前妻交给了新郎。于是，莉薇娅回归帕拉蒂尼山一事正式敲定。

她余生注定要留在那里，成为那里当之无愧的女主人。她的新丈夫深知娶她为妻给自己带来了什么。"他会一直爱她，敬她，忠贞于她。"[26]

无论如何，莉薇娅最后总算安全了。

罗马的春天

小恺撒主宰罗马的年代里，罪恶横行、世事混沌，贵族并不是唯一孤注一掷的一类人。

公元前41年年初，罗马史上最血腥的战役在腓力比告终数月后，一群伤痕累累的彪形大汉沿着阿庇亚大道向南行进。他们沿一座名为秃鹰山（Mount Vulture）的古火山的山坡往上爬，步步紧跟前方的军旗，旗杆的顶端嵌着一只终极猛禽——雄鹰。沿途的农民注视着鹰旗经过，那银色的鹰喙和鹰爪让他们顿生惊悸。他们知道它的到来预示着什么。小恺撒手刃了刺杀养父的仇人。此时在返回意大利的路上，他面临着一个最易招致怨恨的任务：他手下约五万大军都是久历战火的老兵，都殷殷期盼着他的犒赏。他们心甘情愿地跨越大海屠杀同胞，就是为了得到那份心心念念的战利品——一块地。

早在腓力比战争前，三执政就标记了18座意大利城市的周边领土以没收充公。这些计划必然会被大范围大规模地实施。据估计，腓力比战争中，大约共有四分之一的适龄公民在对战双边参战。[27]现在，胜利者荣归故里，没收土地成了一时最重要的议题。在意大利最富饶的地区，地主们开始害怕退伍士兵的出现。"每个地方，每块土地上，都是这么混乱！"[28]别墅、农具和奴隶都有可能被抢夺。地产越大，拿着"无情测量竿"[29]的土地测量官就有越多地盘可以分割，从而一次性解决整支部队的需求。奋起反抗者会遭到残酷镇压。不过，正如鸽子在遭遇扑面而来的雄鹰时的反应一样，这些被剥夺财产的人并不会傻到

48

直接回击。一些人被允许以佃户身份留在原地，他们算幸运的一类。绝大部分人在时代的罪恶前束手无策，只能弓着腰离开自己被抢的房屋。"时运颠覆了一切。"[30]

在公敌宣告时期让罗马贵族惊惶不安的盗窃和暴力行径现在又席卷了整个意大利。虽然它们气势汹汹地闯进的大多是繁盛的低地，但饶沃的土地对它们而言并非唯一的诱惑。秃鹰山上，广阔密集的丛林里虽然还有狼群出没，而且夏季那灼热的风将大地炙烤得滚滚发烫，但这样贫瘠的土地仍未能使当地人逃脱毁灭的魔掌。利益攸关的因素还有许多。任何人若想掌控意大利便不敢忽略这块地盘。早在小恺撒的老兵队伍到达秃鹰山的二百五十年前，罗马居民就已经在山侧建立了一个殖民地。建在两道峡谷中间的一座峭壁上的维努西亚曾是罗马重要的前沿哨所，是罗马开向南方的大门。那时候的意大利还只是一个地理概念，罗马人也只是众多部族中的一个，而且其他部族的独特出众之处丝毫不亚于他们。那些部族中有伊特鲁里亚人，他们的影响曾一度散播到本土伊特鲁里亚以外，直达南部的罗马；他们解读"预兆"的能力也无可比拟，能够通过观察鸡的饮食习惯或秃鹰的飞行行为中的超自然迹象来预测未来。还有罗马人在亚平宁山的近邻马西人，他们的歌声能够让蛇爆裂而亡。萨谟奈人的远古先祖在一头牛的带领下来到了那不勒斯上方的艰苦山寨，且在公元前 4 世纪顽强抵御南边军团的进犯前后五十多年。不过，后来意大利的各个部落决裂了。随着罗马人逐渐在整个半岛建立起霸权，意大利人才有了共同的身份认同。维努西亚本是为镇守阿庇亚大道而建，因为它远离萨谟奈，斜指亚得里亚海，现在却逐渐失去了其建立之初的意义。它曾经带给罗马人安全感——"它将抵御任何充满敌意的侵略"[31]，但现在这种保障已成多余，它自己也不再是边陲重镇。

不过，倘若落入不怀好意之人的手里，它仍会对罗马构成威胁。这一点小恺撒无须参照古代历史便心知肚明。在公元前91年，维努西亚人便联合马西人、萨谟奈人等其他意大利部落，公然发起了对罗马人的反抗。他们还宣告独立，且在钱币上描绘了一头牛把一头狼踩在脚下的图像。然而，无论镇压成功之前的战斗有多么野蛮，无论罗马人因此体会到了多么强烈的恐惧感，这场叛变本身都不是源自憎恨，更多是因为忠心没有得到重视。大多数意大利人的雄心壮志在于共享罗马人的权力，而不是吞并它。走进维努西亚便能很快明白原因。这里到处都建着公共设施。澡堂、渡槽和圆形露天竞技场，没有一样不是造价不菲。意大利人，无论是士兵还是商人，都因罗马征服了地中海而收益颇丰。这也就是为什么，当元老院同意赋予意大利半岛上的所有人以罗马公民身份时，反叛很快就平息了。自那时起，整个意大利的公民都成了罗马人。

当腓力比老兵来到维努西亚驱逐地主、将土地分割成整齐的块状时，罗马人身份就成了这些意大利人唯一剩下的东西。五十年前，反抗罗马的战争刚结束后不久，许多维努西亚居民被迫为奴，分散在各地。城市的顶尖学府内满是新来者的孩子："杀气腾腾的百夫长们那杀气腾腾的儿子。"[32] 接着，随着内战爆发，整整一代年轻男人被征召入伍。"弯弯的镰刀被绷直，继而被锻造成了刀剑。"[33] 许多人葬身于异国他乡，而那些活着回来的人之所以能回来则是由于他们除了对战友和将军外几乎毫无忠诚度可言。现在，小恺撒派出的测量官有如一把巨犁的锋刃，再次将维努西亚切割成块。一而再再而三的把掘使得当地的特色风俗难以留存。"他们把这里的地方特色完全毁坏了，独特的语

50

言、盔甲、服装，等等，一切都不复存在。"[34]

这种破坏令某些意大利人仿佛感受到了丧亲之痛。但是，最后一场毁灭的烈焰尚未到来。公元前41年安东尼的兄弟卢基乌斯揭竿起义、公开对抗小恺撒并驻守在佩鲁贾城墙内时，前来投奔他的人有多种多样的动机。有些人和提比略·尼禄一样是因为受到了恢复共和这一梦想的激励；大多数人则是因土地被没收而穷困潦倒、悲愤交加；但也有一些人是因为仍然憧憬着能回到城市未被罗马统治、还是自由之邦的日子。不同于维努西亚和萨谟奈——那里的反抗精神已经全然熄灭，再没有重燃的希望——在更靠北的富饶土地上，尤其是伊特鲁里亚，这样的梦想仍然闪烁着微弱的火光。

不过火光也持续不了多久。小恺撒很难说是一个能容忍他者挑战自己权威的人。他和副官以残暴手段镇压卢基乌斯起义，给许多著名古城带来了灭顶之灾。诸如佩鲁贾之类的城市被烧成一片焦土，其余城市则背负了高昂至极的赔款，以至于当地公民不得不弃城逃亡。一无所有的难民的队伍越来越庞大。在伊特鲁里亚那烧黑的田野间、盗匪出没的丛林里，鬼影似乎比人影更加常见。幸存者只能留下来哀悼"古老民族伊特鲁里亚那已被摧毁的壁炉"。[35]

不过，不幸中也一向蕴藏着机遇。翻过尸横遍野的佩鲁贾山岭后，奔波者将抵达一座城。在这罪恶的年代里，该城有幸具备一种最有用的特征：一位强大的保护人。阿雷提乌姆（Arretium）在数世纪前被罗马攻克，失去了独立地位。这座城里最德高望重的公民自称伊特鲁里亚的王族后裔。在罗马贵族看来，盖乌斯·梅塞纳斯自吹自擂出身的做法实在低贱可鄙，近乎阴险。但梅塞纳斯是一个沉溺于显摆夸耀的人，自认没有必要去迎合元老们的嘲讽。将一大批人送上黄泉路的乱世正好成就了他。他不安分、头脑精明，轻轻松松滑到了新秩序的中心。他从一开始就支持小恺撒为赢家，在这场赌博中赚得盆满钵满。从公敌宣告受害者那里偷来的财富并非全被用来资助三执政的战争。那些对新的权力之源高度警觉的人，只要有足够的能力和胆量对之加以利用，便可将万贯财富尽收囊中。当然，梅塞纳斯的能力是其敌党都不予否认的。"只要时机需要，他几乎能不眠不休，而且他不仅能迅速了解到所需行动，还能驾轻就熟地达到目标。他就是这样的一个人。"[36]小恺撒决心赢取稳固牢靠的统治大权，对这样的副手有着迫切的需求。这也就是为什么，当伊特鲁里亚火光四起时，阿雷提乌姆的这位谋划家仍能高枕无忧。

　　暴虐、盗窃和有预谋的暴行，所有这一切对于一个亟待稳固根基的新政权来说是不可避免的。但梅塞纳斯和他的主人一样，深知独断专行、倒行逆施永不能长久。他打扮成伊特鲁里亚王族后裔的模样，并非单单为了显示对罗马传统政治掮客的蔑视。在后者眼里，阿雷提乌姆只是穷乡僻壤，以盛产粗制滥造的廉价锅最为闻名。更重要的是，它能让那些财产被悉数抢占的人——意大利的地主阶级感到安心。解决了老兵们的需求后，小恺撒现在迫切需要获取更广泛的支持。考虑到他从腓力比归来之于意大利的意义所在，这种希望似乎显得有些可笑。不过，时代的惊涛骇浪是那样撼天震地，内战的风云变幻是那样悲壮惨烈，神明似乎又是那样狠心绝情地要抛弃世界，罗马急需一个人给它带来一束希望——任何人都行。一个政体若是可以给一个遍体鳞伤、惊恐万状的民族带来哪怕一丝和平，或许就能得到不小的宽恕，甚至包括它夺得统治权这一事实。

但对大多数罗马人而言，无论他们住在罗马城内，还是在意大利的城镇或乡村，未来似乎都只会愈加黯淡。大败卢基乌斯并没有将小恺撒的敌方战场清理干净。塞克斯图斯·庞培在西西里岛的势力仍然顽固，而且他也绝不愿意善待父亲死敌的继承人。相反，他摆出一副海神宠臣的姿态，自娱自乐地穿上海蓝色斗篷，并封锁航线。于是，继烧毁土地和军事征用后，又一颗加重人民苦难的螺丝钉拧紧了。由于漕运受阻，饥民无法得到赈济，到公元前38年，饥荒逐渐笼罩了整片大地。一群群凶狠的流浪汉遍布街头。罗马贫民窟挤满了难民，饥饿让人们在悲苦愤怒之余更添绝望。为资助对塞克斯图斯的毁灭性攻击，罗马上层决议再次征税，结果引发了公开的暴乱。小恺撒在大街上被人扔石块，费了好大劲才从暴民手里逃脱。后来，死于冲突之人的尸体被扔进台伯河，一群群急不可耐的盗贼蹚过河水，将尸体扒了个精光。罗马人似乎已沦落至这般窘境。除啃食尸体外，别无选择了。

罗马注定要亡；街道可能被遗弃，成为猛兽出没之地；城市可能化为灰烬：这些忧虑已经得到了一部分人的公开认同。

> 确切无疑的是：
> 自清白无疵的雷穆斯之血
> 洒在地面时
> 厄运就紧紧跟随罗马人
> 追索着他们的弑弟之罪
> 这是对他后裔的诅咒。[37]

做出这般惨淡预测的人可能感到了一丝绝望。昆图斯·贺拉提

乌斯·弗拉库斯，即贺拉斯，是个和蔼可亲的人；但他在为众
多深陷"流亡的悲惨、战争的不幸"[38]的意大利人发言。他是维
努西亚一位富裕拍卖商的儿子，腓力比战争中在恺撒谋杀者的
一方参战。战争结束数年后，他描述了自己丢盔弃甲、乘着一
股超自然迷雾设法逃离战场的情形，用自嘲自乐的口吻将战场
厮杀的恐怖之状一一掩盖。但残酷的现实是，他已见过太多罗
马人自相残杀，并长期受到这些经历的困扰。腓力比战争后，
他全然失去了继续作战的兴致。当特赦公告为他提供了返乡机
会时，他立刻抓住时机。然而，土地测量官先他一步到达维努
西亚。他丢失了所有的土地。鉴于公敌宣告的阴影仍黑森森地
笼罩着在腓力比战争期间为共和国而战的一方，反抗全无可能。
贺拉斯顺势加入了无家可归之人的洪流，朝罗马行进。他或是
七拼八凑地整合起父辈留下的资源，或是拜谒当地有权势的故
人，终于设法谋得一份国库财务官的职位。这当然是一种可以
糊口的生计，但对一位曾经的地主而言不免寒酸丢人。贺拉斯
将自己显而易见的数学头脑和自我表达的才能相结合，大胆在
诗歌中探索这个时代的破碎。一人之念使得众人在自己的土地
上被驱逐，这样的世界里没人能平安无忧，哪怕是看上去稳操
胜券的人。"让时运女神尽情咆哮吧，然后再激起一阵阵新的动
荡。她还能再让事情糟糕到哪里去呢？"[39]

　　小恺撒靠着杀人越货从异地的无名小卒青云直上，抵达意
大利的权力巅峰。此时的他不免被一个尖锐的问题深深困扰。
他知道登得有多高，跌得就会有多重。饥饿的暴民将他堵在角
落，不停地朝他扔石头、泼秽物，部下费了九牛二虎之力才令
他不至于被撕成碎片，这一切已经让他直视了自己不稳定的统
治地位。然而仅仅两年后，时运女神再次将小恺撒确立为自己

54

的宠儿。公元前 36 年 9 月，塞克斯图斯·庞培被围困于西西里岛东海岸，麾下舰队悉数尽毁。尽管塞克斯图斯挣扎着逃出险境，但力量遭受了永久的摧残，不到一年他便与世长辞。与此同时，在意大利，小恺撒生平第一次领受了无比狂热的赞颂和欢呼。"所有城市都在其神祇牌位中赋予了这位年方 28 的年轻人一席之地。"[40]现在人们再无憎恨。尽管腓力比战争只给意大利带来了苦难，但海上大败塞克斯图斯的欢乐是举城共享的。富饶的西西里岛重归小恺撒统治。粮船再次在意大利各港口停泊。航线封锁的日子永远结束了。经元老院正式表决，罗马城内的一根圆柱上竖起了胜利者小恺撒的黄金雕像，柱子上面装点着精致的海军配饰。"他经由陆地和大海，"雕像底座的文字如是写道，"恢复了长期被内乱破坏的和平。"[41]

　　终于，对新政权的热情似乎开始蔓延至谋私营利之辈以外。向来慧眼识珠的小恺撒便发挥一贯的机敏推动这一趋势。他深知三头同盟有多令人憎恨，又急着昭示公民大好未来就在眼前，便厚颜无耻地摆起姿态，开始维护他先前所抨击的一切事物。他豁免税务，煞有介事地焚毁公敌宣告那段黑暗时期的文件。共和国的传统行政职位又恢复了些许修饰作用。长期中立的雷必达被迫正式退休且遭流放。与此同时，小恺撒又开始暗示，后三头同盟自身也应当退任。

　　显然，话虽好听，他却并不会将其付诸实践。就目前来说，这一步是毫无可能的。虽然塞克斯图斯和雷必达都已淘汰出局，但竞技场上还留有一个强劲的对手。东方的安东尼可没有流露出丝毫厌权的迹象。他为什么要那样做呢？他的欲望本就大得惊人。小恺撒在罗马"因内乱和战争而身心俱疲"[42]的时候，安东尼却在纵情享受着地中海东部那些富裕的行省及王国所能提供的一切。军队、财宝和奉承：全归安东尼所有。现在，整个世界被后三头同盟剩下的两人划分成了两个截然不同的部分，其中年弱者的势力仍显薄弱。不过，安东尼在他那身为东部之主的耀眼光芒下或许也存在着弱点。数不胜数的人因自己的弱点吃了苦头，而小恺撒恰恰就具备这么一种发现他人弱点的致命天赋。

　　当然，对他这种拥有公认的凶狠性格的人来说，对他人人格加以诋毁纯粹是不值一提的。自公敌宣告事件过去十年后，他着手毁灭对手安东尼的大好名声。他洞悉谣言的力量——"能让人们沉醉于无穷无尽的流言蜚语，并将半真半假的东西编纂成曲。"[43]于是，骇人听闻又丰富多彩的诽谤言论开始席卷整个罗马。安东尼的一举一动被投上了要多黑暗就有多黑暗的阴影。据说，他的矫揉造作已经发展到了称孤道寡的程度，不似罗马行政长官，更像身穿丝绸的东方暴君。他沉醉在东部的温柔富贵乡中，连解手都开始使用黄金尿壶。他在晚宴上挥金如土。最让人震惊的是，他已经拜倒在了埃及女王的诡计之下。他拾起恺撒当年中止的情事，和克莱奥帕特拉鱼水相欢，为此迷失了心神。此时的他有如玩物，任由她摆布愚弄。他明明已和屋大维娅——他在后三头同盟中的同僚的姐姐，一个完美无瑕、受人尊敬的女主人——结为夫妇，却没有一丁点羞耻之心；相反，为故意侮辱小恺撒，他还将她遣回了罗马。但受到最真切侮辱的是罗马公民的尊严。埃及女王想要足底按摩，安东尼就唯命是从。对这类故事深信不疑的人认为，其中的意味不祥至极。谁还敢说克莱奥帕特拉的野心不会膨胀？倘若安东尼受了这狐狸精的魅惑，进而要辅佐她统领整个东部呢？倘若他还要辅佐她统领罗马呢？这就不堪设想了。

56

安东尼因遭受诱惑而丧失忠诚禀性的形象逐渐鲜活起来。这种形象在罗马社会中与不可捉摸、恶如毒蝎这两种特性有着密切的联系。不可避免的是，安东尼在名誉上所遭受的损害越大，对手就越光芒四射。尤其要命的是克莱奥帕特拉与克劳狄家族忠实本分的女继承人莉薇娅形成的对比。莉薇娅那温顺体贴的丈夫把这一点也及时利用了起来。公元前35年，他赢得了为莉薇娅和屋大维娅设立公共雕像的许可。此外，他还为这两个女人争取到了一项特权，而这种特权对克莱奥帕特拉来说全无可能，即处罚侮辱自己之人的正式权利。这些提议轻轻松松就获得了通过。莉薇娅教养良好，公共场合谦逊有礼，美好品质堪称楷模，在元老院的圈子里有口皆碑。而且贵族们并不是唯一将她视为同类的人，许多意大利人也是如此。她的养祖父马尔库斯·李维乌斯·德鲁苏斯曾是罗马穷人阶级的领袖与英雄。公元前91年，他推动通过了一项授予意大利人以罗马公民身份的法律。一天晚上，一个无名刺客出现在他家厅堂，用一把补鞋刀杀死了他。正是这位先驱被谋杀一事所引发的悲恸和恼怒在很大程度上激起了意大利人的公然反抗。近六十年过去了，他仍然是意大利人心中广受敬爱的烈士。而莉薇娅作为他的继承人，继承了他的名望。小恺撒对她忠贞不渝、宠爱有加，他身旁有她的存在便让意大利人越发深信，哪怕他策划了公敌宣告，哪怕他征收了人们的土地，哪怕出了佩鲁贾那档子事，他可能仍是站在他们这一边的。

不过，提高公信力最稳妥的办法是让政绩得到明显改善。随着小恺撒的权威终于在罗马帝国的整个西部稳固下来，他开始运用在"犯罪事业"中使用过的技巧来恢复法律和秩序。海盗得到清除，意大利山坡上的盗匪也被剿灭。这个曾经的恐怖分子现在改头换面，将自己提升为尽忠职守的人民公仆。他展现出的不再是投机主义，而是稳重老成和善治善能。自冒险生涯开始以来，小恺撒就展露出他知人善用的一面。如今，能力依旧是最能入他法眼的东西，门第则不然。新起之秀层出不穷。元老们兴许还是对此不屑一顾，但对绝大部分公民来说，最糟糕的似乎已经过去，动荡的潮水也似乎正在回退，这一切所带来的宽慰是连摆架子耍威风的欢乐都比不上的。自恺撒殉难日以来，纪念那位死于非命的独裁官的葬礼竞技会已经一连进行了十年。罗马人看重的不再是谁为赢家，而是必须有人胜出。他们浑身是血、精疲力竭，已经厌战到不再怎么关心到底由谁统治罗马了——只要能重获和平就好。

　　"和则一草一木皆兴，失和则千秋大业尽毁。"[44]最喜欢这句俗语的那个人非常清楚自己在说什么。自小恺撒初次亮相政治舞台以来，马尔库斯·维普撒尼乌斯·阿格里帕就和梅塞纳斯共同成为他最信任可靠的支持者。阿格里帕的出身极其卑微。"就算有一个这样的儿子也没法让做老子的提升半点声望。"[45]阿格里帕对这类倨傲态度不予理会。他缺少魅力又沉郁寡言，对于现实世界热情似火，并不大关注权力所带来的附属品。他总是以一幅忠诚副官的形象站在小恺撒身后一步之遥的地方，小恺撒神采飞扬的同时，他却显得乏味无趣。他知道自己有多么不可或缺，并对此心满意足。阿格里帕和他忠心侍奉的主人之间有一个不能说的秘密。小恺撒其实是一个无能将领。有关他指挥无力的谣言一直伴随着他。腓力比战争时期，他大多抱恙在床，结果把自己的帐篷都输给了敌手；对阵塞克斯图斯时，他又两次大败。相比之下，阿格里帕在这方面却是游刃有余。正是他凭借自己的机敏才智迅速钳制了佩鲁贾的造反派，是他

58

给小恺撒的舰队配备了用投石机发射的金属钩，也是他让塞克斯图斯最后一败涂地。强硬坚毅的农民性格、鉴别开拓创新者的非凡眼力：正是这些特质在一开始将罗马送上了迈向伟大的道路。阿格里帕绝不在贵族面前阿谀奉承，相反，他认为自己是罗马城古老德行的真正代表人。他的谦逊中饱含锋芒。毫不夸张地说，他愿为造福罗马民生鞠躬尽瘁。

　　于是，公元前33年，这位塞克斯图斯的征服者踏进了罗马那黑暗肮脏的排水沟。数代以来，雄心勃勃的贵族们都只将主管城市基础设施的市政官一职视作方便自己平步青云的垫脚石；而阿格里帕虽然在罗马已经是一人之下万人之上，却并没有蔑视这一职位的责任。他欣然迎接这个能让自己卖力工作的机会，组织了一支庞大的队伍排空并擦洗排水沟。工程结束后，阿格里帕在主排水沟里划着船，得意扬扬地昭示新政权给人们带来了多么切合实际的利益。在这种灌肠式清洗工程开展的同一时间里，其他工人忙着修缮水道，并建造一条全新的"尤利娅水道"（Aqua Julia）。"滚滚的水流被引进罗马，河流一般冲过整座城市及其排水沟。几乎家家户户都配备了蓄水池和供水管道，而且处处都有喷泉。"[46]开展诸如此类的公共工程是对罗马最高贵、最强大的传统的继承。阿格里帕不仅是在缅怀阿庇乌斯·克劳狄乌斯所生活的英雄年代——后者当时要么在打胜仗，要么就是在修建道路——还致力于开创一个新时代，一个将举城污秽都清洗干净的时代。他做事巨细无遗，连理发匠都被拉入了这项事业当中，到了公共节日，他出钱让他们免费为人民剃胡刮脸。这就是阿格里帕代表他那神明般的主人要引领罗马人奔赴的未来：一个清除了胡茬的未来。

　　就连那些有正当理由去憎恶小恺撒的人——那些在腓力比

大战中处于敌方阵营的人、那些丢失了土地的人，或许也难以否认这样一项工程的魅力。公元前 36 年，在一场大败塞克斯图斯的庆功宴上，贺拉斯"在羌笛竖琴的音乐声中"[47]由衷地庆祝战争胜利。当天晚宴的主人是小恺撒部下最机敏、最受恩宠的谋臣，离政权的中心非常近。在阿格里帕表现得生硬粗暴的地方，梅塞纳斯却表现得十分圆滑、温和客气。相比于杀人，梅塞纳斯更精于"调停朋友间的争执"。[48]贺拉斯的这番评价是基于自身经历做出的。抵达罗马后不久，穷困潦倒且心怀怨恨的他就被引荐给了这位大人物。他紧张得舌头直打结，几乎无法把自己的情况交代清楚。"九个月后，一项命令到来，传唤我加入您的朋友之列。"[49]这样的好意，贺拉斯无从拒绝。

　　两人的关系虽不平等，但很快就变得亲密。梅塞纳斯善与人交友，又独具慧眼，而贺拉斯恰好满足梅塞纳斯的需求。自然，和这样一位炙手可热的权力掮客做朋友，免不了会有一些附加麻烦。贺拉斯协同梅塞纳斯为小恺撒办事时，时常得睁一只眼闭一只眼，仿佛得了选择性结膜炎；而当别人纠缠不休地想从他嘴里套出朋友的秘密时，他也只得发挥表演天赋，扮作大哑巴。[50]不过，妥协从来不是单方向的。贺拉斯既没有与过去斩断关系，也决不允许自己成为主人的诱饵——哪怕他对梅塞纳斯赞誉有加。为此，他始终保持着相当独立自主的立场。在这个诗歌的影响范围有可能大得惊人的时代，梅塞纳斯效忠的政权或许对诗歌存在同样巨大的需求，但显然，贺拉斯并没有公开赞扬小恺撒。东方的安东尼仍然掌管众多军团，战争的气氛也在黑压压地逼近，太多东西悬而未决。贺拉斯和许多人一样，在历经磨难后已经懂得了过早亮明旗帜可能带来的灾难。

　　狡猾敏锐的梅塞纳斯对此洞若观火。他明白，贺拉斯和所有罗马人一样，他们的忠心终究不能靠残暴手段来博取，他们的希望必须得到满足，他们的恐惧必须得到缓解。因此，对他们只能采取利诱。那么，贺拉斯想要的是什么呢？他在腓力比战场上为之抗争的自由已经泯灭——而且已一去不复返了。贺拉斯的希望如今变得更加有限，但和他那圆滚滚的大肚皮一样坚实。"这些便是我所祈求的东西。一块土地——并不需要很大，一栋房子，旁边有一座花园和一口永不干涸的山泉，以及山坡上的一片小小的森林。"[51] 同样怀揣这种梦想的还有许多意大利人，也就是那些被授予了土地、被剥夺掉地产的人。现在，随着内战进入决定性高潮，罗马人对和平的渴求达到了前所未有的迫切程度。两大残存军阀势力中，谁能更好地满足这种渴求，谁就稳操胜券。

公元前 32 年，小恺撒终于做好了背水一战的准备。口舌之战已经不够，是时候和安东尼真打实斗了。事实上，小恺撒并没有将安东尼列为敌人。他不想让人觉得，这是一场罗马公民之间的内斗。相反，他无私承诺要毁灭的人，是克莱奥帕特拉，正是她迷惑了安东尼，让他成了奴隶，让他的追随者成了一群没种的宦官。他的宣战方式很快成了他政权的主旋律：怀旧与革新。据说，古罗马人宣布开战时，总伴随着一个掷矛仪式。尤其著名的是罗慕路斯所投掷的长矛，一落地就抽出新芽，长成了参天大树。尽管小恺撒没法模仿这种绝活，但他恢复该仪式的做法昭示出：自己是古罗马美德的捍卫者。不过这并非他所采取的唯一行动。除此之外，他还施行了一项非常激进的措施，以一种史无前例的方式对他本人进行了定义。"整个意大利自发宣誓效忠于我，要求我在战争中身任领导。"[52] 事实上，这番豪言壮语并不完全属实。所谓的宣誓只是小恺撒自己的想法，与"自发"二字相去甚远——但无论怎样，它终归是个妙招。他在获得元老院颁布的政令前就呼吁罗马城外的村镇对他加以支持，铿锵有力地表达出自己想以人民领袖身份带头作战的雄心。先前在反抗罗马时，意大利人集体宣誓要为自由而战，此刻，他们再次集体宣誓要忠于小恺撒。小恺撒从腓力比战场的归来曾给整个意大利带来了痛苦和剧变，而时间过去还不到十年，他再次以人民领头人的身份奔赴了战场。公元前 31 年春，他跨越亚得里亚海，与希腊北部的敌人正面交战。除率领的战舰和军队外，他还随身携带了一门令对手无从招架的武器。此时的他不再只是某一党派的首领。"他是在元老院及民众的伴随下，在家庭守护神和城市守护神的庇佑下，率领意大利人参战的"[53]，他的身份强大了许多——他化身为代表过去与未来的罗马的面孔。

即便如此，也并非所有意大利人都吃这一套。一些城镇仍旧对安东尼忠心耿耿。为资助战争而征税又引发了诸多抱怨。罗马城内甚至爆发了一场全面且彻底的暴动。但总体而言，意大利人都只是屏息以待。有确凿征兆表明，这场危机即将达到高潮。伊特鲁里亚的一条将近 100 英尺长的作恶多端的双头蛇被闪电焚化成灰。这一征兆受到了特别关注。到夏季，有利形势已经毋庸置疑地转向了小恺撒一方。安东尼在谋略上不敌阿格里帕，受困在一座名为亚克兴角（Actium）的海岬旁。9月，消息传到意大利：战争已进入决定性态势。安东尼孤注一掷地封锁了海岸线。尽管他和克莱奥帕特拉双双逃离，但他麾下的绝大多数舰队纷纷原地缴械投降。一周后，他的军队也全部弃甲投戈。

第二年春，小恺撒做足了准备，力争给自己的胜利画上圆满句号。他进击埃及，一路上几乎没有遇到任何抗争。先是安东尼引决自裁，接着克莱奥帕特拉也自杀身亡。伴随她一起殒命的则是她所在的王朝。现在，埃及尽归小恺撒管辖，他可以对其为所欲为。整个世界也是如此。自恺撒殉难之日起，漫漫十三年来，世界饱受惨绝人寰的战争及灾难的蹂躏，不少人屡屡担心罗马将彻底崩塌，人间将迎来世界末日。现在，冲突终于结束了。

"该喝一杯了。"[54]贺拉斯在举杯庆祝克莱奥帕特拉的惨败和小恺撒的胜利时，快慰之情溢于言表。对此，梅塞纳斯肯定也感到十分欣喜。小恺撒出征在外的几个月里，一直是他在负责维护意大利的秩序。他知道自己这位深谋远虑、思想独立的朋友代表着什么：一面镜子，它映照出所有在时代的恶浪中颠沛流离后终获得一席之地的人。"什么是自给自足和快乐幸福？就是一个人有能力说'我活过。'"诚然，梅塞纳斯无法将贺拉斯被抢的地产归还给贺拉斯：那已经永远丢失了。但现在，他所效忠的政权终于扎稳了根基，他好歹可以为贺拉斯做些补偿。亚克兴角一战让他确信自己绝无可能出现在安东尼的公敌宣告中。很快，他就送给了朋友一套位于罗马正北部、地处萨宾山的房子。就各方面而言，这都是对贺拉斯的祈祷的回应。怪不得在这位诗人眼里，它就是一个因让他快乐而变得神圣的地方。它安宁美丽，与他十年来经历的一切截然不同。田野里，庄稼繁茂得异乎寻常；丛林中，孩童们四处游荡，不必再害怕玛尔斯的野兽——狼。离开意大利多时的诸神又回来了。

因此，诸如贺拉斯之辈可以大胆地怀揣希望了。

荣誉战利品

"征服近邻是你的首要使命。"[55]这话说的是罗慕路斯。无可否认的是，罗马人的要务在于抵抗外敌，而不是内斗。自然，无论在战争时期还是和平时期，人们都必须尊重法律的所有细枝末节。无缘无故的侵略对教化之民而言是极不体面的行为，只有野兽和野蛮人才做得出来。"我们参战要么是为了支援盟友，要么是为了捍卫帝国。"[56]一向如此。罗慕路斯当初攻击近邻时，是因为不甘容忍他们的不敬。侮辱或伤害所招来的报复常常很快降临。一位国王曾突袭罗马领土，结果他的军队遭遇伏击，溃散败北，他本人也被罗慕路斯亲手杀害。敌方将帅伏倒血泊的场景，彰显着一场足以光耀后世的壮举。人类还能设想出比这更光荣伟大的一对一决斗吗？罗慕路斯从敌人身上扒掉那浸满鲜血的盔甲后，骄傲地将它带回了罗马。

罗马城内，只有一位神明有资格接受这样的供奉：众神之王朱庇特。这份"荣誉战利品"最初挂在一棵神圣的橡树的枝丫下，后来又被放置在人们特意为之建造的庙宇内。这也是罗马城中第一座供奉给神的庙宇。"这里，"罗慕路斯命令道，"是放置敌人兵甲的地方。如果此后有人和我一样，凭自己的双手杀死了一位将帅或君王，就要把对方的兵甲脱下放于此处，那是'荣誉战利品'。"[57]

在漫长且光辉灿烂的古罗马历史中，只有两人完成过这一壮举。一位是骑兵军官科尔内利乌斯·科苏斯，据信生活于共和国建立后的第一世纪，第二位是与非洲征服者西庇阿同时代的马凯鲁斯。罗马指挥官与敌方将领单挑对阵的那些时日似乎只属于已经消逝的英雄年代。光阴荏苒，那座用于存放"荣誉战利品"的神庙已经开始崩落倒塌。它虽古老庄严，却一直黯淡无光。它所在的陡峭山丘与帕拉蒂尼山遥相对望，中间隔着罗马广场，从古到今一直是神祠的建址。卡庇托尔山上曾有朱庇特之父萨图恩在远古盛世设立的王座，也有王政末期所建的罗马最大的神庙，在该神庙于公元前83年被烧毁后，人们很快在原来的基础上重建了一座更加富丽堂皇的神庙，并同样将其献给朱庇特。但这样一来，罗慕路斯所建的原始神庙就显得寒酸而狭小了。自恺撒殉难日起的可怕的十年里，罗马越来越显破败颓靡之势，而城里这座最古老的圣祠几乎到了崩塌的边缘："年久失修，房顶被掀，破烂不堪。"[58]

然而，一直以来，神庙的蛛网和灰尘下都掩埋着一种足以震荡列国的武器。在那行将坍塌的围墙内，一支古老的长矛就放置在"荣誉战利品"和石制雷霆旁边。这是公元前32年向克莱奥帕特拉宣战时，小恺撒遵循古老传统所投掷的矛，[59]是最能令人将罗马建国者的刚勇与小恺撒本人相联系的事物。他奔赴疆场，飒爽英姿有如罗慕路斯二代。同一时间里，卡庇托尔山上也出现了许多工匠，开始全面地修缮这座罗马最古老的神庙。修缮工程面面俱到，仿若一场彻彻底底的重建。小恺撒明白，自己不能对战争后方掉以轻心。随着亚克兴角和埃及的战况传进城来，城市中心的锤打敲凿声也叮叮当当地响起，宛若美妙的伴奏。尽管作战期间，这位罗慕路斯二代其实更有可能在帐篷内呕吐不止，而非在和敌方将领短兵相接，但那并不要紧。公元前29年，他从东方凯旋。随着安东尼和克莱奥帕特拉双双殒命，整个世界似乎都归他掌控。而在他即将步入的这座罗马城内，城市军事传统的源头已经被塑造成了他本人的源头。

这些还不足以让他成为赢家。权威这种难以名状的威望，一直是罗马人眼里衡量伟大的最佳标尺，它要求一个人的神情相貌和举手投足都要像赢家。表演才能与豪情壮志同等令人印象深刻的小恺撒一直对此分外敏感。在腓力比战争期间，战俘们故意不向他致敬；在佩鲁贾，遭到围攻的守军也戏称他为"屋大维娅"。[60]公元前38年，他终于忍无可忍了。在塞克斯图斯手上栽了大跟头后，羞耻万分的他重整旗鼓，开始采用一种他最喜爱也最大胆的权宜手段，来掩盖自己军事才能上的欠缺：换上一个更威风的名字。[61]新的名字出现在了他的货币上。这表明，从今往后，他就是"凯旋将军·恺撒"（Imperator Caesar）。尽管许多将帅在战场上获得过这样的称呼，但还从未有人这样彻头彻尾又毫不谦虚地进行自我加封。清除塞克斯图斯后，这位新晋凯旋将军立刻不遗余力地投身行动，想证明自己是实至名归的。公元前35年，他跨越亚得里亚海，前往巴尔干半岛讨伐当地的一群喧嚣顽劣的野蛮人——伊利里亚人。历经两年断断续续的征战后，他取得了一系列广受宣传的胜利。伊利里亚人遭到了各式各样的伏击、围困和屠杀。十多年前被缴获的一批鹰旗得以重见天日。凯旋将军·恺撒右膝受伤，英勇挂彩。而平定伊利里亚人只是一个良好的开局，更辉煌的胜利还在后面。公元前29年夏，这位埃及征服者从东方营地归来，身上的权威散发的光芒将整个世界照得一片明亮。此时，凯旋将军·恺撒几个字已经成了他的名字。

　　同一时间里，意大利人正惴惴不安地等候着征服者的归来。有关上次内战他班师回朝的记忆仍然鲜活。和腓力比战争一样，亚克兴角一战胜利后，他的身后将会有一支渴求土地的庞大军队。他所招募的士兵加上敌方倒戈的叛党，前后共有将近六十个军团。意大利人心惶惶，连贺拉斯都受到了打听小道消息之人的叨扰。"恺撒打算把哪儿的土地分给士兵，来履行当初的承诺呢？"[62]这个问题压在了每个人的心头。这位即将凯旋的英雄在职业生涯早期为巩固权力采取了那般狠毒残暴的手段，一想到这一点，人们似乎也找不出别的答案了。然而，事实证明，这种恐惧是多余的。小恺撒早年杀人如麻，并不是因为他权势强盛，而是由于他势力薄弱。现如今，他一没有劲敌与之对抗，二有东方的财富作为支撑，已经不再需要靠赤裸裸的犯罪行为来达到目的了。最能确保他权力不倒的是权威，而最能确保他权威屹立不倒的，就是他那以和平恢复者与保卫者的身份造福罗马人民的能力。

没人想再深究他踩着同胞尸体走向伟大的事实。公元前 29 年 1 月，凯旋将军·恺撒从东方归来六个月前，元老院正式批准了这一耸人听闻的新名字。现在，他正式成为罗马名正言顺、至高无上的荣誉楷模，这种身份所体现出的是一种特别的军事素养，而这种素养为罗马带来了帝国江山，又几近摧毁了它。掠夺成性的贵族们为夺权蹚血海、踏尸山的日子就此结束。从今以后，只有一人主揽大权。"让更优秀的人单独统治。"[63]这一点在 8 月 13 日凯旋将军·恺撒进城后，以一种最为公开透明的方式体现了出来。他驾着一辆饰有黄金和象牙的驷马战车行进，军队尾随其后。就这样，他以一种罗马人才明白的方式，庆祝着自己的威武神勇。

这场被称为"凯旋式"的仪式背后有着一段悠久历史。有学者认为，凯旋式的起源可以追溯到罗马成立之初。[64]据说，罗慕路斯从倒下的敌人身上扒下那件"荣誉战利品"后，"身穿紫袍、头戴桂冠"[65]地进了城，由此开创了罗马史上的一条先河。是真是假不重要，总之，凯旋式一直就是罗马人走向巍巍帝国之路上的里程碑。西庇阿、庞培和尤利乌斯·恺撒都举行过凯旋式，但没有一场像正在为凯旋将军·恺撒上演的这出庆典这么壮观。按照要求，欢庆的热潮持续了整整三天。伊利里亚、亚克兴角与埃及：每处都是一场单独的凯旋式的中心。"大街上回荡着欢呼声、游戏声和掌声。"[66]士兵们带着克莱奥帕特拉的王国盛产的奇珍异宝、法老土地上最不可思议的财富，在人群的目光中列队穿行。这一刻，凯旋式达到了高潮，所有罗马人同时惊掉了下巴。不过，这些异国财宝并不是庆典的唯一重心。凯旋将军·恺撒获胜归来的那天早上，是维斯塔贞女祭司引他入城的；他在街道骑行时，身后跟随的又是共和国的首席行政官员。他的凯旋式既是史无前例的——罗马历史上首场为期三天的凯旋式——又同过去遥相呼应，在给公民同胞们带来奇观的同时也带来了安心。正如他最先盘算的那样，罗马人开始认定，此刻他们见证的就是终极的凯旋式。

游行结束后，人群四散开来，镀金马车也被收好。震撼人心的三天时光就这么结束了，只留下一串回忆和对新生活的希冀。罗马人尽管非常享受这场凯旋式，却早已厌倦了穷兵黩武的状况。"我的任何一个儿子都不会再去当兵。"[67]在这过去的二十年里，不少人逐渐生出了这样的想法。凯旋将军·恺撒对此非常理解。他不能一边享受人们的拥护，一边又把支撑政权的军事基础赤裸裸地暴露在公众视野之中。因此，即便街道上仍满溢着凯旋式的璀璨光芒，他还是开始采取裁军措施。

凯旋将军·恺撒此刻坐拥埃及，有能力用金钱来解决这一难题，自然没有没收土地的必要了。他一掷千金，为成千上万的退伍士兵购买了大片土地。一些人在意大利安居，还有一些则得到了国外殖民地的土地。没有人惹是生非；也没有人怒气冲冲。罗马历史上还从未有政客尝试过规模这般宏大的政治壮举，更别说去实现了。不出意料的是，这项成就受到了广泛且由衷的感激。由此看来，凯旋将军·恺撒的承诺并不是空头支票。恐怖的内战结束后，和平是真真切切呈现在人们眼前了。"那个充满激烈斗争的年代慢慢缓和下来了。"[68]

然而，并非各地都是如此。帝国周边还有一大批桀骜难驯的野蛮部族，因此罗马万不可全然铸剑为犁。不管怎样，总得留些军队加以防守。高卢、西班牙、叙利亚和埃及这些地方肯定都需要有人坐镇。巴尔干地区也是。尽管对战伊利里亚人时，凯旋将军·恺撒表现得神勇盖世，但他们仍旧是一颗麻烦重重的毒疮。多瑙河一带部族的族人胡子拉碴，袒胸露背，肩负毒箭，是不会像文明人那样建城筑墙然后安居其中的；相反，他们永远在移动。公元前29年夏，凯旋将军·恺撒还在国内举行凯旋式时，马其顿行省外的荒原上便已有一场危机正在酝酿着。一个名为巴斯塔奈（Bastarnae）的部族正朝南行进，由于他们通常藏在多瑙河河口的潮湿树林里，故而又被称作"松树之族"。他们携妻带子，数量庞大，纯粹是一股赤裸裸的威胁。伴随着隆隆的声音，马车离马其顿越来越近，马其顿总督的职责不言而明。哪怕这些巴斯塔奈人并无进犯罗马领土之意，他们逼近罗马边界的冒失行为也同样难以被姑息。情势所迫，必须先发制人。

不管怎么说，这就是马其顿总督的想法。他集结大军，身先士卒地冲进了野蛮人所在的荒野。他身上展现出的，正是当初成就罗马帝国大业的大无畏精神。毫无疑问，换作罗慕路斯也会这么做。但巴尔干地区突然爆发的战争在罗马显然不大受欢迎。帝国内，只有一个人有资格效仿罗慕路斯——而且这个人绝不是马其顿总督。三十年前，凯旋将军·恺撒被晋封为神的父亲也曾是边界行省的总督。在征服高卢全境时，他所做的第一件事就是挥师北上，阻止野蛮人向南迁徙。接下来的事众人皆晓，无须多作提醒。但凯旋将军·恺撒左右为难。一方面，他不能就这样去阻止一个罗马贵族做自己该做的事。公敌宣告时期，他的统治固然赤裸而血腥，但那些黑暗时日已经结束，他也绝不希望像暴君那样进行统治。另一方面，倘若出面制止，他就可能和父亲一样，面临被元老们乱刀捅死的风险。他的窘境就在于此。不过，他总算想出了一个两全其美的办法，既能让元老院乖乖配合，又可以不让那些猛兽去碰触真正的权力。

毫无疑问，马其顿总督就是其中的一头大猛兽。马尔库斯·李锡尼·克拉苏是那位巨富的同名儿孙，后者在恺撒跨越卢比孔河及内战爆发十年前，靠玩弄手腕主宰着罗马的政治气候。祖孙两人宛若一个模子刻出来的。克拉苏总是突然间调转船头，以此方式在时代的激流中游刃有余地穿梭。他先是在紧要关头背弃塞克斯图斯·庞培，支持安东尼；接着在亚克兴角大战前夕，再次改旗易帜。他还凭借他那足以光宗耀祖的商业头脑，达成了一项相当困难的协定：他让凯旋将军·恺撒开口答应，只要他弃暗投明，就能当上执政官，而且在任期满后，还可以掌管一个驻有军队的行省。自克拉苏祖父在卡莱沙漠惨死、鹰旗落入帕提亚人手里以来，二十四年过去了。但那场战败带来的屈辱仍然令罗马人耿耿于怀，对此克拉苏的感受尤为强烈。现在，巴斯塔奈人误打误撞地闯进他所管辖的行省，无异于为他提供了一雪耻辱的大好时机。他要用野蛮人的血去清洗家族的门楣。

巴斯塔奈人在意识到大军压境后，立刻慌了阵脚。国王德尔多派遣使臣与克拉苏洽谈，"让他看在他们未对罗马人造成伤害的分上，不要追赶他们"[69]。而追捕他们的克拉苏热情地接待了使臣，给他们斟上美酒佳酿，一杯又一杯。使臣们醉得越来越不省人事，他套出的消息也就越来越多。原来，巴斯塔奈人和他们的马车就藏在附近的丛林。掌握猎物的部署后，克拉苏毫不犹豫地下达了命令。尽管天色已黑，士兵们仍然开始向前行进。

与此同时，丛林另一端的巴斯塔奈国王渐渐明白，使臣们回不来了。破晓时分，德尔多透过篝火辨认出了丛林外围的罗马侦察兵。勇士们立刻从围成一圈的马车阵列中冲出，拔刃张弩，将马肠制成的弓弦绷得几乎断裂。沾着毒液的箭头齐嗖嗖地射向罗马兵，一部分人轰然倒地，其余人则溃不成军地向丛林内部逃去。巴斯塔奈军队乘胜追击，一头扎进了暗处。伴随着他们的闯入，灌木丛内响起了胜利的呐喊声。没有一个巴斯塔奈人（尤其是他们的国王）停下来想过：前方或许有诈。

克拉苏恰恰使了这样的诈。伏击发动后，灾难性的后果很快降临在敌方身上。巴斯塔奈军队全军覆没，士兵的尸身化为滋养丛林树根的肥料；他们的女人、孩子被圈禁起来；马车付之一炬。这则用鲜血与大火写就的讲述罗马人之伟大的消息，传遍了整个巴尔干地区。最璀璨夺目的战利品，当数克拉苏本人赢取的：正是在他的剑下，巴斯塔奈国王命丧黄泉。从德尔多尸体上卸下的盔甲，成了罗马无数将领几个世纪以来都未能获得的奖杯。士兵们在战场拥立克拉苏为凯旋将军时，其实也是在对他的另一重身份致以敬意：罗马历史上第四个只手赢得"荣誉战利品"的人。

当然，对凯旋将军·恺撒来说，这则消息来得太不是时候了。他的凯旋式、在卡庇托尔山开展的建筑工程，乃至他本人的名字，一切的一切，全是为了在人们心中建立起自己凯旋将军的形象。现在，又有一个大将军要带着蛮族首领的盔甲游行，而且还要把它放置在自己大张旗鼓地用重金修复的神庙内，那是多么的不堪设想啊。那将对他的权威构成直接威胁，是可忍孰不可忍。他发自本能地狠狠打压克拉苏立下的战功，恰恰说明了他的局促不安。凯旋将军·恺撒很早就学会了打着传统（通常是虚假的传统）的幌子来遮掩目的，现在他故技重施。很快，一则消息浮出水面，宣称工匠们在卡庇托尔山的古代神庙里发现了一件稀罕物：古老的亚麻胸甲。凯旋将军·恺撒"这位庙宇的修缮人，还亲眼见过它"。[70]胸甲上的铭文表明，这正是科内利乌斯·科苏斯，也就是罗马第二位为朱庇特奉上"荣誉战利品"之人的衣物。不止如此，它还揭示了一个此前不为人知的事实。不同于共和国的编年史及其他历史文献所述，科苏斯在赢得这份广受瞩目的战利品时，真正的身份其实是一名执政官。从这一发现来看，人们有理由辩驳：克拉苏不过是一个总督，或许是没有资格奉上"荣誉战利品"的。

　　但事实并非如此。尽管克拉苏在杀死巴斯塔奈国王时，只是一个小小总督，而非罗马的大执政官，但这无法改变他独立指挥的事实。不管怎样，水终究被搅浑了。由于克拉苏至少还会在马其顿待上一年，凯旋将军·恺撒便有了足够时间来消除所有的潜在危害。无疑，急迫的挑战就摆在眼前。他必须建立起牢不可破的权威。因此，公元前28年，他再振雄风，将自己打造为罗马人民最高贵且优秀的传统捍卫者，化身为"交还人们以法律与权利之人"。[71]尽管他曾经是恐怖分子，尽管他曾因罪行累累而臭名昭著，但这一切全部得到了彻彻底底的清洗，一丁点痕迹也没有留下。公敌宣告及内战这一黑暗时期颁布的违宪措施被郑重废除；自由选举行政职位的惯例得以恢复；象征他好大喜功的八座银雕像也被熔化。站在人民的角度来看，

72

凯旋将军·恺撒拒绝了"任何有违先祖传统"[72]的荣誉。这个早期批准谋杀多位元老的人，此时却满载荣誉地坐上了元老院的首席。他感激地从元老们手中接过非洲征服者西庇阿曾拥有的神圣封号，变身为首席元老——"元老院的第一人"。

凯旋将军·恺撒如此宽厚地恢复了罗马人那原已被剥夺的自由，得到这一封赏自然顺理成章。而且更大的嘉奖还在后头。公元前 27 年 1 月 13 日，这个熄灭内战烽火、赢得世界霸权的人，满怀浩然之气地向元老院宣布，将下放自己的所有权力。从今以后，他只想像过去四年一样，被人民选举为执政官。他随后谦逊而有力地说道："我现将负责公共福利的职权转移给元老院与人民，让他们决定什么才是最好的。"[73]元老们脸上挂着精心排练过的惊讶，听完了凯旋将军·恺撒的陈词。他们判定，最好的做法是拥护他为捍卫罗马高贵传统的盖世英雄。在近二十年前的牧神节盛宴上，手舞皮鞭的安东尼气喘吁吁地给尤利乌斯献上了一顶王冠；而现在，换作元老院态度坚决地要给这位恺撒加冕了，只是，他们并不是要拥他为王，而是敬奉他为罗马人民的公仆。"公民王冠"是用橡树叶扎成的简陋花环，环如其名，象征着公民之间的共同纽带。只有在战争中拯救同胞，"将威胁同胞的敌人歼灭，并且绝不退却"[74]的罗马人，才有资格获得这一殊荣。还有谁能比这个让罗马帝国免于内爆的人更有资格呢？面对元老院授予的殊荣，凯旋将军·恺撒满怀感激，毫不犹豫地接受了嘉奖。奖赏虽然谦逊，却正因此而显得无比珍贵。按照命令，它被放在了一个全民皆可见到的地方：凯旋将军·恺撒宅邸的大门正上方。它将永远地挂在那里，让人谨记"他所拯救的罗马黎民苍生"。[75]

其他贵族敢与这糅合了谦逊的荣耀争锋吗？这样的权威已

经令任何一种行政官职、任何一种高贵血统、任何一种卓著功勋黯然失色。在凯旋将军·恺撒声称自己是个"只求平静度日的温和之人"[76]时，元老院内鲜有质疑声。当然，他声称要将争取荣誉的权利归还给元老们时，并不只是装模作样。如果不那样做，愤怒和绝望就会在他们心中郁积。而当年，就是这股情绪将他父亲送上了绝路。凯旋将军·恺撒需要他们的支持。他向他们提出的改革计划都是确确实实的。元老院将恢复成内战前的模样，加入元老院仍然是人们平步青云、加官晋爵最稳妥的道路。选举将再次公开进行，竞争也将不受约束地展开。凯旋将军·恺撒无法再将官职直接授予中意的人选，而是必须为他们游说拉票，且和其他任何人一样，也要投出自己的一票。或许在那些易于轻信的元老看来，元老院的无上地位是当真得到了复原和提升吧。

　　然而，尽管古老的共和国官职仍旧散发着耀眼的光辉，但对那些渴望升迁的有志之士来说，世界已经发生了难以忽视的变化。体现这些变化的事物随处可见。那天早上，元老们穿过罗马广场去听凯旋将军·恺撒的演讲时，沿途经过了许多熠熠生光的纪念建筑，它们都是为纪念神化的尤利乌斯及其儿子而新建的，有神庙、雕塑和拱门。抬头凝望那刚刚竣工的元老院屋顶时，他们也绝不会错过踩在球上的维多利亚女神的雕像。而当他们注视着凯旋将军·恺撒发表重大演讲时，还可以看见他的正后方有另一座维多利亚的雕像，她显眼地立在柱子上，周围都是从埃及缴获的战利品。对一些元老来说，这样的璀璨光华太令人生畏了。他们对自己的忠心的表述上升到了戏剧的高度。一位元老高声呼叫，说自己宁愿死，也不愿活过凯旋将军·恺撒。他冲出元老院奔向街头，开始鼓动人群立下同样的誓言。连台伯河似乎都躁动了。河水漫过岸边，淹没了罗马地势较低的好几处地方——这无疑是天神所降昭示，意欲让凯旋将军·恺撒"统领全城"。[77]可首席元老这种正式头衔怎能匹配他那伟大的地位呢？任何一种正式头衔都不能。凯旋将军·恺撒的伟大远超任何官衔或荣誉的界定范畴。那么，或许最好的办法就是将他视作第一公民（princeps）：罗马的"第一人"，世界的"第一人"。

　　凯旋将军·恺撒又和以前一样，扮起了两面派的角色。他所谓的放弃正式权利，并不是彻底弃权。那些令共和国走向毁灭的野兽绝不能再次被放出笼。名门贵族仍能像其先祖一样为了高官厚禄互相角逐，但事实上又只能像被圈禁的老虎一般，来回踱步，跳不出精美华丽的动物园。元老们对第一公民演讲的（都是事先仔细练习过的）反应使这一点得到了保证。克拉苏又进行了一季艰难征战，当他还在越冬地养伤时，凯旋将军·恺撒就开始采取措施，确保他这样的贵族子弟再也不会有机会征讨蛮族。演讲结束后，第一公民坐了下来，唯唯诺诺的元老们立刻起身，一个劲儿地央求凯旋将军·恺撒不要放弃军事指挥权。第一公民坚决而大义凛然地拒绝了。但元老们不依不饶地恳求着，说罗马仍然需要一个捍卫全民自由的人。即便如此，这些官员又接着问道，庞培和第一公民那现已晋升为神的父亲都曾接受过一项任命，负责掌管诸多行省，而且期限为十年，第一公民连这都不肯接受吗？该任命与罗马的传统可是毫不相悖，而且也完全不带有任何君主制色彩。这一席话让第一公民陷入了深思。思考了适当时长后，他承认道，元老们的话或许在理。于是，他极不情愿却又高尚且尽职地接受了这一任命。

高卢、西班牙、叙利亚和埃及：元老院出于感激之情，授予了凯旋将军·恺撒一系列行省，而这些就是其中富得流油的地区。这给他提供了一支由二十多个军团组成的军队。从今以后，任何人在疆场率领这些军队作战时，都只能以他的下属的身份——"特使"进行指挥。达官贵人无法再开展"狩猎"荣耀的行动，去猎取"荣誉战利品"。马其顿的克拉苏仍能继续治理自己的行省，但羽翼已经受到了重创。公元前 27 年克拉苏归城返乡时，第一公民已经觉得没必要再挖空心思去否认他的胜利了。克拉苏押运着战利品和俘虏在罗马游行。他的英勇事迹令人们热情高涨。贺拉斯是为之欢呼祝酒的众多人之一。[78]不过，有关"荣誉战利品"的事情克拉苏只字未提，他也没有去朱庇特的小神庙拜祭。昙花一现的克拉苏很快淡出了公众视野。他的征战彻底完结。后继的历任马其顿总督，尽管并非由第一公民直接任命，一概黯淡无趣且默默无闻。事实上，的确有一人曾对友邦国王不宣而战，但很快就被押回了罗马，接受非法出师的审判。第一公民本人屈尊出席，为这场起诉做见证人。自此以后，总督们一概不敢越过马其顿边界一步。

不过，这并不意味着，罗马人被剥夺了能振奋人心的军事冒险机会。恰恰相反，第一公民十分看重自己的行省责任。外面的世界还有一大片天地待征服与平定，他想证明自己有能力担起这份撼天动地的使命，而击败蛮族的胜利正是体现他指挥有方的必要凭证。因此，在受第一公民管辖的边疆一带，处处战火连绵。他的特使开启了罗马史上一系列前所未有的征程。军队沿尼罗河行进，长驱直入埃塞俄比亚；直捣阿拉伯的偏远沙漠；还制服了阿尔卑斯山的盗匪。对罗马城内的人民来说，似乎最遥远、最野蛮的民族转瞬间都要被迫对罗马俯首称臣了。

"恺撒，"贺拉斯情绪高昂地挥毫写道，"正奔向世界尽头去讨伐不列颠人！"[79]事实上，恺撒并没有这么做。他心里有着不一样的盘算。近两个世纪以来，西班牙北部山峦的部族屡屡将罗马军团击溃，公元前 26 年初，第一公民开始率兵亲征西班牙。而神明早就以壮观的方式展现了自己对这场征战的支持：一道闪电从天而降，掠过了恺撒所乘轿辇，将旁边一个奴隶劈得灰飞烟灭。尽管朱庇特无疑一直眷顾着自己的宠儿，但事实证明，他的青睐也不过如此——因为第一公民在征战中并未处于有利形势。当地土著的游击战术具有巨大的破坏力，使得小恺撒故态复萌，再次在打仗时候卧倒病榻。而野人们一时骄妄轻敌，与罗马人短兵相接，最终大败亏输。忠肝义胆的阿格里帕平定了余孽。第一公民自然是坐享其成，抢过了所有的汗马功劳。

罗马人民也乐意让第一公民沉溺在这样的功勋之中。当他从西班牙回城时，人们献出花环，打开酒罐，殷勤中透露出显而易见的紧张。第一公民的身体遭受了重创，医师诊断为肝脓肿。许多人开始担心最坏的结果。"世界掌握在恺撒手中时，我无须担心内战，也无须担心自己会横死。"[80]贺拉斯如是陈述简单的事实。他在萨宾山的农庄里生活得心满意足，绝不希望和平的果实就此掉落。大部分公民同胞也不希望这样。公元前 23 年初，第一公民的病情已经十分严重，见他大限将至，整个罗马屏气敛息。无疑，肯定有人在祈祷死亡降临，期盼脱离他的统治；但更多人不这么想。维系世界安稳的那根细线就这样裸露在外。而第一公民即便在病床上翻来覆去、汗流不止时，也仍不忘总结形势。冲了几个强劲的冷水澡后，他终于从鬼门关死里逃生。他抱着一种绝不浪费这场危机的决心，最终痊愈康复。现在，他比以往任何时候都清楚，自己的卓越地位是得到了广泛支持的。他迅速行动以把握时机。

公元前 23 年 7 月 1 日，第一公民宣布，将放弃第十一次担任执政官的机会。和四年半前一样，他再次摆出了弃权姿态，但他的权威地位其实变得越来越牢固。他和元老院之前的交易本就如一出皮影戏，如今这出戏又上升到了更加复杂的程度。当然，新约定中有许多内容会让元老院的活跃分子喜出望外。第一公民不会再年复一年地霸占其中一席执政官之位了。一夜之间，人们成功竞选罗马最重要官职的机会增加了一倍。共和国及其最富竞争性的传统似乎的确复原了，但这肯定是有代价的。元老院也需要履行自己的约定。他们把新的大权让给了第一公民：可以随时召唤元老，制定法律让其通过，享受比行省总督还高的地位，哪怕他们并不是自己的官方特使。所有这些特权全部得到了同意和批准。四年前，凯旋将军·恺撒还不敢提出这样的要求，但现在情势大变。他的权威散发着刺眼夺目的光芒，拖曳着最深最暗的阴影，且已经武装上了新的影响力和威力。

一年后，备受饥荒与瘟疫折磨的罗马人发动了暴乱。他们断言，只有让恺撒担任独裁官，才能拯救城市于水深火热，而第一公民义愤填膺地驳斥了他们的要求。他扑通跪倒在地，拼命撕扯着自己的衣服。之前进入元老院时，他总要在托加袍内套上盔甲，而现在，他袒露胸膛，恳求人们千万不要逼他做独裁官，否则不如一刀刺死他。这种戏剧性的表演或许是有意而为，但他的愤怒是真真切切的。他不再需要父亲的悲剧来警醒自己，切勿重蹈覆辙。他为自己赢取的卓越功勋是不能被任何正式头衔限制的。他的权力有如最馥郁的香气，渗透到了罗马的每一个角落和每一处缝隙。因此，他没必要既亵渎自己的权

78

力，又冒犯罗马的传统。毕竟，如果权力无从保留，那他所做的一切岂不白费？此时此刻，人们凝视第一公民，看见的不是共和国的刽子手，而是共和国的化身。"恺撒若不是政体本身，那还能是什么呢？"[81]

从19岁自称神明的复仇之子以来，曾经的盖乌斯·屋大维已经明白：最确凿的真相就在观者眼中。有意让人们不去看什么和他们能看见什么一样重要。马尔库斯·克拉苏因为急不可待地想血洗祖父的耻辱，便把一位野蛮部族的国王逼入死角，还亲手挥剑砍倒了他；但公元前22年9月，第一公民长驱直入东部行省时，心里很清楚，武力解决绝非上乘之计。目前为止，他的赫赫威名就是更胜一筹的武器，足以令帕提亚人如罗马公民那样对他敬畏有加。第一公民并没有像克拉苏那样领兵作战，以身涉险，相反，他更倾向于和帕提亚国王弗拉特斯公开协商。

这一策略是无与伦比的。在此之前，还没有任何一位凯旋将军考虑过用武力以外的办法来解决与蛮族之间的纷争。只有一位神明般威震四海的领主才会公然挑战这种刚硬的军事作风，也只有这样的领主才可能马到成功。对弗拉特斯来说，自家门口的这个强势好斗、阴晴不定的霸主竟对自己平等看待，无不叫人大感宽慰，于是他立即接受了和平协商的请求。为表善意，他拿出了第一公民此次东行特意想取回的东西：卡莱战场上从克拉苏手里缴获的鹰旗。这真是了不起的成就！从那臭烘烘的巴尔干酋长身上扒下的盔甲，还怎么敢与之争辉？

三年后，第一公民兵返罗马，力争让这场胜利深入民心。他命人在神圣的卡庇托尔山上、数世纪前存放过罗马人首份战利品的地方修建了一座小神庙。鹰旗将暂时被保管在此：与其地理位置一样，该庙在功能上被专门设计得与古老的朱庇特神庙相呼应。[82]第一公民一贯敏锐周密。他深知自己此举向公民同胞广而告之的是什么讯息。尽管没有杀死敌军将领，但他获得的是终极的荣誉战利品。是的，他就是罗慕路斯二代——罗马的新建国元勋。

罗马建城那一天，帕拉蒂尼山上曾有 12 只雄鹰飞过。这种征兆的出现是由于一股非凡神力的影响，罗马人称其为奥古斯都（Augustus）。公元前 27 年，元老院还在紧打紧催地让第一公民接受世界各地的行省统治权时，其中一位元老突然认定：奥古斯都这个词就是对他的完美形容。其余元老都知道凯旋将军·恺撒喜好给自己加封新名，因而原本就在催促他取名"罗慕路斯"，但在奥古斯都这个词蹦出来后，整个元老院立刻不约而同地意识到，其余任何名称都不可能更适合他了。第一公民本人不愿采用君王的名字，便同意了。就这样，这个名称成了现实。元老院经正式投票，授予了凯旋将军·恺撒额外的封号"奥古斯都"。这个名字不仅没有"罗慕路斯"那样咄咄逼人，而且还更加大气恢宏。"奥古斯都是父辈对神圣之物的称谓。奥古斯都也是我们对有祭司护持的正规神庙的称谓。"[83]

拥有一个这样的名字后，奥古斯都不再需要任何其他正式头衔了。他不是君王，不是独裁官，甚至连执政官也不是，但他的身份无比尊贵。神明在罗马千钧一发之际展示了一丝神力，赐给了它凯旋将军·恺撒·奥古斯都。

教父

第一公民的病情总是间歇性发作，于是，他决定雇用一名秘书。四处物色后，他选定了贺拉斯。这个诗人机智诙谐、风度翩翩，而且为人谨慎，似乎就是最好的人选。但贺拉斯对此 80

惊恐万分。他好不容易才摆脱了财务官的苦差事，绝不想再被拴在另一个人的文墨纸笔旁边。他绞尽脑汁，及时编造了几个借口。他向第一公民解释说，自己也抱病在身。因此，对于第一公民的好意，他不得不遗憾地谢绝。

这番推托之词出自腓力比战争的战败方，似乎有些胆大包天。因为奥古斯都早年的残暴狠毒仍然残存在人们的记忆中。对某一特定时代的人来说，看见第一公民抬手敬礼时，都很难不联想到他身为后三头同盟成员时的故事：他曾用自己的手指，将一个疑似杀害了恺撒的人的眼珠活生生地挖了出来。然而今时不同往日。奥古斯都对这则故事明显感到焦虑不安，因此矢口否认。年少轻狂时的暴虐无道在很长一段时间里助他达到了目的。现在，整个罗马帝国都归他掌握，他根本无须再依靠暴力手段。宽大为怀更能助他稳固江山。对于不必再害怕的事物，奥古斯都完全可以心甘情愿地忍受。在父亲所建的维纳斯神庙内，克莱奥帕特拉的雕像仍然泛着金黄色的光芒。安东尼那潇洒活泼、教养良好的儿子尤鲁斯·安东尼不仅由屋大维娅养大，还与第一公民的侄女结为了连理。那些为庞培而战的人、在腓力比大战中统帅军队的人、在家里参拜弑杀尤利乌斯之罪犯的人，都在他的鼓励下做了执政官。奥古斯都一旦高枕无忧，便再无兴趣去追索恩怨。因此，即便贺拉斯拒绝担任第一公民秘书一职，也仍不妨碍他继续受到青睐。

事实上，第一公民还是一个开得起玩笑的人，这一点广为人知。他曾遇见一个和自己模样相似的年轻人，于是开口问道："告诉我，你的母亲来过罗马吗？""没有，"对方回答，"但我的父亲经常来。"[84]诸如此类的逸闻趣事奇妙地改善了第一公民的形象。加上他能毫不示弱地予以反击，也对他形象的提升大有裨益。奥古斯都的幽默和罗马的普罗大众一样，带着一丝喧嚣和粗鄙。侏儒、瘸子、痛风病人，都能让他妙语连珠。梅塞纳斯因为"作风散漫、阴柔孱弱"[85]而被第一公民嘲笑，贺拉斯则因为胖而被他打趣。奥古斯都在说这些话时一贯亲切温和。他称呼这位诗人是"最干净的鸟人"[86]时，其实是在表现自己对其的喜爱，而非蔑视。在和自己看重的人相处时，他很善于表现自己的体贴和魅力。但他的性格中仍然保留着一丝强硬和粗暴，总让那些势利眼想起他那低微的小城镇出身。无论是头戴一顶破破烂烂的遮阳帽在后街为拳手们欢呼，还是因为看见驼子而放声大笑，他的身上始终保留着一抹乡土气息。

但这些并没有损害他在罗马人民心中的声望。想到第一公民是个毫无架子及风度的人时，人们感到十分愉悦。他的私人细节在经过小心翼翼的披露后，为他在人民心中营造了一个诚实淳朴的罗马公民形象。他的名字神圣且高贵，他用餐时却和农民别无二致，他的面包粗糙坚硬，喝的酒水也再寻常不过，这些都已是举城皆知的事实。模仿神明是极易招致怨恨的，即便是神明的儿子也不能避免。奥古斯都在这一点上汲取了惨痛的教训。腓力比大战后，世界像是被神明遗弃了一般，效仿弃城而去的神明成了风靡一时的热潮，雄心勃勃的军阀们群起效尤。一位前执政官甚至可以无所顾忌地把全身漆成蓝色，再套上鱼尾，充作海神的模样，四肢着地，胡乱扑腾。奥古斯都在刚热恋上莉薇娅时，曾举行了一场化装舞会，结果惹得天怒人怨。当时，罗马正饱受饥荒摧残，他却举行酒宴，让宾客们装扮成神祇的模样入场。这位新郎官自己则打扮成了霞光万丈、青春不老的光明与音乐之神阿波罗。在遍地饥馑的城市街道上，百姓们听说消息后不禁怒火中烧，而且愤怒中夹杂着怨恨和嘲

82

笑。"是啊，当然了，"人们叫喊道，"恺撒就是阿波罗——虐待者阿波罗（Apollo the Torturer）呵。"[87]

罗马人很容易将世俗中代表预言和自律的保护神与邪恶联系在一起。这是有特殊理由的。在广场上的那棵神圣的无花果树旁，竖立着一座肚皮滚圆、肩扛酒袋之人的雕像。这是玛尔叙阿斯（Marsyas），一个在音乐比赛中向阿波罗发起挑战的半羊人。其实胜利本属于他，但他无奈遭受欺诈，后被阿波罗以放肆无礼之罪活生生剥了皮。不管怎么说，这就是希腊人所讲的故事版本——在意大利流传着一个有着更加美好的结局的版本。据说，玛尔叙阿斯从愤怒的阿波罗身边逃离后，来到了亚平宁山，并在此教授土著居民占卜技能，还孕育了精于玩蛇的马西人。罗马并不是唯一纪念他的地方。在整个意大利，所有公共广场上皆能发现玛尔叙阿斯的雕像。尽管这个半羊人的出场时常少不了脚镣，但他的身姿总是傲视万物、昂然不羁。他已经摆脱了和神界之主的关系。因此，对意大利人来说，他就好比"自由的象征"。[88]

奥古斯都除了志向远大外，在其他任何方面几乎都特别保守。他对罗马传统保有深深的敬意，绝不会想到去把这样庄重的纪念建筑从广场挪开。但玛尔叙阿斯的雕像在许多层面上给他带来了困扰。腓力比大战时，他的口号是"阿波罗"，而敌方的口号却是"自由"。不止如此，玛尔叙阿斯的追随者们还认为，玛尔叙阿斯是被一位名为利柏耳（Liber）的无法无天的神明从剥皮者的魔掌下救出来的。利柏耳与阿波罗是死对头，是他教会人类纵欲纵酒。他的名字所代表的含义正是"自由"。最重要的是，安东尼敬奉他为保护神。后三头同盟之间的冲突就曾以天上诸神之冲突的形式进行过。安东尼曾"头戴常春藤

花环，身穿番红色长袍"，[89]装扮成利柏耳的模样，在克莱奥帕　84
特拉的首都带队行进。访问小亚细亚时，他受到了一群狂欢者
装扮的半羊人的热烈欢迎，而这里正是远古时代阿波罗与玛尔
叙阿斯展开音乐较量的地方。在他自杀身亡的前一天晚上，埃
及的空气中还回荡起鬼魅般的音乐和笑声，"人们都说，安东尼
常常自比且最敬奉的那位神，将要弃他而去了"。[90]

　　在罗马，安东尼征服者的胜利也同样是阿波罗的胜利。比
之于罗马广场对面山坡上那座不可思议的新兴建筑，卡庇托尔
山上朱庇特神庙的修缮工程一时间相形失色。公元前 36 年，
也就是塞克斯图斯·庞培被击败不久后，闪电击中了帕拉蒂尼
山。这意味着神明下达了谕旨——但是，是哪个神呢？阿波罗
最了不起的信徒便出钱请占卜师们尽忠职守地给出了答案。于
是，一连十年，帕拉蒂尼山的山顶上都挤满了起重器和脚手
架，以显示对阿波罗统治的臣服。一直到公元前 28 年 10 月，
建造工程才终于竣工，正如事先预料的一样，罗马人对此瞠
目结舌。在卢佩尔卡尔洞口上方的山坡上，在罗慕路斯用木
头和茅草搭建的那座难以修复的简陋小屋旁，一座璀璨夺目
的建筑拔地而起，它拥有最前卫最奢华的规格。"这座雪白的
阿波罗神庙"[91]拥有一面巨大的大理石山形墙，大门由象牙雕
刻而成，顶上是一辆铜制驷马马车，给罗马的天际增添了一
抹夺目的色彩。它伫立在帕拉蒂尼山山顶，一边的阴影笼罩
了整个罗马广场，另一边的阴影覆盖了烧焦的利柏耳神
庙[92]——亚克兴角一战安东尼大败后，这座神庙不出一年便被
焚毁殆尽，无疑让人明白了些什么。大获全胜的奥古斯都，
选对了天上的赢家。

　　尽管如此，他并没有忘记城市穷困的饥民曾有多容易被煽

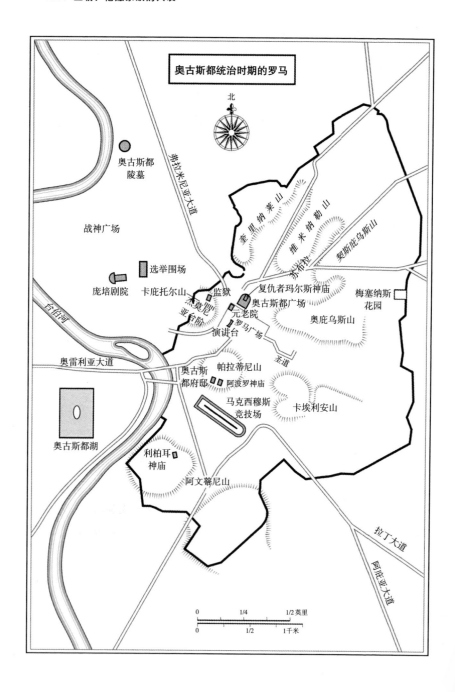

奥古斯都统治时期的罗马

北

奥古斯都陵墓

弗拉米尼亚大道

战神广场

选举围场

庞培剧院

卡庇托尔山

杰莫尼亚台阶

监狱

奎里纳莱山

维米纳勒山

苏柏拉

契斯庇乌斯山

复仇者玛尔斯神庙

梅塞纳斯花园

台伯河

元老院

奥古斯都广场

奥庇乌斯山

演讲台

罗马广场

圣道

奥雷利亚大道

奥古斯都府邸

帕拉蒂尼山

阿波罗神庙

卡埃利安山

奥古斯都湖

马克西穆斯竞技场

利柏耳神庙

阿文蒂尼山

拉丁大道

阿庇亚大道

| 0 | | 1/4 | | 1/2英里 |
| 0 | 1/2 | | 1千米 | |

动起来，因他假扮阿波罗而诅咒他。尽管第一公民对光明之神
毫不吝惜诚意，但现在的他也很明白，绝不能在醉醺醺的晚宴
上展示自己对阿波罗的认同感。总的来说，那样的行为和安东
尼的作风太过相似了。相比之下，奥古斯都更喜欢脸上随时闪
着层次分明的光和影。他往往不动声色，却又充满令人捉摸不
定之处。雕塑家为他打磨的肖像恰如其分地反映了他性格中的
微妙之处和无穷矛盾。透过他雕像上的那对招风耳，人们可以
瞥见一真实的第一公民：他的眉毛汇聚到了鼻梁上方，牙齿糟
糕，因为对自己的身高很不满意，所以穿了高底鞋。即便如此，
他仍旧是一个俊俏的美男子。他飞扬跋扈，数不胜数的人都乐
意就此溜须拍马道：他只需用"明亮灼热的目光"[93]凝视他人，
就能让他们低眉顺眼，仿若直视的是太阳一般。在雕塑上，第
一公民长着一对招风耳，俊美非凡宛若阿波罗。他介于青壮年
之间、介于惆怅和胜利之间、介于凡人和神明之间，无论从哪
个角度来看，都是当之无愧的奥古斯都。

　　他的画像中肯定容不下稀疏的头发和松弛的下巴，而这些
在共和国鼎盛时期一度是杰出政客的标志。奥古斯都还需要什
么来强调自己的成就呢？他的赫赫功勋已经让所有人望而生畏。
他的辉煌成就早已超越了许多皱纹满面的元老。保守派一度将
丑陋和德行紧密联系在一起，但这种联系对奥古斯都来说并不
具吸引力。第一公民不仅没有收敛热衷于自我标榜的癖性，反
而还将它延伸到了自己的形象问题上。历史上还从未有这么多
个人肖像，这样大批量地生产、大批量地散布，且最终大批量
地出现在公众面前。一种新的正统理念开始被灌输给罗马人民：
权力应该是美丽的。凝视奥古斯都雕像时，人们无疑能逐步形
成一种不一样的解读：这就是城市的外衣。

尽管罗马是"帝国的基座和神明的殿堂"，[94]但长久以来，它所呈现的面貌都与其世界之都的地位极度不符。成千上万的作坊和壁炉内，滚滚黑烟喷涌而出，笼罩在拥挤局促的棚户区的上方。楼顶尖尖的住房由支架撑着，颤颤巍巍地攀附在城内山丘的陡坡上。被烟熏黑的神庙坍塌崩落，周边是一条条杂乱无序又肮脏曲折的街道。东方的国王们是亚历山大大帝麾下将军的后裔，把国都建得金碧辉煌，叫人错愕惊呼。和那些城市相比，肆意扩张的罗马寒酸且单调。城内的泥砖及污迹斑斑的石灰华（tufa）是那样邋遢不堪，以至于东方帝国的使者初次入城时，简直无从掩饰其鄙夷之情。罗马城内没有宏伟的建筑，这在希腊人看来是滑稽的落后之象征，但在罗马人眼里则是自由的标志。五彩大理石、浮华街道、城市规划：这些东西所代表的，如若不是君主特权，那还能是什么呢？在一个自由的共和国内，任何人都不被允许进行这般邪恶的卖弄。这也就是为什么，恺撒横渡卢比孔河前那令人焦虑不安的十年里，一座座浮夸绚丽的纪念建筑破土而出，却成了共和国即将毁灭的先兆。尤利乌斯·恺撒斥资修建了自己的广场，还在旁边修建大理石神庙，配以宝马雕像。伟大的庞培也曾把名字镌刻在城内第一座石制剧院中。这两座竞相较量的建筑与城市其余地方的污秽衰败格格不入，如同镶嵌在血肉模糊的牙床上的几颗闪闪发光的金牙。不足为奇的是，两者所彰显的都是斥资者的荣耀，几乎与罗马大众无关。把一座像罗马这样嘈杂破烂的城市打造成雄霸全球的帝国国都，是一项旷古未有的重建工程。唯独手头掌握无限资源、享受无上权威、拥有充足时间的公民，才敢想到启动这一项目。简而言之，就是一位像奥古斯都这样的罗马公民。

　　自然，第一公民对城市的慷慨关切不可能没有掺杂私心。他的所作所为没一件是大公无私的。自始至终，他都致力于清除所有竞争的迹象，即便是来自逝者的也不放过。譬如，非洲征服者西庇阿的后裔为壮大家族声威，在卡庇托尔山一侧的游行大道兴建了一座美轮美奂的建筑物：一座巨大的拱门。不出所料的是，奥古斯都建起了一座更气派的拱门。他在罗马广场至帕拉蒂尼山的道路上大兴土木，一心要把最德隆望尊的家族也打压得灰头土脸。表面上，这座拱门是为其生父而建——他在屋大维仅 4 岁时便溘然长逝了；但其实，它是在彰显屋大维更璀璨夺目的家世渊源。这座拱门内没有屋大维尘世祖先的雕像，只有一尊雄伟的阿波罗雕塑和驷马马车，由一整块大石雕刻而成。奥古斯都巧妙而果断地将有关自己血统的流言蜚语扣在了他们的头上。尽管这座拱门无法确凿证实有关他母亲的传言，但也没有对其进行否定。据说，在奥古斯都出生九个月前，他母亲曾在阿波罗神庙休憩，一条蛇爬了过来，在她身上留下了奇迹般的"如蛇一样的彩色记号"。[95]这便是奥古斯都时常爱玩的双面游戏。一方面，为避免触怒罗马人民，他不愿直接称阿波罗为父，另一方面，他又十分满足于卖弄这一点；和往常一样，他总是鱼与熊掌兼得。

　　他无疑是踩着危险的钢索取得这一切的。一重身份近乎神明，另一重又是普罗大众中的一员，他必须天赋异禀，才能在绳索上保持平衡。奥古斯都的身上糅合了极度的狂妄自负和超凡脱俗的耐心自律。金碧辉煌的阿波罗神庙将光辉投射到第一公民在附近的家宅，同时也把那些原本只有寡头执政者才能享受的东西向普通公民开放。图书馆、庭院和柱廊都被并入神庙的主体，主宰着帕拉蒂尼山山顶。在这样的背景下，第一公民

87

88　本人的私宅就无可避免地显得寒酸质朴了。即便宅园原主人霍滕西乌斯骄奢成性，但时代潮流早就不复以往。豪门大户的府邸现在都装点着新的奢侈品。当时的著名时尚权威梅塞纳斯正忙着把暖水泳池引进罗马，因而第一公民的住宅在那些习惯了高档奢侈品的人看来"规模和风格都不够显著"。[96]梅塞纳斯在豪宅中央建起一座高耸入云、足以远眺亚平宁山的塔楼时，第一公民也不为所动。富可敌国的奥古斯都无须向任何人证明自己拥有万贯家财。

　　他很清楚这种做法是契合大众情绪的。"他们可能会赞成修建具有美化性质的公共建筑，却对私人奢侈品毫无兴趣。"[97]白手起家的奥古斯都追随者们炫耀着盗来的赃物，对他的目标毫无助益。早在内战时，他们就如饿虎扑食一般，大量侵占劫掠来的财富。梅塞纳斯热衷于时尚，时刻担忧自己会落伍过气。他那不成格局的花园位于一道城门旁，就修建在平民公墓之上，穷人的"白骨"[98]成了他无比时髦的造型植物的肥料。相比之下，阴沉严厉的阿格里帕更有资格成为新政权的公众面孔。出身低微的他如今住在安东尼建于帕拉蒂尼山的豪宅里，而且掌管安东尼在海外的所有领土。尽管如此，他在人们心中仍旧有着一个备受喜爱的直率农民形象。他毫不犹豫地挑逗贵族阶层，大力鼓动私人艺术品公有化。他声称这样的珍宝应当由全罗马人共享。曾费尽心思对贵族阶级进行利诱、安抚的第一公民自然不适合将这一提议付诸实施；但阿格里帕所说的每一句话、所做的每一件事，都不可能没有得到过主人的批准。奥古斯都凭借无可比拟的嗅觉，从上层阶级对普通大众的态度中识别出了又一利益来源。一方面，对这些坚守共和国高贵传统的人来
89　说，有一条原则是"让罗马人民进行所有的授权、委派和任

命"；[99]另一方面，这些所谓的罗马人民又是"城市底层的污垢"。[100]这样的矛盾中隐藏着大量的机会，足以让奥古斯都进一步巩固地位。毕竟，还有谁比这位共和制的复原者能更好地表演伪善呢？

的确，第一公民妙手回春，治好了一个流血的政权。这样的狂言绮语在内战结束后几乎鲜有争议。元老院内挂着一块金盾牌，上面罗列着奥古斯都的重大德行，铭文记载道，这是由"元老院和罗马人民"（Senatus Populusque Romanus）共同放置的。这样的标语固然动听，但是，哪怕它宣扬的是贵族精英与黎民百姓之间的和谐关系，它也仍然暗示着一道分界线。罗马公民视集体利益为珍贵理想，他们对这种理想的承诺自建邦伊始就离不开斗争的鼓声。罗慕路斯伫立在帕拉蒂尼山山顶望见十二只雄鹰横空飞翔时，是在和双胞胎弟弟竞争。雷穆斯身处帕拉蒂尼山正南方阿文蒂尼山山顶的有利位置，却只看见了六只飞鸟；从那一刻起，双峰对峙的命运就注定了。帕拉蒂尼山一向是城市绝对权力的中心，阿文蒂尼山也一贯是弱势群体和平民（plebs）的据点。共和国最引以为豪的公民团结精神的背后，一直是阶级仇恨的脉搏在跳动。被贵族阶层讥讽为"伟大的肮脏平民（plebs sordida）"的穷人们有着漫长而骄傲的抗争传统，压迫自由的举动屡屡遭到了他们英勇的抵抗。

在纪念这些抗争的建筑中，最庄严的那一座正是利柏耳神庙，早在安东尼打算"收编"它的数世纪前，它就被建在了阿文蒂尼山山脚，用来纪念公元前494年，债务缠身、饱受富人勒索的平民发动的一场大型游行示威活动。就在这里，他们为反抗执政机构，选举了两位自己的官员——"保民官"[101]——来捍卫自身利益。平民们一致同意，这两位保民官是神圣不可

90

侵犯的。任何人哪怕动他们一根手指都会付出生命代价。他们还立下了令人毛骨悚然的契约以求达到效果。罗马上层阶级极不情愿地接受了条款。几个世纪后，保民官已经成了整个共和体制内最有权势的一种官职。侵犯在职官员就等于冒天下之大不韪。保民官可以将挑战自己权威的人判处死刑；可以否决自己不赞成的法案；也可以召集元老以推行自己提出的措施。这种特权承载着传统的重量，拥有诱人的潜在管辖范围，很难不激起第一公民的兴趣。

自然，时机一到，他就采取了行动。他退任执政官，获得大笔赔偿。公元前 23 年，元老院把许多重大权力转移给了他，对他的领导地位起了决定性的巩固作用，其中一些正是保民官权力（tribunicia potestas）。平民们不但没有怨恨罗马首富抢夺了他们辛苦赢得的特权，反而坚信他是自己的领袖。上层贵族行使保民官权力在罗马并非稀奇之事。就在一百年前，非洲征服者西庇阿的两个孙子，提比略与盖乌斯·格拉古，就曾担任保民官；再往前一点，克洛狄乌斯·普尔喀那闹腾的事业也是以保民官为基石的。这三人留下的记忆一直带着明显的阶级斗争的意味。他们曾激起元老院的敌对分子公开暴乱。罗马街道上鲜血横流。格拉古兄弟双双惨死人手：提比略被人拿板凳腿活活打死，盖乌斯被砍头。而克洛狄乌斯则被一名政敌谋杀，导致暴乱四起，原元老院被毁。或许，元老阶级中也存在一丝紧张的气息，他们担心奥古斯都在下放执政官的权力后，可能会转而拾起保民官的权力。

如果真是这样，那他们就误会他了。像第一公民这样神秘莫测的弄权者是没有兴趣去玩弄伎俩、蛊惑人心的。哪怕被授予了保民官权力，他终归不是保民官。作为罗马百姓的宠儿，他还请缨担任元老院的保护者。他一离开罗马，元老院便明显而不安地意识到，平民们仍旧那样的容易受到煽动，而富人们也一样仰仗奥古斯都来保全自己的游泳池、艺术品和精美绿雕。公元前 23 年至前 19 年，第一公民远赴地中海东部，整座罗马城霎时间充满了派别纷争和街道斗殴。暴乱大范围爆发，凶杀案激增。一位执政官甚至慌慌张张地要求加派护卫。直到第一公民带着帕提亚人的旗帜从东方凯旋，城内才恢复了秩序。这一教训深刻而真实。"奥古斯都离开罗马时，人们暴戾且易怒——在他回来后，他们便规规矩矩的了。"[102]

元老院的守护者和平民的卫士：第一公民不仅拥有这两重身份，还代表着别的。长期以来，共和国最大的敌人都是其自身。高官显爵的贪婪和黎民百姓的残暴一度将共和国带向了毁灭的边缘。如果神明没有派遣奥古斯都拯救罗马于内战的水深火热之中，那么罗马城与罗马帝国必将倾覆于一旦。第一公民的职责不言而明：守卫共和政体，防止它内陷崩塌。改革是他内心最不想要的。他的天授责任就在于，让元老院和普通百姓勿忘罗马最初的模样。将罗马人与生俱来的德行和纪律复原，他的使命就完成了。"优秀的人，"他曾响亮有力地宣称，"是不愿改变传统方式的人。"[103] 奥古斯都采取的一切行动、做出的一切改变、推行的一切与新兴习俗决裂的政策，都不是为了创新，而是朝着截然相反的方向：恢复罗马人古老的伟大传统。

曾经，神明给予了罗马恩宠和庇护。祭祀的火焰散发着香气，烟雾笼罩了骄阳；斧刃挥动，白公牛的鲜血滴落地面；古老原始的节日维持着一年的秩序。但光阴荏苒，随着游行传统逐渐被摒弃，许多仪式渐渐被遗忘，神庙的壁石也沉默了多年。庙宇和城市其他地方一样荒废、倾圮，许多人为此深深战栗，

92

贺拉斯就是其中一个。"这些庇护所饱经烟熏火燎，发黑的躯体残破不堪。"[104] 从腓力比回到罗马后的那段艰难岁月里，他步履维艰，几近举债；公民自相残杀的记忆搅得他心神不宁，失去土地又让他一贫如洗。经历了这一切后，这位诗人得出一个明显的结论："神明由于受到忽视，便给悲伤的意大利带来了重重不幸。"[105] 肩负天神所授重任来医治共和国的奥古斯都对这一诊断非常认同。修复帕拉蒂尼山上存放"荣誉战利品"的神庙只是一个开端。摇摇欲坠又没有屋顶的神庙不仅是对神明的冒犯，也是对罗马人尊严的侮辱；是城市面孔上的脓包。奥古斯都手头掌管全天下的财富，完全有能力买下必需药物。衰败的将焕然一新；发黑的将重新变得洁白；泥砖将被替换成大理石。脚手架从帕拉蒂尼山的阿波罗神庙上被拆下来后，又接连搭在了罗马城其余所有地方。就连莉薇娅也参与其中，她出钱装饰了阿文蒂尼山上的一座圣所，受到了罗马尊贵女主人们的青睐。至于第一公民自己，则出资修复了至少八十二座神庙。如果说有一些只是被涂抹了一层油漆或粉刷了一层灰泥的话，那么可以说绝大多数神庙接受了世上最伟大的建筑家能够提供的"改头换面"手术。一座座大山被夷为平地以提供必要石料。无论如何，这就是当时流传四方的玩笑。此时此刻，美丽代替古老成了至关重要的指标。"祖庙以前的样子是令人满意的，但变成金黄色后更加舒心悦目了。毕竟，庄严成就神威。"[106]

对此，神明显然是认同的。公元前 17 年，即凯旋将军·恺撒更名奥古斯都十年后，罗马显然已经再次成了上天垂爱的神圣之都。"天下河清海晏，合法的政治秩序得到复原，万物欣欣向荣。"[107] 随着 5 月结束、6 月到来，罗马人受邀参与一个重大的仪式：庆祝世纪之交与新时代的曙光。城内开展娱乐活动；

举办车赛；举行丰盛的筵席。不过，一连三天都得先向神明献祭他们应得的食物和鲜血。夜幕降临时，全城人举着免费发放的火炬，将夜空照得透彻明亮，第一公民本人领头开始庆祝。对于主管城市命运的白袍命运三女神莫伊莱，他献上了羔羊和山羊；对于分娩女神，他奉上了糕点。一个黄金盛世就此拉开序幕。为防有人仍然接收不到这一信息，贺拉斯特意为该场合创作了一首诗，歌声在卡庇托尔山和帕拉蒂尼山朗朗响起，只为了让这一消息广为人知。"赋予罗慕路斯的子民财富、子孙和各种各样的殊荣。"[108]纯洁诚挚的男童女童齐声歌唱着，祈祷声响彻罗马广场，烘托着流光溢彩的大理石神庙在天际勾勒出的弧线，令听者无不深信神明已经降下福泽。"真相、和平和荣誉，以及我们那庄严的道德传统，还有美德，这些久经遗忘的事物再次回归我们的生活。天授的富足也是——罗马因此拥有了丰饶之角（horn of abundance）！"[109]

　　而且，在接下来数年里，城市依旧富得流油。罗马在以飞快的速度变美。不只是神明的殿堂得到了修缮。在罗马人的注视之下，城市逐渐摆脱破败景象，焕发出越发灿烂的光辉。人们开始将使用第一公民那明显取之不尽用之不竭的金银财宝视作理所当然。他的慷慨大度似乎没有边际。举例而论，当伟大的庞培的后裔穷困潦倒得无以维修先祖留下的石制剧院时，除了奥古斯都外，还有谁应挺身而出呢？其他贵族深知自己无法在这方面与他较量，一早就退出了角逐。无论是修建无比壮观的澡堂，还是将罗马人的投票大厅改造得富丽堂皇，或是修缮城市街衢，都只有奥古斯都和他的至忠之臣阿格里帕会亮相。

　　第一公民是那样大公无私地关切着公民同胞的利益，以至于连自己朋友留下的记忆都可以舍弃。其中一位朋友是韦迪乌

94

斯·波利奥，这位财政家为提高罗马在小亚细亚行省的税收效率做出了卓越贡献，还因此富堪敌国。公元前 15 年，他撒手尘寰，给第一公民留下了大片地产，那是他一时兴起在罗马广场上方的山嘴处修建的。奥古斯都则兴师动众地将它夷平，把地皮送给了妻子。而莉薇娅和丈夫一样，深知自己对罗马大众的责任，便将此地重建得美轮美奂，饰以柱廊和喷泉，献给了欣喜若狂的人民。就这样，在恺撒·奥古斯都主宰的新世纪里，朱门大户的自私贪婪最终得到了公正的对待。"一个实实在在的典范就此树立。"[110]

韦迪乌斯的离去述说着光阴的流逝。这位曾经的无名小卒在内战的屠杀和剧变中大发横财，一举成了罗马的大财阀。恺撒渡过卢比孔河前的那段岁月里，公民们在自由的共和政体下激辩，然而，还记得这段岁月的人都已经老了。公元前 13 年末雷必达溘然长逝时，很多人才惊讶地发现，原来这位三执政之一并没有于数年前死去。公元前 36 年他被正式剥夺权力，被放逐到意大利一处人迹罕至之地，二十多年来宛如鬼魂一般离群索居。他只留有一个荣誉：大祭司（Pontifex Maximus）之职。自然，不用猜就知道他的继任者会是谁了。曾经，罗马人一再给奥古斯都施压，要求撤销雷必达的大祭司一职，但第一公民以亵渎神灵为由坚决拒绝了。现在，公元前 12 年到来，意大利的男男女女成群结队地来到罗马为奥古斯都的选举欢呼庆祝。

与此同时，新祭司正以一贯敏锐的目光寻找大好时机，准备充分利用这一职位。按照传统规定，他应当搬进一座位于罗马广场中心的官方府邸，去守护那些照看罗马永恒圣火的贞女。但奥古斯都丝毫不打算放弃帕拉蒂尼山的位置，便做出了一个虔诚又利己的折中决定：把自己房屋的一部分献给维斯塔女神。

他的私人宅园本就和阿波罗神庙连在一起，此时又被镀上了另一抹圣洁的光辉。奥古斯都离神界又近了一步。

这个在 19 岁当选执政官、令罗马传统的捍卫者蒙受奇耻大辱的人，现在已经到了知天命的年龄。即便雕刻家仍然将他刻画得异常年轻，但他脸上的皱纹还是越来越深。他年轻时候的一些密友也慢慢经不起岁月的蹉跎了。就在奥古斯都当选大祭司后短短数月，阿格里帕就因操劳过度而与世长辞；四年后，梅塞纳斯也溘然长逝，他在遗嘱中嘱咐老朋友"要像你曾关照我那样关照贺拉斯"。[111]五十九天后这位诗人驾鹤西去，奥古斯都就将他葬在了梅塞纳斯的坟墓旁边。

对于像奥古斯都这样间歇性发病的人来说，这些都是不祥的征兆，警醒着他大限将至；尽管如此，第一公民并没有很快去世。数十载光阴眨眼飞逝，他竟然奇迹般地越发健壮了。岁月并不与他作对。灰白的头发不仅没有减损他的权威一分，反而还起到了抛光打磨的作用。如今的他宛若一个为城市鞠躬尽瘁的迟暮老兵：这也恰是罗马人骨子里熟悉的当权人物的形象。公元前 3 年，奥古斯都进入了花甲之年。几个月后，他时隔多年再度当选执政官。而公民同胞们仍旧没有丧失为他授予荣耀的热情。1 月，一支平民代表团来到他的海滨府邸，恳求他接受新的头衔"祖国之父"，但奥古斯都拒绝了。接着 2 月 5 日，罗马社会各阶级的人聚集起来，强行要把这份荣耀加在他身上。回归罗马后，第一公民来到一座剧院，观众席上所有人都拥护他为"祖国之父"。不久后，在一次元老院会议上，元老们聚集在一起发出了又一重声音。"我们和罗马人民一样，"发言人说道，"拥戴您为'祖国之父'。"这一次奥古斯都没有拒绝。"我所渴望的一切，"他哽咽道，"都在此刻实现了。"他说话的时候眼眶里噙满了泪水。[112]

　　凯旋将军·恺撒·奥古斯都一开始是以替父报仇的名义走上权力之路的。"那是他的任务、他的使命、他的首要目标。"[113]四十多年过去了，他自己也已身为人父。同一年夏初，5月12日，第一公民正式向神明献祭了一座建筑作为自己非凡事业的丰碑。该建筑比之于他献给罗马人民的其他所有建筑都要远胜一筹。早在腓力比大战前夕，他就曾宣誓承诺要建造这样一座献给复仇者玛尔斯的神庙，但该神庙直到很长一段时间后才真正完工。他不愿勾起人们对他年轻时没收土地的回忆，便有意避免采取强制征购的手段。他的特使因此陷入了大量的地产纠纷。一些地主直接表示不愿出售土地。他们的执拗给建筑师施加了不小压力，导致整个建筑轮廓存在许多奇怪的角度。设计图被一而再再而三地推翻，建造计划一直耽搁了好几年。最后，奥古斯都的耐心被磨光了。他下令，无论付出什么代价都要把神庙建好。尽管献祭日已经近在咫尺，工人们却仍在搜集建材，东一下西一下地刷油漆。但最后仓促赶就的几笔并未减弱它令人叹为观止的气势。奥古斯都的这项复兴工程最后呈现出的，是一件无与伦比的杰作。罗马城从蛮荒原野上升到世界的权力巅峰，毋庸置疑地印证了罗马人体内的玛尔斯血液。奥古斯都为这样的一个民族献上了一份最完美的供品，"一项在规模上堪比神明居所的成就"。[114]

　　战争铸就了罗马，也成就了奥古斯都。第一公民没有逃避这个事实。他把对父亲的责任刻在了熠熠发光的新广场上。尤利安家族的雕像伫立在复仇者玛尔斯神庙的一边，形成一个半圆，正中央则立着光芒万丈的埃涅阿斯。但是，这座伟大的神庙所要纪念的复仇行动并非只是血流漂橹的腓力比战役，也不只是另一场更令人快慰的胜利。由克拉苏输给帕提亚人，但最后被奥古斯都赢回的鹰旗才是更能彰显奥古斯都胜利的物件。这些鹰旗从卡庇托尔山的临时据点被移出后，被用来装饰直插云霄的玛尔斯神庙的至圣内殿。虽然取回鹰旗的是奥古斯都本人，但这场胜利是所有罗马人皆可共享的。殿堂外，半裸的玛尔斯雕像手执剑和矛，脚踩世界，从神庙正前方睥睨着罗马广场的彩色石板。奥古斯都并没有自命不凡到将罗马的全球影响力都归功于自己。

恰恰相反。罗马广场的另一边伫立着另一组半圆形雕像，和尤利安家族遥相对望。那中间立着罗慕路斯及其"荣誉战利品"；周围则是其他为罗马大业做出卓越贡献的英雄，它们组成了一座名副其实的荣誉殿堂。[115]奥古斯都宣称，自己在造福罗马时，受到了这些楷模的许多启发。他源于他们，就如同他源自尤利乌斯·恺撒家族那样显而易见。他身上体现的品质不会令人有一丝陌生感，全部与最高贵的罗马传统相吻合。那些"追随他、拥护他为第一公民"[116]的人也是这样。不存在什么革命。罗马的过去与未来就这样相遇，在一个个体的手中被联系了起来。

凯旋将军、奥古斯都、祖国之父：曾经的盖乌斯·屋大维 98 在主持新神庙群的献祭仪式时，完全有理由觉得自己已经没什么需要证明的了。他一向深信自己是神明的宠儿，而现在还有谁能有理有据地质疑这一点呢？"您是史上最伟大的第一公民。"[117]贺拉斯在死前不久如是写道。这番断言并非阿谀奉承，只是在陈述一个显而易见的事实罢了。奥古斯都给公民同胞带来了和平，让他们顺应众神，还恢复了他们的希望。

那么，现在一切都不会出错了吗？

第三章　疲于残忍

反璞归真

　　自然，总少不了流言蜚语。

　　一向如此。流言是罗马公民所呼吸的空气的一部分。凡是有人扎堆的地方，谣言就会被当作新闻来交换。一个故事只有在罗马广场有了听众，才能以不可抵挡之势传播到城市的大街小巷，传播到作坊、狭窄的死胡同和阴暗狭小的街区。在这些街区内，猪仔们翻找着垃圾，洗衣工晾晒着衣物。罗马人向来有着严格的道德标准。家丑很快就会外扬。罗马政治生活并不是毫无来由就被命名为共和的。哪怕最德高望重之辈，一旦卷入是非都铁定逃不掉群众的奚落和唏嘘。城内随处可见的涂鸦，足以让所有识文断字的人都知晓事态。那上面充斥着无情冷酷的污秽之词，以至于人们担忧其沉重的分量可能会让墙塌陷。就连文盲都会在冒犯自己的人的纪念建筑前拉屎。罗马人可谓世间少有的抹黑能手。

　　这样来看，像奥古斯都这样长时间立在风口浪尖的人，是
不太可能白袍和衣摆上一丁点污秽都没有沾到的。他和莉薇娅轰动全城的婚姻至今还鲜活地留在公民们的记忆中。一个连别人孕妻都敢抢夺的人，无疑也能和其他任何人发展出几段风流韵事来。奥古斯都的风流广为人知，尽管具体细节模糊不清。而莉薇娅据说不仅没有惹是生非，反而对丈夫通奸的事情睁一

只眼闭一只眼，还不断给他挑选处女，以确保他对自己不变心。朋友们为了帮第一公民掩盖桃色绯闻，便坚称这些风流韵事都是精心策划过的，并非出于肉欲，而且他只和自己密切注意的元老的发妻结合过。其他人就不这么肯定了。在许多公民看来，奥古斯都这样的好色之徒似乎缺乏罗马人特有的自制力。没有节制的性欲只会出现在女人身上——当然，是希腊女人。对一个熟知城市最高贵传统的罗马公民来说，这是非常不体面的。到处睡女人的精力应该被拿来更好地服务罗马民生。连环通奸者的名声一点也没能提升奥古斯都的男子气概，反而更添阴柔邪恶色彩。一个人如果被欲望奴役，便不是真正意义上的人。和有夫之妇打情骂俏的花花公子大都女里女气的。据传，第一公民曾用烧得火红的坚果壳烫腿毛，以求大腿光滑无比。

这个细节当然够骇人听闻了。但对奥古斯都本人来说，情况还没有糟到极点。和安东尼相比，这还算轻的呢。奥古斯都所遭受的指控没有一项能与他当年向这位劲敌所泼的脏水相比。他所遭受的名誉损失也不严重。事实上，他的秽闻丑事之所以激起风浪，很少因为它们貌似可信，更多是由于不太可信。第一公民不仅没有蔑视诽谤者的道德原则，反而将自己的私生活也分享给他们看，而且对此罗马举城皆知。当奥古斯都故意泄露自己所穿衣服是由妻子所织时，没人会想到去指责这个现实世界中最富有的人身穿家纺织品是虚伪的。莉薇娅的存在给奥古斯都家增添了一抹贵族色彩，她本人也是以罗马古老美德化身的身份来侍奉这个家的。身为奥古斯都的配偶，她身上从未出现过任何通奸之类的传闻。她是一个深明大义的女人，以忠贞和严格的自律精神捍卫着自己第一公民夫人的地位。她很清楚"自己的衣着打扮、言谈举止都是人们紧密关注的焦点"。[1]公共场合中她从来不会不穿斯托拉（stola）就出现。斯托拉是一种笨重且不透风的宽松长袍，是罗马女主人之谦逊的象征。莉薇娅非常明白丈夫对女人有哪些要求。私底下，她是他最亲近的红颜知己；公共场合中，她则是虔诚和传统价值观的象征。

罗马人习惯将美德与标准严苛且充满英雄主义的过去联系在一起。他们对美德的仰慕恰好与他们对闲言碎语的热衷形成对立面。财富和家世从来不是决定地位的唯一因素。"在罗马人眼里，一个人不应该由着性子结婚生子——也不应该为了个人偏好和私欲放纵自我。"[2]罗马的监察系统严苛且残酷，而且是经过官方许可的。公民的阶级地位都经过严格划分。如果出现与所处阶级地位不符的行为，该公民便会被降级。身处社会秩序顶端的第一公民自然对同胞的规则十分看重。罗马在混乱动荡的内战结束后恢复和平，意味着等级秩序也将得到复原。公元前28年及此后十年，奥古斯都对全城公民进行了人口普查。不出所料的是，他对上层阶级尤其注意。元老院在公元前28年的这次普查中被大幅缩减规模，并且在公元前19年又遭受了另一场清洗。此举对被淘汰者而言无疑是奇耻大辱，却极大提高了顺利过关之人的威望。奥古斯都精简机构、裁汰冗员的做法提升了整个上层阶级的威望。这种威望在拉丁语中被称作maiestas，意思是威严与伟大的光环。在公民选票举足轻重的那些日子里，威严一词曾被所有罗马人视作特权。第一公民肯定是最有威望的显贵要人，但他并非唯一。毕竟，打造一个优秀的元老院以便合力担负复原共和国的重任，是他实现目标之路上至关重要的一环。即便凯旋将军·恺撒·奥古斯都也无法独立扛起那样的重任。

但有一个问题是，元老院这个阶级具备的排他性越强，能够协助他解决帝国需求的人手也就越少。无疑，他需要找到其他的智囊团来代替。要对这个世界进行高效管理，此举势在必行。好在第一公民于政权建立以前就发现了一种可能的解决方案。一贯引领潮流的梅塞纳斯就是这方面的先驱。尽管奥古斯都托付给他重大责任，但他从未担任过任何正式官职。他没有加入元老院去竞选公共职位。普通公民可以攀登到的最高阶级已令他心满意足：骑士阶级（eques）。在尚未开化的早期罗马，一匹马就足以让公民变身为城市精英——但那当然是很久以前的事了。就在上一个世纪里，许多骑士倚仗罗马的帝国大业发家致富，最后坐拥数个纯种马马厩。元老们由于法律限制无法从事肮脏的海外贸易，因此这一领域完全留待骑士来开拓，任由他们大口啃食罗马新行省的财富。后来在共和国的内爆危机中，这一社会秩序的性质发生了改变。"在冲突的风暴中由普通人晋升而成的骑士"[3]成了豪门大户中的一员。内战中处于战胜方的官员、来自意大利不知名城镇的急于改善处境的贵族，以及——尴尬的是——翻身奴隶偶然诞下的儿子，全都开始戴象征骑士的金戒指了。这类人恰好是第一公民所需要的人才。他们强硬坚定、成就斐然，恰好能构成他所需要的一样东西：一支由军官组成的现成军队。一方面要尊重元老院这一阶级，一方面又对元老院成员暗含怀疑，徘徊挣扎的奥古斯都很难不对新晋骑士这一群体热脸相迎。恰如梅塞纳斯可以担保的那样，第一公民伸出的友谊之手很可能赢得不少人情。元老院还在为自己的威望所散发的灿烂光辉欢欣雀跃时，骑士阶级已经开始在暗处蓬勃壮大了。在奥古斯都的统治下，指挥权与官职不再是被选举出的官员的专属权，正逐渐朝私有化的方向倾斜。

　　这种政策从本质上讲是不可能得到认可的。唯有致力于革新时，奥古斯都才如此小心谨慎：他既展望未来，也缅怀过去。他越是背离传统、把公共职位授予骑士，就越是打着颂扬骑士原始使命的幌子来遮掩这一政策。他迷恋且神往罗马早期峥嵘岁月里披坚执锐的骑兵奔向敌军的幻影。背叛这一传统的人将付出代价。一个骑士曾砍掉两个儿子的大拇指，令他们无法参军服役。事情败露后，第一公民对他严处重罚，以儆效尤。这个可怜人被公开售卖，后来由奥古斯都的部下买下，被屈辱地逐出了国门。但他并非唯一被放逐的人。任何骑士若有一丁点没达到第一公民期望的标准，就极有可能被他从元老阶级轰出。奥古斯都甚至每年都对他们进行视察，有如复兴一项庄严传统。每年的 7 月 15 日，骑士们得在罗马街道上骑马列队行进，像刚刚打完仗一样。因勇气非凡而受到嘉奖的骑士还应当带上第一
104　公民授予的奖赏。年老体弱、不适合骑马的人则可以步行。在大部分人眼里，这是"一个足以彰显罗马霸权之伟大的壮观场景"。[4]

但不是所有人都这么想。一些骑士就连在世界之都参加这种宣扬质朴庄稼汉美德的游行时，都得很吃力才能摆出一张严肃脸。今时不同往日了。罗慕路斯统治下的那个遍地牛棚与茅舍的小村庄现已成为一处由黄金与大理石构筑的仙境。"我们生活在一个文明年代。先祖身上展现出的纯朴和粗野已经是过去式了。"[5]一位年轻时髦的诗人如是说。在奥古斯都统治的第二个十年里，这位诗人一跃成为城里备受追捧的时尚先驱，代表着罗马都市美男的真实声音。他出于亲身经历，对被第一公民理想化的乡村生活极为厌恶。普布利乌斯·奥维第乌斯·纳索又名奥维德，虽然为人温文尔雅、成熟老练，但身上仍带着一股乡土气息。他不是土生土长的罗马人，而是出生于罗马东部约

90 英里的富饶、散漫的小城苏尔莫。几十年前，那里的部族热切地参与了意大利叛变。此外，他们高明的巫术也是众所周知的。苏尔莫四面险峰环抱，与大都市中间隔着一片狼群匪盗层出不穷的森林。奥维德家虽数代皆为骑士，但已在苏尔莫当地稳扎根基，是小池塘里的大鱼。接着，他们和意大利其他许多家族一样迎来了翻天覆地的变化。随着奥古斯都当权揽政，灿烂夺目的新机遇开始向奥维德这样的家族敞开。他的父亲欣然抓住机会，把两个儿子送到罗马，在他们的教育上不惜重金。奥维德的哥哥在 20 岁英年早逝，父亲的远大期望便全落在了奥维德一人身上。"元老院在等着呢。"[6]但这个年轻人志不在此。"对于这样的职业，我既缺乏强健的身体，又缺乏一定的才能。我因害怕远大抱负所带来的压力而退避。"[7]父亲的严厉要求、第一公民对罗马远古时期的颂扬、对军事价值的大力鼓吹，所有这一切无不让年轻的奥维德心里发凉。他不仅一一杜绝，还觉得它们荒唐可笑。

　　从这个角度看，很容易就能辨别出他是新一代的人。奥维德出生于尤利乌斯·恺撒被刺身亡一年后，因此不知晓自由共和时期的罗马生活是什么样的。同样，他也没有经历过长辈们所遭受的那些灾难：在异国他乡与公民同胞手足相残，祖传土地被陌生人抢夺一空，眼睁睁看着城市付之一炬。享受着恺撒·奥古斯都创造的和平与繁荣，奥维德深知自己被免去了什么样的劫难，并对此感恩万分。但他并不觉得给人带来幸福的和平与繁荣代表着罗马古老神授秩序的复原，他认为那代表着一种截然不同的事物，是现代化的精华所在。"当下，"他欢声道，"让我倍感舒适。"[8]奥古斯都精心设计的城市面貌一是为了映射神明的恩宠，二是为了纪念罗马人民以及他自己的伟大荣耀。奥维德就在其间找到了一处游乐胜地，并从中获得了无穷妙趣——但并不是第一公民会喜欢的乐趣类型。总的来说，奥维德的消遣方式都太新奇另类了，与主流文化背道而驰。他徐步登上帕拉蒂尼山参观阿波罗神庙，在韦迪乌斯宫殿旧址上的阴凉柱廊前徘徊，或欣赏庞培剧院的拱门，但都不是去瞻仰建筑，而是在观望美女。

奥维德不仅对此公开炫耀，还摆出一副宇宙"爱情导师"（tutor in love）[9]的模样。对于罗马人这样恪守道德戒律、意志坚定的民族来说，这种做法太让人震惊了。早在奥古斯都开展人口普查之前，一位元老就曾因在公共场合亲吻发妻而受到降级处分。一位德隆望尊的道德家曾严肃地开玩笑说，一个女人只有在受到雷声惊吓时才能投入丈夫的怀抱。[10]随着时间流逝，这些标准逐步放宽；但随意舍弃对同胞的职责、投身于闺阁情趣这一念头仍旧是骇人听闻的。奥维德嘲笑这些传统太过正经。他故意带着一丝喜悦将自己的蔑视之情展露出来。"我们的传统美德不适合我。"[11]恺撒·奥古斯都在举行罗马史上最盛大壮观的凯旋式时，带着从埃及女王那里赢取的战利品在都城骑马游行。而奥维德在因掌掴女友而暴捶自己时，想象着于一场类似的凯旋式中，将鼻青脸肿、面色苍白的她带到街上游行，任由围观人群欢呼，"好哇，这个勇敢大胆的男人，他打败了一个女孩！"[12]

奥维德清楚，这个笑话很容易让老于世故的明白人发笑。对伟大的嘲笑既是贫民窟的传统，也是交谊厅的传统。假装恢复了内战中丧失的言论自由等自由权利的奥古斯都几乎不会去理会这一两处跳蚤叮咬。但这并不意味着诗人们或其他任何人就能任意妄为，想写什么就写什么。奥古斯都是天神命定的人选，担负着拯救罗马民族、重建罗马民族的神圣使命，容不下任何腐蚀先祖价值观的行为。罗马公民不是天生的，而是后天锻造而成的。生为雄性并非等于男人。正如曾经弱小卑微的罗马崛起为世界霸主一样，每个罗马人都必须终其一生在千锤百炼中力争达到罗马男人的标准。身体和精神上的柔弱会构成永久威胁，必须不惜一切地对此加以防范。奥古斯都在城里建造了那么多璀璨夺目、美轮美奂的丰碑，可不是为了看它们沦为花花公子出入的风月场。和平的果实如果只滋生了阴阳人般对肉体享受的痴迷，便毫无价值可言。

"一切都归根于自律。"[13]这当然不是说公民应当像太监那样生活。恰恰相反，罗马男人阳具硕大有力而且技艺精湛。男性阳具的塑像在罗马随处可见。放在门口象征好运、放在岔路口以图保佑、放在公园驱逐鸟儿。直挺坚硬的阳具在这样一个城市里无疑备受艳羡。尺寸巨大的男人在走进澡堂时，很有可能会被致以"一轮紧张的掌声"。[14]配备了这种武器的公民，尤其气血方刚之际，"有兽欲也在情理之中"，[15]是很难将它长期隐藏的。即便最恪守清规的道德家也承认这一点。毕竟，若非如此，又怎么会有妓女的存在呢？妓院和厕所并没有太大不同：是的，它们都肮脏而污秽，却是盛装人体排泄物的必备容器。如同尿急了憋不住一样，男人无法忽视自己的性需求。Meio 这个词同时指代"小便"和"射精"是有一定道理的。一两下快速而深入的抽动就像将一把剑插进肠子一样，"直抵毛发和球体的茎部"，[16]然后完事大吉。无论是射向阴道、肛门、还是嘴巴，都没有本质区别——只要技术足够娴熟。至于是男人还是女人、是男孩还是女孩在抽动，也无关紧要，前提是符合一个关键条件，遵守一项必要的防护规定：绝不触碰罗马的自由民，无论

107

此人是男是女。

这个禁忌既古老又有力。对它的坚守体现了罗马人是如何定义自己这个民族的。在他们眼里，纯洁"这男性和女性最主要的支柱"[17]并不是一种无趣或消极的美德，反而闪烁着明亮的火焰之光。和每个罗马妇女都需照看的壁炉火焰一样，只要没有亵渎神灵，这些火焰就不会熄灭。正因如此，在所有由不知节制的性欲而引发的罪孽中，通奸最让公民同胞们惶惶不安。给一个男人戴绿帽并不只是睡他的妻子那样简单，还是对他本人的性侵。奥古斯都与元老妻子的风流韵事间接反映出的是他的至上地位。毕竟，没人敢向第一公民索赔。无论谣言的真相如何，总之，没有什么比奥古斯都通奸而免受报复更能深刻说明元老们在他的伟大地位面前的无能。根据传统规定，这种报复其实是非常残暴的。一位以严厉而闻名的道德家曾规定，被抓现行的有夫之妇可直接被处死。[18]根据一些人所述，她的情郎也会是一样下场。不过，其他更宽容的人则推崇阉割，或者往其肛门内塞一条乌鱼。野蛮甚至致命的暴力威胁笼罩在每个奸夫淫妇的头上。

108　但当真是这样吗？对那些紧跟时代步伐的人来说，远古时期的性禁忌似乎有些过气落伍了。"会在妻子偷情时发怒的，那不就是个农夫吗？"[19]时刻把握上流社会脉搏的奥维德这般圆滑老练地评论道。可如果被戴绿帽的滋事者是一名粗人，那么，输给这个扫兴者的奸夫也同样是一名粗人。传统习俗在通奸者的道路上设置了各色各样的禁令和危险。但对身经百战的偷情老手来说，这些禁令和危险更多起到的是刺激作用，而非拦截，徒给偷腥增添了情趣。"我们总是想得到那些不被允许拥有的东西。"[20]奥维德的这番真知灼见触碰到了一个可笑的事实。禁果分外甜。"相信我，禁令只会让不良行为激增。"[21]在一个像罗马这般痴迷于流言蜚语的城市里，这是一个自相矛盾，但许多人都已准备好接受的道理。对于城市最高贵的闺房里正进行着什么，公众们难免猜测万分。上层阶级将通奸视作一场盛大的游戏，其规则就是用来打破的。是否炫酷就看能否把情人偷偷带上婚床。这在罗马城早就众所周知、见怪不怪了。毕竟，无火不生烟。罗马享乐阶层通奸偷情的证据随处可见，就藏在他们松散地穿托加袍的时尚风格里，他们干净的指甲、修理得异常整洁的鼻毛和没有体臭的身体里，尤其是他们那光滑圆润的四肢上。众所公认的是，男人剃腋毛体现的是良好教养；但若像传闻中的奥古斯都那样把腿毛都刮了，那可就是彻彻底底的恶心了。体毛是男人的象征。但所有人也都清楚，通奸者对此是不屑一顾的。光洁无毛的皮肤正是他们引诱情人的利器。这几乎是最变态、最叫人惶恐的了。就连奥维德有时都不禁断言："现在的男性都深受时尚之害，因此我们很难去苛责感受到这些压力的女性。"[22]

　　但这些都没能阻止奥维德向男女粉丝们饶有兴致地传授梳洗妙招。奥维德并没有把罗马的道德戒律放在心上。但在重视道德的人眼里，轻浮时尚不是解决问题的答案，反而是问题的一部分。奥古斯都给一片混乱的土地带来秩序，给同胞们带来被征服国的丰厚财富，还将城市改造成一座流光溢彩、无与伦比的都城，他是不愿认为自己的所作所为可能只柔化了远古美德的。那前景太过震骇，让人难以承受。罗马人若非其刚正先祖的后裔便什么也不是。第一公民的抱负很简单，就是希望公民同胞们忠守城市过去的优良传统。他们是罗马人，是世界的领主，是身穿托加袍的民族。他通过丰碑、节日和各种和平果

109

实为公民同胞们竖立了一面镜子，而这种自我认知，就是他希望他们随时都能从镜中捕捉到的倒影。

不过，若是他们还捕捉到别的了呢？罗马室内装修领域近期发生的一场荒诞演变中，或许就隐藏着一个警告。罗马城内的卧室墙壁及天花板都逐渐贴满了镜子。就连城市边界外、退居萨宾山乡村的贺拉斯也加入了这场热潮。更臭名昭著的是，一位名为贺斯丢斯·夸德拉的亿万富翁也参加了。他家墙上的镜子独具特色：能够将镜前的物件放大数倍。"那个怪胎在卖弄自己的变态。"[23]一个女孩给他口交时，他在舔舐另一个男人的阳具。非常有伤风化的是，同一时间里，他的肛门又被另一个男人尺寸巨大的阳具填塞着。那男人的阳具在镜中看上去大得惊人，"超乎他的承受范围"。[24]像娘们儿一样梳洗、脱毛、打扮是一回事，但像她们一样任由他人压在身下则是堕落丑恶至极。毕竟，除了让万物甘愿俯首称臣外，还有什么能让罗马人成为罗马人？透过巨镜的奇怪映射，可以从贺斯丢斯·夸德拉的交媾行为中瞥见一个骇人的深孔，但凡自我放纵的公民都可能沦陷其中。

"我的每一部分都献给了污秽。"[25]贺斯丢斯·夸德拉这般恬不知耻地夸下海口，以至于在他惨遭自家奴隶谋杀后，奥古斯都拒绝惩罚杀人者。第一公民的不满情绪几乎无法表现得更加明显了。又一个人被钉在了他的公共耻辱柱上。但这位亿万富翁的命运沉浮中包含着一种无疑让奥古斯都深感棘手的讽刺。从罗马的古老传统来看，一个家庭的道德规范是一家之主的事，由不得他人插手。一个无法管束自己侍从的罗马人几乎无法进入真正的罗马人之列。可又该怎样去评判一座奴隶惩罚了主人的城市呢？这似乎是一座远古不易之典全在惊惶中被颠覆的城市。在这座城里，父亲无法再管束孩子，丈夫无法再管束妻子。罗马人在道德层面上需要的不再只是风俗教化的规制，羞耻的是，他们需要法律的制约。

这是奥古斯都无从逃避的挑战。在尝试解释共和国内爆时，贺拉斯曾郑重地将原因归结为人们对通奸的沉溺。他或许钟爱贴满镜子的卧室，却毫不怀疑那惨绝人寰的内战正是源于罗马人的离经叛道和湛湎荒淫。"这是席卷吾国吾民之灾难的源泉。"[26]不然还会是什么呢？所有人都知道城市危机的根源在哪儿，不是在紧张的宪政问题或社会局势上，更不是在深不可测的经济运作上，而是在于道德腐化。从这个角度看，贺斯丢斯·夸德拉这种怪物所展现的堕落行径便是一个不祥的警告。长在国家政体上的那颗脓包还没有被完全抽干汁水。在第一公民为城市披上的霞光万丈的外衣下，它仍旧在溃烂扩散。那么，受天神之命悬壶济世的奥古斯都能够开出一服药到病除的强心剂吗？"所有人都绞着双手，但我们需要惩处罪恶的措施。"[27]

于是，带着克拉苏丢失的鹰旗从东方凯旋后，第一公民不久便开始了行动。公元前18年，罗马通过了一项旨在规范上层阶级婚姻行为的法律。在英勇的罗马早期时代，男人只和贤良淑德的女人结婚，为共和江山繁衍了数不胜数的公民。那样的岁月如今将通过立法得以重现。独身、夫妻地位不匹配、无子都会遭受重罚。数月后又一项法律出台，进一步干涉元老和骑士阶级的私生活。通奸成了公害。被戴绿帽的人有法律义务与不贞妻子离婚。不离婚者无论是出于尴尬，还是由于以受辱为乐这种肮脏邪恶的原因，都将被指控为拉皮条。与此同时，奸夫将面临巨额罚款，并被流放小岛。淫娃荡妇也是如此，而且不得再和另一位罗马的自由民婚配。耻辱甚至还将体现在她们

111

的服饰上。她们不能再穿斯托拉，因为那是忠于妇道的象征。"她们再露面时一概会穿黑色托加袍。这是用来区分她们和其他女主人的。"[28] 这是一种较重的降级处罚。托加袍不仅是男性公民的服装，还是最典型的妓女衣物。被定罪的淫妇不配享受罗马女主人应得的名誉和尊重，按照法律将被归入城市最低微的人等之列：妓女、老鸨甚至女伶人。和她们一样，她将在社会道德底层，即社会渣滓中找到一席之地——成为贱民（infames）。

贵族们将这些法律视作对自身隐私和罗马传统的侵犯，但他们郁积的怒火并没能影响第一公民的决心。他清楚自己的责任所在。早在公元前 2 年所有人欢呼着授予他"祖国之父"头衔那一欢欣时刻前，奥古斯都的地位就已经毋庸置疑了。他其实就是"全体人民的父亲"。[29] 他像模范父亲一样责备、引导、关爱罗马人民。淫乱放荡得以改善，娇气和偷情也得以收敛。"家家户户都因此变得洁净，被清除了堕落，并且所有的不端行为都得到了风俗和法律的制约。"[30] 在哽咽着接过"祖国之父"这一头衔数周后，他似乎完全不必再担心 3 月 17 日那一年一度的利柏耳节了。在他还只是两个对峙军阀中的一个时，情况和现今是截然不同的。安东尼的保护神利柏耳是个惹人烦扰的神。昔日，他的信徒们扛着一尊巨大的阳具塑像在街道放肆游行，对先祖的美德构成了直接威胁。自罗马人对利柏耳的崇拜在近两世纪前首次出现以来，惊骇万分的保守派就一直试图阉割掉这种狂热。它的一切都围绕着宴饮、深夜狂欢和堕落放荡。再贪婪的食欲都会在对礼仪的践踏中得到满足。所有人都滥交淫乱。很难想象还有比这更丑恶的对罗马价值观的嘲弄。现在，安东尼长眠地下，所有公民依赖于"祖国之父"。嘲弄传统的一方注定败北，罗马的价值观定将胜利。就在利柏耳节过去两个月后，在竖有罗马远古英雄雕像、饰有战利品的新广场上，奥古斯都将那座伟大的神庙献给了玛尔斯。这位神明是罗马军团在战场上的伙伴，也是罗慕路斯母亲的施奸者，行事一贯敏捷残暴。刚毅的他呈现的是利柏耳所不能及的男子汉典范。不管怎样，罗马人至少可以对一件事放心——玛尔斯绝不是那种会刮体毛的人。

然而，欲望的潮水仍在玛尔斯神庙的防汛墙外翻涌。人们仍旧在走廊、庭院，乃至严父的鼻子底下幽会。知情者们强忍着笑声继续低声散播丑闻。与此同时，在那古老的广场上，利柏耳的奴仆玛耳绪阿斯的雕像仍然立在原地，以最不屑一顾的姿态象征着放纵。

"你可以尽可能严格地管制一个人，但他仍旧会心痒难耐。"奥维德这番评论一如既往地触动了禁忌边界。"你无法管制欲望。"[31]时间会证明他的话是否正确。

家族树

据说，莉薇娅二婚后不久发生了一桩重大事件。一只雄鹰朝她所坐的位置俯冲直下，往她大腿上扔了一只白鸡。更不可思议的是，这只毫发无伤的母鸡喙中竟衔着一根新鲜的月桂枝。这无疑是一个惊人的预兆。母鸡和月桂枝后来被转移到克劳狄家族在罗马城外的一处房产里进行保管。该房产地处台伯河上方的悬崖，坐落在罗马近郊的第一门（Prima Porta）附近。母鸡在这里孵化了一窝小鸡，而栽种在别墅边界的月桂枝则长得枝繁叶茂。随着时间流逝，莉薇娅对奥古斯都的影响力日益增强，大多数人开始意识到这段插曲的含义所在："她注定要让手握大权的恺撒折服在自己的石榴裙下，令他一直服从于她。"[32]

但对某些人来说，那神秘吐艳的月桂丛别有深意。月桂不是普通草木。闪电无法击倒它；它的树叶在被烟熏后可用来给伤口消毒；它与阿波罗有着神圣的联系。所有这一切令它成了奥古斯都的完美象征。当然，公元前27年元老院赐予他"奥古斯都"这个名字时，就曾规定要用月桂枝公开装饰他的住宅。"黑色树叶编织而成的环遮住了门口，缠绕着神圣的大门。"[33]很快，其他人再披戴月桂枝条，似乎就天理不容了。对奥古斯都来说，只有那根被扔到莉薇娅大腿上的月桂枝才算数。在庆祝自己的三大功勋时，第一公民曾手拿其中一根枝丫，头上还戴了月桂花环。

115 　　和这种伟大成就所散发的光芒相比，其他人所获胜利的微光不可避免地淡入了阴影中。克拉苏在举行完凯旋式后很快就趋于平淡无闻。即便最纯正的贵族都不能再指望戴着月桂花环在罗马骑行了。最清楚这一点的莫过于第一公民身边最亲近的人。阿格里帕虽为同时代人中最伟大的将军，却从来不愿举行凯旋式。他知道不能和奥古斯都抢风头。"他习惯了对那人俯首听命，便转而叫其他所有人都对自己唯唯连声。"[34]横在现实和炫权传统之间的沟壑正在飞速变宽。很快，不及阿格里帕敏锐的人也都将被迫认识到这一点。公元前19年，一位名为卢基乌斯·科内利乌斯·巴尔布斯的将军游行穿过罗马街道，庆祝胜利征服一个非洲部族。这标志着一个时代的终结。从此以后，任何普通公民都不会再举行凯旋式。

不过，这意味着以后只有奥古斯都才有权享受这项荣誉吗？或许不是。毕竟，莉薇娅的大腿里还被扔进了别的东西。养育母鸡的那栋别墅内到处是咕咕乱叫的小白鸡，以至于后来它逐渐化

奥古斯都时期的尤利安与克劳狄家族

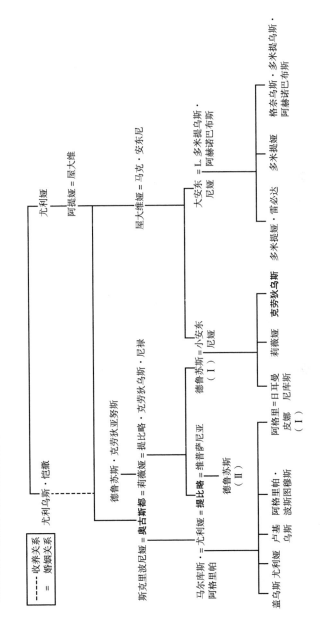

名为"鸡笼"（The Coop）。[35]这无疑预示着奥古斯都将子孙满堂。但仍有一个谜题。尽管莉薇娅吸引了白母鸡飞到自己的大腿上，而且她此前已生育了两个儿子，但她好像就是无法给第二任丈夫添一个继承人。随着她年龄越来越大，一个越来越明显的事实摆在了奥古斯都面前——他只会有一个孩子：一个女儿，也就是爱拌嘴的斯克里波尼娅和他生的尤利娅。这的确给他的帝国大业带来了一枚有用棋子；但一枚还不够。奥古斯都和天下所有一家之主一样都需要一个男性继承人。于是，他效仿舅公，开始从姐姐身上想办法。屋大维娅端庄贤良、备受称

赞，曾在亚克兴角战争前的危机中扮演了重要角色。她与安东尼最初因两位三执政成员的盟约而缔结婚姻，后因埃及女王之故被安东尼打发回罗马，并羞耻地离了婚。整个过程中，她自始至终保持着高贵气派；在弟弟战胜前夫后，她又同意抚养安东尼与其前妻所生的儿子——时尚且活跃的小尤鲁斯·安东尼乌斯。这引来了罗马人对她的更多赞赏，他们认定她为女性楷模。小安东尼乌斯和屋大维娅的几个孩子一同长大，其中大安东尼娅与小安东尼娅都是他同父异母的妹妹。另外几个孩子则由屋大维娅与其第一任丈夫所生，而且他们中间还有一个男孩。马尔库斯·克劳狄乌斯·马凯鲁斯相貌英俊、魅力非凡，浸染着远祖——也就是赢得"荣誉战利品"的那位战火英雄——的神秘气息，这些资质无不让舅舅奥古斯都对他青眼有加。公元前29年，第一公民举行凯旋式时，他还与第一公民并肩骑行。两年后，第一公民让他有机会在西班牙尝到了军役的滋味。公元前25年，终极恩惠降临：第一公民为他和14岁的尤利娅赐婚。看起来，奥古斯都已经选定了未来的继承人。

　　但时间会证明，第一公民将从这个决定中抽身而退。公元

前 23 年，躺在病榻上的他摘掉了手上的印章戒指，却没有把它塞到马凯鲁斯手里，而是交给了阿格里帕。奥古斯都知道年纪轻轻就陷入罗马政治的蛇穴是什么滋味，很明显，他担心外甥不能像自己那样从中幸存并且发迹。这还不是他所焦虑的全部范畴。毕竟，危若累卵的不止他自己家族的未来。他的任何一个继承人都有权统领世界，但矛盾在于，奥古斯都为自己赢取的巨大权力和荣耀是无法被直接过继给继任者的。哪怕尝试一下都无异于肯定他一向否认的事：他实行独裁统治的残酷真相。无论内战给罗马人带来了多大的摧残和创伤，他们始终没有做好接受君主制的准备。奥古斯都只是一个自由共和国内的首席公民：这是人人共享的骄傲。归根结底，只有一个威望能和他相提并论的人，才有望接替他，成为新任第一公民。

马凯鲁斯固然备受欢迎、风采过人，但目前还不足以跻身候选人之列。事实证明，以后他也没机会了。奥古斯都转危为安数月后，马凯鲁斯病倒了。舅舅从鬼门关溜走后，死神便逮住了外甥。屋大维娅伤心欲绝，从此不再公开露面，据说也没有再笑过。罗马人民与她一样悲伤。马凯鲁斯那么年轻、那么光彩照人、那么前程锦绣，关于他的记忆将长存人们心中。从这全民哀悼的宏大规模中，人们有望窥到一个新的时代：奥古斯都的非凡魄力灿烂夺目，可以照亮家族的每一个成员。为悼念马凯鲁斯而散落一地的百合花和其他鲜艳花朵，如若不是对这束光芒的致意，还会是什么呢？即便身在死亡的黑暗里，这个年轻人的形象周围也萦绕着微光。从他背后照亮他的那束强光是奥古斯都家族（Domus Augusta）特有的。那是神明一般的第一公民的家族。

这一切表明，年仅 16 岁就守寡的尤利娅肯定不会长期孑然一身。事实上，第一公民手边正有一个合适人选。奥古斯都将戒指交给阿格里帕时，意思就表达得足够明显了。"要么杀掉他，要么让他成为你的金龟婿。"[36]——这就是梅塞纳斯风趣又讥诮的忠告。奥古斯都太依赖自己的这位老参谋了，对第一个选项根本不予考虑，直接采用了第二个。阿格里帕虽然已和尤利娅的堂姐成亲，但还是顺从地离了婚，并娶第一公民的女儿为妻。这桩婚事最后成功了。对阿格里帕来说，这相当于公开确定他的至高地位。他不仅是恺撒的代理人，还是恺撒的法定继承人。同时，奥古斯都迎来了一个下赌注的完美时机。罗马近郊第一门的月桂丛在蓬勃生长的同时，尤利娅也在尽忠职守地为家族增添子女。她生下了两名女孩，一个随父亲姓，名为阿格里皮娜，另一个的名字就更缺乏原创性了，叫尤利娅。不过还不止呢——两人还有许多子孙。公元前 20 年，小尤利娅为奥古斯都诞下第一个外孙——一个名为盖乌斯的男婴。三年后，又一个外孙降生，取名卢基乌斯。第一公民大喜若狂。卢基乌斯一出生后，他立刻收养了这两兄弟。终于，他有儿子了。

阿格里帕不管内心怎么想，总之没有抱怨。他很明白盖乌斯和卢基乌斯在继承恺撒的姓氏后，前途会有多么光明。他还知道自己仍然是法定继承人。公元前 18 年，他被授予了保民官一职，该职位拥有第一公民所行使的大权中最令人望而生畏的一部分权力。前方的道路看上去终于清晰了。第一公民死后，阿格里帕将继承大权；阿格里帕死后便轮到盖乌斯·恺撒。像尤利安这样的大家族一向是这样安排及结盟的。第一公民无心宣扬丑恶的世袭君主制，在制订整个家族的计划时都完全遵循传统。在奥古斯都看来，罗马的未来离不开忠诚和责任的结合。这种结合是那样的厚重，以至于任何纯正的罗马公民都珍视乃至敬重它。在打理那由内战鲜血浇灌的田野和花园时，还有多少人敢否认这一点呢？

事实是：没有多少人。罗马人对马凯鲁斯的热爱最后证明并不是三分钟热度。公元前 12 年阿格里帕积劳成疾去世后，奥古斯都失去了中意的继承人。他的离去让外界将热切的目光投向了奥古斯都家族第三代人。全城人都对第一公民的外孙充满了好奇，而第一公民肯定是不缺外孙的。丈夫阿格里帕去世时，尤利娅肚子里还怀着一个孩子。不久后她诞下了一名男婴：男孩的名字不可避免地被叫作阿格里帕·波斯图穆斯。不过，他的两个哥哥才是罗马人真正的宠儿。尽管盖乌斯才 8 岁，卢基乌斯才 5 岁，但人们对他们的未来充满了美好的期许，给他们披上了耀眼的光辉。这种事其实是不太寻常的。在此前的罗马还从未有孩童赢得过这么多关注。就连政治舞台上最早熟的新起之秀——西庇阿、庞培和奥古斯都本人——初次亮相时，也都已成年。这正是第一公民的光环所在，它泽被家族所有成员，哪怕最小的也不例外。人们对这两个小王子的滚滚热情超过了所有预期。但凡需要奥古斯都家族露面游行的时候，他们就成了罗马民众心中魅力与稚气的化身。在他们广受欢迎的形象背后，奥古斯都看到了他所希望的一切。盖乌斯和卢基乌斯这两个养子成为民众的宠儿无异于给他提供了一个宝贵而令他安心的信号：世袭或许是可以实现的，一个家族执掌罗马的想法似乎不完全是天方夜谭了。

但奥古斯都仍旧左右为难。公元前 6 年，罗马人票选 14 岁的盖乌斯为执政官，这令奥古斯都惊骇万分。他召开集会，谴责他们轻浮鲁莽。盖乌斯广受欢迎给他带来的愉悦感和他内心更坚定的冲动在斗争。正如他当年没有将世界统治权交给马凯

119

鲁斯一样，这一次他也没有把它交给一个乳臭未干的毛头小子，否则就真的再无挽回余地了。奥古斯都为复原共和国最高贵最严苛的传统勤勤恳恳地奋斗了几十年，可不是为了在最后嘲弄它们一番的。阿格里帕的逝去让他痛苦不已。可是又要找谁来代替呢？这个老伙计的才能罕有其匹。对第一公民的不贰忠心、可媲美罗慕路斯的坚毅美德、唯独在统帅军队过程中才能积攒的经验、为罗马大业效忠时那钢铁般的身心：这些都是阿格里帕身上的特质。再找到这种完人的概率又有多少呢？看来是遥遥无期了。

然而，在第一公民整个从政生涯中，神明似乎都对他笑脸相待。如何妥善弥补得力部下的逝去，答案就在眼前。不二人选近在咫尺，而且此人完全可以填补阿格里帕的角色。他自小在奥古斯都家族长大，16 岁陪同奥古斯都远征西班牙北部的丛林，为罗马人民尽忠竭力。他在打仗和治国方面饱经历练，为公民同胞们赢取了不少成绩。现在看来，他已准备好在侍奉第一公民和罗马的道路上取得更大的成就。唯一的问题是，阿格里帕是奥古斯都的奴仆，出身卑微，傲慢的贵族都不愿参加其葬礼；而莉薇娅的儿子提比略·克劳狄乌斯·尼禄则是罗马史上最德隆望尊的大家族之首。他是尼禄和普尔喀的儿子，体内流淌着两大克劳狄家族的血液。这样的人无须奥古斯都扶持，自有远大前程。

第二段婚姻并没有减弱莉薇娅对族系的忠诚。在搬进新丈夫的府邸时，她坚决要带上两个儿子。提比略和德鲁苏斯既是第一公民的继子，又沿袭着克劳狄先祖传承的无可比拟的传统，在成长过程中拥有双重殊荣。当然，他们也得忍受不同寻常的屈辱。譬如，年轻的提比略在陪同马凯鲁斯庆祝继父的凯旋式时，不得不屈居不够尊贵的左侧。但母亲和奥古斯都的婚姻给他带来的优势是远远多于这些受轻慢之处的。和共和国绝大部分伟大家族的继承人不同，提比略和德鲁苏斯无须在罗马的金丝笼里苦苦等待，而是可以像上一代贵族一样享受与生俱来的权利，去开启军事征程。两兄弟在阿尔卑斯山、巴尔干半岛，以及日耳曼的丛林和沼泽里取得了一系列辉煌胜利。德鲁苏斯的成就显得更加耀眼，提比略的则更加来之不易。弟弟有魅力，容易招人喜欢，但哥哥没有这样的天赋。奥古斯都虽然常在提比略身后抱怨他"严肃强硬的性格"，[37]但内心理解它的重要性，并对此表示尊重。克劳狄家族之首的责任并不轻松。提比略是天生的军人，身上糅合了军人的刚健和学者的才能与兴趣，性格肯定是有些守旧的。他所做的每一件事都基于传统的行为准则。在阿庇乌斯·克劳狄乌斯生活的英雄岁月里，正是这些东西助罗马人踏上了统领世界的道路。对提比略来说，奥古斯都复原共和的声明并非虚构的，也并非空话，而是身为罗马人的要义。第一公民装作相信这一切，因此提比略对罗马传统秩序的追忆并没有让他不满。恰恰相反，这只是进一步肯定了他对提比略的看法，即提比略是一个有原则的男人。因此，阿格里帕死后不久，他就对这个继子发布了一项命令，要求其采取行动向世人表明自己的新地位。与妻子离婚，并娶尤利娅为妻。从此，提比略不再只是第一公民的继子，还是他的女婿。

但奥古斯都的掌控范围也是有限度的。作为奥古斯都家族的一家之主，他有权按照自己的意愿去干涉其他成员的婚事，但提比略并不是一个容易操纵的傀儡。尽管提比略别无他法，只得娶尤利娅为妻，但却没有必要装出很喜欢这一安排的样子。在阿格里帕离开人世前，提比略就已经和阿格里帕的女儿维普萨尼亚成亲了。分别之际，提比略心如刀割。两个人原本生活得幸福快乐：维普萨尼亚为丈夫生了一个儿子，随小叔德鲁苏斯的姓，而且她对丈夫也是忠贞不渝。一向喜怒不形于色的提比略几乎无法掩饰内心的痛苦。后来偶遇维普萨尼亚时，他目光一路追随，流露出如丧考妣般的痛楚和羞愧，以至于上头下令，确保这样的事不会再次发生。然而，提比略的痛苦不只是因为和深爱的妻子离婚。对一个克劳狄来说，奥古斯都期望他扮演的角色实在太过耻辱。要让他这么骄傲的人像看护人一样屈居一旁，听着一串串欢呼、一阵阵掌声接连响起，恭迎两个初出茅庐的臭小子，好像他们比自己受宠百倍似的，这感觉并不好受。想来遥远的边疆生活或许别有洞天吧，但在两个小王子的面前，他很难继续保持这样的幻想。一方面他效忠于奥古斯都，另一方面，盖乌斯和卢基乌斯的存在又昭示着赤裸裸的帝制，令他颇感鄙夷。他挣扎着，无从选择，罗马对他而言再也不是一片乐土。在这种情况下，他自然更偏爱遥远而危险的边疆。至少，他所尊崇的价值观在那里仍然发挥着效力。而且这样一来，他也不必再和妻子待在一起了。

　　这对尤利娅来说倒是一场解脱。她慑于父亲淫威而步入了第三段婚姻。她和严肃忠实的新丈夫虽然从小在同一个家庭长大，但恰如龙生九子、各有不同，他们二人也迥然各异。的确，据说她还是阿格里帕发妻时就倾心过提比略。尤利娅就是这种容易招来闲言碎语的女人。她任性、高雅、活泼，而且慷慨大度，招人喜欢；聪慧机智，惹人艳羡。她不仅没有竭力破除自己通奸的流言，反而还大胆嘲笑散播者吹毛求疵。有一次，有人问她盖乌斯和卢基乌斯长得那么像阿格里帕，那她背着他偷情的故事又怎么会是真的呢？"为什么呢，"她回答道，"因为

122

我只在货舱装好货后才接纳乘客。"[38]考虑到奥古斯都所代表的一切，这个玩笑简直不能更让人震惊了。这也让所有崇尚勇敢与叛逆之辈都对她喜爱有加。她是第一个体内流淌着奥古斯都血液的女人，也是第一个故意卖弄其现实意义的女人。尤利娅不像莉薇娅那么道貌岸然。她也不像父亲那样故作朴素。当别人因此而责骂她时，她只是大笑道："他或许会忘记自己是恺撒，我却没有忘记自己是恺撒的女儿。"[39]

恺撒当然不以为趣。在宣称自己"得忍受两个任性的女儿，一个是尤利娅，一个是罗马共和国"[40]时，第一公民的暴躁情绪流露得非常明显。做父亲是要面临许多挑战的。对待公民同胞时，奥古斯都主张自己有做父亲的权利和责任；可相反的是，在为亲生女儿做打算时，他却没法单单把她当作女儿对待。提比略把她留在婚床上的行为，和他在战场屠杀野蛮人的行为一样，都是为了满足第一公民的需求。奥古斯都不希望自己未来继承人的母亲和雄心勃勃的情人纠缠不休，曾短暂考虑让尤利娅嫁给一个家世低微但温和有礼的骑士。他从未故意不好好解决问题。提比略和尤利娅对此十分清楚。结婚前几年，他们竭力表现出相敬如宾、举案齐眉的样子。提比略前往巴尔干半岛领兵征战时，尤利娅还曾形影相随。不久后，她诞下一名男婴。丈夫回到罗马后，她又和莉薇娅宴请了全城的上流女性进行庆祝，而同一时间的提比略则在卡庇托尔山款待民众。一切似乎都进展得非常顺利。

但事实并非如此。这对夫妇的嫌隙一直在增加。尤利娅诙谐且善变，而提比略"自孩提时代就侃然正色，开不起玩笑"，两人之间缺少天然的共鸣。[41]不久，两场丧亲之痛接踵而至。先是他们的孩子夭折；接着，莉薇娅和尤利娅还在筹备另一场晚

123

宴以庆祝德鲁苏斯从前线归来时，日耳曼传来了消息。德鲁苏斯死了。他从马背上跌落，被马蹄踩碎了腿骨，后来生了坏疽。[①] 提比略听到消息后惊悸不安。在一名引路人的陪同下，提比略踏上一片几乎完全未被平定的领地，纵马疾驰数百英里，终于在弟弟临终前赶到了其身旁。他所展现出的兄弟情谊堪称

124　罗马远古最高贵的传统之一。这样说再恰当不过，因为德鲁苏斯也是共和国美德的忠实仰慕者。遭受丧弟之痛的提比略并没有像女人一样流露出悲恸哀伤的情绪。相反，他徒步护送尸体回都时，眼角没有泪水，目光深沉凝重，就好像穿行在古代卷宗描述的场景中。这才是适合罗马英雄的葬礼。"不仅要在战场上保持纪律，吊唁时也是如此。"[42] 但让提比略感到恶心的是，德鲁苏斯尸体所经之地，人们全都放肆而没有节制地宣泄着情感，就连战士都在啜泣。所有人都遗忘了城市伟大的根源。自回到罗马起，提比略心头的时空错乱感变得愈加沉重。作为一名克劳狄，他忠于家族传统，在遥远的边疆、湿漉漉的丛林以及简陋的营地里为罗马江山任劳任怨，但他在这一过程中赢取的荣耀全都蒙尘了。公元前 7 年他被授予了一次凯旋式，一年后又被授予阿格里帕享受过的保民官权力：在提比略看来，这些荣耀都太虚伪了，虚伪得近乎可笑。当他乘着凯旋马车在罗马穿行时，人群中响起的掌声与少年盖乌斯的相比显得微弱模糊；哪怕他手头掌握了保民官的大权，也仍没能消除尤利安氏妻子对他的轻慢。对于一个像他这样骄傲且易怒的人来说，目前的处境实在不堪忍受。

公元前 6 年，也就是结婚五年后，提比略终于爆发了。对

---

① 也可能是受了内伤。狄奥（Dio）的版本（55.1.4）称："他在前往莱茵河的路上死于某种疾病。"

外界来说，被授予保民官权力或许是提比略伟大卓越的标记，却令他本人大失所望。奥古斯都明确表示，自己同意授予提比略这项权力，主要就是希望这个金龟婿有朝一日可以肩负起自己身上更枯燥严苛的责任。他命令提比略出使东方，但提比略直接拒绝了他。第一公民不习惯他人的拒绝，于是又将指令重申了一遍。提比略立刻绝食抗议，并且宣称想辞掉所有公务、挂冠退隐。奥古斯都困惑难解，因而龙颜大怒，在元老院内公开要求提比略改变主意。莉薇娅被儿子的任性吓坏了，还私下恳求他。但提比略主意已定，拒不改变。两方僵持了四天，最后第一公民最先败下阵来。但提比略随即启程，且似乎是想将胜利进行到底，他以罗马普通公民的身份出使东方，并非打着恺撒代理人的旗号。在希腊的罗德岛安顿好后，他全身心投入了功成身退后的传统乐趣：文学研究、与哲学家高谈阔论、品尝鱼肉点心。贺拉斯在得到萨宾山的农场后，也做过极其相似的事，并就这段悠闲快乐的时光写了欢愉美好且永垂不朽的诗歌：这不仅证实内战已结束，也在庆祝即将到来的和平。但提比略想表达的意思和贺拉斯迥然不同。克劳狄向来不习惯从公共生活中隐退，尤其不愿隐退到一个满是希腊人的小岛上。罗马的这位首席将军——"除奥古斯都外最显赫的公民"——竟然对罗马深感失望，无疑引发了人们清醒的思考。罗马的共和政体迎来了一个体检机会。提比略表面上什么也不做，其实却很清楚自己在做什么。

但结果是，他几乎被人遗忘了。奥古斯都和女婿闹僵后，怒火攻心、一病不起。尽管愤怒困惑，他却仍在没有提比略的情况下把事情处理得妥妥当当。如果军情紧急，形势可能会大为不同，但罗马境内似乎一切正常。边疆稳定，行省和平。而

125

且，盖乌斯和卢基乌斯正在罗马史上最伟大的治国能师的指导下认真学习治术，很快就将成为顶天立地的男子汉。提比略启程来到罗德岛一年后，骑士们就赋予了盖乌斯前所未有的荣誉："青年第一公民"。与此同时，盖乌斯还被吸纳入元老院，被任命为未来五年的执政官，并被授予大祭司之职。公元前 2 年，卢基乌斯经奥古斯都引荐，也进入了元老院，而且也被拥护为"青年第一公民"。"德，"奥维德面无表情地说道，"在恺撒氏的身上很早就开始蓬勃发展了。"[43]

126　　未来的道路似乎明朗了。在感伤小儿子的死与大儿子的丢脸时，莉薇娅或许会对克劳狄家族的未来灰心失望，但尤利安家族几个孩子的未来似乎稳如泰山。在罗马近郊第一门的那栋别墅里，白鸡们仍然在孵蛋，神奇的月桂树也依旧向外伸展着枝丫。奥古斯都是"祖国之父"，也是两个光彩夺目的王子的父亲。他似乎已经可以放心地把那让人伤透脑筋的女儿和顽固执拗的女婿抛在脑后了。

爱的艺术

公元前 2 年 8 月，骄阳炙烤着罗马境外的重重山峦，牛羊纷纷觅阴避阳；人们向天神献祭贡品，祈求甘雨。褐色烟雾笼罩在这座伟大城市上空，散发出阵阵恶臭，狭窄的街道在闷热的空气中滚滚发烫。一贯关心公民福祉的恺撒·奥古斯都命人开凿了一个巨大的湖泊，它在阿格里帕数十年前建造的美丽的大理石喷泉与都城水道的基础上，给城市增加了新的水流。该湖长约 1800 英尺，宽约 1200 英尺，位于台伯河岸边，一座雄伟壮观的桥梁横跨水面。就在这里，第一公民决定一掷千金以庆祝过去几个月发生的重大事件：自己成为"祖国之父"；美轮美奂的神庙被献祭给了玛尔斯。湖泊靠岸处，一整支舰队重现了当年萨拉米斯战争的场景——公元前 480 年希腊人打败入侵的蛮族舰队的伟大胜利。

人们也很难错过近些年赢得的那场胜利。正是因为在亚克兴角一战中打败了克莱奥帕特拉及其说起话来叽里咕噜、崇拜动物的部落，奥古斯都才能让原本支离破碎的罗马在近三十年里逐渐恢复到黄金盛世。不过，怀旧只是第一公民所要传递的一部分信息。对于未来他也同样在意。萨拉米斯战败方当年生活的那片土地如今由帕拉提人统治。因此奥古斯都认为是时候再多留意一下东部战线了。原先负责这项任务的人是提比略，但他没能成功应付挑战；刚满 18 岁的盖乌斯·恺撒如今到了足以挑大梁的时候，明年就将奔赴东线。人们围在人工湖边为船板碎裂、战舰沉没的场景欢呼时，一张振奋人心的蓝图开始呈现在他们面前——"恺撒的世界统治局面中，最后的缝隙都已被填满。"[44]

不是所有观众都对第一公民的雄心壮志抱有兴趣。奥维德在参观这场盛大的海军表演时，对水上的战役几乎不闻不问。他是去那儿和女人暗送秋波的。"无论大家的身份如何，总有适合各自口味的人。"[45]自通奸被列为公开罪行以来，至少已有十五个年头了，但罗马最时髦的诗人奥维德仍放肆地卖弄着自己对已婚女人的兴趣。再也没有比漫长、炎热而慵懒的夏季下午更适合过把瘾的了。半掩半合的卧室百叶窗，光与影的斑驳，人妻那轻微的脚步声，自然散落的长发，洁白裸露的脖颈，似隐还露的薄裙：奥维德甚至大胆地公开祈祷，希望"拥有一大把这样的午觉时光"。[46]在流光溢彩的战神神庙外，在远离第一公民再现海战场景的人工湖的地方，禁果仍然在隐蔽的圣地散

127

发着诱人可口的芬芳。

　　奥古斯都很快就将发现这一点。就在他重新上演萨拉米斯战役后不久，一顶鲜花王冠被戴在罗马广场玛尔叙阿斯雕像的头上，而该雕像旁边的演讲台正是第一公民先前颁布反通奸法的地方。是谁把它放在那里的呢？有谣言传是一个无耻的罪犯：不是别人，正是第一公民的亲生女儿。谣言早就在尤利娅身边兜兜转转好长时间了，现在在她父亲人生的巅峰时刻更是形成了一股强风。据说，她的情人不止一个，而是有一大堆。她半夜在罗马广场举办盛会，玷污了演讲台，还曾在玛尔叙阿斯的雕塑下把身体卖给陌生人。她那神圣父亲所颁布的法律、所提倡的价值观，没有一项未被她玷污。这本已足够丢人了，但更糟的是，这些充满恶意、毫无根据的流言风语还暗指她犯下了叛国重罪。尤利娅的情人中有一个是她父亲死敌的儿子。她曾和尤鲁斯·安东尼乌斯在闪动的火炬光芒中拜祭安东尼的保护神利柏耳。无疑，对于第一公民所代表的一切、所赢取的一切，这都是巨大的侮辱。因此，当尤利娅越轨的消息传到第一公民耳朵里后，告密者竟敢别有深意地说这是"在谋害他的性命"。[47]

　　奥古斯都不到二十岁时就已经是一个恐怖分子，后来在争夺绝对霸权的路上更是谁也没饶恕过，也从未愧疚后悔过。数十年过去了，人们已经逐渐淡忘他年轻时候的残酷，"父亲这个称呼，他当之无愧"。[48]任性大胆的尤利娅和以前的提比略一样，以为惹怒了第一公民后或许仍有可能安然无恙。可是他们都大错特错了。但凡对奥古斯都本性更了解的人都知道，绝不能心存侥幸、以为花豹可以改变身上的斑纹："我绝不会把疲于残忍描述为仁慈。"[49]身为父亲，奥古斯都既能决定孩子的生，也能决定孩子的死。虽然女儿让他蒙羞，但和以往面对困难时一样，他只在这份羞辱中找到了进一步巩固自己伟大地位的机会。在他解决完尤利娅及其情人后，没有人还会不相信"祖国之父"仍保有爱护以及摧毁自己掌控范围内的人的权力。奥古斯都没有遮掩女儿的丑闻，而是倾向于将整桩龌龊下流之事在元老院公开。他直面在席贵族私下幸灾乐祸的诡笑，腔调中充满了惊骇。这当然让他很没面子，但他是在为更长远的利益考虑。元老们逐渐明白了一个在第一公民耐心和宽容的表象下隐藏许久的政治真相：他完全可以按照个人意愿除掉任何一个人，只要他愿意。

尤鲁斯付出了终极代价。至于他和尤利娅的事情是否如传闻那样丢人现眼，更不用说是否如奥古斯都猜测的那样阴险叵测，没人知道确切答案。他的真正企图就和那场午夜狂欢一样笼罩在阴影中、扑朔迷离。但他的忘恩负义、卑劣无耻是毋庸置疑的。他自杀身亡的结局正好映照了他父亲的命运。而尤利娅的命运如果有什么不同也只是更加悲惨而已。她被列为淫娃荡妇，在父亲亲手制定的法律下付出了沉重代价：被流放到一座小岛上。潘达达里亚（Pandateria）这个常年风吹雨打的偏远凄楚地成了她的地牢。岛上虽有一栋惬意宜居的别墅，却不能弥补它的固有缺陷：乏味无趣得难以言表。只有年迈的母亲斯克里波尼娅可以来此陪她。她不得有其他任何伙伴，即便奴隶都得经过全盘审查后才能横渡到小岛上来。酒水也是禁品，她只能吃最简陋粗糙的食物。尤利娅一向嘲笑父亲在家里的假节约，惹得倾慕者们捧腹大笑，她自己却不得不忍受朴素沉闷的噩梦般的生活了。

与此同时，罗马城内曾奉她为无上女王的享乐阶层顿时陷入一片惊骇。一桩桩盲从的检举案向人们预示着政治迫害的风

129

险。即便第一公民驳回了大部分起诉状，但恐惧仍然笼罩着城市的名流会客厅。"谁能骗过太阳呢？"[50]奥维德将太阳的金黄色光芒比喻成一名无所不察的侦探。在他的想象之中，哪怕最阴暗的卧室都会被其目光穿透；哪怕最小心谨慎的通奸者的秘密都逃不过其探测。他坦言自己深感紧张，却拒绝屈从于它。"我的性审美是不正常的，"他坦然承认道，"这也不是它们第一次给我带来麻烦了。"[51]或许，也不是最后一次。虽然尤利娅如今下场凄凉，如远古之人般过着极度原始野蛮的流放生活，整天只能在织布机上打发时间，靠吃萝卜度日，但奥维德并没有因此感到畏惧。他不愿放弃典雅文明的价值观，在他看来，这些价值观中就蕴含这个时代的真正精神。在尤利娅被流放后的数月里，罗马贵族阶层担惊受怕、疑神疑鬼，但奥维德却在忙着

130 完成一项极具煽动性的工程：撰写爱之艺术的指南。当然，保险起见，他在文中加入了一些奇怪的警告。"我再次申明，我所说的乐子和游戏没有一样是违法的。不曾有不该接近它们的女人陷在其中无法自拔。"[52]当然，他的异议声太大了。在罗马最臭名昭著的性丑闻刚结束不久就像他那样对引诱的刺激和乐趣夸夸其谈，是需要非凡的勇气或不羁的秉性的，更别说忠告妇女如何巧妙躲过守卫的监视、用神秘的墨汁书写情信、背着保护欲过重的父亲与情人私通了。在尤利娅倒台后，书写诸如此类的细密建议无异于她曾经所处圈子中的任何人公开提出异议。

　　街巷的情况有所不同。诙谐且富亲和力的尤利娅是罗马人心中的公主。奥古斯都在这一年里举办了不少重大活动，还邀请了全城人共同庆祝，但这些活动只增添了公众对她的迷恋。人们喜爱她不只因为她是恺撒的女儿，还因为她是两个漂亮男孩的母亲。在恺撒为玛尔斯献上新神庙时，两人都扮演了关键

角色。盖乌斯东征任务的准备工作不禁让人想起了那失去儿子的可怜的尤利娅。在奥古斯都精美绝伦的新广场外，在广场幕墙投射下的巨大阴影内，在肮脏狭窄的街道上，数不胜数的平民将恺撒亲生女儿的苦难和悲伤视作她为自己受的难。在污秽拥挤的庭院内，在摇摇欲坠的廉租公寓楼内，在遍布城市各处的贫民窟内，平民们都在为这位受他们怜爱的女性的悲惨下场长吁短叹。就在平民和元老院一齐加封奥古斯都为"祖国之父"短短数月后，第一公民辛苦营造的团结局面开始破裂。人们走上街头公开游行抗议，要求尤利娅返城，令局面变得沉重阴郁。从纵横交错的羊肠小道看去，远处那新近献祭的玛尔斯神殿不再像一座象征民族团结的伟大丰碑，反而更像恶浪滔天的汪洋中一个狼烟四起的孤岛。

　　奥古斯都刚刚才对贵族阶级露出一脸凶相，是不太可能转 　131
头就向暴民屈服的。然而，在其位谋其政。作为一个手执保民官权力的人，他对暴民们的嘘声是体察入微的。他很早就知道要仔细监察贫民窟的情况。任何放任平民阶级不管的政权都不可能繁荣昌盛。奥古斯都完善了许多治国之术，但这还远远称不上其中之一。"穷人阶级就像肮脏而不起眼的粪坑和垃圾堆。"[53]尽管奥古斯都的同阶会将这句老生常谈的话视作理所当然，但他本人越发意识到探索穷人阶级内部的重要性。几十年来，他的部下一直在探查城市的深处。从妓女到小吃摊，所有事物皆详细记录在案。松垮的房瓦、危险的铺路石板和漏水的水管：全部吸引着殷勤过度的市政官的注意。财产计划和一家之主的名单也都被细致准确地拟好。奥古斯都那无所不察、永远在窥视黑暗的太阳形象曾让奥维德心悸不安，而现在，受命绘制城市地图的副官、数目众多的测量员和官员无疑也开始认可这一形象了。与第一公民宏伟工程中的黄金大理石建筑相比，罗马城内的嘈杂混乱简直堪比养兔场，但恺撒的目光终究穿透了那其中哪怕最阴暗最肮脏的角落。这座地球上规模最大的城市，布局有如迷宫，为其绘制地图乃前人想都未曾想的事，但它在奥古斯都的面前却几乎藏不住秘密。

知识往往就是力量。当然，追踪自己支配范围以内的人在计划着什么，这也是父亲的权利所在。这样做不仅是为了在他们犯错时加以惩罚，更是为了让他们远离危险。在罗马，灾难的爆发往往只需要一丁点火花。公元前 7 年，几个纵火犯引起的大火差点将罗马广场焚尽。对于这场差点酿就的灾难，奥古斯都的回应是出资命人整理更多的平民名单。官员们领命确保城市高楼里哪怕最破败的阁楼都配备一个水桶。诸如此类的健康及安全规章制度有效降低了街区着火的概率，为第一公民赢得了莫大荣耀。在罗马这样易燃的城市里，赢取民心的最佳方法就是给忧心忡忡的公民提供妥善可靠的消防服务。奥古斯都并不是第一个意识到这一点的人。公元前 19 年，第一公民远在东方时，志高胆大的贵族埃格那提乌斯·鲁弗斯就曾自发组建灭火队伍为公民服务，并获得了莫大的称赞，以至于最后被此冲昏了头脑。他不顾奥古斯都意愿，力争竞选执政官，使得奥古斯都指定的都城代理人差点无法控制损失。最后这场军事政变还是不光彩地泡汤了。埃格那提乌斯谋求执政官之职的行动遭了镇压，他本人锒铛入狱，"在那里得到了应有的报应"。[54]奥古斯都也汲取了教训。只有一人可以人民守护人的身份服务城市及其民众。而这个人并不是埃格那提乌斯。任何福利只有来自第一公民，才真正对人民有利。

这也就是为什么，尽管人民对尤利娅的命运义愤填膺，奥古斯都却相信他们要求她返城的举动是不太可能演化成暴乱，或在暴乱的基础上进一步升级的。从帕拉蒂尼山顶远眺，城市烟雾缭绕的作坊和高楼似乎充盈着一股咄咄逼人的威胁力量：这是罗马的黑暗中心。在这里，克洛狄乌斯于共和国行将就木之际招募了非正规军；也是在这里，饱经三头同盟内战摧残而形销骨立的暴民不时发动暴乱。但那些日子似乎永久结束了。掌握城市地图与人口结构详情的奥古斯都成功让这块是非之地恢复了秩序。公元前 7 年消防改革正进行得热火朝天时，他亲自视察了罗马各大街区。他没有不知深浅地扎进城内混乱无状的侧巷，而是把重心放在了街区中心的十字路口（compita）。它们犹如一张大网的各个节点散落在整座城市内部。控制城市要先掌握城市结构。奥古斯都宛如一位技艺精湛的猎手，深知哪里是最佳的狩猎点。

　　罗马人相信，十字路口的起源可追溯到罗马王政时期，是当地人忠诚与自豪的焦点。这里的守护神是神秘的双胞胎神灵拉瑞斯（Lares），每年人们都会在一个名为十字路口庆典（Compitalia）的狂欢节上纪念他们。每个交叉路口的圣龛前都会被摆上祭品。所有人，无论身份多么卑微，处境多么可怜，都会受到邀请共享欢娱；就连奴隶都会在这一场合盛装打扮。当然，元老院的保守派一直对此颇有微词。但他们的担忧并非完全出于势利。十字路口庆典的场面通常非常骚乱。这也就是为什么公元前 64 年元老院投票废止了这个节日。但禁令并没有持续多久。克洛狄乌斯确保了这一点。克洛狄乌斯擅长街道斗殴，还逐渐将这种斗殴发展成一种了不起的政治艺术。赞助这一节日在他建立独树一帜的匪盗军一事上发挥了关键作用，令他不仅能招募到支持者，还能将其升级为全城性组织。毕竟，

133

罗马的十字路口随处可见。"这座城市有一千个拉瑞斯。"[55]

克洛狄乌斯将拉瑞斯圣龛转换为安置其个人雄心壮志的殿堂，个中成就是不容遗忘的。它表明穷人阶级可以为贵族提供政治基础，哪怕血统最纯正的贵族也不例外。这对渴望权力的元老来说注定是一个长久的诱惑。埃格那提乌斯的流产政变就是一个鲜明案例。毫无疑问，这种情况下第一公民只能选择根除隐患。他没有按照元老院一贯的做法去禁止十字路口庆典，而是让自己成了节日的赞助人。奥古斯都向来不是一个会废止庄严传统的人——至少当他还能将其纳为己用时不是。他视察城市的十字路口，给人民集中发放消防设备及其他设施，向他们施以恩惠，由此赢得了罗马全体人民的欢心。通过这一举措，他让潜在的麻烦之地变成了自己政权的神经中枢。

即便在最阴暗的贫民窟乃至最粗陋的住户区，第一公民的权威也散发着耀眼光芒。公元前 1 年年初，盖乌斯从神圣的玛尔斯神庙出发，即将取道多瑙河边界出使东方。四面的大理石柱廊流光溢彩，从帕提亚人手中夺回的鹰旗巍巍挺立，在战神雕像严峻威猛的目光下，盖乌斯开启了征程。虽然堂堂恺撒之子不会踏入肮脏的陋巷把鞋子弄脏，但他的离开也同样让新广场外街区的居民不胜关心。从玛尔斯神庙出发，进入热气弥漫的作坊、快餐摊和被称作苏布拉（Suburra）的妓院后，再绕道南行，就会来到一条古老的街道，街名是以曾经在路边做生意的鞋匠们命名的：桑达拉利乌斯区（Vicus Sandalarius）。① 街道尽头是一个十字路口，那旁边竖立着一座新造的祭坛，是几个月前附近居民区的负责官员放在那里的。这些官员虽然出身极

---

① 历经大约一个世纪的贵族化改造后，该地成了罗马书籍交易中心。

其贫寒卑微，但对自己此举的价值有着清楚的认知。他们对于尤利娅的命运裁决是肯定没有异议的。奥古斯都把管理当地政府的核心责任交给他们，允许他们在公共节日有扈从陪同，几乎让他们处在自身街区事务的中心，可以说是给了他们天大的恩惠和人情。十字路口旁设立的新祭坛就是他们的感恩之心的体现。祭坛一侧雕刻着月桂，另一侧饰以战利品，正面则是奥古斯都和莉薇娅的肖像。两人站在盖乌斯的两侧，赞赏地注视着这个孩子。尤利娅明显缺席。负责发放救济的官员们从自身所在的纷乱嘈杂的一隅抬眼望去，很容易就感到自己也多多少少被卷入了全球事务中，哪怕只有一层十分轻微的关系。玛尔斯并不是唯一被召唤来保佑盖乌斯一路顺风的神明。还有拉瑞斯兄弟，以及一股伟大且更加神圣的新力量。这股新力量激发的崇拜热忱最先在公元前 7 年第一公民游览十字路口时出现，现在已经在整个罗马稳扎根基。有十字路口的地方就会筑起一座新祭坛：革尼乌斯（Genius），恺撒·奥古斯都自己的神灵。

135

　　有了这种级别的神助，盖乌斯此行看来不会有大碍了。"请赐予他庞培的名望、亚历山大的勇敢和我的好运吧。"[56]奥古斯都如是祈祷。神明并非他为养子提供的唯一保护者。马尔库斯·洛利乌斯是带兵经验丰富的老兵，而且似乎很显然的是，他与提比略长期势不两立。他被任命为这位小王子的导师，并同时充当奥古斯都的耳目。一边有神明守护，一边有经验丰富的军师引导，盖乌斯很快就赢得人们的交口称赞。他领队在东方的城市行进，直抵罗马势力范围边界，一路上无论到哪儿都出尽了风头。在幼发拉底河中央的一座小岛上，他和帕提亚国王在阔气的会议上畅谈欢愉；不久又开始忙着屠杀各类蛮族部落，"让全人类的生活更加安全"。[57]不出所料的是，有关盖乌斯进展的消息传回意大利后，人们狂喜交加。再也没有什么成绩比这更能证明罗马人的宠儿不负重托了。"他不仅治理有方，还打败了最凶狠强势的民族，或者和他们成功结盟。"[58]神明似乎真的在认真倾听他外祖父的祈祷。

但神明很快就收回了恩赐。先是在一场激烈的争吵中，洛利乌斯被控收取各地领主的贿赂，在重重压力之下服毒自尽。紧接着的公元 2 年，盖乌斯收到了一则悲恸人心的消息：弟弟卢基乌斯在高卢病重身亡。第二年，他与一座亚美尼亚城堡的指挥官会晤谈判，不料遭到背信弃义的谋害，勉强死里逃生。尽管后来他大败亚美尼亚人，获得了伟大的胜利，但旧伤始终没能痊愈。健康与自信受挫的盖乌斯很快开始顾影自怜。他写信给第一公民请求卸任，第一公民命他赶紧回家。盖乌斯于是从东线踏上了回家的漫漫长路。然而为时已晚。坏疽已经开始蔓延。盖乌斯翻越雪山，乘商船沿小亚细亚南海岸行驶。公元 4 年 2 月中旬，历经这样一段艰难痛苦的路途后，他终于能够回意大利了——但他终究没能登船起航。2 月 21 日，凯旋将军·恺撒·奥古斯都的养子兼指定继承人盖乌斯咽下了最后一口气。

这则消息在罗马炸开了锅。奥维德曾在自己的偷情宝典中加入振奋人心的语句，声称盖乌斯注定将征服帕提亚。此时，他并没有打算把这些话从已经公开出版的诗歌中删去，反而决定将它留在原处，纪念曾经熊熊燃起又唏嘘破灭的希望。"您的两位双胞胎父亲，玛尔斯与恺撒，全将自己的非凡力量赋予了您。"[59]这样的感叹原本出于好意奉承，却因盖乌斯的悲惨结局变质变味，染上了反讽色彩，不禁引发了奥维德所在圈子人的冷笑。街道上的情形则与此大相径庭。人们对尤利娅两个儿子的命运感到发自真心的悲伤。煽动者们再次开始要求让海对面的尤利娅返城。奥古斯都再次拒绝。"就是水与火相容，"他发誓说，"她也不可能回来。"[60]抗议者们听说后，纷纷聚集到台伯河畔向水中投掷燃烧的火炬。连奥古斯都一时都慌了神。尽管女儿流放异地的事情已经过去了好几年，但这种暴力热潮仍然一波接一波，扰得他心神不宁。他先是僵持了一段不长不短的时间，免得对外造成自己容易屈从压力的印象，随后下令将尤利娅从原先凄惨荒凉、寸草不生的监狱转移到意大利西南端的海军基地利基翁（Rhegium）进行监禁。这地方固然无法和罗马相提并论，但相比于潘达达里亚，一个行省的港口哪怕再沉寂萧条也有了不小的改善。

从岛上监禁释放出的不止尤利娅一人。过去几年对她的前夫来说一样不好过。提比略退隐罗德岛的行为无可避免地成了一种流放。两人离婚是妻子通奸导致的必然结果。但这也意味着奥古斯都和他之间从此情分不再。第二年他的保民官权力就过期失效了，这对一个执意离弃第一公民的人而言不是一个好兆头。他不能再享受侮辱和起诉的法定豁免权了。提比略似乎严重错估了形势。尽管出身克劳狄家族的他仍在整个罗马世界拥有重大影响力，但他的声望在逐渐消失。许多城市逐渐推倒了他的雕像；傀儡君王也纷纷轻慢于他。接着，盖乌斯抵达东方，提比略的处境因此变得越发艰难。在一场众人皆醉醺醺的晚宴上，盖乌斯的一名同伴竟请缨驶往罗德岛，将那"遭放逐之徒"——人们都这样嘲弄般地称呼提比略——的首级取下带回。盖乌斯拒绝了请求，但提比略听说这一插曲后惊慌失措，急忙请求上头准许自己回归罗马，然而同样遭到了回绝。一年已经过去，提比略仍然在乞求结束流放生活。终于，公元2年，

137

上头批准了他的请示，不过条件带有一定侮辱性。提比略虽为克劳狄家族之首，且是罗马人民最伟大的将军，但今后都不得再参与公共生活。盖乌斯逝世的消息传到罗马时，提比略正住在全罗马最能说明他已经从元老院和军队抽身而退的地方：梅塞纳斯的花园。

可现在时势突变，奥古斯都面临一个令人痛心的危急时刻。失去风华正茂的养子兼外孙盖乌斯——他"最可爱的小毛驴"[61]——不仅给他带来了感情上的沉重打击，还让他后继有人的宝贵希望化为梦幻泡影。五个外孙孙女现只剩三个，而且其中两个都是女孩。的确，阿格里皮娜雄心勃勃、要强好胜，"有男性的思维，没有女性的典型缺点"。[62]但让一个女人统治罗马，哪怕她再能干，也纯粹是无稽之谈。小尤利娅就另当别论了。她爱赶时髦，骄纵浮华，种种令人不安的迹象都让人担心她会与她的同名母亲一样。像她那样夸耀自己拥有罗马最大的府邸和最小的侏儒绝非取悦外祖父的最佳途径。那就只剩小阿格里帕、奥古斯都出生入死的好战友阿格里帕的同名遗腹子了。果不其然，公元 4 年 6 月 26 日，第一公民将小阿格里帕纳为养子。可这个男孩才 15 岁。而且奥古斯都从收养盖乌斯和卢基乌斯到现在收养小阿格里帕，前后已经足足朝坟墓迈进了二十年。奥古斯都担心时日不多了。尽管雕像中的他仍然年轻恬静，但其实他已经 66 岁，无论从哪个角度看都是风中之烛——死亡随时会找上他。他操劳多年，是绝不可能冒着毕生成就毁于一旦的风险，把世界统治大权拱手交给一个孩子的。这样看来，只有一条路可走。盖乌斯死讯抵达罗马后不久，奥古斯都就再次授予提比略保民官权力。接着在收养阿格里帕·波斯图穆斯时，他顺带收养了提比略。现在，提比略·克劳狄乌斯·尼禄也是一名恺撒了。

　　对奥古斯都来说，这是一次痛苦的妥协。的确，他收养两个继承人的行为，在某种程度上反映了执政官之职要求由两人共同担任。正是这一古老庄严的惯例长期确保了罗马城内没人可以独大。但这是具有欺骗性的。奥古斯都亲手打造了这个政权，其本质如何，没人比他更清楚；他也了解提比略，知道阿格里帕·波斯图穆斯难以匹敌这位坚硬冷酷的克劳狄家族之首。第一公民做了决定。从各个层面来看，这一决定都是对自家血肉的冷待。当然，他并不准备承认这一点。就公共层面而言，他的政权仍然是尤利安政权。提比略因为收养关系从法律上来说已经不能再被归入克劳狄家族之列。不仅如此，奥古斯都还想方设法以确保家里的两大血脉，也就是自己这一脉和莉薇娅那一脉，能够紧密交融，浑然一体到无从区分。于是，精明强干的阿格里皮娜被许配给提比略的侄儿日耳曼尼库斯，也就是备受悼念的日耳曼战场英雄德鲁苏斯的儿子。同时，提比略虽然已经有一个儿子，但还是听从第一公民要求，收养了日耳曼尼库斯——这个名字是为了纪念其死去的父亲。通过收养，尤利安和克劳狄的独特性变得模糊；通过联姻，尤利安和克劳狄的身份得以整合。就这样，两大家族将成为一个命运共同体。尽管各自的族系都是那么骄傲古老，但让两族人都晋升到光辉灿烂的地位则全是奥古斯都一人的功劳。未来不属于尤利安，也不属于克劳狄，只属于一个家族：奥古斯都家族。

　　不管怎样，这就是流传的故事版本。许多人对此将信将疑。小阿格里帕无疑是挡在克劳狄权力垄断之路上最显眼的尤利安绊脚石。他深知自己暴露在怎样的危险中。少不更事的他从未试图在外祖父奥古斯都面前掩饰自己的怨恨。由奥古斯都收养一年后，他正式成年。至那时，他乖张好斗的名声已经在外流传开了。但总的来说，大街上的暴力情绪对第一公民的计划才更具威胁性。罗马人民对尤利娅及其孩子的喜爱历久不衰，对克劳狄的勃勃野心反感嫌恶。这一切使得提比略成了极不讨喜的继承人人选。提比略将强硬坚定的特质珍视为古罗马美德，但在普罗大众看来，那却是冷酷无情和傲慢自大的体现。将保民官权力授予这样至尊至贵的高门大户，怎么看都像是对平民的挑衅。毕竟，保民官一职的设立原本就是为了保护民众的权利；而且第一公民主宰罗马事务几十年来也证明了自己是人民的守护者和朋友。但随着现在奥古斯都英雄迟暮、提比略权力日盛，一种新的焦灼情绪逐渐涌上了平民们心头。祸不单行，远方边境不时加急来报，既而叛乱兴起，既而野人突袭。顷刻间，撒丁岛被输给了海盗。支撑军队预算的钱库开始见底，急于填补缺漏的奥古斯都不得不破除一百五十多年来的惯例，首次向罗马公民直接征税。同一时间里，宏伟的城市改造工程也逐渐告停，令许多人无以为业。一场瘟疫爆发。拥挤的贫民窟内一片惨状，倾倒尸体和各种垃圾的万人坑（carnarium）日夜开放。接着，大火又以燎原之势席卷全城，火势之迅猛，令当地政府束手无策。此情此景下，第一公民只能斥资建设新的集控消防服务机构。一流消防队（Vigiles）从组建目的和组织结构上看都属于准军事部队，因为他们既负责侦察街道，又负责扑灭大火。奥古斯都知道罗马正不安地躁动着。而比瘟疫和大火还糟糕的是，曾在后三头同盟统治最黑暗时期困扰罗马的那股威胁又卷土重来了：饥荒。年轻时候的奥古斯都曾被一群饥焰中烧的暴民堵在墙角，差点就被撕成碎片。他太了解和一群饥民正眼相对是什么滋味了。此刻，下属禀报粮仓即将放空，

140

他便竭力确保全天下人都知道自己正打算自杀。

　　似乎很多人都希望他能说到做到，而不是空口威胁。粮食短缺的问题最终得到了解决，但危机情绪犹在。一些人敢于异想天开。据说，那场大火起源于全城好几个地方，"但都在同一天发生"，[63]这明显意味着有人故意纵火。接着，饥荒正盛之际，全罗马的建筑都贴满了画报，公开呼吁人们推翻现任第一公民。部下们试着挖掘肇事源头，却屡次未果而终。他们得出结论称，没有一个人"能单独策划或发起这样一场示威运动"。[64]但在第一公民看来，这些抗议绝非人们的自发行为。他嗅出了阴谋的味道。早在他收养提比略这一年，他就拆穿了庞培孙子想杀掉自己的阴谋。那时候，他把这位谋反者拉到一边痛斥苛责，又和蔼慈祥地许其以执政官之位，傲慢地表现自己的宽宏大量，将一腔轻蔑之情展露无遗。这样的小恩小惠对他来说是不在话下的。一个贵族还构不成什么切实威胁，哪怕此人体内流淌着"伟大的庞培"的血液也不例外。元老们虽然不得不接受奥古斯都家族的至高地位，却绝不会允许自己阶级中的一员成为第一公民。

　　可如果是奥古斯都家族自己后院失火呢？奥古斯都知道，最大的威胁潜伏在自己家里。财政危机已令他心力交瘁，不时席卷罗马的灾难又让他分身乏术，加上年事已高，他变得神经过敏、动不动暴跳如雷，对家人的情绪根本没有耐心。当证据条条列出，暗指阿格里帕·波斯图穆斯就是背后的煽动者时，第一公民赦免了参与谋乱的另一名贵族子弟，却严厉打压自己的亲外孙。他正式废除了阿格里帕的继承权，并将其逐出罗马，流放至科西嘉岛附近一座名为皮亚诺萨岛（Planasia）的偏远小岛上，派重兵严加看防。阿格里帕的财产被充作军队资产。一

141

夕之间，他不再被人称为奥古斯都家庭成员，而是成了无名之辈。① 除了将他与他母亲尤利娅并称为两处溃疡、两颗脓包以外，奥古斯都再没有提起过这个小外孙。

很快，第三颗脓包也要爆裂了。公元 8 年，也就是尤利娅遭流放十年后，又一桩离奇且相似的丑闻爆出来了。她的同名女儿原本就因泼辣放浪的生活作风和对侏儒的喜好而臭名远扬，如今被发现犯有通奸大罪。这是奥古斯都家族第三个被流放到荒无人烟的小岛的成员。和大尤利娅一样，除众人的讥讽和有关性丑闻的闲言碎语外，小尤利娅也面临更严重的指控。一些漏洞百出、自相矛盾的流言暗指她意图策划政变。据说，她曾图谋将大尤利娅和阿格里帕·波斯图穆斯从流放地解救出去。一大批军队都已调遣好，准备迎接他们。而且奥古斯都本有可能在元老院被人谋杀。至于个中细节到底有多准确，甚至说是怎么拼凑衔接而成的，却无人能解释清楚。无论如何，当工匠鱼贯进入小尤利娅家准备拆解那宫殿一般的建筑、守卫们等着将她肚中的孩子杀掉时，通奸的指控透露了多少内容，无疑就掩盖了多少真相。譬如，很显然的是，尤利娅的丈夫按理说为受害方，结果却被处以死刑。[65] 另一个以长期挑衅第一公民闻名的男人也遭受了类似的毁灭性打击；这似乎不完全是巧合。在公元 8 年这重大的一年里，尤利娅并不是唯一被流放的人。[66]

灾难找上了厄尔巴岛的奥维德。从这位诗人所处的位置望去，可以看见重兵把守下的皮亚诺萨岛，可怜的阿格里帕·波

---

① 譬如，公元 7 年或 8 年，意大利北部的提西努姆（Ticinum，即现今的帕维亚）曾建造了一座拱门，以向奥古斯都家族致敬，上面有十座雕塑，包括盖乌斯与卢基乌斯二人的。但很显而易见的是，其小弟的雕像不在场。

斯图穆斯就在岛上黯然神伤。小岛为天际抹上了一道蓝色污迹，警醒着人们奥古斯都复仇的怒火。奥维德并不需要太多提醒。他已经麻烦缠身了。一艘来自本土的船抵达岸边，带来了一则可怕的消息，令他涕泗横流。最初，他还在供认和否认之间踌躇不决，最后全然崩溃，开始向近日陪伴在侧的朋友和盘托出。一直以来，他就不断挑起第一公民的怒火，这下可好，引火烧身了。他的偷情宝典指导妇女怎样背着丈夫偷人，还讽刺地将死去的盖乌斯奉为神明爱子。直到现在，这一宝典都还惹得弄潮儿们争相传阅，惹得享乐阶层开怀大笑：如此大逆不道，现在看来他是自食苦果了。然而，这还不算最糟的。奥维德究竟做了什么，到底又是什么"错误"[67]让他如今面临万劫不复的深渊，他本人绝不会公开说明；但他会不断留下蛛丝马迹。在公共场合提及他所犯的错是危险的。他看到了不该看到的事，"一场致命的暴行"。[68]不管他到底亲眼看到了什么，总之它已经让"恺撒的满腔怒火"[69]全喷在了他头上。在这重大的一年里，局势紧张不安，流言满天飞舞，只有一个插曲足以解释恺撒的勃然大怒。无论是偶然撞见，还是因为自己轻率粗心，总之，奥维德明显发现，自己已经被吸入罗马最致命的对峙局面的滑流之中：尤利安和克劳狄的世界统治权之争中。[70]

奥维德从厄尔巴岛离岸登船，向主人挥手告别。这将是两个朋友有生之年所见的最后一面。同年12月，这位诗人"在严寒中瑟缩着"踏上了另一艘船，"前往亚得里亚海域"。[71]这场短距离航行的终点是意大利海岸外的一座岛，但那并不会是奥维德的归宿。在发落他前，奥古斯都曾亲自面见了这位绝望懊悔的诗人，并为他选择了一个截然不同的目的地。对奥维德这种最温文儒雅、最时尚新潮的人而言，第一公民为他指定的关押

143

地几乎不能更糟糕了。

他将驶往地球的尽头。

黑暗中心

"那里只有严寒、满怀敌意的民族和冰封的海面上刺骨的波涛。"[72]

奥维德惊恐地发现，自己来到了托米斯（Tomis）。这座城市和他的风格毫不相符，是由先前的希腊殖民者开拓而成的，坐落在寒凉刺骨、狂风呼啸的黑海海岸上，地处罗马势力范围的边缘。奥维德抱怨托米斯只有漫无尽头的冬天。尽管这话夸张过了头，但此地夏季温和宜人的气候也没能缓解他的抑郁情绪。[①] 很难想象还有比它更不像罗马的城市了。水是咸味的，食物也糟糕透了。这里没有人说拉丁语，托米斯人所说的希腊语也让奥维德觉得跟胡言乱语无异。四周树木稀少，满目荒凉，刹那间，世界首都的乐趣在他的记忆中灼灼闪烁，有如幻影。"在这儿，"他悲戚地反省道，"反倒是我成了野蛮人。"[73]

论时尚，奥维德的品位不输罗马任何一人，但此刻，他身边的行省居民居然连自己有多偏狭土气都意识不到，这令他震惊万分。低矮倾颓的托米斯堡垒内，没人能体会并分担他对都市时尚的痛苦思念。城墙外的世界更是野蛮。北面约 70 英里处就是多瑙河。在恺撒及其战略家的地图上，这代表着一道巨大的天然屏障，那宽阔的河面足以阻挡潜伏于对面的野蛮人的入侵；但实际情况出入很大。冬季，连三角洲外的海面都可能结冰，多瑙河河水自然也会牢牢凝固；这时候，河对岸原野上的

---

① 康斯坦察（Constanta），即当年的托米斯，如今是罗马尼亚最著名的海滩度假胜地。

蛮族就会骑着快马出现，他们胡须结满白霜，掠夺成性且绝不手软。缕缕青烟从阴沉的天际袅袅升起时，意味着村庄已经付之一炬。身中毒箭的尸体形状扭曲，而身背行李的幸存者则由绳索或铁链拴着，在野蛮人的驱赶下蹒跚前行。噩梦中，奥维德常常梦见自己在躲避飞箭或被困棺材，醒来时发现房顶插满了箭矢。每每望向托米斯城墙外围攻的蛮兵，他便感觉自己有如瓮中之鳖。罗马似乎不止遥望无垠，还软弱无能。"她是那样的美轮美奂，但绝大部分人几乎留意不到她的存在。"对奥维德这样热衷都市生活的人而言，这是一项惊人的发现。"他们不畏罗马人的武力。"[74]

但他的焦虑还有更深层的原因。在奥维德看来，托米斯人和城门口的野蛮人并无二致。男人身穿羊皮裤，浑身毛茸茸的，难以形容；女人则将水罐放在头上。数世纪来，罗马没有一个人是这样生活的。犹记得生活在繁华文明的大都市时，他还嘲笑第一公民对罗慕路斯时代的追忆，把第一代罗马人称作杀人犯、强奸犯和畜生。如今迁到世界尽头，他不禁感到自己仿佛也被流放到远古时代了。踯躅在文明和野蛮的边界，奥维德深感自己生活在一个半人半兽甚至更糟糕的国度。他抱怨道，他们比"狼还野蛮"。[75]搁浅在这罗马势力范围的边缘，他凝望远方，只见一片黑夜漫漫无垠。他能感受到这种黑暗的广大和强大，能感受到它对自己一切身份的不屑一顾。难怪，在注意到居民们所说的退化的希腊语时，他开始担忧自己可能说不好拉丁语了。野蛮主义也同样潜伏在罗马人体内。毕竟，罗马城的缔造者就吸吮过狼奶。在汩汩喷涌的喷泉兴起以前，在供时尚人士乘凉的门廊被建造出来以前，罗马的人们就"曾像野兽一样活着"。[76]奥维德知道，罗马也曾是世界的一片黑暗之地。

145

或许只有远离都城风月场，来到文明的边缘后，才能真正了解罗马自远古以来的不朽发展进程，才能真正明白自己民族伟大的根源。自"流放到一片法治基础薄弱的边境地带"[77]后，奥维德的时尚热情被第一公民带来的残酷真相狠狠嘲弄了一番。没有战争的胜利，便没有和平的艺术。归根结底，文明人与野蛮人的区别不在于完善的排水沟，也不在于光彩夺目的神庙，更不在于对诗词歌赋的喜好，而是钢铁：军队列好阵、举着护盾进击所需的钢铁纪律。尽管罗马人曾由狼哺育，但他们手起刀落的娴熟并非源自兽性。严苛残酷的训练已将他们锻造成战斗链中的一环。战士不能娶妻生子，战友是他们生命中的一切。军团不是一群动物，更像一台杀人机器。战士们敬奉玛尔斯为"前行者"（Gradivus）。是他赐予了他们勇气，让他们迎着激烈的号角声整齐划一地行进，不畏艰险，一往无前。和那连续沉重的步伐相对的，是敌人渺茫的胜利希望。即便最野蛮嗜血的蛮兵在向一支罗马军发起冲锋时，都极可能功亏一篑。多瑙河对面的野蛮部族习惯在"最出其不意的时刻有如飞鸟俯冲而来"。[78]与他们不同的是，罗马军队在耐力方面饱经历练。罗马士兵所受的训练为任何情况下都要直击对手要害，然后拾起步伐再度前进，继而浑身是血地再次直面敌人。若非如此，他们杀戮嚣张不敬之辈的本领也就不可能这般强大了。"是纪律，严格的军纪真正保卫了罗马的势力。"[79]

一切皆来源于纪律：面对艰难险阻不屈不挠；在机会渺茫的情况下，仍坚忍不拔地追求胜利；在反反复复的逆转和叛乱中锲而不舍、矢志不移。出乎奥维德意料的是，在他抵达托米斯时，巴尔干半岛已不再是想象中桀骜不驯、威胁重重的荒凉之地，而是几乎已完全服帖了。这一驯服过程是漫长而艰巨的。

自渴望建功立业的屋大维宣布平定伊利里亚，以及十年后克拉苏击溃巴斯塔奈人以来，数十载光阴已穿梭流逝。最伟大的功勋莫过于提比略在退隐罗德岛前平定了现今的匈牙利，那里有野猪和更野蛮的部落出没。这些部落的成员被称作潘诺尼亚人（Pannonians），在与罗马的抗争中展现出了深入骨髓的反抗精神。公元6年，当地不时爆发的反叛林火形成了一场恐怖的大火灾。商贩被屠杀，分遣队被全歼，马其顿被入侵。连第一公民都在这场毁灭性的叛乱面前慌了阵脚。他歇斯底里地向元老院警告道，若不采取紧急措施，潘诺尼亚人十天后就将兵临罗马城下。好在罗马最厉害的将军已从罗德岛归来，可供第一公民再次号令差遣。耐心冷酷的提比略是领兵应对游击战的完美人选。他关心士卒的福祉，也同样留意遭受伏击的潜在危险。尽管都城屡屡厉声追索战果，但他充耳不闻。他所追求的是慢和稳。"在提比略看来，安全之道才是上策。"[80]历经数周乃至数月的较量后，提比略最终大败潘诺尼亚人。公元8年，潘诺尼亚人终于缴械投降，在河岸边成群地对这位胜利大将军匍匐称臣。第二年，当奥维德还在因首次见到野蛮人而吓得发愣时，烈火和杀戮已经在向巴尔干地区最后一个群山中的反叛据点蔓延。年轻的日耳曼尼库斯第一次领兵作战，然而事实证明，他虽然富有魅力但作战能力非常有限。提比略接过任务后给了敌人致命一击。此地终于被完全平定了。从黑海到亚得里亚海，从马其顿到多瑙河，一大片疆土收归罗马统治之下。提比略得到了第一公民的诚挚感激和同胞们的热情赞赏。"胜利女神在罗马大将军的头上扑打着翅膀，将月桂花环戴在他的亮发上。"[81]

　　但任务尚未结束。不止奥维德一人注意到：多瑙河对面的野蛮部族完全能够穿越磅礴的水流。哪怕最强大艰险的自然屏

147

障都能被跨越。这对守护边疆的将士来说无疑意味着刺激和麻烦。罗马人最引以为豪的一点在于，他们并非为征服而征服。他们冲锋陷阵，不是因为贪婪或嗜血，而是为了捍卫城市荣誉和盟友利益。可以说，他们是在保家卫国的路上征服了世界。这也就是为什么，在罗马政治家看来，"或许把我们的全球统治霸权叫作护国政权更为恰当"。[82]若非如此，天神又怎么可能让罗马成就千秋伟业呢？当然，这是一个设问句。整个世界如若置身罗马的监护之下，无疑会变得更加美好。奥古斯都主宰的光荣持久的和平岁月，用他自己的狂言傲语来说，取决于"四海皆朝服于罗马人民的统治"。[83]当然，恰如那些望向多瑙河对岸的人所意识到的那样，事实上，要实现四海朝服，罗马仍有一段路要走。但罗马的上层阶级越发深信，那一天终将到来，征服者和被征服者都将受益。抱负和责任在催他们奋进，更不用说的是，他们也遵从不言自明的神谕，这一切都推动着罗马继续向外扩张。终极奖赏——"无边无际的帝国"[84]就在前方。

149　　透过宽阔汹涌堪比多瑙河的莱茵河的激流，最能洞见这其中的现实意义。奥古斯都都曾在莱茵河西岸建造了玛尔斯神庙，以求战神恩典。在郑重声明意向时，他将尤利乌斯·恺撒的宝剑献给了这座圣龛。征服高卢的胜利曾压制了不少嚣张肆虐的野蛮势力，无疑是值得效仿的典范。在平定莱茵河西岸时，恺撒就意识到不能放任东岸野生野长。他两次在河上架设桥梁，两次向对岸的日耳曼人耀武扬威，以示惩戒。① ·数十年过去了，驯服境外各部落的任务仍旧迫在眉睫。高卢地区治理不力，仍然没有发展为愿景中的富贵乡，莱茵河对岸还不时有野人闯入

---

① 并无证据证明"日耳曼人"认为自己是一个特别的部族，或将莱茵河东部的土地与"日耳曼尼亚"这个地名相联系。

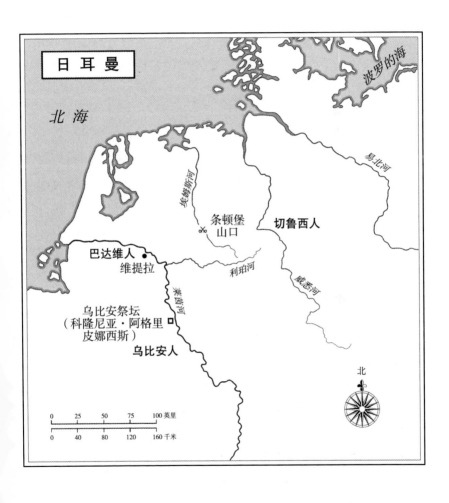

侵扰。最窘迫的案例发生在公元前 17 年，盖乌斯后来的守护人马尔库斯·洛利乌斯偶然撞见一支日耳曼蛮兵，损失了鹰旗。有人认为，这只是一场转瞬即逝的溃败，很快就由洛利乌斯抹平了；也有人将它描述为对罗马威望的严重打击，程度堪比克拉苏当年的大败亏输。无论实情如何，总之，它令一向谨小慎微又果断决绝的第一公民决定，要采取更积极的策略来应对日耳曼问题。在沿阿尔卑斯山北行时，他亲自颁布了一系列重大措施。为完善征税制度，强行对高卢开展人口普查；在新殖民地卢迪南（Lugdunum，即后来的里昂）设造币厂，派千名精兵组成的准军事分队严加防守。不计其数的金币银币被大批铸造，继而被装进马车，沿日益扩张的公路网向北运输，给罗马在西部的势力注入了一针大力强心剂。暴力止息高卢民愤；莱茵河沿岸连设六大军团堡垒；经奥古斯都许可，军队跨河征战日耳曼。罗马史上最伟大且最可怕的一场胜利就在前方召唤：世界边缘的文明唾手可得。

150

　　"闯入一片被阴云笼罩的禁区是需要勇气的。"[85]在最后一场征战中，德鲁苏斯来到了罗马第二道巨大的天然屏障边，即莱茵河以东数百英里的易北河河岸。在这里，幽灵化作一个身形巨大的女人出现在他面前，阻止他渡河。北面是鬼魂和邪妖的出没地，这一点不足为奇。日耳曼的大片土地上都覆盖着阴森森的树林。大公牛一般的生物在其间游荡，此外还有一些既没脚踝也没膝盖、名为"麋鹿"的神秘生物。这里的海潮每天涨落两次，抽打着根部松弛的橡树，并将整片平原包裹在滚滚巨浪之中，冰凉的海水中不时闪现"谜一般的半人半兽生物的轮廓"。[86]奥维德曾讥讽托米斯人为狼人，对他们侧目而视。可在日耳曼这块龙荒蛮甸上，野兽与人的界限甚至更加模糊。一些罗马学者曾仔细研究日耳曼传统，据他们所言，日耳曼的首领在做决定时如果想祈求昭示，最有可能去咨询一匹马。可相反的是，"日耳曼人身躯魁伟，眼睛湛蓝但目光凶狠，头发微红"，[87]可见他们本性凶残，不亚于在山坡上攀来攀去、爪牙坚硬的熊。地理条件是不容小觑的。日耳曼的沼泽地和树林常年细雨连绵，日耳曼人就是这种环境的产物。神明把完美宜人的气候条件慷慨地赐予罗马，让她蓬勃发展为伟大的城市，同时也就注定：寒冷北部的人们只能过着落后原始的生活，也只会是慵懒、凶猛、无趣且放纵的民族。地形与气候决定民族性格：日耳曼人的野蛮是造化使然。

可当真是这样吗？毕竟高卢人以前也好不到哪儿去。他们给罗马留下的糟糕记忆仍叫人耿耿于怀。公元前 390 年，一群高卢人闯入意大利，歼灭了六支军队，还将罗马城洗劫一空。直到奥古斯都那被神化的父亲讨伐胜利后，高卢才不再是一片让人恐惧的土地。现如今，五十年过去了，阿尔卑斯山对面已经发生了巨大变化。高卢人曾身穿长裤，胡须浸满肉汁，喜欢醉酒闹事，热衷于收集人头；如今处于罗马的统治之下，他们的生活方式已经截然不同。高卢的部落首领曾习惯半裸身子，冲向进攻的军队，而现在他们的孙辈身着托加袍，还为"尤利乌斯"这个名称欢呼欣喜。他们也不再什么酒都往嘴里倒，逐渐学会了品味最经典的意大利和东方特级酒（grand crus），更了不起的是，他们还学起了打理古怪的葡萄园。而最喜人的是，高卢起伏的丘陵上原先只有村庄和粗糙的栅栏，现在多地已初现城市雏形：建有耀眼的丰碑和纵横的街道的文明孤岛。奥古斯都不仅将和平果实带给了公民同胞，还将其带给了高卢人。一座又一座建筑拔地而起以表感激：奥古斯都努姆、奥古斯托玛古斯、奥古斯都博纳和恺撒罗博纳（只是为了换个说法）。在高卢的所有献给第一公民的纪念建筑之中，最壮观的一座由德鲁苏斯在卢迪南修建。公元前 12 年，献给罗马与奥古斯都的祭坛正式揭幕，与祭坛连在一起的还有双重斜道和两尊长着翅膀的巨型胜利女神雕塑。[88]这尊位于行省公路系统中心城市的雕像正是全高卢人之忠心的凝聚点。举行揭幕仪式时，六十多个部落的首领前来参加。一个名为盖乌斯·尤利乌斯·维康达利杜卜纳斯的青年被选举为祭坛首席祭司。他的名字融合了高卢特色和罗马特色，充分体现出混血儿阶层日益崛起。人们的脑中不禁闪现一幕惊异的前景：或许有一天，高卢人不再属于蛮夷之列了。"他们已经被奴役，并按照驯服他们的人的指导生活着，现在他们所有人都处于和平状态。"[89]

152　　如果高卢人可以被驯服，那日耳曼人为什么不能？无可否认，在罗马统帅的眼里，部队行进的地方离文明越远，遇到的对手自然就越野蛮、越顽固，这似乎是颠扑不破的真理；但莱茵河对岸二十五年的征战给了他们坚实的希望。当然，对付野蛮人的首要任务向来是一致的：要向他们表明，顽抗无用。伴随着季节流转，一列列军队迈着沉重的步伐从冬营走出，继续东行。绝大多数日耳曼部落在面对井然有序、战术精湛的罗马军时，最终以粗野的方式投降屈服了。其中最凶狠的部落甚至还向奥古斯都献上了族里最珍贵的东西，以示交好。那是一口巨大的铜锅，日耳曼人将囚犯割喉后，把血液滴在锅内，锅便因此具有了神圣意义。不用说，任何反抗都会遭到迅猛蛮横的镇压。提比略曾邂逅当年妄自盗取洛利乌斯鹰旗的部落之一。他冷冷地将那四万人团团包围，把他们驱赶到了莱茵河的远侧。不过，驱逐都算不了什么。罗马人还会采取屠杀与奴役人口的手段让蛮人领教自己的威力。渐渐地，日耳曼这片土地被打上了侵略者的烙印。水量丰富的平原上开凿了运河；丛林深处开辟出了道路；沼泽地上搭建了浮桥。就连德鲁苏斯的拦路虎——雄伟的易北河最后也被征服了。继德鲁苏斯来此近十年后，另一支罗马军队来到了河边，但这次已经没有幽灵幻化而成的女人现身阻拦。骑马带队的是一位名为卢基乌斯·多米提乌斯·阿赫诺巴布斯的贵族，又名"铜色胡子"，是一个罗马使节，他残忍傲慢，臭名昭著，好在和第一公民的两个外甥女中的大安东妮娅结了婚，才大大填补了声名上的缺陷。他领军横渡易北河，达成了一项重大成就。据一流制图师最新推算，这条河与大西洋的距离，跟它与中国的距离差不多。阿赫诺巴布斯成功让远岸的部落就范，让他们承认罗马的威望，就是在实现罗马统治全球的璀璨梦想的道路又前进了一大步。连日耳曼人都永久归顺了，又有谁挡得住罗马向海洋东边的不息征程呢？

153

　　第一公民那被神化的父亲为征服高卢，前后用了十年；而到公元9年，第一公民自己的军队也已经在日耳曼东征西讨了二十多年。在离开易北河、返回安全的冬营之前，阿赫诺巴布斯在遥远的河对岸修造了一座膜拜奥古斯都的祭坛。这是他在任期间修建的第二座类似的丰碑。第一座建在日耳曼另一端，位于莱茵河西岸，坐落在乌比安（Ubians）部落的土地上。自尤利乌斯·恺撒时代起，乌比安人就是罗马人的忠实盟友。两座祭坛之间横亘着巨大宽阔的领土，它们遥相对望，强有力地昭示着奥古斯都日益增强的信心：这片顽抗多年的土地终于要变为罗马的行省了。奖赏是丰厚无比的，可能比最初预估的还要丰厚数倍。事实证明，日耳曼原来不只有沼泽地和树林，还有肥沃的农田、足量的钢铁、上等的鹅绒和一种羊脂和草木灰混合后调配出来的古怪东西，名叫"肥皂"。自从它被引进罗马后，上流社会就逐渐离不开它了。在一个历来崇尚金黄色的城市，这或许是唯一可以料想到的结果。取适量这种神物往头上涂抹后，哪怕最灰暗的头发，都会泛出金色光泽。确实，那些赶时髦的人还得小心翼翼，不能超了限度；据说涂抹过量是会让女人秃顶的，这种悲剧就发生过几次。不过，治疗秃顶的特效药同样产自日耳曼。在他被流放前的幸福岁月里，征服日耳曼的胜利提升了奥维德女友们的潜在性魅力，让他狂喜不已。"派人把日耳曼女囚的头发割下来，"这位诗人向一个情人说道，她的头发因为染色剂不幸出了点事故，"戴上这些从罗马手下败将们头上剪下的贡品后，你会显得光彩照人的。"[90]

154 　　赤褐色的假发固然珍贵，但日耳曼的真正财富不在女人们的头发，而在于男人们使刀弄剑的臂膀。和驯化野兽一样，只要多加小心，就能将罗马霸权制约下的野人按军纪要求来训练。再加上野人本身具有的力量和凶残性格，效果很难不令人拍案叫绝。至于到底有多惊艳，从奥古斯都对他们的资助中就能看出。第一公民本可以从世界任何一个角落招募武士作为自己的护卫，却倾向于选择日耳曼人。毫无疑问，对罗慕路斯时代简朴生活的追忆已经先入为主，让他在这些毛茸茸的原始人身上看到了某些优秀特质。他们虽为野蛮人，却是高贵的野蛮人。他们缺乏文明带来的福音，却也远离了文明带来的腐化。"没有一个日耳曼人会把罪恶当作可以一笑了之的事情。"[91]有可靠消息称，日耳曼女人如果犯下了通奸罪，就会被剃光头发，剥光衣服，在全村鞭打游行。这样的本性如果能为罗马所用的话，将大有裨益。

　　自尤利乌斯·恺撒时代以来，乌比安人就在罗马军队左右效力，展现出长久的耿耿忠心；但随着东征战线越拉越宽，罗马开始需要日耳曼部族的辅助。其中一支部族名为巴达维亚人，栖居在莱茵河汇入大西洋处水量充足的平原上，是一群英勇过人的武士。他们整支部落都加入了罗马军队。其他部落没那么容易受罗马引诱，但会服从更有针对性的招募计划。在受命亲征潘诺尼亚不久前，提比略曾循着弟弟的足迹，带领大军水陆两路征战易北河。一路上，他竭力笼络当地精英，赐予他们罗马公民身份，委以他们军事重任。在潘诺尼亚震天动地的暴乱中，这一举措帮了罗马大忙。在巴尔干半岛，日耳曼分遣队为提比略披肝沥胆，立下了汗马功劳。同一时间，日耳曼地区的部族也都安分守己，没有人趁罗马分身乏术之时兴风作浪，惹是生非。事实证明，第一公民的直觉是对的。日耳曼已被罗马文明打败。是时候在这里推行法律，开展人口普查，征收税款，将它正式变为自己的行省了。

　　公元 9 年，提比略还在血洗巴尔干半岛时，北部边境已经呈现出不同以往的风貌。莱茵河不再像一道边界，反而更像一条大道。当然，罗马军队的身影随处可见：军队基地、补给仓库、破水而行的战备船。不过，河上行驶的不止军用船只。粮食、军队、酒桶和马匹都通过水路运输。尽管这其中大部分农产品将被送到服务于约六万驻军的饭堂，但不尽然。和高卢一样，日耳曼行省的执政机构也急着想让当地人体味一番罗马的生活滋味。在尤利安人的领土上，阿赫诺巴布斯为奥古斯都修造的祭坛已逐渐堪与卢迪南匹敌，成了政教合一的祭祀中心兼首都。一栋栋混凝土建筑开始稀稀落落地出现在河岸边。在莱茵河对岸那片沉闷宽广的土地上，男人曾对顶髻和紧身裤的装

155

束不以为意，女人也只围一块低腰兽皮。现如今，那里已不再是清一色的荆笆墙了。人们正煞费苦心地修建奇形怪状的"躲避野蛮的庇护所"。以莱茵河为起点向东行 50 多英里，或许也可以瞥见些许城市的样貌：的确，这里的住房建得粗糙简陋，但都已装上了水管，也有了街区，还竖立了奥古斯都的雕像。①如果罗马能在日耳曼这片蛮荒原野建起石头广场，那无疑在世界的哪个地方都能。未来是光明的。"伴随着城市的建造，以及野蛮人逐渐适应一种截然不同的新生活，很快他们就将成为罗马人。"[92]

156　　当然，有些地区始终比其他地方更加顽固。自德鲁苏斯时代伊始，二十年来，罗马军团进入日耳曼中心最稳妥的路线，一直是沿利珀河（Lippe）的河道。乘船沿河西行，就能进入莱茵河，因此，这条河成了罗马船只进入蛮族要地的通道。高卢的边界上曾林立着一排排军营及补给仓，现如今，利珀河岸边也出现了同样的一幕。不同的是，对驻军来说，沿岸进军不再意味着步入一片黑暗的腹地。行省权威们现在可以依靠日耳曼部落中的亲罗马派来协助开展平定计划。譬如，利珀河以北、莱茵河与易北河正中间的战略要地是日耳曼切鲁西（Cherusci）部落的地盘。尽管在罗马进驻日耳曼的早期，他们跋扈且倔强，但后来提比略令他们彻底归顺。和其他许多人一样，他们的首领受罗马利诱，成了罗马的辅臣。在与罗马军团并肩而战的过程中，他们还在不知不觉中受到了罗马军队文化的影响。最典型的要数一位名为阿米尼乌斯的年轻首领。他不仅荣归故里，

---

① 20 世纪 90 年代末，在黑森州的瓦尔德吉尔梅斯（Waldgrimes），距莱茵河约 60 英里处有一个重大发现，足以彰显罗马当年在莱茵河东部地区的城市化进程的规模及蓝图。

还学会了一口流利的拉丁文。他也不再是一名普通的罗马公民，而是晋升到了骑士之列。"他身经百战、机智灵敏，智力远超一般蛮人"，[93]正是行省权威们在部落腹地的耳目的完美人选。阿米尼乌斯受过罗马军队行为模式的训练。他清楚罗马指挥官心里是怎么想的。他知道，他们意图在罗马令状仍分文不值的地区巩固罗马的势力。因此，在向行省权威们汇报消息，称日耳曼北部正酝酿着一场叛乱后，他立刻受到传召——罗马军很少深入北部。应对反叛的最好方法就是防微杜渐。尽管夏季正在消逝，但没过多久，日耳曼的五支罗马驻军中就有三支接到了镇压叛乱的任务。军队很快出发了。这支特遣部队踏上了军事工程师多年前清扫出的道路，征途之初没有遭遇路障，也没有人拦路阻截。从远处望去，它并不太像一支由人、马、车组成的队伍，反倒更像一头巨大的肉食动物。它宛如一条蜿蜒爬行、鳞片发光的蟒蛇，凡所经之处，地面无不随之震动。

157

　　骑马带队、发布进军令的是指挥官普布利乌斯·昆克提尼乌斯·瓦卢斯。他是奥古斯都在该地的特使，在扑灭林火方面饶有经验。十年前担任叙利亚总督时，他曾游刃有余地镇压了犹太人接二连三的起义。然而，第一公民器重他，并不主要因为他的将帅之才。奥古斯都对兵权问题一向谨小慎微。之所以把五个军团的指挥权交付给瓦卢斯，是因为他是自家人：他和阿格里帕的女儿联姻，后又与奥古斯都的甥外孙女成亲。不过，如果瓦卢斯在应对行省总督的纷繁职务上没有展露出过人才能的话，这些关系也百无一用：总督一得安定内部，二得公正执法，三得在当地强征税收。在奥古斯都看来，这样的才干正是目前管理莱茵河对岸即将成立的行省急需的。数十年来，罗马首领一直习惯以军队统帅身份面对日耳曼人，瓦卢斯出现后，他们得以瞥见了别的东西。毕竟，和平也是有着动人之处的。托加袍、扈从、法西斯：在劝诱蛮族向罗马输贡纳税并服从罗马律法时，这些事物都发挥着一定作用。是的，如有必要，瓦卢斯会毫不犹豫地动用极具破坏力的武力；但如今日耳曼已被征服，他想既赢得战争，又赢得和平。

穿行在切鲁西部落的土地上，总督瓦卢斯笃定自己策无遗算。他统帅一万八千多人的大军，向这片大地的主人亮出了无往不克的赫赫军威。日耳曼各地的蛮人早已学会了对这种威仪望而生畏。但他不仅是奥古斯都差遣的特使，同时也代表着罗马的和平与秩序。互惠互利的关系已逐渐将行省长官和日耳曼军阀连在一起；瓦卢斯如果心里存疑，只需看看随行的部队即可。骑行在辅助部队中、随时能以一口流利的拉丁语建言献策的人，是阿米尼乌斯，切鲁西部落的王子，罗马的骑士。随着瓦卢斯和军队北进，前方的地域已罕有罗马军事工程师涉足。丛林沼泽内道路难测，有一个熟悉地貌的人来引导无疑是雪中送炭。当阿米尼乌斯请命率先头部队侦察前方是否有诈并为大军开道时，瓦卢斯慨然应允。毕竟，还有谁能比叛乱者的同胞更适合给叛乱者来个出其不意呢。

然而，阿米尼乌斯一去不返。瓦卢斯派出的其他分队也没有一支归队。答案不久就将揭晓。军队拖着冗长凌乱的队列在繁密的森林中费力穿行。他们忙着砍伐树木，在溪谷之上铺路搭桥，不料刹那间，一支支长矛铮铮作响，从阴影处嗖嗖射来：军队遭遇突袭了。暴雨骤起，山腰泥沙俱下，天色越发阴暗，铁制标枪头更是如冰雹般唰唰地落下。由于受到地形限制，军队无法像以往一般排兵布阵，只得在黑森森的树林中艰难行进，一路不时绊倒在缠绕的树根和倒下同胞的尸体上，最后才找到

一块足够开阔的空地安营扎寨。战士们匆忙垒砌木栏，雨后的
水汽蒸腾着，令篝火在水雾的浸润下嘶嘶作响。从这时起，瓦
卢斯总算能够审时度势了。他的处境不算太好，但也不至于太
糟。伏击历来是在莱茵河对岸征战时军队会面临的大险。就连
德鲁苏斯都曾遭遇好几场埋伏。处在不利地势下，关键是要轻
装简行，安全行事。于是，瓦卢斯下令焚掉队列中的货车，好
方便调转方向，返回安全的罗马驻地。南北两面皆地势艰险，
选择哪条路线是显而易见的，事实上，那也是唯一一条路了。
绕过稠密的丛林和山峦后，他和军队就将穿越罗马版图上一处
名为条顿堡山口（Teutoburgiensis Saltus）① 的地方。

　　第二天，长长的队列有如苏醒的大蛇一般，从夜营里蜿蜒
爬出，进入了开阔的乡野。罗马军队的左边是长满橡树的山峦；
右边是一片郁郁葱葱的草地和湿地，其间零星分布着废弃的农
场，点缀着烂漫的季夏野花。焦急的赶骡人匆匆割下几把野草，
塞进驮畜脖子下方吊着的铃铛里，以掩盖叮叮当当的声响。多
么聪明的防范手段啊。沿途所经森林中的树木一旦变密，伏击
就会再次袭来。但瓦卢斯不屑追击攻击者。鬼怪般的蛮兵总是
神出鬼没地从树林里钻出，忽地朝他们投掷武器，接着又再次
撤退隐匿。他们是能阻碍军队的进程，却无法中断罗马人的脚
步。三天的持久战也只是进一步加深了罗马军团对日耳曼战术
的蔑视。他们风尘仆仆，血迹斑斑，身后接连倒下一排排的人。
但他们知道，从一个军人应当具备的各种素质来看，自己仍旧

159

---

① Saltus 在拉丁文中既可以指"关隘"，也可指"森林"。塔西伦当年就是用
　该词来描述战事地点的。人们通常都将该词翻译为"森林"；但经确认
　（首次确认时间为 20 世纪 90 年代），战事地点实为萨克森自由州南部的卡
　尔克里泽山（Kalkrieser Berg）山脚。因此，现今我们在 Saltus 一词上才有
　了正确的翻译。

是无可超越的战士。不管论训练、论军备，还是论军纪，一概如此。难怪那些叛贼不愿正面交锋。他们连最原始的胄甲都没有，手里也只有粗制滥造的铁器。好比积水泥塘中孵化出的昆虫，只会成群嗡鸣着叮咬人。

到了行军第三天，军队右侧的沼泽似在嘲弄这些对手有多可恶一般，露出了更大面积的阴影。与此同时，左侧的山丘上的树林也越发密集。日耳曼这片山林草莽似乎还从未这般野蛮过，罗马军事区的安全氛围、军营、热水浴池，还有那通向外界的铺装道路，也从没有这般令人向往过。军团继续蹒跚着行进。

天空下起了雨，细密宛若牛毛；灰暗的天色，笼罩着不远处树木丛生的山脊。军队没有直接翻越山背，而是沿着它的曲线迈步北进。一路上，他们发现自己离沼泽地越来越近。溪流横亘路面，脚下泥土也开始下陷为泥沼。军队跌跌撞撞地行进着，溅起飞扬的泥水。抵达沼泽边缘时，他们才终于找到一席坚硬的立足之地——但道路狭窄而不规则，哪怕最有素养的士兵，都无法在行军时完全走在正轨上，并保持连贯的队列阵形。因此，军队在山麓行进得越远，他们的秩序也就越乱。但更糟的还在后头。队伍逐渐凌乱的同时，左侧出现了路障，但那并不是山峦的天然轮廓造成的，而是沙土和草皮垒砌的城墙。但凡军队中有任何一人在疾风骤雨和喧嚣步伐之中停下仔细研究这些障碍物，就会在它们的设计之中发现一个惊人之处：它们无可置疑地融合了罗马建筑的设计。这些城墙建在这里是做什么的，为什么历经罗马战术训练的人会把它们建在一片野蛮人的沼泽边界？或许，在滂沱大雨夹杂着日耳曼人那臭名昭著的粗糙洪亮的嚎叫声袭来时，在冰雹般的标枪头逐渐将瓦卢斯的大军冲击得四分五裂时，有人意识到了那个十分显然且唯一的答案；但等到那时，一切都太晚了。

伏击进行得十分彻底。对罗马军团而言，就好像是森林自带的石城汤池中，成千累万的怪兽从堡垒中倾巢而出，用野蛮的声音嘶吼着，向他们滚滚冲来。任何一个部族倾其所有，也绝不可能拼凑出这样庞大的队伍。但没时间三思了。罗马军团人仰马翻，乱作一团。被长矛射穿的躯体本已堆满了沼泽地的浅滩，如今又来了一场更加致命的宰割。一阵阵胡劈乱砍让罗马军血流成河，一片狼藉。雨雾迷蒙中的战士彷徨辗转，惊慌得全然顾不上列阵。没过几分钟，整个队形就瓦解冰消。死尸堆积如山，铺满了殷红色的浅滩。负伤的战士有的肠子露在沙地上，有的骨头破碎，一个个尖声哭喊着求饶；但并不会有饶恕降临。行凶者手执长矛和棍棒，穿梭在这群将死之人中间，对躺着的他们一顿猛戳暴锤。很快，蛮人就从臭气熏天的浅滩四散开来，乘胜追击幸存的罗马兵。一些士兵走投无路，逃进了沼泽，但那里没有生还机会，只有芦苇丛中噬人的烂泥和身后蹚水追击的蛮族。一个扛旗兵将鹰旗从旗杆拧下裹入斗篷，浸进了血红色的沼泽，但仍于事无补。他与他的鹰旗，以及另外两枚鹰旗都被敌人抓获。队列后边的士兵发疯似的抱头鼠窜，却也被俘虏了。仅有寥寥数人如野兽般藏身树丛，才侥幸逃脱追捕。否则，瓦卢斯带入条顿堡山口的这支大军——也是地球上最威武凶猛的三股战斗力——将悉数尽毁。这场屠杀惨烈至极，无以复加。

瓦卢斯不愿沦为阶下囚，绝望之下挥剑自杀。其余军官就没这般幸运了。胜利者没有将军官混同负伤的罗马人处死，反把他们包围活捉。俘虏们心中升起了不祥预感，料想前景肯定

161

一片惨淡。但凡在日耳曼服役的士兵都曾听说土著在沼泽和树林举行的致命仪式。他们的神明是嗜食人血的。死法的多样性就是死亡的佐料。事实为证。一些囚犯被拖着在泥潭的浅滩上踉跄行走，然后被绑得死死的，直至在淤泥最深处活活溺死；其余人则被带进了树林。那里聚集着一大批蛮人，那些特别了解日耳曼事务的军官便有了最好也是最后的时机来弄清前因后果。毕竟，山口上的森林里突然冒出那么多蛮兵，其数目之众，是任何一个部族单凭一己之力都不可能召集来的。总之，肯定有人让这些喜欢争辩的野蛮人结成了联盟。不过他们没机会追问。"终于，你这条毒蛇不会再发出嘶嘶声了。"[94]一个日耳曼人把一个囚犯的舌头割下后，缝上了他的双唇，冲着他得意扬扬地叫喊道。不过，那些眼珠尚未被挖出的罗马人，在被拖向死亡时，若环顾周遭，很可能会发现一个主持此场死亡仪式的特殊野蛮人。此人一向被罗马军官视为袍泽，但其真实身份会在一个恐怖的日子里给他们带来致命一击。在喉咙被割破，或吊在树下苟延残喘，或跪在地上等待刀剑一挥、人头落地时，他们会幡然意识到，毁掉自己及凯旋将军·恺撒·奥古斯都雄心壮志之人，正是罗马人民的骑士王子，阿米尼乌斯。

找出那女人

提比略很容易长痘。他纵然高大健硕，身材匀称；目光如炬，似能透视黑暗；还有一头引领数代时尚潮流的克劳狄式经典乌鱼发型，怎么看都一表人才，无奈脸上丘壑起伏，动不动就满脸突发红疹。他尽管相貌堂堂，但脸上的痤疮一直此消彼长，且他对此束手无措。

同样，一场伟大胜仗的光辉也可能沾上污点。提比略对罗马的贡献堪与这座城市历史上最伟大的将军比肩，但他的胜利总是因灾难突发而黯然失色。公元前 9 年，他在巴尔干半岛大获胜利，却被弟弟在日耳曼的死讯盖过了风头；公元 6 年，他在日耳曼取得一系列胜利，巴尔干半岛又叛乱了。现在，在他人生的巅峰时刻，传进罗马的噩耗堪比晴天霹雳。城内原本安排了数项活动，以庆祝他彻底平定潘诺尼亚叛乱，此刻却全部被草草取消。鉴于三大军团暴尸原野，沦为日耳曼野狼及乌鸦的食物，他举行凯旋式纯粹成了异想天开。罗马人深陷哀悼和惊慌之中。原始的恐惧再次袭来，罗马横扫千军、开疆扩土的征服业绩曾经也只是安抚了这种情绪，从未将其完全根除：他们惧怕蛮族会从阴森的北方飞奔扑来，闯进意大利，突破防守，让城市血流漂橹。阿尔卑斯山上升起三根巨大火柱的传言丝毫未能缓解人们的紧张神经；而都城蝗灾突发，更是火上浇油。罗马人原本差一点就确信罗马是所向无敌的，但如今对许多公民来说，这种自信演变成了截然相反的东西：绝望无助，深信罗马帝国大限临头了。

第一公民的焦急之情溢于言表，普通民众的恐慌就更难得到缓和了。对一个将身家性命都托付给日耳曼军队的人来说，阿米尼乌斯的叛变无疑是一个沉重打击。他的护卫被匆匆分派到许多难以接近的岛屿上。首都内的其余日耳曼人，不论做着什么营生，一律被驱逐出城，而城市也宣告处于紧急状态。家里的野蛮人已纷纷被驱走，但奥古斯都还游离着，不肯理发，以头撞门。终其一生，他都靠着非凡天赋，在表象和现实间的阴影区暗度陈仓：既在公民同胞面前掩藏权势，又去震慑境外胆敢质疑罗马威仪的所有人。当潘诺尼亚叛乱的消息传来时，他在元老院内公然流露出一丝焦躁不安，足见他对那其中的恫

163

164 吓意味有多警觉；但如今日耳曼浩劫发生后，他发现，自己正直面敌方的威吓。他所创建的常规军要怎样应对这样的冲击呢？支撑罗马霸权的军事基础已经在潘诺尼亚一试锋芒，可令人惶悚不安的是，现在这种军事基础不免显得十分薄弱。一整天的杀戮下来，保家卫国的二十八支军团就损失了九分之一。不用想就知道这给奥古斯都的自信带来了多大的打击。本来就不善于应对军事危机的他，反反复复对着帕拉蒂尼山无助而愤怒地嘶吼道："昆克提尼乌斯·瓦卢斯，把军团还给我！"[95]

当然，这是一句徒劳的祈祷。他需要想出其他办法来填补漏缺。巴尔干半岛的叛乱已经将罗马的人力储备消耗到几近崩溃的节点。现在，随着整个北境烽烟四起，第一公民别无他法，只得颁布一些不得已的措施——召集退役的老兵、强制征兵、处决诈病者，而他作为共和国的长久守护人，按理是应当废弃这些措施的。统率这支北部临时军的人是提比略，他是唯一能够担此大任的人选。他是罗马危急时刻的救主，精力充沛，能力过人，自艰苦的巴尔干战场班师回朝后，尚未歇息便踏上了风霜征程。五年前，提比略在抵达日耳曼时就受到了原来部下的热情接待。熟悉提比略统率风格的士兵都知道，他习惯谨慎行事；那时候的他们眼里噙满泪水，簇拥着他，高喊着战斗荣耀口号，为他的回归热切欢呼。鉴于目前瓦卢斯军团的悲戚呐喊还萦绕在每个战士的脑海，这位将军来到莱茵河无疑是备受欢迎的，因为他不愿通过炫耀男子气概这种毫无意义的举动，让士兵陷入性命之忧。危急时刻要做的，绝对不是逞能示威。

相反，当务之急是加固内线防御。阿米尼乌斯给罗马的威望和人力带来的打击太过沉重，以至于现在阿尔卑斯山以北每一处似乎都面临失守风险。提比略以一贯的沉稳和决绝，开始

执行重塑罗马声威的任务。从高卢至莱茵河沿岸，防御一一稳
固加强。西岸的庞大军营几十年来一直是罗马军团在日耳曼的
冬营地，由于周遭围有防备森严的栅栏，另有河流充当天然屏
障，因此仍安然无恙。莱茵河东岸就是另一番景象了。阿米尼
乌斯得胜后不久，一场毁灭性的火灾爆发，焚毁了进军易北河
的罗马军队的前沿基地。建到一半的城镇沦为废墟。奥古斯都
的雕像倒在瓦砾枯草中，砸了个粉碎。烧焦的堡垒内到处是尸
骨。只有一个基地成功撤空，但撤离工作刚匆忙结束，堡垒就
烧成了一片火海，好像这一整片巨大的驻军基础设施从未存在
过一样。

　　深谙游击战危险的提比略知道，在扎进一片桀骜不驯的化
外之地前，务必要先确保后防已经巩固。尽管缺乏刺激，这项
任务的重要意义却不容小觑。一年多来，提比略恪尽职守，全
身心地专注于加固莱茵河的防御系统。军事基地得到了升级改
造；数支军队被从其他行省调来；意大利征召的兵力汇入了整
支部队。至公元 11 年，在莱茵河沿岸安营扎寨的军团已经由五
支变成了八支，而高卢行省内几乎调动得匹马不剩。也只有到
这个时候，提比略才终于敢向河对岸进发了。不出所料，提比
略的出击给了敌人重惩。庄稼村庄全部焚毁。行军道路上的荨
麻被清除。军队占领了莱茵河东岸沿线的一块地区。由此可以
证明，第一公民再次征服日耳曼的希望一定有可能成真，至于
在这一过程中会遭遇什么样的挑战，提比略不抱幻想。莱茵河
对岸处处隐藏着杀机。哪怕犯了一个小错，哪怕仅仅一次没有
捕捉到山坡或丛林深处掠过的浮影，就可能招致全军覆没的灾
难。军队上上下下没有一人敢放松警惕。一位高级军官曾派遣
一队士兵，陪同自己的一名被释奴到莱茵河对面狩猎，提比略

166 对此大发雷霆，立刻废除了他的军职。当前情势如此紧张，是容不得任何轻浮的行为的。提比略以身作则，把自己的辎重减到最低，确保军官们不论白天晚上都能联络上他，而且夜夜不扎帐篷，枕戈待旦。

这种严谨得近乎神经质的作风，虽然没有为他获取决定性胜利，但也足够助他实现一个更有限的目标。日耳曼人被迫领教了罗马战争机器的复原能力。条顿堡山口伏击战过去三年后，罗马军团卷土重来，再次在日耳曼大地上行军。提比略成功避免了每一场蓄意伏击，甚至还在一次谋杀中侥幸逃生，如今可以对自己的努力感到满意了。高卢和莱茵河的防御工事已经牢不可破。蛮族无法再向意大利发兵突袭了。

"罗马人民唯一的守护人"[96]已取得了所有能够争取的功绩。"他一个人的警惕，"奥古斯都如是说，"匡复了我们的江山社稷。"[97]公元12年，随着征战告终，军团回归莱茵河基地，提比略终于放下兵权，返回了罗马。整个秋季罗马的天气都十分恶劣，天色灰暗，阴雨连绵，在10月23日这一天早上却骤然间云销雨霁。灿烂的阳光烘干了罗马的街道，人们蜂拥而出，为提比略的凯旋式欢呼庆祝。那一日，天空中落下的只有玫瑰花瓣。缴获的武器盔甲熠熠生辉，因犯脖颈处的枷锁哐当作响，鹰旗跃然高擎，伴随着庄严的阵列徐徐移动，一切无不大放异彩。阳光照耀下的战利品在广场建筑的大理石上投下了金色的阴影，与此同时，提比略的马车前方，许多精美华丽的银雕像高高竖立，向罗马人民描绘出他为他们赢取的诸多胜利。"大门洞开的蛮族城镇，满是缺口的城墙，被征服的居民。河流、高山，以及丛林深处的交锋。"[98]

尽管场面热闹壮观，但还是缺了点什么。在这人生的美好

母狼之子：罗马奠基人罗慕路斯与双胞胎弟弟雷穆斯在帕拉蒂尼山一侧的卢佩卡尔洞穴内由母狼喂乳。台伯河河神斜倚在双胞胎的旁边，单手撑着身子。

尤利乌斯·恺撒的谋杀者逃离犯罪现场。让-里奥·杰洛姆（Jean-Léon Gérôme）在 1859 年基于想象绘制的作品。

莉薇娅·德鲁西拉。她美丽聪慧，
人脉广，最终将被授予罗马妇女
未享有的诸多殊荣。
——————— Tom Holla

恺撒·神之子。

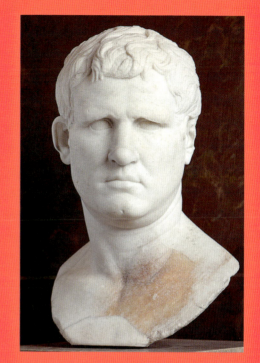

马尔库斯·维普撒尼乌斯·阿格里帕：
一位至高无上的参谋。
©Marie-Lan Nguyen/Wikimedia
Commons

罗慕路斯扛着从敌王身上剥下的盔甲——"荣誉战利品"。在一对一专斗中杀死敌方将领的罗马指挥官是比较少的，而罗慕路斯是第一个。该画源自庞贝一家商铺外墙，但所绘内容为奥古斯都命人修建的一座雕塑。奥古斯都后来还命人将该雕塑放入复仇者玛尔斯神庙中。

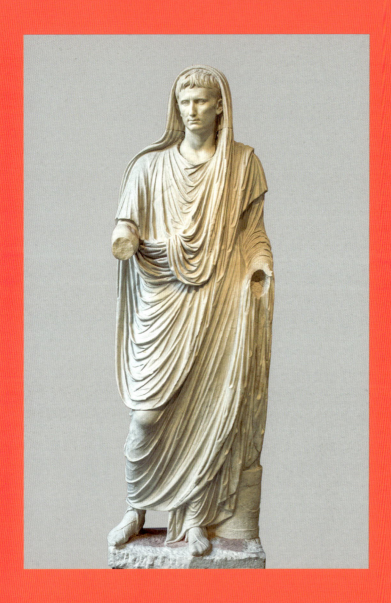

担任"大祭司"的奥古斯都。他在侍奉神明时虔诚且朴素。

————————————————————— Wikimedia Commons

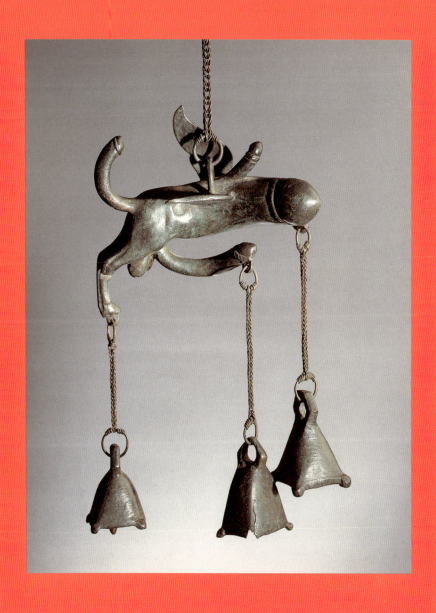

罗马是一个遍布男性生殖器之象征物的城市。对罗马人来说,男性生殖器应该是硬挺且能干的。

复仇者玛尔斯神庙。在立誓建神庙敬奉玛尔斯神的数十年后，奥古斯都于公元前 3
5 月 12 日举行了该神庙的落成典礼。

奥古斯都希望呈现给外人的奥古斯都家族形象、站在最左边、一袭托加袍罩头的是阿格里帕。他身旁的女人几乎可以被确认为尤利娅（虽然也有可能是莉薇娅）。两个男孩为盖乌斯和卢基乌斯，他们是奥古斯都的外孙兼养子。

提比略与母亲。

——— Tom Holland

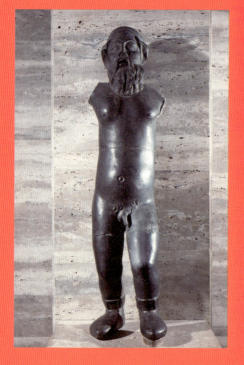

玛耳绪阿斯。在希腊人的故事版本中，这位萨蒂尔 (satyr) 被活剥了皮，而意大利人则认为他虎口脱险，并且逃到了意大利。罗马广场上的玛耳绪阿斯塑像对罗马人来说是自由的庄严象征。

——— ©TPG images

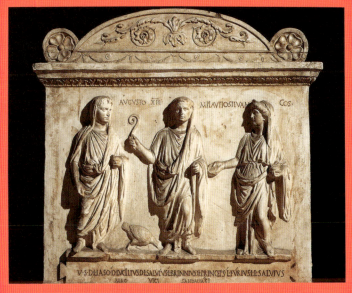

建于桑达拉利乌斯区的十字路口的一方祭台。奥古斯都与莉薇娅分别站在盖乌斯的左右。

丛林深处，高高的枝头下是日耳曼总督瓦卢斯带领的三支罗马军团全军覆没之处。

Tom Holland

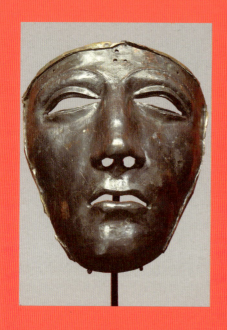

罗马骑兵面具，出土于条顿堡森林战场遗址。
©Carole Raddato/Wikimedia Commons

奥古斯都·恺撒的凯旋式。象征着文明世界的妇女为他戴上了橡树花环；下方，挂了战利品的纪念柱正在慢慢竖起，蛮族们对奥古斯都俯首称臣。

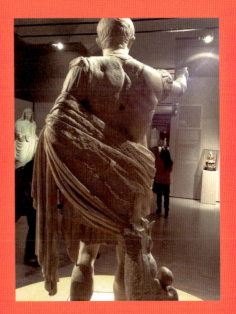

奥古斯都在临终之际询问自己在生活这出喜剧中是否将角色扮演得到位。年老的他仍旧不愿摘下面具。

——Tom Holland

无花果据说是奥古斯都最喜爱的食物。

——Sophie Hay

皮亚诺萨，阿格里帕·波斯图穆斯被流放的小岛，位于意大利西海岸附近。奥古斯都及其继任者会将大量诸如此类的小岛用来囚禁蒙羞的家族成员。

——©Olivier Brunet/Wikimedia Commons

日耳曼尼库斯：提比略的侄子，罗马人民的宠儿。

—— Tom Holland

阿格里皮娜携带日耳曼尼库斯的骨灰抵达布隆迪西乌姆。本杰明·韦斯特于1768 年绘。

斯泊朗卡，提比略在此建造了一座神话主题公园。某次在洞口用餐时，他差点被落石砸死。

Tom Holland

卡普里岛的悬崖峭壁令该岛坚不可摧，成了提比略晚年的休养之地，同时也催生了许多关于提比略所犯的难以言状的罪恶的流言。

—— Tom Holland

时刻，提比略仍被一丝淡淡的不满情绪笼罩，这样的压力此前
就屡屡拖累他。人们庆祝的，不是他稳定莱茵河对岸的成就，
而是他平定巴尔干半岛的胜利。他保护罗马人免遭蛮族滋扰的
伟大成就，没有那么令人热血沸腾，也没有受到任何祝贺。他
的公民同胞中，绝大部分人生平从未闻过新建栅栏的原木的味
道，更没有闻过日耳曼沼泽地的臭味。对于边防执勤的那些无
聊细节，他们是没多少兴趣的。他们想要的，只有勇猛和无畏
的凭证，偏偏提比略就没有兴致把这两种品质拿出来炫耀。总
的来说，他所重视的美德都比较古老，是罗马人在最英勇最正
直的时刻呈现出的特质：恪尽职守、坚定不移、严于律己。驾
着马车穿过罗马的街道时，他一脸严肃倔强，根本不屑于迎合
人群的欢呼。观众们期待的若是一个乐于取悦民众之人，那还
是另寻别处吧。事实上，目前正有一个现成的完美偶像。

　　在提比略凯旋式上展示的战斗荣誉中，有一些属于另一位
更具传奇浪漫色彩的指挥官：日耳曼尼库斯。尽管他的离经叛
道曾经常招致灾难，而且不得不让他的叔父三番两次出面保释
他，但在绝大多数人看来，这些都不是关键所在。真正重要的
是他的亲和力、他的表现风格，以及他那年轻俊美的容颜。事
实上，日耳曼尼库斯太想拥有一副绝佳形象了，甚至不遗余力
地去练腿肚子的肌肉，好让自己天生瘦弱的小腿更加粗壮结实。
这种虚荣心是熔铸在他基因里的。日耳曼尼库斯既是德鲁苏斯
之子，体内又弥散着比德鲁苏斯更杰出、更富有魅力的外祖父
的气息：他的母亲是小安东尼娅，马克·安东尼与屋大维娅之
女。"无论是作战时期，还是和平时期，你都是我们年轻一代的
花朵。"[99]诚然，坚守传统、冷酷强硬的提比略没时间理会这类
厚颜无耻的吹捧。但罗马人民在对盖乌斯短暂而热烈的迷恋结

167

束之后，仍然深深崇尚着年少有为者。此时此刻，面对风流潇洒的日耳曼尼库斯，他们的心再次怦怦直跳。相比之下，提比略自然就显得像过气落伍之辈。

168 　　提比略陷入了双重困境中，左右为难。尽管他年岁渐长，也为罗马效力多年，但从法律上看，他仍旧处于从属地位，要服从奥古斯都的父权。对于一个像提比略这般坚守贵族价值观的人而言，父亲的权威不是说反抗就能反抗的。激发他终生坚守共和制、蔑视君主制的理想，也同样让他痛苦地意识到自己身为儿子对第一公民所担负的责任。换作在另一个年代，提比略凭借自己的家世和战功，就能获得克劳狄家族一向最渴望的东西：同侪中的领导地位。但在这个年代不行。领导地位只能通过继承权过继给他。这是提比略无法改变的事实。他对奥古斯都忠心耿耿，不只是子事父那样简单，更是对罗马救世主的忠诚。他为城市大业所立下的功勋，竟还比不上一个垂垂老矣的独裁者的恩惠，这固然叫他窘迫，但他欠第一公民太多，由不得他生怨生恨。提比略的感恩之心既滋养又压制了他的屈辱感。他陷在一个自己轻视万分的角色里，所坚守的那些原则只是越发让他成了这一角色的囚犯。

　　不过，他不是只对奥古斯都负有责任。"我遵从父母，服从他们的权威。无论他们是公正还是偏颇严苛，总之，他们一直认为我是恭顺服帖的。"[100] 在维护罗马精锐阶层的严苛传统时，母亲的重要性丝毫不亚于父亲。五十年来，莉薇娅一直是丈夫永久而忠实的伴侣，堪称恪守妇道的楷模。成婚后的几十年里，她没有一次让奥古斯都失望过。在他身边，她既得树立贤良淑德的典范，又得做好"罗马第一夫人"（Romana princeps）。[101] 但她展现出了非凡的才能，能将毫无胜算的事情处理得妥妥当当，这种"敏锐机智不输丈夫一分"。[102]在参加献祭仪式时，莉薇娅会把家纺的斯托拉浅浅地盖过头部；在织布机上劳作时，她会梳起华美但又简约的发型，让整个罗马帝国都跟风效仿，贵妇的女仆们无不因此松了口气。如今，莉薇娅已经70岁了，没人有理由再去质疑她那可怕的贞操，也没有人会去谴责她行为举止如何不符身份。奥古斯都并非受益于自己与这位完人之间关系的唯一一人。对提比略来说，想要成为万人爱戴的旧式大英雄，一个端庄贤良的母亲几乎是必要条件之一。莉薇娅对家族理想耿耿忠心，待儿子也如是。"她的行为"——即便那些怀疑她的人都不得不承认——"是十足的旧派作风。"[103]

　　但这只是加深了那些不信任她的人的怀疑。当然，在任何头脑健全的公民眼里，女人就是不应该干政，这是不争的事实："要是她们去攫夺专属男人的东西，元老院、军队、行政官职，该有多么可怕啊！"[104]奥古斯都自然是同意这种看法的，莉薇娅也知道。除却对霸权的喜好外，奥古斯都在任何事情上都抱着保守态度。可是，城市第一公民的霸权已很久没有依托于正式职位了，这样的情况下，权利的行使问题周围不免蒙着一层阴影。权力，自从挣脱其远古的限制后，就已开始进化和突变了。莉薇娅虽没有正式等级，但她的特权之大，足以压倒一众元老。自后三头同盟那遥远的时代起，她就一直享受着法定的侮辱豁免权，那可是保民官的传统特权呀。除此以外，根据她丈夫制定的一系列法令，她还享有程度罕见的财政独立。最便利的是，在这个马车一向禁行的城市里，她有权乘坐双轮马车（carpentum）四处奔走，这种精美华丽的双轮车一般情况下是只有最高等级的祭司才能使用的。罗马人对彰显身份的微妙标识一向充满了警觉，不需要任何人为自己梳理逻辑就能辨识出

169

哪个保护人值得投靠。他们明白投靠莉薇娅有什么好处。这个女人有神奇的白鸡和月桂赐福，名字出现在了许多翻修的神庙的入口上方，"单从她自身的情况看，她就有资格在恺撒的神床上和他共枕"，[105] 她所拥有的力量是稀有而强大的。她所携带的权威有如身上的香水：馥郁、昂贵、罕见。在整个罗马世界里，她的姓名早就和象征她丈夫伟大功绩的神明革尼乌斯成双成对地出现，成了祭坛上的名字，化为银制的雕塑，变为蛇状雕纹。压制一个女人的地位是一码事，但若她是女神，便另当别论了。那些接近莉薇娅以求恩惠的人，几乎都是怀着希望与畏惧去的。"只有当她将人们从危险中解救，或赐予他们荣耀时，她才会显示出自己的力量。"[106]

这种安全感既容易招致众怒，也容易平息流言，机警敏锐如莉薇娅，不可能不懂。她了解自己的城市，深知风言风语如何在大街小巷卷起一个个无休止的旋涡。即使赞扬也可能带来麻烦。当远在天边的奥维德绝望之下公开催促妻子去恳求"第一夫人"，[107] 请她帮忙放自己出来时，帕拉蒂尼山静得吓人。公开提及莉薇娅对丈夫的影响力，影射一个女人的话语就能影响重大决定，将走廊或卧室描绘成权力的舵舱，这不仅是对第一公民妻子的侮辱，也是对第一公民的侮辱。国家大事一如既往地只适合在元老院商谈。有人说女人的枕边风比执政官的雄辩更能影响奥古斯都，对于这样的指控他是非常敏感的，于是他下令，每天的家庭活动都要被记录在案。"不想让自己的某些话或某些举动被公开记录的话，那就谨言慎行。"[108] 奥古斯都这样警告尤利娅及其女儿们。但其中二人还是没把告诫放在心上，最后付出了惨痛代价。不过，第一公民并没有对莉薇娅发布这样的警告。那没有必要。多年相处下来，奥古斯都早就摸清了妻子的谨小慎微，知道她值得信任。尽管如此，在那些极其关注奥古斯都家族一举一动的人眼里，这就引发了一个有趣的问题。诽谤的污点并没有溅到莉薇娅身上，是因为她本身就不容置疑，还是因为她太老谋深算了呢？

她既是提比略的生母，也是别人的继母。当然，暴怒的丈夫因尤利娅之故所掀起的众怒并非针对莉薇娅。当名誉扫地的继女从潘达达里亚这座禁闭岛转移到利基翁时，是莉薇娅友好地给她送去了奴隶；[109]当尤利娅的女儿也被流放异地时，仍旧是莉薇娅出面提供了经济援助。然而，这些善心善行并没有令所有人信服。"尽管莉薇娅竭力表现自己对落难继亲戚们的同情，但在她们风生水起时，她可是处心积虑在背后捅刀子呢。"[110]不管怎样，这就是他们的主张。背后证据尽管都是间接的，却令不少人深以为然。罗马人普遍认为继母恶毒。在一个历来将婚姻视作争夺家族优势的手段的城市里，这或许是唯一可以料想的结果。枕边就躺着全世界最富权势的男子，莉薇娅想提携儿子这档事几乎算不上重大新闻。而且她也从未忘记自己身为一名克劳狄，对出类拔萃的古老家族所负有的义务。在绝大部分事情上她矜持细致，但在族谱问题上，她不屑于遮掩自己的骄傲情绪。就在罗马城外一条公路的上方，莉薇娅修缮的一座古庙将她的这份自豪之情向世界得意展露。她的名字被刻在了庙内巨大的中楣上，璀璨夺目，而名字下方就是熙熙攘攘的人流。[111]"恺撒·奥古斯都之妻"——她这般描述自己。但更惹人注目的是，这个称号的正上方还有一个"德鲁苏斯之女"。对一个像莉薇娅这样的女人来说，急功近利的培养方式不是罪恶，而是一种庄严责任。

可是，她愿意为此付出多少呢？一想到奥古斯都家族发生

171

的重重灾难，不少人会怀疑她是始作俑者。毕竟，尤利娅及其女儿垮台，并不是唯一破坏奥古斯都宏图愿景的灾殃。公元前29年，提比略乘坐继父的凯旋战车时，被安排站在了马凯鲁斯的左侧。自那时候起，第一公民遭受了接二连三的丧亲之痛。他的继承人一个接一个神秘死亡。几乎每个阻挡莉薇娅儿子继承奥古斯都权力的尤利安都中道崩殂。马凯鲁斯、卢基乌斯、盖乌斯，全部撒手人寰。虽然没有足够证据证明他们的死是因莉薇娅作祟，但那些怀疑她脱不了关系的人却认为，这正是她的狡诈所在。杀人不留痕迹，是典型的"蛇蝎毒妇的伎俩"[112]（muliebris fraus）。尤利乌斯·恺撒的刺杀者好歹是在光天化日之下将恺撒乱刀捅死，尸体倒在血泊后也是伤痕累累；但一个人若被下了毒，估计根本意识不到有人想取自己的性命。往一杯酒里投点毒，是不需要花费大把力气的。在不经意间，毒液就会发挥作用置人于死地。作案者再老练地摆出道貌岸然的模样，就能轻易摆脱旁人的指摘。只有吮吸了远东森林结出的异域水果——香橼后，受害者才可能死里逃生，因为再没有比那苦涩汁水更有效的解毒剂了。"若是误喝了狠辣继母投过毒的酒水，它便能助你驱除浸入四肢的黑色毒液。"[113]这样说来，当初，盖乌斯和卢基乌斯要是再多备点儿香橼，提比略的继承前景或许就截然不同了。

也可能不会。毕竟，妄想症也是一种中毒症状。流言风语毒害的是人的思想。如果莉薇娅真像她在罗马人民面前所呈现的那样，斯托拉穿得齐齐整整，一看就对丈夫虔诚忠贞，宛如公正与和平的化身，那么诋毁她的名字这一行为就如同她被控犯下的罪状一样罪大恶极了。如果莉薇娅稳重自持的美德可以被形容为弄虚作假，那奥古斯都家族的美德也都如此。这一家族不仅不是践行罗马传统价值观的典范，而且哪怕表面泛着圣洁的光辉，也终究是虚有其表，早就因凶残和专制从里烂到了外。随着奥古斯都步入古稀之年，身体越发孱弱，全球和平又取决于一场平稳的权力交接，这样的展望无疑太难让人接受了。

"如果有人中伤我，不要太过激愤。"[114]第一公民曾这般劝告提比略。现在到了高龄，他自己倒是对这番忠告越来越不耐烦了。无论城市的谩骂传统多么庄严古老，无论年轻时候他曾如何对其大加利用，他怎么可能让它们威胁到国家的安稳？步入高龄的奥古斯都逐渐感到，罗马人民的安全比任何形式的言论自由都重要。奥维德已经被流放他乡。接着，第一公民又将律师提图斯·拉比埃努斯撰写的具有破坏性的内战史投入了熊熊大火，"在文学领域实施了史无前例的处罚"，[115]而这一刑罚实在太过沉重，以至于后来这位作者自杀以示抗议。最后，第一公民又以有损罗马威望的罪名，将另一位律师，诙谐尖刻的雄辩家卡西乌斯·塞维鲁斯，放逐到了克里特岛。这一案例有力地说明了有关文字诽谤的限制正进一步加强。对那些热衷于维护城市传统自由权利的人来说，这是一个不祥而可怕的先例。叛国罪的指控，历来都只针对行为，从未包含过言辞上的冒犯。但事实上，塞维鲁斯就因此被判刑："用谩骂性的语言，诽谤尊贵的男人女人。"[116]至于诽谤最尊贵的人——也就是奥古斯都家族的男男女女——又会是什么下场，目前仍旧悬而未决。

自从神明垂怜罗马人民，赐予他们奥古斯都和平（pax Augusta）[117]以来，世界就笼罩在第一公民死后会出现何种变数的阴影中。公元 13 年，提比略被元老院授予了与其养父相当的权力。这似乎就是最终答案了。无论提比略心中有什么疑义，总之，命运和奥古斯都已经将一大把责任放在了他的肩上，他无从逃避。但他的地位是充满不确定性的，它们闪烁不定，又投射着阴影。即便提比略是由第一公民正式指定的，他也不能被称作第一公民的继承人。因为罗马不是君主国，罗马的第一公民也绝非君主。奥古斯都一手塑造的这个政权是为自己量身定做的，只适合他本人。至于提比略，尽管他拥有罗马最显赫高贵的家世，尽管他是城市最伟大的将帅，尽管他已经开始将核心的行省指挥权安排给自己的亲信与朋友，但这些优势仍不足以帮他获得终极的领导地位。只有把自己狠狠压进第一公民打造的统治模子里，他才有希望取得最高权力，并确保罗马乃至整个世界的和平。仅靠自己的身份是不够的，他只能将这重身份熔铸在奥古斯都的身份中。他的权威将一直依傍于他和第一公民的关系、他和母亲的关系。的确，包裹奥古斯都家族的恶毒流言会腐蚀家族的根基，但让秘密无从掩藏、让潜在对峙无从爆发的保障手段也同样会巩固家族的立身之本。恺撒家族必须凌驾于质疑之上。

然而，在罗马这样的城市里，找一两个律师打场官司，然后妄想着流言就能平息是不够的。且不论提比略的地位看上去有多稳固，奥古斯都之女的强硬支持者始终都没有忘记，第一公民还有一个男继承人：他的外孙。阿格里帕·波斯图穆斯虽然被监禁，但仍活得好好的。尽管奥古斯都曾残忍地将他贬黜到一座偏远贫瘠的孤岛，但无疑，他还没有被处决。那些忠于尤利娅及其孩子的人便不可避免地将他放在了心上，同时又以最坏的恶意来揣测莉薇娅。官方消息称，阿格里帕在某些方面不太正常：他残暴凶蛮，沉迷于钓鱼。但这种怪脾性即便属实，也绝不能成为他被流放的根由。毕竟，奥古斯都家族里还有一个和阿格里帕同辈分的人，且其弱点更加窘迫。远在公元前 10 年，德鲁苏斯在里昂将祭坛献给奥古斯都的那一天，他的妻子安东尼娅分娩，为他产下了第二个儿子。这名男婴名为提比略·克劳狄乌斯·德鲁苏斯，叫人怄气的是，他和神采奕奕的日耳曼库尼斯截然不同，恰如痛苦的安东尼娅所说的，是"造物主半完工的作品"。[118]他的身体会抽搐颤抖；他总是拖着自己的右腿；说话时，他只会用一种含糊不清的声音嘶吼，好像海洋动物一样；生气时，他会一边流口水一边喷出许多鼻涕。虽然残疾并没有阻碍克劳狄乌斯展露过人的聪明才智，但那无济于事。很明显，他无望获得和自己出身相称的行政官职和指挥权，奥古斯都和莉薇娅便决定将他永远排除在公共生活外。不过他们并没有派遣重兵将他从罗马送走。即便后来克劳狄乌斯效仿提图斯·拉比埃努斯，研究奥古斯都揽权上位的历史征程，他和莉薇娅谈及这一具有煽动性的致命话题时，她也只是一味隐瞒，不愿声张。"要坦率真实地记述，"她直接告诉外孙说，"是不可能的"，[119]然后便不了了之了。阿格里帕本该如此幸运。

　　提比略被授予与奥古斯都相当的大权一年后，流言蜚语仍然漫天飞舞。据说，阿格里帕在急病发作时，常用侮辱性的口吻称呼莉薇娅为"后母"；[120]据说，奥古斯都最终看穿了妻子的阴谋，曾秘密前往皮亚诺萨岛，和外孙相拥而泣。"两人流露出款款深情，"据谣言传，"这个年轻人似乎有望回到其外祖父家。"[121]这些说法迅速传播开来，但只是进一步强调了一个人们不愿承认的事实：继奥古斯都霸权独揽四十多年后，关系罗马未来的重大决定已经被蒙上了一层面纱，人民目不能及。

　　当然，公元 14 年夏，第一公民的确和莉薇娅及随从离开了内陆，但不是去皮亚诺萨岛，而是去卡普里岛。卡普里岛宛如镶嵌在那不勒斯湾的一颗宝石。这里交通便利，不远处就是一排排熠熠生辉的享乐建筑，在意大利的海岸线上巍然伫立。加上它远离尘嚣，一派静谧安详，正是奥古斯都中意的休憩之地。

176　尽管其间他曾严重腹泻，但奥古斯都还是在这里举行了宴会，并给许多年轻人分发礼品，聊以自娱。四天后，他起身返回内陆。此时的提比略正要赶往巴尔干半岛，将"用和平的方式巩固他以武力攻克的土地"，[122] 于是两人顺路而行。在那不勒斯登岸后，他们再次踏上阿庇亚大道，然后进入了萨谟奈。到达当地首都贝尼温图姆（Beneventum，即贝内文托）后，两人才分道扬镳。这时，莉薇娅仍然陪伴在奥古斯都身边。两人旋即踏上了归途。但胃病一直折磨着奥古斯都，就在离开萨谟奈后，他的病情恶化，不得不推迟行程，躺倒在了病榻上。然而，他无意间惊骇地发现，他目前所处的这座古老的府邸正是七十二年前父亲的逝世地：这是一个非常不祥的征兆，必须赶紧将提比略召唤到自己的床前。接下来的事情就众说纷纭了。有人声称，提比略来得太晚了；也有人说，他恰好赶在最后一刻到达。奄奄一息的奥古斯都拥抱着他，"嘱咐他要延承他们共同的大业"。[123] 但有一点是确凿无疑的：奥古斯都落下最后一口气时，望向了妻子。深情一吻后，他说出了临终遗言："莉薇娅，有生之年请你一定要记得我们的结合，永别了。"[124]

对于这个不幸的时刻，人们提心吊胆了很久，也预料猜测了很久，此时它终于到来了。不管怎样，莉薇娅做好了坦然迎接的准备。她很早便派遣守卫封锁了别墅和附近的街道。直到运送尸体的准备事项都做足后，她才将丈夫的死讯告诸天下。扈从们身穿黑色丧服，在夜色中护送着尸首行进，以避开白天毒辣的骄阳。就这样，凯旋将军·恺撒·奥古斯都踏上了人生最后的旅途。阿庇亚大道沿路城镇的骑士和地方官员们举着火

把，送他上路；提比略和莉薇娅也如此。走完这段路程一共用
了两周。丧葬队伍从奥古斯都仙逝的别墅出发，返回罗马，最
后抵达他在帕拉蒂尼山的住宅。其间，一位百夫长冲着丧葬队
列策马疾驰赶来。他提缰住马，从鞍上飞身落地后，便要求觐
见恺撒。这位风尘仆仆的军官被带到提比略跟前后，立即向后
者敬礼致意。"您差遣的任务已经完成，"百夫长的声音轻快有
力，"阿格里帕·波斯图穆斯已死。"提比略蹙眉，流露出满脸
的惊诧。"可我并没有下达过这样的命令！"提比略停顿片刻后
又说道："此案定将交由元老院审理。"[125]

　　他是站在自己立场上说这番话的——一个坚守贵族传统的贵
胄子弟。谋杀奥古斯都外孙的恶行罪无可赦，又令人始料未及，
提比略理所当然地认为，把这件事告知元老院是自己的本分。毕
竟，这是在罗马。但他的知己密友们不禁惊惶错愕。一个朋友得
知他的打算后，立刻禀告了莉薇娅。此人警醒她道："家庭私事、
亲友忠告，以及禁卫军的协助，都切勿张扬出去。"[126]当然，这些
忠告对她来说几乎是多余的。她比任何人都清楚当前形势有多严
峻。处决恺撒外孙的命令只可能来自权力的顶端：要么奥古斯
都，要么提比略，要么她本人。鉴于奥古斯都从来没有处决过
任何家属，而提比略在听闻来自皮亚诺萨岛的消息后也是瞪眼
咋舌，莉薇娅极有必要让这桩罪案摆脱元老院的调查。她在儿
子耳旁轻声说了只言片语后，整桩事情就被搁置一旁了。待丧
葬队伍到达罗马后，没有任何人再提及阿格里帕·波斯图穆斯
被处决一事。"在这件事情上，掩饰确保了平静。"[127]

　　奥古斯都的遗嘱在元老院正式公开，言辞悲戚，道出了自
己家族血脉无以为继的不幸处境。"既然噩运夺走了我的儿子盖
乌斯和卢基乌斯，就让提比略做我的继承人吧。"[128]莉薇娅胜利

177

了。亏欠克劳狄先祖的债务总算偿清。对于这样一个富有矛盾的女人而言，这一刻也同样充满了自相矛盾的意味。按照丈夫遗嘱规定，她被授予了奥古斯塔的称号，同时被收养为奥古斯都的女儿。莉薇娅由此成了一名尤利安。

178　　丈夫出殡这一天，尤利娅·奥古斯塔（莉薇娅如今的正式称呼）陪同丈夫下帕拉蒂尼山，来到了罗马广场。在这里，提比略和她的孙子德鲁苏斯发表了悼词。又走了一小段路后，队伍来到了火葬用的柴堆旁。她静默地看着元老们将丈夫的尸体抬到柴垛上。火点燃了，火舌开始舔舐周遭的木柴；一只放飞的雄鹰在长空展翅搏击。一位元老称，自己看见奥古斯都的灵魂从熊熊燃烧的柴堆里徐徐升起，飘向天空。莉薇娅于是赐予了他一大笔财富。这些钱花得很值。同年 9 月 17 日，也就是葬礼过去一周后，元老院首次集会，将死去的第一公民确立为神，并任命他的妻子为其祭司。在这个城市里，除维斯塔的祭司为女性外，其他神职由男性垄断。这样的安排无疑是史无前例的。更令人惊讶的是，他们还赐给了莉薇娅一个扈从。

　　奥古斯都的尸首燃烧后，灰烬很快就被清除了。柴火继续燃烧了四天，虔诚恭顺的奥古斯塔在守夜第五天收拾起丈夫的骨灰，并把它们放进了四十多年前就建在广场旁边的陵墓。可第二层灰烬没那么容易被驱散。伴随着阿格里帕·波斯图穆斯的处决，谋杀或许将再次成为各王朝在权力角逐中使用的手段。这般赤裸裸的真相，说承认它就会招致灾难也不为过。在提比略着手接管神君奥古斯都遗留的江山时，他的政权已经蒙上了阴影。"阿格里帕·波斯图穆斯的处决是新任第一公民治下的第一桩罪行。"[129]这自然引发了一个咄咄逼人的问题：接下来还会滋生多少罪孽呢？

第二部

我们的事业

第四章　最后的罗马人

拽着狼的耳朵

在奥古斯都兴建的玛尔斯神庙拔地而起以前，罗马的圣界内还从未有过供奉玛尔斯的建筑。罗慕路斯开垦出了罗马的圣界墙，而雷穆斯则用自己的鲜血让它得以圣化。数代以来，这道城界一直标志着战争与和平两个世界的分界线。只有在举行凯旋式时，将帅及其军队才能获准入城；其余情况下，战士一概不得擅入这片献祭给朱庇特的土地。玛尔斯的地盘为罗马圣界墙西边与台伯河沿岸之间的一块宽阔土地。古时候，罗马人民若逢战争就会在这里集会。此外，在每年召开的效仿古时部落酋长集会的森都里亚大会（comitia centuriata，又译百人队会议）上，人们也会聚集于此，投票选举高级官员。毫无疑问，这里明显是加封奥古斯都为神的绝佳地点。奥古斯都为罗马人民打下的帝国江山，幅员之广史无前例，而且他还十三次身任执政官，创下了罗马城的纪录。从熊熊燃烧的柴堆冉冉升起后，神君奥古斯都如果从天空俯瞰，定会看到一片绵亘的平地：战神广场（Campus Martius）。征战季的远古旋律和政治家们的竞选活动早已让此处成了一片圣地。

不过，在奥古斯都漫长的执政期间，玛尔斯的地盘上已经发生了巨大变化。甚至早在奥古斯都初次亮相政治舞台前，雄心勃勃的军阀们就已经开始利用大理石和绿地让这举民共享的古老阅兵场逐步缩小。庞培在战神广场上兴建了庞大的石砌剧院；安东尼也在这里建起了一座浮华奢靡的花园。[1]当然，不可避免的是，最后这两座建筑都被竞争成性的奥古斯都打造的奇景盖过了锋芒。鉴于罗马城门前的土地未经开发，他便抓住时机给这块土地永久地打上了自己的标签。哀悼者齐聚战神广场目送第一公民最后一程时，可以瞻仰他曾经修建的那些宏伟建筑。祭坛、神庙和方尖石塔：无不反射着他的无上荣光。而这之中最壮观的当属他的陵墓。莉薇娅将他的骨灰虔诚地放进墓中。尽管罗马的道路两旁总少不了旧坟新墓，但没有一座在规模上可以和奥古斯都的媲美。这座陵寝宏伟壮丽，建于奥古斯都执政初期。生前，他俭朴谨慎，万不敢骄奢放纵，死后却风光大葬。它以大理石为基，外围一圈白杨，顶悬一幅镀金自画像，这般雄伟气象，也只有奥古斯都一人会想到去打造。而这正是一处安放神明肉身的适宜之地。

但在奥古斯都的养子看来，这一切只是让接任一事显得更吓人了。在元老院面前宣读奥古斯都的遗嘱时，提比略很快便哽咽啜泣，无法言语，只能将遗嘱交由德鲁苏斯代念。这一举动很能说明问题。坚硬冷酷、不屑于装模作样的提比略是不太可能故意装出情绪崩溃的样子来的。这一简短的插曲揭示了身为奥古斯都继承人所承担的巨大压力。两周后，9月17日，压力再次激增。元老院决议将死去的第一公民加封为神。这也就意味着，提比略和曾经的奥古斯都一样，成了神之子。乍一看，

这像是一场璀璨夺目的晋升，却不一定对提比略有利。尽管一筹莫展的奥维德已无所不用其极，很快就将在黑海遥岸高唱赞歌，称赞提比略"德行堪与其父比肩"，[2]但这样的赞扬听着终究刺耳，而且阿谀意味浓重，令人尴尬万分。谁人能和奥古斯都

比肩呢，他力挽狂澜，匡扶共和社稷，还将罗马人民从水深火热之中解救了出来。提比略和其他所有人一样在奥古斯都面前会黯然失色，这是众所公认的。凯旋将军的模子早已完全固化了。奥古斯都即便已经入土为安，也仍充当着治国者的标准。临终之际，他曾要求人们为自己在"生活这出喜剧"[3]中的表演鼓掌；他的继承人不是一个好演员，可又不得不接替他的角色。在一方不适合自己的舞台上，新任第一公民寸步难行，只得按神君奥古斯都写好的剧本来演。提比略·尤利乌斯·恺撒越是承认自己是养父的继承人，就越迷失自我。

"只有神君奥古斯都才有足够的智慧来处理肩上背负的重任。"[4]在元老院确认第一公民已经升入天堂后，提比略在元老院面前这般坦言道。他如今已过了知天命的年龄，视力也大不如前，是不可能接受元老院邀请，并采用"奥古斯都"这一封号的。提比略告诉元老们，如果可以的话，他愿意脱袍退位，像平民百姓一样过安生日子。就让元老院执掌罗马吧。显然，这是在试图效仿奥古斯都。因为奥古斯都就屡屡摆出一副谦逊的姿态，来掩藏自己的支配地位，而且还总是能达到惊人的效果。但提比略还有一个动机。要将自己的身份和一个刚被追封为神的人融在一起，他感到压抑万分。情势所迫，提比略想为自由垂死一搏。

毕竟，在内心深处，他仍然是从前的那个他——贵族中的贵族，他也仍然自豪于这重身份。据说，奄奄一息的奥古斯都在和提比略交谈结束后，表达了对罗马民众的悲悯，因为他们注定"要卡在这冷酷的钳口之间"。[5]新任第一公民所追求的理想，和其家族先祖，即那些在贵族与平民的冲突中坚决捍卫自身阶级利益的克劳狄先祖，在充满正义的共和国初期岁月所坚

184 守的理想如出一辙。提比略打算在呈交给元老院的第一份政策陈述中，提出一项哪怕最反动的元老都不会斟酌犹疑的措施。数十年前，战神广场上用于人民集会选举执政官的陈旧投票围栏得到了全面翻新。它原先被人戏称为"羊圈"，经阿格里帕出资修缮后，摇身一变成了大理石柱廊环绕的选举围场（Saepta）。它是那样溢彩流光、美轮美奂，以至于用作选举地似乎都有些大材小用。由于森都里亚大会的选民只是间或来此集会，因此，这一建筑群逐渐成了罗马娱乐表演和奢侈品买卖的主要场所。此刻，提比略向元老院致辞，提出了一项终极且合乎逻辑的措施。他宣布，从今往后，围场内开展的选举活动彻底告终。票选行政官员的森都里亚大会将不再召开。自此以后，执政官一职的竞争只限于元老院。平民们一概粗声粗气、俗不可耐，为什么要把一项明明更适合贵族的责任交给他们呢？只有元老们——罗马共和国内最优等最高贵的智囊团，才能被允许行使这项职责。罗马保守派数代以来的梦想似乎终于圆满实现了。"下等人虽然不会在上等人面前卑躬屈膝，但也必须尊重后者；而有权有势之辈虽然不得歧视低等人，却可以将后者掌控于股掌之中。"[6]

这番宣言很可能是事先设计好的，存心为了让元老院热血沸腾。但提比略的构想是建立在两个毫不相容且不切实际的假设上的：一是元老们能够挑起重任，不负所托；二是他们承认他为第一公民，表明自己担负起重任的举动纯属自愿，没有受到任何胁迫。七十五年前，庞培东征凯旋时，也曾怀揣同样诚挚的希冀，期望元老院能够意识到他们对共和国的职责，按照186 自己所言自由行事。这种想要化腐朽为神奇的艰难挑战一度间接引发了内战，最后又导致了奥古斯都揽政；此时此刻，元老们

提比略统治时期的罗马

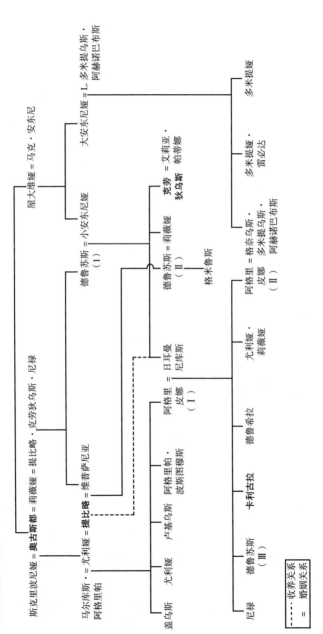

茫然寂静地听着提比略的陈词，全场局促不安。提比略到底想要什么？这个问题微妙且棘手，让他们难以解答。让他们抛弃对独裁专制的逆来顺受，找回远古的自由权利，然后尊称他为第一公民来表明原则：这其中隐含了一个少有人懂的矛盾之处。提比略越是坚持以元老院马首是瞻，元老院就越是坚持让他一马当先。他们深谙游戏的规则，又或者说，他们自以为深谙。"噢，恺撒，你会让共和国群龙无首的局面持续多久呢?"[7]

当然，17 日晚，一场冗长、令人疲惫又麻烦重重的会议结束。讨论兜个圈后回到了最初结论。提比略没有成功挣脱奥古斯都的阴影，灰心丧气之下不情愿地接受了元老院强行加予他的领导地位，退一步说，就算他没有接受，最终也好歹没有再拒绝了。而元老们在醒悟到他的犹豫踟蹰不是单纯的作秀后，一时之间变得茫然失措、心神不宁。奥古斯都的才能就在于，他能给自己政权的折中之处、矛盾之处和虚伪之处盖上一块遮羞布。但自卑懊恼的提比略缺乏安定人心的应变之才。他太久没回罗马了，先是退隐罗德岛，后又远征巴尔干半岛和日耳曼，因此对于元老们拉帮结派的行径，他缺乏一种直觉性的掌控。奥古斯都早就意识到了这个问题，仙逝不久前便正式"将元老院托付给提比略"，[8]如同焦急万分的父母迫切地为儿子做打算一样，试图帮忙减少麻烦。但每当有人拿此事来提醒新任第一公民，并催促他接受"祖国之父"头衔时，结果都只令他倍加尴尬。要知道，共和国新秩序建立之初时曾声明，罗马第一公民的领导地位不等同于君主的统治地位。这般大张旗鼓地进行头衔的交接仪式，共和国的立国声明岂不名存实亡？不出所料，提比略拒绝了"祖国之父"的封号。毕竟，若是新任第一公民真如元老院所要求的那样做了，而且还接受了"子承父位"[9]一事，那自由共和国的形象就会遭受灾难性的毁损——或许，甚至修复无望。

即便如此，提比略仍然付出了惨痛代价。死守原则、拘谨别扭的他不像奥古斯都那样天生善于伪装。但矛盾的是，这令他更像个伪君子了。"他讲话时，从不明确表明自己到底想要什么，而当他吐露自己想要何物时，又往往醉翁之意不在酒。他的话所传达的本意一概和字面意思相反。"[10]这种论断固然尖刻，却也不失公正。元老们在试图理解他那难以捉摸的沉静性情和对真实想法讳莫如深的习性时，总是一头雾水，不胜迷惑。这也恰如其分地反映了新任第一公民良心上遭受的折磨。虽然他真心尊重元老院言论自由的古老传统，虽然执政官每次走近时，他都要起身相迎，以示敬意，但有一项传统，他绝不会也不能坚守。自20岁出头就带兵征战的提比略几十年下来已经看惯了同胞们张牙舞爪的模样。他明白罗慕路斯在婴幼儿时期吮吸的是什么类型的乳汁。因此他声称，领导罗马人民，就"如同拽着一头狼的耳朵"。[11]他尚未准备好以身犯险。早在着手取消森都里亚大会的票选权之前，他就已经践踏了另一项备受珍视的传统。陪同奥古斯都的尸首回罗马时，他带领了一大支随行军队入城。无论元老院，还是罗马广场，所有象征罗马人那古老的自由表达权的地方，都回荡着带平头钉军靴的脚步声。圣界墙之内，长矛刀剑随处可见。

当然，其中许多武器带着一种戏剧道具的意味，让人联想到逝去年代的阅兵场。护送皇帝的护卫们在罗马街头行走时，手中所执武器无不勾起人们对有关庞培和尤利乌斯·恺撒所在的岁月的回忆。他们也都身穿便装。既标新立异又因循守旧，既是威胁又是定心丸，毫无疑问，这正是奥古斯都的风格所在。

188

大约在半世纪以前，奥古斯都为保卫罗马人民而慨然讨伐克莱奥帕特拉期间，身边曾有一支禁卫军保卫他——这是外出征战的罗马官员所具有的权利。但从埃及班师回朝后，他没有遵从传统解散军队，而是小心谨慎地把部队保留了下来。尽管他将其中一些禁卫军派遣到罗马以外，但其余士兵被安排在了城内各个不起眼的地方。至公元前2年，罗马人已经对这些禁卫军熟视无睹，因此奥古斯都感到是时候将他们的存在合法化了。或许是受到了女儿遭流放的刺激，他设立了正式的禁卫军指挥官职位。[12]毫无疑问，这样敏感的职责是绝不能被交给元老阶级的；于是奥古斯都任命了两位骑士。当然，这一点，无论奥古斯都还是提比略都不会公开承认。但在为权力交接做准备时，两人无疑都会意识到：确保禁卫军的忠诚是掌控罗马的关键。

果不其然，离世数月前，奥古斯都给禁卫军大幅涨薪；待军队向提比略宣誓效忠后，禁卫军统帅的地位仅次于罗马执政官。禁卫军统帅塞伊乌斯·斯特拉波是沃尔西尼的伊特鲁里亚人，典型的小城镇出身，他的家乡以发明了手磨机等为数不多的物件而闻名；但他精明强干，富有教养。而且最关键的在于，他是一名骑士。他还有一个儿子，名为埃利乌斯·塞扬努斯。塞扬努斯虽然早期在盖乌斯那不幸的东征事业中任职，但后来成了提比略的得力支持者。新任第一公民上任后没过多久便对塞扬努斯进行酬谢。在任命第一批官员时，他将塞扬努斯提到了禁卫军统帅的位子，与其父同列。但凡对权力的本质而非表象敏感的人，都能明白这一举动的用意。而提比略在元老院所感受到的痛苦从各方面看都变得无关紧要了。"在军事方面，他没有半点支吾；相反，很快就行使起第一公民的权力。"[13]

只可惜，所谓的军事方面不仅限于罗马城内。分发给禁卫军的大笔补贴和财富并没有逃脱帝国远疆地区之人的注意。潘诺尼亚和日耳曼地区的嗟怨之声尤其强烈。过去几十年来，这两地战火连绵，大批新兵被强征拉往前线浴血奋战，后备军也一刻不得闲地上了战场。"不守军规就会被鞭打，跟敌人战斗又添刀伤；冬季严寒夏季酷热；战时喋血，和平时却分不到一丁点好处——这一切还有完没完！"[14]奥古斯都的死讯传到北境后，诸如此类的怨言立刻演变成了直接的反叛。叛变的烽火势不可当，开始沿多瑙河及莱茵河扩散。

接到消息后的提比略大惊失色。没有人比他更清楚稳固边疆的重要性了。焦灼不安的他当即派遣唯一的亲生儿子德鲁苏斯和宠臣塞扬努斯出使潘诺尼亚行省。而这项使命可谓危险重重。德鲁苏斯策马驱入当地的军营中心后，发现叛军群情激奋、怒发冲冠，多次尝试协商都遭到了抵触。随着退路被封锁，夜幕又逐渐降临，德鲁苏斯和整支随行军队似乎都可能被叛军私自处死。但虎父无犬子，顽固执拗又不屈不挠的德鲁苏斯用了一整夜的时间力劝叛军归降。他借着当晚满月的皎洁光亮，唤醒了他们心中的责任感。渐渐地，不少叛军开始悬崖勒马。突然间，月食出现，整个军营陷入一片黑暗，虽是事出偶然，但士兵们都以为是不祥征兆，纷纷号啕大哭，认为自己所犯罪孽触怒了神明。等到破晓之际，兵变已基本平息。当天早上，两名造反头目被处以死刑，其余主犯则遭到追捕。不久，豪雨如注，浇灭了最后一撮反叛的余烬。在此之前从未踏足过军营、遑论应付三大军团的德鲁苏斯，以非凡的勇气和智谋成功应对了这一严峻挑战。对于自己取得的成就，德鲁苏斯可以满意了。而在罗马的提比略也可以宽心了。 190

但军事叛变深深撼动了提比略的自信。身为统帅的提比略一向高度重视责任感和担当意识。军队集体许下的神圣誓约（sacramentum）可怕至极。违背誓言则是一件糟糕至极的事。神圣誓约固然会赋予宣誓者普通公民无法获得的战斗、杀人的许可，但同时也会剥夺他们所有象征公民身份本质的权利。方方正正的罗马营地内，没有一丝城市街道的喧闹和嘈杂。无论是驻扎在北方阴云密布的天空下，还是屯扎在非洲的炎炎烈日下，总之，无论在哪里，罗马军营的规划布局都是一模一样的。营地的壕沟和栅栏内有无比严明的军纪。上到统帅，下到最低等的新兵，都很清楚自己的位置。一位百夫长的自我描述或许对所有战士都适用。"因为我上要服从权威，下要管制士兵。对这个人说'去'，他就去。对那个人说'来'，他便来。"[15]公民许下神圣誓约，就是承诺自己任何时候都会服从命令。而相应的，抗命不从就会遭到残忍的处罚。藤制权杖成为百夫长的象征是有一定原因的。一位百夫长常在鞭笞手下时打断自己的权杖，因此得到了"再给我拿一根"[16]的臭名。潘诺尼亚行省发生叛变时，他被叛军堵在角落撕成了碎片。日耳曼行省的百夫长同样首当其冲，要承受士兵最多的憎恨。在莱茵河与利珀河交汇处的大型军事基地维提拉（Vetera）内，许多军官被士兵按在地上，用藤制权杖抽打了60鞭，然后被扔进河里。醉心于暴力的叛军昏了头，甚至开始像野蛮人一般胡作非为：擅离职守、洗劫仅60英里以南的乌比安祭坛、劫掠高卢等。可按道理来说，他们本该坚决杜绝这种野蛮作风。这似乎就是野狼挣脱骑手后所带来的危险。

191　　尽管日耳曼的叛乱比潘诺尼亚猛烈许多，但最终也被提比略的另一个儿子镇服。日耳曼尼库斯在十年前由伯父提比略收养，公元12年首度担任执政官。在这之后，他迁至阿尔卑斯山北部担任高卢总督兼日耳曼前线总指挥官。奥古斯都的死讯刚到，叛变的消息就接踵而至；因此，他直接奔向了莱茵河。由于缺乏月食的辅助，再加上他心急如焚，不想让提比略大力巩固的边陲之地面临失守风险，他采取了一系列应急手段，威逼利诱，软硬兼施。至仲秋时节，军队已基本恢复了秩序。维提拉基地的几大军团悔恨交加，当即处死了更为激进反叛的同袍（一向浮夸的日耳曼尼库斯发现军营的杀戮事件后，故作惊恐），然后又要求日耳曼尼库斯带领他们上阵杀敌。很快，军队便闪电出击莱茵河对岸，烧毁当地村庄达50平方英里，战士们士气大增。"回冬营时，他们士气高昂，把不久前发生的事忘得差不多了。"[17]

但提比略并没有把一切置诸脑后。相比于潘诺尼亚，日耳曼的兵变多了一丝凶恶气息。提比略比任何人都清楚，莱茵河沿岸的兵力在整个罗马帝国几乎最为雄厚，而日耳曼尼库斯生平第一次来到维提拉基地，叛变者就要求他在返回罗马时骑行于队伍之首。尽管日耳曼尼库斯对这一提议表以惊骇，自始至终都表现出对伯父的赤胆忠心，令人无从指摘，但这并没能让提比略放下心来。维提拉传来的消息似乎在揶揄他本人揽权当政的历程。军团对侄子的狂热拥护，似在嘲弄昔日他本人所受到的元老院的夸张支持；而日耳曼尼库斯对士兵们的强烈要求表现出的浮夸的震惊，也在无形中令他自己当初痛苦推诿的举动显得更加虚伪。对于提比略这种稍有叛变迹象就心惊胆战的人来说，最令人不安的莫过于有关叛变者最终目标是什么的传闻了。"他们想要一位新领袖、一种新秩序、一个新政体；他们妄图以新法律威胁元老院乃至第一公民，而这些新法还必须由他们来制定。"[18]提比略刚刚废除了有数世纪历史的战神广场票

192

选活动，这对他而言无疑是最为荒谬可怕的。

　　然而，这并没有震得他六神无主。提比略早就见识了人民大众在责任感上的缺失：克己自律本是罗马人的美德，他们却对其不屑一顾；他们懈怠懒散，永远只热爱恣意妄为的美少年；而且他们还那么认同自己的前妻及其孩子。最令提比略恐慌的是，叛变的溃疡竟然扩散到他亲自加固的军营内，还感染了他亲手调教的士卒。的确，兵变进行到高潮时，几乎没有什么事物是神圣不可侵犯的。来访军营的元老都曾遭到叛军的粗鲁对待，一位前任执政官还差点被他们处死。就连日耳曼尼库斯在拒绝反叛者的要求后，都一度受到他们的嘲弄和威胁：当他故作姿态，宣称宁肯自杀也绝不愿背叛提比略时，一个士兵拔剑而出，声称可以将剑借他一用。他在日耳曼军团里已经足够讨喜，但有人比他更受欢迎。日耳曼尼库斯上前线时，身边带着一个光彩照人的女子。要知道，并不是所有尤利娅的孩子都英年早逝或被流放异地了。十年前，奥古斯都的孙辈中唯一一个仍为自由身的孩子——阿格里皮娜嫁给了日耳曼尼库斯。叛变发生后，阿格里皮娜陪同丈夫来到了莱茵河畔。鉴于当时她已经身怀六甲，这一举动无疑有些大胆。但阿格里皮娜是个英勇泼辣的女人，非常清楚自己在做什么。

　　几十年来，军队一直受到鼓励，要"对奥古斯都家族表现出特别的忠诚和忠心"。[19]阿格里皮娜的外祖父奥古斯都一向是军队的财神爷，生母尤利娅的身上迄今也还散发着悲剧式人物的魅力，和这样的阿格里皮娜相比，元老们还有什么优势来赢得军队的忠诚呢？士兵们的利己主义和感情用事，使得阿格里皮娜在莱茵河沿岸受到了热烈欢迎。此外，她带来了自己的第三个儿子盖乌斯，一个非常早熟的婴孩，这也对她大有裨益。

穿着婴孩版军服的盖乌斯很快成了罗马军营内的偶像。士兵们给他取了个"卡利古拉"的绰号，意思是"小军靴"。兵变达到高潮后，日耳曼尼库斯利用叛军对妻儿的喜爱，兴师动众地把他们送到当地的一个高卢部落，确保母子平安。战士们的荣誉感受到了极大羞辱。他们非常不悦，也非常惭愧，很快便缴械投降。可以说，镇压日耳曼叛变的功劳既是日耳曼尼库斯的，也是阿格里皮娜的。

罗马民众听说此事后崇拜不已。这对金童玉女瞬间焕发出一抹无比耀眼的金色光芒，与此同时也散发出一丝特立独行的前沿气息。通常情况下，罗马长官的妻子不会陪同丈夫奔赴外地。"女人不仅娇弱、吃不了苦，而且一旦摆脱束缚，就变得阴险恶毒、诡计多端，又贪慕权力。"[20]这似乎是数代道德家一直传诵的金玉良言。但罗马还有别的传统。罗马人对于振奋人心的英雄故事一向百谈不厌，哪怕在这个年代，绝大部分人根本就没有上过战场。而这些英雄故事中往往也会有女人的一席之地。奥古斯都亲外孙女在莱茵河的出场，无异于往昔峥嵘岁月的再现，勾起了人们万般遐想。回望建国之初，战火常常会烧到罗马城门口。每逢这时，女人们就会和现今的阿格里皮娜一样，赶赴前线，听着冲锋的号角声响起，站在城垛上目送丈夫出征沙场，看着他们的铁甲四射寒光。在流传下来的有关罗马早期岁月的故事中，"让女人充当男人的勇气灯塔"[21]的情节并不陌生。往昔与未来、恪尽职守与勇猛潇洒、刚毅与浮华：在日耳曼尼库斯和阿格里皮娜的身上，罗马人似乎大饱眼福，看到了自己最倾慕的所有特质。

接下来的两年征战更是奠定了这种神秘魅力。虽然提比略在担任北境统帅期间所取得的卓越战绩没能给罗马人带来任何

194

谈资，但他的侄子在莱茵河对岸的历险却惹得人们血脉偾张。日耳曼的山林草莽和沼泽地里时常有鬼怪游荡，日耳曼尼库斯决心直面这些妖魔鬼怪。他喜欢大排场、热衷冒险，而且拥有虎口脱险的独特潜力。两年来，他全身心地专注于一项提比略不太看重的事业：复仇。阿米尼乌斯，这个曾令三大军团全军覆没的叛徒及阴谋家，因此遭受了无休止的侵扰。他的妻子和尚未出世的儿子被罗马军抓捕；他的盟友收受贿赂，改旗易帜；而他自己的军团又在两场漫长的夏季征战中遭到围剿。罗马士兵用缴获的兵器在战场建起丰碑，献给提比略。与此同时，大量逃兵往树上爬，想躲避追捕，罗马弓箭手则忙着射杀他们。看起来，日耳曼尼库斯似乎真的没有辜负倾慕者的厚望。

但还有许多任务亟待解决。日耳曼尼库斯赢得的这场胜利并不彻底。老奸巨猾的阿米乌斯在脸上糊满血，靠着这样的伪装成功杀出了一条通往自由的血路。这种伪装是非常适用的。有时候，似乎整个莱茵河对岸都遍布他那血迹斑斑的指纹。日耳曼尼库斯在第一场夏季征战中，曾特意来到条顿堡山口凭吊，那时森林里仍能看到堆积成山的白骨、生锈的矛尖和钉在树桩上的头骨。穿过这个惨状连连的恐怖谷后，他带头捧起一抔土掩埋死尸。但死者没那么容易入土为安。掩埋完被屠的军队不久后，日耳曼尼库斯在日耳曼北部的副将塞维鲁·凯基纳就被阿米尼乌斯围困在森林和沼泽地之间，周遭是翘首以待的蛮族。是夜，随着夜色越发浓重，凯基纳逐渐在蛮族的嚎叫声和呼喊声中进入了梦乡。梦里，血肉模糊的瓦卢斯从沼泽地里爬起来，呼唤他，甚至还想拖住他的手腕。凯基纳着了魔似的把那只鬼怪推回了沼泽地。第二天，凯基纳带领士兵成功逃脱陷阱，一路冲破藩篱，逐步转危为安。当时有关他被歼灭的传闻已传到了莱茵河，西岸军营内人心惶惶，都振臂高呼要拆毁大桥。唯独阿格里皮娜一人坚定立场，岿然不动。直到凯基纳率疲师抵达河边时，人们才发现，奥古斯都的这个外孙女已经备好食物和绷带在桥头迎候，正准备给军队庆祝。这就是日耳曼尼库斯的非凡魅力所在，就连灾祸都能给他增添一抹传奇光辉。

　　至公元 16 年秋，瓦卢斯丢失的三枚鹰旗已经找回两枚。"再征战一个夏天，战争就将结束！"[22] 日耳曼尼库斯承诺道。大获全胜只需最后一搏。英雄日耳曼尼库斯在东线立下的佼佼战绩，罗马无往不胜的天赋特权，凡此种种，无不让罗马人心旌摇曳，纷纷凝聚在这样的口号之下。只有提比略除外。诚然，事关荣誉，罗马必定要血洗桀骜不驯的日耳曼人，而日耳曼尼库斯有朝一日终将继承罗马大统，也确实该领兵上阵、多加磨砺，但一切还是要适可而止。终极胜利的吸引力，恰如日耳曼沼泽地上空的雾霭一般，虚幻缥缈，不切实际。而且这些战事耗资巨大，削弱了国家的财政实力。大败阿米尼乌斯后，日耳曼尼库斯率船队沿北海海岸线破浪返回，沿途遭遇秋季风暴，蒙受了惨重损失。军队每次与灾难擦身而过时，提比略都不由得回想起瓦卢斯的命运——哪怕从远处来看，这些经历或许是那样的扣人心弦。因此，即便日耳曼尼库斯发疯般坚持己见，深信再打一仗就能彻底统领整个易北河流域，提比略仍然召回了这位盖世英雄。

　　在罗马，等待他的是巨大的荣耀：第二次担任执政官和一场凯旋式。提比略决心消除有关自己和未来继承人不和的所有流言，于是对欢呼的民众豪掷千金。他积极宣扬侄子的青春和风采。罗马广场上竖起拱门，以纪念瓦卢斯被缴获的鹰旗失而复得。皇帝提比略尽管私下认定征战劳民伤财，但对日耳曼尼

196

库斯还是做到了厚礼相迎，令他以"日耳曼征服者"[23]的身份回都。

这一手亲情牌没能让所有人信服。仍有人不能理解：胜利明明近在咫尺，为何突然将北境统帅召回？他们于是无所顾忌地将事情归咎为提比略的嫉妒。这种指控固然恶毒偏颇，但也包含了些许真相。尽管提比略谨遵奥古斯都遗愿，竭力将日耳曼尼库斯培养成才，但每每回顾侄子的成长，他都很难不眼红。从第一次以第一公民身份向元老院发表尴尬的演讲以来，他一直对自己的处境深感不适。效仿奥古斯都来进行统治的任务并没有随着时间的流逝而逐渐变轻松。相反，由于受到各种要求的压迫，提比略开始深居简出。他侄子的名望如彗星扫过天际，迸发出璀璨夺目的光辉，令他那沉默含蓄的秉性相形之下显得越发神秘了。"年轻人落落大方、风趣愉快，而提比略的言谈举止中却带着一股特有的骄矜神秘，两者之间形成了多么明显的对比啊。"[24]在日耳曼尼库斯漫游日耳曼荒野、横渡大西洋北部的同时，提比略却躲在罗马，整整两年没有出城一步。这个性情严肃的贵族子弟原本自 16 岁起，就在战场上和劲敌搏斗厮杀、饱经锤炼，中途宁愿背弃奥古斯都也绝不肯折损尊严，且一向对精锐阶层的世故狡猾嗤之以鼻，此刻却不禁发现：自己来到了一处比当年在莱茵河对岸碰到的还要险象环生的沼泽地。在这片天地里，母亲的才能比他自己的更加适用。当政敌在背后冷嘲热讽，说他赢得天下不是靠德行，而是因为奥古斯塔时，他心里无比刺痛。怪不得当元老们不怀好意地提议说，把"莉薇娅之子"也加入他的铭文时，他会暴跳如雷。他不愿坐实自己靠母亲上位的指控，更不愿坐实自己仍然在她股掌之中的流言，因此千方百计地疏远母亲，摆脱她的陪伴。他还反复提醒奥古斯塔："不要插手你们女人不该干涉的重大事务。"[25]

但他仍然需要她。阿格里皮娜在莱茵河兵变的过人表现传回罗马后，给提比略敲了一记警钟。他意识到，奥古斯都的血脉对大众仍然有着强大的影响力。他们身上充满的那种神奇魅力是他这辈子都无法获得的。虽然阿格里皮娜是一个恶棍，在自己家里也不讨喜，但如今她嫁给了这个时代的风云人物，因此可以说已经脱离了一家之主的掌控。然而，她的生母并不是这样。父亲奥古斯都一死，尤利娅彻底崩盘。根据奥古斯都所立遗嘱，尤利娅流放期间被允许拥有的所有东西——补贴、房产和财产——将全部转移到莉薇娅名下。而如今的奥古斯塔虽然已成为一位名正言顺的尤利安，却没有对自己的继女兼继妹表现出一丁点亲情；相反，她冷酷坚决地命人中断了对那可怜的流放之徒的所有供给。万念俱灰的尤利娅最后活活饿死。毫无疑问，莉薇娅使用这种惨无人道的手段，主要是为了帮儿子。因此人们推测，"他早估计到，她的流放时间那么久，就是死了也没人在意。"[26]

奥古斯都和妻子莉薇娅这两支脉系之间的斗争暗潮涌动，而且还愈来愈血腥。最后莉薇娅胜了。她的儿子以九五之尊的身份君临天下，她的孙子在未来继承大业的路上没有一个敌手。当年，莉薇娅面对奥古斯都陵寝读完他的遗嘱后，成了他的祭司和女儿。可他那宏伟气派的陵墓内，却没有一寸空间可供安放被剥夺继承权的尤利娅的骨灰。克劳狄成了尤利安，尤利安却以一种肮脏且隐秘的方式被彻底清除，从奥古斯都家族的花名册上消失得无影无踪。神君奥古斯都的荣耀只照亮了一个女儿：他曾经的妻子——尤利娅·奥古斯塔。他也只把光辉投射到了一个儿子身上：提比略·恺撒·奥古斯都。仰望那璀璨耀眼的光辉时，如果不拿手遮住眼睛，就看不到任何阴影，也看不到一丁点黑暗，眼里只会是一片金黄。提比略和从前的奥古斯都一样，是"最好的第一公民"。身为神之子的他是一个值得全人类效仿的楷模。"他作为罗马世界统治者的身份固然伟大，但他作为罗马世界统治者楷模的身份更伟大。"[27]

这样的赞词若是传到嗷嗷无告的尤利娅那里，或许会令她紧闭的双唇泛出一丝苦笑；若是传到在皮亚诺萨岛颓靡度日的阿格里帕·波斯图穆斯那里，或许也会让他苦笑——他总幻想着重获自由，却永世都无法逃脱那座囚笼。不过，他们离奇死亡的真相尽管一直云遮雾罩，远离尘世之人窥探的目光，却还是让人们不胜好奇。阿格里帕被处决两年后，一条重量级谣言开始席卷罗马。"和典型的禁谈故事一样，这则消息一开始只是在民间暗自传播。"[28]据说，奥古斯都的外孙波斯图穆斯是诈死。"蒙神明佑护"，[29]他从护卫眼皮子底下溜走，弄到了一条船，然后漂洋过海抵达陆地。罗马人对尤利娅的孩子的喜爱仍然分毫未减，开始眉飞色舞地谈论此事。据说，不少元老和骑士正聚集在阿格里帕麾下，帮他实现大业呢。就连皇室成员都参与了。他们给那年轻人送钱，向他传递内部消息。整个意大利似乎都希望这则消息是真的。

但几乎没人见过这个自称阿格里帕的男人。他一直在四处移动，刻意避开公共场所，只在夜间出现。提比略的密探一直在暗中行事，最后靠诡计才把他抓获。他们先博取了这头行踪飘忽的猎物的信任，诱使他相信他们是他的拥护者，然后约在特别隐蔽的地方和他会见。因此，没有一人看见他后来被绑架到了帕拉蒂尼山。很快，在恺撒家里，真相水落石出。原来，这个搅得意大利风起云涌的阿格里帕是假冒的，是真阿格里帕

曾经的奴隶，名为克莱门斯。酷刑面前他不屈不挠，怎么都不 199
肯供出同谋；提比略也不愿把事情进一步闹大，决定息事宁人。
他敕令，不得再对此事进行任何调查。整件事就此被掩埋。至
于克莱门斯，自然是被判处死刑，他的尸体也被谨慎地处理
掉了。

　　据说，提比略先仔细打量了这个冒牌货，发现他和他死去
的主人非常相似，就连头发和胡须的样式都相差无几，于是直
截了当地问道："你是怎么做到的？是怎么把自己变成阿格里
帕的？"

　　对方的回答满是嘲讽，似乎道破了皇帝内心最深处的恐惧。
"怎么？就跟你把自己变成恺撒一样啊。"[30]

人民的王子

　　提比略在劝导日耳曼尼库斯从日耳曼前线返城时，一定程
度上利用了其对兄弟的感情。"给你弟弟德鲁苏斯留点建功立业
的机会吧。"[31]皇帝如是催促道。这一策略奏效了。两个年轻人
的感情一向亲密。他们既是堂兄弟，也是继兄弟。无论谁立下
功劳，另一方都会感到由衷的开心。日耳曼尼库斯是大哥，也
是奥古斯都选定的继承人，奥古斯都肯定得把统率军队的任务
先交给他。但如今，他已被提比略收养，又扬名立万、声震四
方，自然就该轮到德鲁苏斯有所表现了。提比略担心自己的这
个小儿子太贪图享乐，想多多磨砺他。于是，趁日耳曼人元气
大伤、一时半会还构不成威胁之际，他授予了德鲁苏斯一项横
跨整个巴尔干地区的军事指挥任务。和上次一样，德鲁苏斯在
当地证明了自己是一个灵活且高效的指挥官。边界外的部落陷 200
入不稳定状态，各色军阀被迫向罗马请求避难，罗马霸权得到

进一步巩固。提比略在审视日耳曼尼库斯和德鲁苏斯在北方边境这一辽阔地带所立下的汗马功劳时，完全有理由相信，未来会一片光明。

在罗马人民的编年史中，罗慕路斯和雷穆斯并不是唯一一对兄弟典范。比他们更加正面的楷模也不难找。提比略当初不畏艰险、拖着疲惫之躯赶到奄奄一息的弟弟身旁，就是一个振奋人心的实例。"生活中后来出现的情感，都永不能削弱这种原始的爱。"[32]事实上，即便毫无血缘关系的人之间也可能滋生兄弟之情。罗马精锐阶层的竞争虽然残酷，却不一定总引发敌意。有时候，人与人之间会因为共同的经历而形成一种互忠感。毕竟，对志向远大者来说，他们只有一架梯子要爬；而成绩斐然者在拾级而上的路途中或许又会发现，陪同自己征战沙场或处理政务的，都是同一批人。有关同泽之情的记忆甚至可以一路追溯到青少年时期。在这方面，提比略的个人经历非常典型。公元前7年他第二次担任执政官时，另一位执政官就是他16岁随奥古斯都征讨西班牙北部荒野时的同袍。[33]四十年过去了，这两位历经千锤百炼的罗马公仆有了太多的共同记忆。对提比略来说，格奈乌斯·卡尔普尔尼乌斯·皮索就是自己能骄傲地称之为朋友的人。

能够被克劳狄视为同侪的人，出身一概是不平凡的。皮索的部分祖先是罗马七王中第二位王的后裔，而且皮索家族数代以来功勋昭著，就连提比略都得啧啧称赞。皮索的家族一直以恪守共和国的传统价值观著称。和提比略生父不同的是，皮索的父亲一向与野心勃勃的恺撒家族截然对抗，也因此屡屡站在了输的一方。直到公元前23年，奥古斯都力劝他担任执政官时，他才终于归顺新政权。同年6月，第一公民病情告急，深信自己大限将至，便将阿格里帕召唤到床边，把戒指传给了他。同时，第一公民也送了皮索的父亲一本书，上面详细记载了自己管理的罗马军事资源及财政资源的情况。一切尽在不言中。对奥古斯都来说，将家世显贵又富有原则的人招揽到自己麾下具有重大意义，而皮索的父亲尤其抢手。

皮索在很多方面和父亲如出一辙。"他几乎没什么恶习，只有一个缺点：总把顽固误以为忠诚专一。"[34] 当然，至于这个能不能算作缺点就见仁见智了。有些特质在古老贵族以外的人看来是死板傲慢，但在提比略和皮索这类人眼里，却是罗马之伟大的必要保障。"对先祖传统的坚守，培养出了杰出人才，这些风云人物又转而维护传统的生活方式和先祖遗留的惯例。"[35] 那么，在这个瞬息万变的新时代，古老家族的一家之主更要担起责任，保护好将城市固定在传统的基岩上的绳索。

这也就是为什么，在和皮索共任执政官期间，提比略斥资修缮了罗马广场上一座特别的纪念建筑。该建筑在一百多年来一直是最臭名昭著的象征反动的殿堂。罗马城内再也没有任何建筑比协和神殿（Temple of Concord）的名字更具讽刺意味了。该殿最初建造于公元前 121 年，是为了纪念罗马城历史上最血腥的阶级斗争。元老院的保守派（其中一位赫赫有名的元老就是皮索的祖先）对平民的两位英勇的保民官——格拉古兄弟发起了凶残的追杀。但惨遭谋杀的不止格拉古兄弟二人；数千名追随者的尸体最后都被扔进了台伯河。通过大张旗鼓地修葺这座象征镇压运动的神殿，提比略发出了一个信号。当然，该举措激起了广大罗马民众的愤怒。这固然令人遗憾，但木已成舟。卡庇托尔山下的协和神殿焕然一新，殿门口就刻着提比略自己的名字，殿内还装饰着各种奢侈华丽的艺术品。它的存在无异

202 于一则不容混淆的声明。虽然提比略自从公元 4 年就被授予了保民官之权，但他所认同的价值观仍然是贵族阶级最古老、最严苛、最刚硬的那种。"对得起列祖列宗、关注元老院利益、直面困难一往无前、服务民生时如若招致怨恨也毫不畏惧"[36]，他的这番宣言足以与阿庇乌斯·克劳狄乌斯比肩。尽管身为第一公民的他在和元老们初次打交道时显得尤为窘迫，但那丝毫未能动摇他的决心。元老院与罗马人民之间和谐一致——是的，但这是从元老院的角度来说的。在提比略的看管下，政权将不会迎合人民大众。

然而，皮索这类人的支持至关重要。让第一公民仍然苦恼的是，绝大多数元老还无法满足他所寄予的厚望。于是，像当初在莱茵河畔那样，他在元老院迈出了缓慢而坚决的一步。对于那些在时运的下风处的倒霉元老，他若觉得他们值得帮助，就会主动向其伸出援助之手，而辩论时正襟危坐、噤若寒蝉、只等着他领头的人，就几乎没这么幸运了。尽管提比略是一位精明杰出的雄辩家，既熟谙讽刺，又兼具威严，既能有力反讽，又不乏轩昂气宇，但他的存在让那些畏惧他伟大地位的元老更加畏畏缩缩了。有时他一言不发，有时却突然插话，有时他又会全然失去性子、大发雷霆。许多元老不确定自己该遵守怎样的游戏规则，常常被弄得彷徨失措。皮索早已习惯了这位朋友的思维方式，有时也会公开警醒他，说他让元老们陷入了里外不是人的境地。皮索的干涉不仅没有激怒第一公民，反而每次都达到了效果。思想独立正是提比略力图培养的特质，当然，前提是：它能够符合皮索这种功绩昭著的名门显贵所奉行的理念。在这种情况下，真真正正地来一场辩论并非没有可能。有

203 时候，人们甚至会觉得第一公民把自己视作众元老的一员。甚

至有一次，皮索的一项提案在遭到提比略和德鲁苏斯两人的公开反对后，获得了元老院众人的支持。尽管提案很快就被否决，但在那一刻，所有元老都能感到一丝短暂的自信。元老院所有人都会同意，这"充分展示了民主的政府形式"。[37]

但元老院外的人就不怎么关心这些了。毕竟，提比略剥夺了人民大众的投票权利，使得他们失去了在行政长官选举事宜上的话语权。不过，他们还有别的兴趣。他们挚爱着尤利娅那绚烂而悲惨的家庭。尤利娅后人的巨星魅力曾在莱茵河畔俘获了叛军的欢心，如今在罗马城内又开始令民众心醉神迷。日耳曼尼库斯从前线归来时，罗马城内万头攒动，人们纷纷出城迎接他和阿格里皮娜以及两人的孩子。不满 5 岁的小盖乌斯成了罗马人民的宠儿。他的绰号"卡利古拉"引出了人们最温情的一面。在日耳曼尼库斯的凯旋式上，小盖乌斯自豪地和父亲站在一起。除他以外，战车内还有他的哥哥尼禄和德鲁苏斯，以及妹妹阿格里皮娜和德鲁希拉。场面盛大壮观，似乎是有意布置好来取悦观众，并且震慑提比略的。日耳曼尼库斯似乎天生就能抓住人的眼球。

这一切令第一公民陷入了左右为难的窘境。很明显的是，奥古斯都的遗愿仍具有神圣意义，因此提比略仍要努力将侄子培养成才，以便将来让他继承江山，再者，日耳曼尼库斯的学徒期也远远没有结束。既然他在阿尔卑斯山以北的任期已经结束，是时候让他去东方开开眼界了。那里最近又酝酿着麻烦。此次矛盾的触发点也是罗马和帕提亚之间局势长期紧张的一大根源。亚美尼亚王国的土地上遍布着雪山密林，里面还有许多杀伤力极强的著名毒物。不巧的是，这个王国恰好坐落在罗马与帕提亚这两大敌对帝国的中间：它因为难以消化而无法被吞

204 咽，又因太过肥美而令人无法放手。约四十年前，提比略应奥古斯都差遣在这里开展了人生第一项独立的军事任务，并且大获成功。靠着利剑的威胁，罗马将一个傀儡君主送上了亚美尼亚的王位，也确立了自己对亚美尼亚事务的干预权。不过，有机会的地方必然也潜伏着危机。毕竟，当初奥古斯都的宝贝外孙盖乌斯·恺撒就是在这里遭受了致命伤害。提比略有充分理由感激那场灾难落在了一个倔强固执的王子身上。若非他死得太不凑巧，提比略根本没有机会踏上崛起之路。抵达此地的日耳曼尼库斯并非唯一面临性命之忧的人。当年克拉苏及其军团在卡莱全军覆没的经历投下了巨大的阴影。鲁莽涉险的话，很可能会危及罗马在东方的整套秩序。在权衡利弊时，提比略很清楚，自己无论做什么都会带来风险。

公元 17 年，举行完凯旋式后不久，日耳曼尼库斯被元老院授予了东方行省的指挥权，他所拥有的权威将凌驾于当地数位行省总督之上，堪与提比略本人持平。"那里的问题没有希望通过订立协约来解决，"第一公民不动声色地对元老院说道，"除非他运用智慧。"[38] 很快，日耳曼尼库斯启程前去执行任务了。同行者包括似乎常年都挺着大肚子的阿格里皮娜和小卡利古拉。他们第一站是去德鲁苏斯在巴尔干半岛的总营地拜访；第二站是亚克兴角海湾，约五十年前，日耳曼尼库斯的祖父奥古斯都与安东尼就曾在这片海面上交锋，由此决定了世界的命运。站在这里，日耳曼尼库斯"脑中浮现出悲剧与胜利的鲜活画面"。[39] 或许之前，他的脑中就屡屡出现过这些画面。接着，他像前人一样，怀着一颗朝圣的心，迫切地奔向了希腊世界中最引人瞩目的旅游胜地。雅典，正是罗马浪漫派心心念念的光辉殿堂，那里的帕特农神庙冠绝天下，整座城市在其往昔的丰功伟绩的照耀下熠熠生辉。贺拉斯曾在雅典的学堂内求学；奥维德也是，他在流放途中曾屡屡回忆起年轻时在雅典的欢乐时光。 206 历史、哲学、艺术与处世之道：这座城市里应有尽有。"雅典曾是大海和大陆的霸主，如今又让希腊成了'美丽'的奴隶。"[40] 毫无疑问，风度翩翩的日耳曼尼库斯来到此地后自然会为之倾倒，他对休闲的理解就是挥笔写下一两部希腊戏剧。雅典人也同样被日耳曼尼库斯迷住了。尽管他们已从昔日的伟大神坛跌落，但在巴结权贵上他们没有对手。日耳曼尼库斯最享受被人喜欢的感觉了。雅典对他来说无异于人间天堂。从雅典扬帆起航时，他整个人意气风发、精神大振。阿格里皮娜在登陆小亚细亚前，在莱斯沃斯岛停驻并产下了第三个女儿，尤利娅·莉薇娅。似乎神明都在对日耳曼尼库斯微笑，对这场任务加以赞许。

但麻烦正在酝酿成。尽管日耳曼尼库斯本人温和友善，但他身后不远处的使臣直率冷漠，与他迥然不同。皮索没有时间去讲究外交细节。在他看来，对异邦人粗鲁相待，是将罗马贵族与次等罗马人区分开来的一种古老德行。抵达雅典后，他发表了一场专门针对雅典人的粗鲁演讲。雅典人不配继承他们的传统；他们是渣滓，是大地的糟糠。在他眼里，希腊人就是一个堕落腐败、被征服的民族，让他打心底里瞧不上。这般盲目的民族主义情绪和日耳曼尼库斯展现出的文化自卑感截然对立。皮索对希腊的东道主们说，这种自卑感和罗马的威严是毫不相称的。表明立场后，皮索继续上路了，结果却在罗德岛附近的海域遭遇了风暴。恰好，一艘战船兼救生船在关键时刻救起了他。可当发现自己的救命恩人是日耳曼尼库斯后，他的心情几乎没有任何好转。他和恩人之间的会面既短暂又局促。从海难死里逃生后仅一天，他便再度出发，朝着东方的一个行省赶去，

那里是巩固罗马帝国东部最关键的战略要地，该地的城市人烟阜盛、欣欣向荣，财富堆山积海，而且毗连帕提亚王国。皮索是去东方担任叙利亚新总督的。

毋庸置疑的是，提比略在任命军事统帅时，和奥古斯都一样，都经过了深思熟虑。叙利亚的兵权比绝大多数行省的更敏感，那里驻扎着四大罗马军团，而且离罗马有数周之久的路程。选派使团对第一公民来说并不是一个轻松的决定。在疆场担任统帅时，他十分重视细节；但当上皇帝后，整个天下的重担都压在了他的肩膀上，他只能被迫接受一个事实：以前谨小慎微的管理方式已经不再适用。诚然，他似乎常忍不住诱惑，想要大张旗鼓地去巡视行省，想把罗马治下的方方面面都放在自己的眼皮子底下，但又总会取消所有的行程。慢慢地，人们开始以一位著名哑剧演员的名字来称呼他，"卡利庇德斯"，因为这位演员在宴会上的拿手表演是：双脚始终停在原地便可模仿运动员的冲刺姿态。

而派遣皮索去叙利亚行省，无疑是提比略最具"卡利庇德斯"风格的策略。三番两次更换行省总督并不是他的正常作风。相比之下，提比略其实更倾向于让总督们固守原位。"就连腐败的使臣也不例外吗？"一次，有人问了他这样一个问题。"让喝饱了血的蚊子叮食伤口，总比让饥肠辘辘的蚊子来要好。"提比略辛辣地回应道。[41]不过目前情势很特殊。提比略虽然说服自己将东方的理政大权交给日耳曼尼库斯，但说到底，他还是无法放任侄子不管。他需要在叙利亚安排一个自己信得过的人。叙利亚现任总督的女儿和日耳曼尼库斯的大儿子尼禄定了亲，立场摇摆不定，因此提比略对他不放心。也只有提比略绝对信任的人才能坐上这个位子，这个人的价值观、天性和身份背景都

207

得和提比略相同。因此，日耳曼尼库斯刚启程赶往亚美尼亚，叙利亚就来了一位罗马选定的领主。抵达叙利亚后，皮索朝河上游方向行进了约 15 英里，最后来到一座繁华的大都市：安条克。这是罗马在整个亚洲的基地。

和亚历山大港一样，安条克原先也是王国都城。它于公元前 300 年由亚历山大大帝部下的一位将军建立。在过去的岁月里，当地统治者的影响力曾一度扩及印度。尽管在叙利亚的诸多历史悠久的古城中，安条克只是一片新兴之地，但很久之前，这里的繁荣程度就远远超过了其余城市。建城者把它建立在奥龙特斯河与旁边高耸入云的山峦之间，并将它打造成网格布局。这里曾居住着迁徙而来的雅典人，建筑多为希腊风格。从剧院到健身房，它为黎凡特的这片区域深深地打上了马其顿的标签。两个半世纪以来，安条克吸收了大量亚洲的财富，一时间富得流油，宛如展示皇室之奢靡的陈列橱。尖长的象牙、巨大的银碟、饰满珠宝的王冠、盛大的公共宴会，还有盛满肉桂、墨角兰和甘松的金罐："若是看了陈列的所有财富，必然会惊讶得目瞪口呆。"[42]当然，若是庞培这样的人看到了，肯定还会心生贪念；公元前 63 年，这个自命不凡又唯利是图的征服者率军队出现在叙利亚，将此地鲸吞了。近八十年过去了，新总督皮索在来到此地就职时，很容易就会发现，这座曾经的帝都现已被打满了罗马统治的烙印。入城后，他很快就能清楚地认识到，现在的安条克坐落在狼的爪牙之下。城市新建的东门熠熠生辉，上方立着罗慕路斯和雷穆斯的雕像，两人旁边有一头喂乳的母狼。而主干道的中央则竖着一尊提比略的塑像，他站在一根柱子的顶端，安静祥和地俯瞰全城。与此同时，行省总督的营地内还有着许多象征罗马霸权的机构。这里既是士兵屯驻的地方，

208

也是存放税收记录的地方，而且有时还会被用于开庭迅速判决罪犯。这般强悍独断的罗马武力，在整个安条克乃至叙利亚行省的其他地方，都无以出其右者。行省总督有权将人钉死在十字架上，或将其烧死，或扔向野兽。此时的皮索手头就掌握着这样恐怖的权力，让人又敬又怕。

无疑，这意味着，皮索在日耳曼尼库斯地盘上的出现会让事情变复杂。皮索并未掌握绝对权威。他确信，提比略派他来就是为了和这位年轻王子抗衡，于是，他开始忙着在行省驻地赢取军心。尽管之前任职时，他一概恪守军纪、行峻言厉，但此时他放宽了对麾下军团的管制，还放任士兵们为非作歹、仗势欺人。当然，行省居民已经知道如何小心应对这些殖民者了。士卒可以强迫当地平民帮自己搬运东西，或让平民给自己安排住宿——当然，女性在面对罗马士兵时没有不恐惧的。随着军纪愈加废弛，皮索竟开始放任士卒在城镇和乡村恣意妄为。士兵们感激万分地将新任总督拥护为"军团之父"。[43]与此同时，皮索的妻子普兰西娜（莉薇娅的密友）又开始效仿当日阿格里皮娜在日耳曼的举动。她参加军事操练，表现得十分关心士卒。皮索的信心与日俱增。当亚美尼亚传来指令，命他派兵增援时，他已经有了足够的自信，因此对其丝毫不予理会。此时的日耳曼尼库斯正忙着安定北部边疆，对抗命不从的皮索只能忍气吞声；最后，日耳曼尼库斯凭借聪明的头脑和灵活的外交手段，打破了伯父的预期。他充分利用手头仅有的资源，成功完成了任务。但不出意料的是，当他与皮索再次在四大叙利亚军团的一座冬营内会面时，两人的关系已经僵化到极点。"分别时，双方已是尽人皆知的仇敌。"[44]

这种自尊心的碰撞，不单单和两人共事的尴尬处境有关，还关系到罗马新秩序核心的深层次原则问题。二十五年前，提比略因为不堪忍受一个骄横放肆的幼年王子而退隐至罗德岛；后来，盖乌斯出使东方，手中大权一度堪比现今的日耳曼尼库斯，年长的提比略也只能打掉牙往肚里咽，默默忍受他人的轻慢。而如今，和提比略同时代、同背景的皮索却坚决不愿忍受类似的耻辱。和老朋友提比略一样，皮索十分鄙弃君主制这一

210

理念，也坚决固守家族先祖所定义的美德和原则。提比略先后在潘诺尼亚和日耳曼拯救了共和国，扶大厦于将倾。承认他为罗马的第一公民，皮索心甘情愿，但日耳曼尼库斯不行。皮索是打算以罗马贵族的身份来治理行省的。

在纳巴泰国王举办的一场宴会上，两人的冲突达到了顶点。纳巴泰在很早之前就和罗马达成协定，向罗马归顺朝服，它的都城是玫瑰红的佩特拉城。宴会上，纳巴泰国王出于热情好客之心，给客人们献上了金色的王冠，重的那一顶给恺撒的儿子，轻的则送给其他人。皮索见状当即发出了嘲弄的嗤笑声。日耳曼尼库斯把自己当作什么了，帕提亚人吗？从非洲征服者西庇阿所处的时代起，罗马贵族阶级就形成了一种原则性的共识：哪怕在最招摇惹眼的东方人面前，自己都始终高人一等。在皮索看来，他必须自始至终对行省内的所有人及所有事物示以原则性的轻蔑，才不至于辱没共和国的国威。雅典或许腐败堕落，但和安条克比起来实在算不了什么。哪怕这座城市的面貌呈希腊风格，罗马人也顶多只将安条克居民列为希腊人的仿制品。街道上熙熙攘攘的人群一直带着一种混种特质。建城时期迁来的雅典人的后裔和整个近东地区的土著混居在此。叙利亚出产的油膏在罗马备受珍视，花花公子们会将它抹在头发上，给头发增添香气。但在罗马道德家的眼里，这种油膏反映了整个叙

利亚的情形，令他们深恶痛绝。对皮索这样的人来说，叙利亚人的方方面面都令人心悸不安。叙利亚商人巧言令色、油嘴滑舌，叙利亚祭司孱弱娇气、尽显媚态，叙利亚舞女更是袒胸露乳、衣着暴露。山巅上，狂热的叙利亚信徒给古怪且无定形的神献祭供品；酒坊深处，一个个身影踩着铃鼓的鼓点，以叙利亚人一向闻名于世的扭曲风格恣意扭动。叙利亚这个行省似乎正在奴性和放纵中溃烂。一个罗马人身处在这样的国家内，除了更好地恪守本国标准外还能做什么呢？

日耳曼尼库斯彬彬有礼地对待一大帮形形色色的外邦人，明显激起了皮索的愤怒，但这也合理地折射出，仇外情绪并非伟大先祖所传承下来的唯一传统。的确，昔日非洲征服者西庇阿在面对东方的君主时，从来都严肃自持以维护共和国国威，但在游历西西里岛上的数座希腊城市时，他也曾入乡随俗以示对当地人的尊敬。此刻，日耳曼尼库斯因公务从叙利亚来到埃及，便使用了同样的招数。抵达亚历山大港后，他遣散护卫，穿上凉鞋，把自己打扮成一个彻头彻尾的希腊人。这座由亚历山大大帝亲手打造的城市有着世间无与伦比的图书馆，收藏的雅典文学甚至多过雅典本身。城内原供本国君王居住的宫殿如今却成了异邦总督的总部，这自然让亚历山大港人愤愤不平。毫无疑问，日耳曼尼库斯的这一姿态受到了当地人的热烈欢迎。和当初在首都一样，日耳曼尼库斯的温和文雅又赢得了罗马世界第二城的欢心。

这是一项了不起的成就。自安东尼以来，还没有罗马人取得过这般成绩。众所周知的是，亚历山大港人极难取悦。他们乖张轻狂，极度热衷于街头斗殴，因此"打架时抓住一个男人的生殖器"[45]对当地女人来说都不算什么。不过，亚历山大港人此次闹腾，出于对客人的热情。簇拥的人群开始将日耳曼尼库斯和阿格里皮娜赞颂为"奥古斯都"。日耳曼尼库斯吓坏了，赶紧下令终止游行。他很清楚，绝不能让人用"只有父亲和祖母才有资格接受"[46]的头衔来称呼自己，那绝对不行。

但为时已晚。日耳曼尼库斯在亚历山大港大出风头的消息不可避免地传到了提比略耳朵里，而提比略的反应并不太好。叙利亚的官员任命问题固然敏感，但埃及更甚。毕竟，当初就是这个地方给了安东尼争夺世界霸权的财政支撑，这一细枝末节是任何恺撒都不可能忘记的。奥古斯都在世时，虽口口声声称已"将埃及纳入罗马人民的帝国版图"，[47]却始终将这个新行省控制得牢牢实实，使得该地实际上成了他的私人领地。提比略后来自然也患上了这种神经症。罗马精锐阶层内，没有一人可以不经提比略明文许可而私自踏入埃及；指派到当地的总督一概为骑士阶级；埃及总督在任期间，只要稍微表现出一丁点傲慢，就会被毫不留情地卸任。事实上，提比略接替奥古斯都仅数月后就开始火急火燎地巩固埃及行省。他所任命的亚历山大港使臣不是别人，正是塞伊乌斯·斯特拉波，前禁卫军统帅以及他最信任的拥护者的父亲。与此同时，这座伟大的尼罗河沿岸港口城市的外围，人们在以原始的方式参拜远在天边的罗马第一公民。这里的埃及人丝毫不通希腊语，也从未见过任何罗马人，至今仍然在拜祭一些长着动物头的远古神明。在迷雾重重的远古岁月，埃及抄写员曾小心翼翼地将国王的名字凿刻进神庙壁上的椭圆形框内。而如今，每当凿刻新的椭圆时，他们就会在里面刻下提比略的名字。对埃及来说，高居统治地位的提比略不太像罗马的第一公民，更像一位法老。

没有什么比安东尼的外孙和奥古斯都的外孙女被亚历山大

（页边数字：212）

港人拥立为神，更能让第一公民气得发抖的了。日耳曼尼库斯从尼罗河返城后，发现等待他的是一封来自罗马的充满怒气的信。倘若提比略的批评之词没有和皮索的如出一辙，那这场争论无疑很快就会平息——毕竟，日耳曼尼库斯从未想过去冒犯自己的伯父。但事实上，日耳曼尼库斯回到叙利亚后，发现总督皮索变得越发嚣张猖狂。在他离开的这段时间里，皮索所掀起的抗命不遵的运动更是达到了新高，皮索也愈加不把人放在眼里。当发现自己颁布的每一项命令都被皮索撤销后，他决定给事情来一个了断。是的，皮索固然满头银发，而且出身高贵，也为共和国效尽犬马之劳，但日耳曼尼库斯还是严厉地训斥了他一顿。

　　总督的威严受到了致命打击，皮索于是决定离开安条克。然而，在他动身前，一则消息传来，说劲敌日耳曼尼库斯生了大病，皮索立刻精神大振。结果又一则消息从天而降，泼灭了他的兴奋劲儿。原来，日耳曼尼库斯又痊愈了，而且整个安条克正如释重负地向神明献祭贡品。此时的皮索由于积怨过深，判断力受到了严重影响。他出资让扈从前去扰乱庆祝活动，然后自己沿奥龙特斯河下游撤退，静观事态发展。但事情演变得一发不可收拾。有关投毒和巫术的流言在安条克城漫天飞舞。日耳曼尼库斯似乎旧病复发了，而侍从们在拆他的卧室时，据说在墙壁内和地板下发现了巫术的痕迹：骨头、血迹、灰痕。日耳曼尼库斯垂危之际还曾点名道姓，指认皮索是始作俑者。

　　这是第二位年轻的恺撒在出使东方时丧命。尽管盖乌斯的死曾让奥古斯都痛不欲生，而且也有人暗自怀疑与莉薇娅脱不了干系，但当年那一切所掀起的剧烈反响都无法与如今日耳曼尼库斯的死讯相比。在安条克，日耳曼尼库斯以一贯的激昂情

213

绪说出了临终遗言。对提比略来说，这些遗言实在太不利了。先是公开指认第一公民的使臣兼好友是谋杀自己的罪魁祸首。接着，他又叮嘱阿格里皮娜收敛她那锋芒毕露的个性，与此同时，还指导病榻前的其余人等充分利用这个机会。"将神君奥古斯都的外孙女呈现在罗马人民面前，将我的孩子们的名字一一念给他们听！"[48]

这一呼吁所体现的，正是第一公民一直最提防侄子的地方。而在日耳曼尼库斯交付临终遗言之际，被提比略派往亚细亚监督侄子且和提比略一样严苛冷酷的那个人还忙着火上浇油。皮索仍然沉浸在日耳曼尼库斯对自己的侮辱中无法释怀，因此绝不肯善罢甘休。听说对方的死讯后，他大喜过望，猛地推开神庙的大门，向神明敬奉供品，并对手下大加赏赐。当日耳曼尼库斯阵营中的元老们任命同党中人——前执政官塞提乌斯接任总督之位时，皮索为捍卫本属于自己的法定职务，动用了武力。公民之间互相对峙。"皮索派"与"恺撒派"兵戎相见。[49]亚克兴角海战结束五十年后，"本已在神君奥古斯都的旨意和提比略·恺撒·奥古斯都的德行下平息多日"[50]的内战似乎又要搅扰人间了。

日耳曼尼库斯在命悬一线时就清楚，代表这场危机的，将会是阿格里皮娜的面孔。确实如此。她并没有坐等春天来临。丈夫尸首焚化后的灰烬刚冷却，她便踏上了回家的旅程。船在冬季寒冷的海面上前行，只有在偶遇皮索的船队时，她才停下来，好和他相互攻讦。最后，她的船在布隆迪西乌姆靠岸，意大利人蜂拥而出，以迎接她的回归。日耳曼尼库斯的遗孀出现在跳板上时，脸色苍白，手捧骨灰，身边站着卡利古拉与小尤利娅·莉薇娅。霎时间，呼天抢地的哀号混成一片，宛如动物受伤后的悲鸣。从日耳曼尼库斯的死讯得到确认起，整个罗马城便泣不成声。"爱或智慧所能带来的一切荣誉，无一不被赐给了他。"[51]骨灰入城的节奏庄重而缓慢，带着一种终极吊唁的味道：不单是丧葬队列，更像一场凯旋式。禁卫军护送着这位不幸殒命的英雄行进；扈从们倒拿法西斯，鹰旗上的装饰品也全部被摘下；吊唁的路人燃起香柱，苦涩的香气在阿庇亚大道上空缭绕不绝。到了都城以南四十英里处，日耳曼尼库斯的亲弟弟，也就是踉踉跄跄、毫无英雄气魄的克劳狄乌斯，继弟德鲁苏斯，以及他和阿格里皮娜留在意大利的四个孩子一齐前来迎接。接着，抵达罗马后，两名执政官和一众元老也纷纷加入了丧葬队伍，在水泄不通的街道上继续前行。街道一片嘈杂，唯独哀悼者的哀号声清晰可辨，队伍抵达战神广场后方才停下。在数支火炬的照耀下、在身披黑色斗篷的阿格里皮娜的注视下，日耳曼尼库斯的骨灰被虔诚地放进了他最后的长眠之地：华丽的奥古斯都陵墓。

　　他的伯父，罗马共和国的第一公民，却一直没有露面。和以往一样，提比略仍然认为流露悲伤有损尊严。他、莉薇娅以及日耳曼尼库斯的母亲都未出现在公众视野里。他们是谁，在为日耳曼尼库斯哀悼时，怎么能被暴民们放纵的哀啼声左右？但整座城市的暴戾情绪愈演愈烈。在这个举国同悲的时刻，第一公民竟然不在场，这在人民大众看来无疑是一种侮辱，甚至可以说是提比略做贼心虚的表现。霎时之间，日耳曼尼库斯临死前的控诉成了街谈巷议的话题。他指控皮索毒害了自己，而这样的控诉并不容易推翻。事实上，黎凡特气候恶劣，对健康非常不利，许多人都因此染病；而日耳曼尼库斯房间地板下那些所谓的巫术痕迹也很可能只是动物尸体。一方面，若是提比

215

略指出这一点（他很可能这么做），那就会严重辱没他的身份；另一方面，他的不置一词却又令人倍感沉重。这种情况下，悲愤交加的罗马人很容易存心不良、图谋不轨。凝视着英雄日耳曼尼库斯的遗孀时，民众纷纷称呼她为奥古斯都唯一一个在世的孙辈，还高举双手，祈祷她的孩子"能活得比敌人更加长久"。[52]

　　这深深刺痛了提比略。虽然他一直瞧不起平民和取悦平民之辈，但有时候想到自己不得人心，他还是忍不住畏葸退缩。人们奚落他，说他鸠占鹊巢，手上沾满了无辜雏鸟的鲜血。但这些讥诮之词所威胁到的还不只是他个人的名声。在这场危机面前，第一公民并不是遭到威胁的唯一一人。元老院也开始感受到威胁，它的权威和价值观一向是提比略特别尊崇并坚守的。

216　　这场全城性的吊唁散发着一丝辛辣尖酸的气味。罗马的大街小巷都深信，日耳曼尼库斯被杀是因为他关爱民众。据说，他坚信众生平等，想恢复罗马人丧失的自由权利。战神广场上，民众举着火把，聚成一团迎送丧葬队伍，那情形就好像在集会准备投票。提比略虽然拽着狼的耳朵，却仍能感觉到它颈背上的狼毛慢慢竖起、嘴巴渐渐张大，也能闻到它呼吸中的饥渴。他知道，它想吃肉了。

　　只有把猎物扔给它才是良策。让提比略痛苦万分的是，猎物在这个时候自己送上了门。皮索尝试保留自己的行省总督之位，结果并不理想。仗打输后，皮索被塞提乌斯赶出了避风港。走投无路的皮索只好寻求谈判。他能争取到的最好的结果是安全返回罗马。沿台伯河驶入风暴中心时，他和妻子勉强装出一副泰然自若的模样。面对群情激愤的罗马民众，他没有感到丝毫尴尬，反而选择于一天之中最忙碌的时刻在奥古斯都陵墓的正对面登上了岸，而日耳曼尼库斯的骨灰不久前才被埋放入这座陵墓。当天晚上，皮索又举办了一场高档奢华的晚宴。从罗马广场抬眼望去，可以清清楚楚地看到皮索别墅上装饰的鲜花。人们难以置信地看着这一幕，一个个怒火中烧。不出所料的是，第二天，罗马的两位执政官就收到了正式诉状。

　　皮索的同侪们这时仍不敢对他发动最后一击。执政官们选择将此案交由第一公民调查审理，而第一公民则将其转交给元老院。宁死不屈的皮索拒不认罪，断然否认庭外众人对他的指控：他一遍又一遍地坚称，自己从来没有毒害过日耳曼尼库斯。但这不能免除他的其他罪名；毋庸置疑的是，他还犯下了抗命不遵、挑起内战的罪行。然而，即便在提出上述指控时，控方都可能心存犹疑。元老院无人不知皮索曾为恺撒的使臣。这让他们很不安。要知道，尽管元老院曾多次请求，这两人之间的通信内容却依然是严格加密不对外公开的。提比略是全体元老中最不自在的。这位第一公民此时简直进退维谷。放过皮索，就会坐实罗马人民最阴暗的质疑；可若是撒手对一个老朋友不管不顾，把自己信赖的盟友扔向狼群，放任一群暴民对一个名门贵胄动用私刑，那背叛的代价就太过沉重了。因此提比略变得犹豫不决；而大街上的人则群情鼎沸、怒气高涨。 217

　　当骚乱发展到高潮后，所有人都被迫行动起来。示威者推倒皮索的雕塑，将它们拖到卡庇托尔山底部，然后沿通往山顶的阶梯一直攀登到半山腰。在这里，示威者开始将雕塑砸碎。站在罗马广场就能将这里的情形尽收眼底。这一举动的象征意义再明显不过了。这道阶梯被誉为杰莫尼亚台阶（Gemonian Steps），其一侧矗立着罗马唯一的监狱，是关押死刑犯的地方，另一侧则是提比略新近修缮的备受争议的协和神殿。意识到这是对自己权威赤裸裸的挑战后，第一公民当即派遣禁卫军保护并修复皮索的雕塑，然后将皮索用轿子抬着护送回家。第二天早上，被告皮索又回到了元老院，继续表现出一脸的蔑视；但从进门的那一刻起，他就知道，一切终究完了。人群之中没有一人向他投来同情的目光；室内响起的每一丝声音都饱含愤怒。最让他寒彻心扉的莫过于提比略的表情："冷酷无情、面若冰霜，没有流露出一丝情绪。"[53]当天晚上，皮索回到家中，像往常一样准备上床歇息。待妻子走出房间后，他命人把房门关上，然后自刎而死。

然而，即便他死了，痛失爱子的平民也仍不肯放过他。元老院顺从民意，将吊唁皮索列为公开罪行，还下令销毁掉皮索的所有肖像，将他的一半财产没收充公，并命令他的儿子改名换姓。这些法令被分发到了已知世界的所有城市和军营。同时，元老们假装郑重其事地感激第一公民为日耳曼尼库斯报仇雪恨。尽管如此，罗马民众还是对这些举动嗤之以鼻，不为所动。他们知道，提比略不仅没有同意彻底摧毁皮索的家庭，还对皮索家族的没落和皮索本人的悲惨结局表示同情。他们对第一公民的怀疑有如脓疮一般仍在继续溃烂。在他们看来，提比略不仅是一个有悖平民利益的敌人，更是斩杀平民阶级之先锋的刽子手。被冠以这样的恶名本来就够糟糕了，但更坏的还在后头。元老院在这场危机中遭受了严重的创伤；要知道，提比略为维护这个机构的利益，一度牺牲了自己广结人心的机会。皮索的命运——先被第一公民招揽为同盟，继而被抛弃——成了许多元老心中的前车之鉴。在叙利亚事件后，提比略对众元老而言不再是一个刚正不阿的楷模，反而更像一头虚与委蛇的怪物。曾经一些人因为不遵从他所恪守的道德准则遭到了他的强烈鄙夷。如今，他在元老院内也遭到了同等程度的怀疑。不可避免的是，就连提比略最需要的盟友也开始怀疑他是否值得信任。

在经历了这样一场糟糕的危机后，或许提比略自己也会这么想吧。

顾问

罗马是一个死人扎堆的城市。虽然乘彗星或驾着扑打翅膀的雄鹰升入神界是恺撒才有的特权，但想跻身仙班，还有别的办法。只需将猪血洒在新挖的坟地上，哪怕再低下卑微的死者都能羽化登仙。为逝者祷告祈福，将紫罗兰撒向他们的坟墓，给他们献上饭菜、盐和浸满酒的面包，他们就会守护活人。这些阴魂叫作先灵（manes），他们可以被从地下世界召唤起来，以延续哀悼者的寿命，或在其梦中建言献策，或保护庄稼收成。罗马崛起为泱泱大国之前，先灵们甚至还曾与罗马的围城大军并肩作战，攻打迦太基。因为罗马将领当时宣誓，将血洗迦太基城以祭先灵。最后，血战结束，迦太基也彻底覆灭。[54] 由此可见，活着的罗马人是热衷于用节日来纪念先灵的。每年 2 月，罗马城就会关闭神庙，熄灭祭坛，一连持续十天，而且在此期间，行政官员也只能穿着最普通的服装露面。轻慢亡者所带来的后果是不堪设想的。据说，有一年，先灵们感到受了亏待，纷纷从坟墓里爬了出来。罗马境内的火葬柴堆燃着诡异的火光，与此同时，一群群亡灵的嚎叫声充斥全城。

"老实说，依我看，这太难以置信了。"[55] 像奥维德这样持怀疑态度的不在少数。任何人，只要有头脑，有资金接受教育，就多半会将先灵之说驳斥为封建迷信。一些大胆新潮的哲学家甚至讲解道，鬼魂这种东西根本不可能在坟墓里存活。尽管如

219

此，即便在最智慧的智者之间，也仍然有人渴望永生。流放黑海后，奥维德亲身体验了一把地下世界的生活，那滋味残酷难耐。他深知自己面临湮没无闻的风险，因此一直在和这种风险抗争。公元 17 年，日耳曼尼库斯先是举行了凯旋式，后又启程前往东方，整个罗马都笼罩在这种喜气洋洋的氛围中。诗人奥维德的死讯在这时传来几乎没有激起一丝涟漪。但他的声音没有就此沉寂。他的最后一本诗集，也是他的遗言，不久就将面世。"时间磨蚀了钢铁和石头。"离世数月前，奥维德这般写道。但哪怕已经身处坟墓的另一头，他也仍然在对抗时间的侵蚀作用。只要还有读者，或许，他就没有完全离去。从这一层面而言，他骗过了时间。"文字抵挡住了岁月的流逝。"[56]

领会到这一点的不只有诗人群体，还有城市的众多伟大人物。城内各个地方都刻着他们的名字：雕像的基座、罗马广场上的纪念建筑、公示名单——上面列着自建城起当选过的执政官、祭司和获得凯旋式的将领。最残酷的惩罚不是死亡，而是被人遗忘。就是因为有这种意识，西班牙的民众才大肆破坏了皮索的建筑，而在希腊的萨摩斯岛，当地人一气之下竟然误将皮索的兄弟的名字凿掉了。罗马的状况相差无几，人们纷纷叫嚷着要将皮索的名字从所有铭文中除掉；但提比略拒绝了这项要求。他只准允人们将皮索的名字从日耳曼尼库斯的一座雕像中除去，再往前一步就绝对不行。他就此打住，不仅仅是出于对老朋友的同情。如果罗马的伟大家族所取得的一切成就的记录被毁灭，那罗马将不再是罗马。第一公民知道，自己不仅是城市未来的守护人，也是城市往昔的守护人。

至于这一点在现实中可能意味着什么，提比略没有心存幻想。冷酷尖刻、精于模棱两可之道的他绝非天真幼稚之辈。一次，一个少年时代的相识试图提醒他逝去的岁月如何如何，提比略没等那人说完就打断了谈话："我不记得曾经的自己是什么样的。"[57]或许，逝去的共和国对他而言也是如此。提比略在情感上所坚守的德行和理想早已不复当初，他本人对此也很清楚。当代人一概将这些德行和理想视作古怪过时的事物，而唯一没有这样想的最后一代人都不可避免地在走向衰亡。公元 22 年，也就是腓力比大屠杀六十三年后，布鲁图斯年迈的妹妹尤尼娅溘然长逝，连接罗马现在与往昔的一根尤其古老的绳索就此断裂。尤尼娅的哥哥曾刺杀了一位恺撒，后来在和另一位恺撒战斗的过程中死去。布鲁图斯自逝世起就一直屈居提比略之下，被视作微不足道之人。"对于内战而言，最好的疗法就是忘记它曾发生过。"[58]但有时候，沉默同样可以产生震耳欲聋的效果。葬礼上，尤尼娅在先祖雕像的陪同下，被送入了坟墓。这些雕像都用"闪亮的石头打磨而成，并被打上了细腻的蜡"。[59]但她哥哥——她所有亲戚中最著名的人物——的肖像没有在场。她去世多年的丈夫、共谋刺杀独裁官恺撒的另一人卡西乌斯也是如此。和布鲁图斯一样，卡西乌斯在腓力比战场上扑剑而亡。两人的缺席十分显眼。凝视丧葬队伍时，所有人都能感到，这两名刺杀者从地下世界走出来迎接尤尼娅了，他们的存在于一群先灵中显得十分突出。诵读老太太的遗嘱时，人们又发现，还有一个人也被漏掉了，而且更明显是被故意遗漏的。她在遗嘱中向罗马所有的显贵致意，但偏偏有一人除外。自始至终，她都没有提及罗马的第一公民。

　　对此，提比略根本不屑去怨恨。从他和她们接触的痛苦经历来看，女人大多是麻烦。尤尼娅固然富有且人脉广阔，但还不是同代人中最富有、人脉最广阔的。那份殊荣属于另一个与她截然不同的女人，而提比略比其他任何人都清楚这个人是谁。公元 22 年，尤尼娅进入地下世界。同一年，和她一样尊贵的奥古斯塔也生病了，不过很快就康复如初。没有人因此大为吃惊。莉薇娅·德鲁希拉（莉薇娅曾经的名字）擅长用药的事在整个罗马一直人尽皆知。不过，她的坚不可摧不仅是因为拥有一个药品丰富齐全的药箱。奥古斯塔是古罗马历史上最不同凡响的女人。她的丈夫神君奥古斯都遗赠给她许多特权。而她就像平时穿斯托拉一样，用这些权利把自己遮掩起来。她所有的一切都是不同寻常的。祭司、保民官，甚至第一公民：在她之前，男性的地位象征还从未以这样令人不知所措的方式被放在一个女性体内。除此以外，她还是一个母亲。"奥古斯塔诞下第一公民，为共和国做出了多么杰出的贡献。"[60]元老院郑重宣称道。几十年前，一根月桂枝掉在了莉薇娅大腿上；几十年后，这根枝丫已经长成参天大树。如今，有关这棵月桂树的流言又以一种离奇的方式重复着这些溢美之词。据说，就在奥古斯都咽气前一刻，月桂树上的叶子开始枯萎，同一时刻，旁边的一棵小月桂树开始茁壮成长。这棵小树原是大树上的一根枝条，是提比略在举行凯旋式时戴过的，后来被栽在了大树旁边。霎时间，恺撒的后代仿若成了奥古斯塔的后代，将由她来抚养照料，并归她所有。人们开始称呼她"世界女先祖"（Genetrix orbis）。[61]

当然，这并没有怎么改善她儿子的情绪。比起私人恩怨，提比略还有更危急的事情需要处理。尽管他已经使出浑身解数来牵制母亲，却仍旧会不由自主地感到，奥古斯塔对国政的持久影响，是对自己权威的一个长期威胁。她在皮索一案中的干预行为就引发了尤其不良的后果。死刑犯皮索的妻子普兰西娜是奥古斯塔一向最喜欢的朋友，而奥古斯塔对于自己喜欢的人，从来都会坚决维护。提比略正要开始对皮索撒手不管时，她却强迫他去元老院替普兰西娜求情，令他百般困窘。从下毒到巫术，再也没有什么比普兰西娜所遭受的这些指控更具蛇蝎毒妇的性质了。奥古斯塔长期在私底下玩弄阴招，但是，就连她本人那蜘蛛网般密布的阴谋诡计都未曾如此窘迫地暴露在外过。提比略对女人干政的反对，就如同他对女人陪伴的厌恶一样强烈。奥古斯塔此举令他腹背受敌，声望受到双重打击。对阿格里皮娜的倾慕者而言，她对第一公民的影射似乎得到了证实：他是个穷凶极恶、两面三刀的阴谋家，对她自己及孩子都深怀敌意。发现普兰西娜平安无恙后，报仇心切的阿格里皮娜更是悲愤难平。她和奥古斯塔的关系也每况愈下。

提比略卡在母亲和继女之间左右为难。他发现，自己已经深深陷进了宫廷纠纷的泥沼。换作以前，他完全可以不理会王朝权谋的是非曲直，直接拂袖离去。而现在，他是国家的第一公民，总不能说退隐罗德岛就退隐吧。不过，儿子德鲁苏斯现今在领导能力上饱经历练，获得过一次凯旋式的殊荣，且已经两次担任罗马执政官。至少，提比略可以对退隐之事多加考虑了。不管怎样，只要能摆脱现实生活中那两个纠缠不休的寡妇就行。

只可惜，很快就出现了第三个寡妇——日耳曼尼库斯和克劳狄乌斯的姐妹莉薇娅。她的数任丈夫都属于前程远大的类型。第一任是奥古斯都的外孙盖乌斯，第二任是她的堂兄德鲁苏斯。小时候的她其貌不扬，宛如一只丑小鸭，成年后却出落得倾国倾城。她的丈夫曾在元老院面前称她为自己的"挚爱"。[62]提比略看重她也是有原因的：自日耳曼尼库斯死后，罗马城内一连数周悲沉压抑，她却在这时候诞下一对双胞胎男婴，使得伯父提比略在危机面前有了短暂喘息的空间。但莉薇娅绝不是一个善于调停纷争的和事佬。孩提时代的她就非常恶毒，总是嘲笑弟弟克劳狄乌斯的残疾，成年后，她的狠毒心肠也没有改变分毫。乖戾轻浮的她痛恨所有威胁到自己孩子前程的人。她不仅用情不专，而且记恨心强。公元 23 年，也就是丈夫在众元老面前夸赞她仅数年后，两人的婚姻陷入了危机。德鲁苏斯一向喜欢花天酒地的生活，而且凶狠起来凌厉无情，导致人们都将锋利的刀剑称作"德鲁西安"（Drusian），以示对他的致意。他的身体机能似乎正严重退化。他火暴凶残，愈来愈嗜酒。有一次，在一场宴会上，他大发雷霆，竟然朝着禁卫军统帅塞扬努斯的脸上揍了几拳。要知道，当初镇压潘诺尼亚的叛乱时，两人还在一起共事。他的父亲惊慌失措，开始担心他的身体健康。9 月，德鲁苏斯突发重病，当月 14 日便气绝身亡。

类似的打击奥古斯都经历过两次，先是阿格里帕与世长辞，再是盖乌斯英年早逝，两次都让他肝肠寸断，悲痛欲绝。而提比略仍和以前一样，面若冰霜，坚决不肯表露出自己的痛苦。抵达元老院后，他止息了院内大张旗鼓的哀悼仪式。"我想要的慰藉是更加严厉肃穆的。我始终把共和国放在心上。"即便如此，这场灾难的严重程度也无从隐瞒，它极大影响了提比略本人和他的计划。当着众元老的面，第一公民直言不讳地阐释了它的影响。他解释道，自己本打算让德鲁苏斯来培养并训练日耳曼尼库斯的几个儿子。他们体内都流淌着神君奥古斯都的血液。提比略将卡利古拉的两位哥哥——尼禄和德鲁苏斯交托给元老院。"收养这些年轻人，引导他们吧。他们有着无与伦比的血统。"[63]这是一个痛苦的时刻。与日俱增的疲倦感、渴望有人共同分担以减轻疲惫、渴望相信自己通过努力或许可以让人们对奥古斯都的忠诚与共和国的传统保持一致：提比略的所有情绪在这一刻显露无遗。演讲结束时，第一公民情绪高昂地承诺，224将把权力的缰绳交还给执政官。或许，在说这些话时，连提比略自己都相信了。

　　不过，即便真是这样，那也只持续了片刻。元老院的众人闷闷不语，对提比略的话语充满了怀疑。其实，同样的话，这些听众以前就听过。提比略也开始对他与元老院的合作前景感到失望。这十年里，他一直苦口婆心地教导他们，希望他们不辜负自己的期望。"一群待奴役的人。"[64]离开元老院时，他压低声音嘟囔道。一方面德鲁苏斯已死，另一方面元老院又靠不住，提比略会转向别处寻找支持也就不足为奇了。他虽然是克劳狄家族的继承人，却并不蔑视那些渴望擢升的有志之士。但前提是，他们得有真才实干才行。出身卑微到不敢想象的人，甚至那些据说是奴隶之子的人，都得到过提比略的支持。"他的成就，"第一公民曾这样评价其中一位新贵，"完全足以掩盖出身的不足。"[65]这个人是一个角斗士的儿子，后来成了罗马的非洲总督。提比略越是感到孤独疲惫，就越有理由重视这类奴仆。这也就是为什么，在处理德鲁苏斯死后的苦差事时，他没有求助亲属，也没有求助少年时代的同伴，更没有去找元老院，只找了一个骑士帮忙。这名骑士是伊特鲁里亚人，小地方出身，有着毫不起眼的背景：他便是卢基乌斯·埃利乌斯·塞扬努斯。

　　德鲁苏斯在世时，提比略也一直对这位禁卫军统帅青睐有加。别人都给他添麻烦，塞扬努斯却专门帮他解决麻烦。庞培大剧院着火时，是禁卫军火速赶来救火，并阻止火势扩散；元老院出于对这项功劳的认可，同时也是顺遂提比略表露无遗的心意，便投票决定在翻修的剧院内给禁卫军统帅竖立雕像，以示表彰。当然，绝大部分元老是咬牙切齿地投出自己的那一票的。不过也有不少人是因为对风向的变化有所警觉，或者说，本身就是靠着塞扬努斯的影响才入选元老院的，所以组成了一个支持塞扬努斯的强有力的派别。至公元 23 年，也就是德鲁苏斯去世的这一年，塞扬努斯进一步确保了自己作为后起之秀的锦绣前程。在罗马东北方向的偏远角落里，在城市最高的一处有利位置上，工人们为一个大型建筑工程已经辛苦了两年。砖面混凝土墙和通向座座塔楼的大门内，营房鳞次栉比：罗马城内的建筑上竟印着无可置疑的军营图章。在塞扬努斯的管辖下，禁卫军再也不必分散在城市各处了。遮遮掩掩的日子结束了。如今的禁卫军集中在同一片堡垒内，由统帅亲自任命的军官管控，与帝国都城正面相对。虽然塞扬努斯只是区区骑士，但是，元老们所能争取的一切行政官职中，还有哪一种敌得过禁卫军营地统领的巨大威慑力呢？

可塞扬努斯痛苦地意识到，自己的权力仍是建立在散沙上的。他没有行政官职，甚至还算不上一位元老。他的权威和曾经的梅塞纳斯一样，缺少坚实的法律基础。没有提比略，他便什么也不是，而提比略已经 65 岁了。不过，德鲁苏斯的死让塞扬努斯瞥见了一丝良机：通过这个机会，他可以摆脱与梅塞纳斯一样的处境，成为另一个阿格里帕。失去德鲁苏斯后，奥古斯都家族遗留下的男性大多缺乏历练。如果第一公民这时候撒手人寰，那便急需一人为他的继承人理政。毕竟，提比略曾在元老院内公开承认：日耳曼尼库斯的几个儿子若是没有经过细心栽培，便配不上他们作为奥古斯都后裔的身份。琢磨主人心思、了解其思想特有的复杂性固然是一项难如登天的任务，但塞扬努斯在这方面老练娴熟，早就看透了主人思想深处的矛盾所在。对于理想中的元老院，提比略是一片赤诚；对于现实中的元老院，他却不以为意。两种情绪之间存在着一种不可调和的紧张局势。对塞扬努斯这样敏锐狡猾的人来说，这其中隐藏着一个诱人的机遇。提比略曾公开表达对元老院的信心，坚信他们能监护好小尼禄和小德鲁苏斯，但这份信任是不牢靠的。226在皇帝心里，信任和怀疑恰如一枚硬币的两面。他对贵族阶级准则、元老院传统和共和国遗产的仰慕，都能被轻松瓦解。塞扬努斯将最终证明，改变提比略的直觉、利用提比略复杂性情中最多疑的一面，正是自己所具备的一种危险资质。

这位禁卫军统帅的策略核心在于阿格里皮娜。她傲慢跋扈，冲动毛躁，迫切地想看到儿子们成器成材，光宗耀祖。凡是和她有关的事都会让提比略勃然大怒。当塞扬努斯悄悄禀告主人说，阿格里皮娜的野心和她母亲当年一样，使得元老院内滋生了派系纷争，第一公民很容易便相信了他。1 月 24 日，两人首度公开爆发冲突。1 月是罗马年历中的转折点，以门神雅努斯（Janus）的名字命名。雅努斯长着两张面孔：一张朝后，察看过去；一张朝前，展望未来。毫无疑问，祭司们如果要为第一公民的安全向神明祈祷，1 月就是一个非常合适的月份。但那一年的规则有些变化。祭司们在为提比略祈祷时，还同时提到了阿格里皮娜的前两个儿子——尼禄和德鲁苏斯的名字。提比略大发雷霆。他质问祭司，是不是阿格里皮娜下令把两个男孩的名字添上的，祭司们果断否认。但第一公民的怒气并未消减多少。几十年前盖乌斯和卢西乌斯那两个毛头小子所开创的邪恶先例仍然沉甸甸地压在他的心上。他们被捧得太高，太让人羞耻了。面对元老院演讲时，提比略严厉警告：绝不能宠坏两个小王子。这只加深了阿格里皮娜对他的憎恨。两人之间的关系越发僵硬。

察觉到机会来临后，塞扬努斯确保自己把握好良机。他意图孤立阿格里皮娜，削弱她对儿子的控制。所以，首要任务就是摧毁她在元老院的盟友。当然，在提比略这样遵纪守法的第一公民治下，为达目的而诉诸公开的暴力是绝对行不通的。但塞扬努斯根本无须这么做。罗马法律就是他所选择的武器。整整一年里，日耳曼尼库斯曾经共事的一众显贵都被塞扬努斯在元老院的同盟推上了审判台。他们所遭受的指控从敲诈罪到忤逆罪不等。其中一位没等法院下达判决书便自杀身亡；其余人被流放。审判过程没有一丁点是偏离了法制的。古罗马法庭一向是英才们尔虞我诈、争权夺利的竞技舞台。多少雄心勃勃的元老之所以拥有不凡成就，主要就在于那一口能影响法官的辩才。对雄辩家而言，替被告解围，助其远离敌方的瓜葛纠缠历来是一条较为光彩的道路，但主动起诉也并不丢脸。提比略年仅 20 岁时，就曾靠辩才让法院定了一名意欲刺杀奥古斯都之人的罪。自然，对他来说，法庭辩论是不存在任何问题的。"只要是为共和国服务、旨在扳倒共和国敌人的起诉就完全可以接受。"[66] 既有传统的根基，又有本人的亲身实例，第一公民提比略怎么可能会不同意这种神圣的做法呢？

塞扬努斯有着一双如病理学家的眼睛。比起主人，他对这个变幻莫测的时代有着更为深刻的了解。罗马法律在元老眼中历来是自由权利的壁垒，如今在这个冷酷无情之徒眼里却不啻于天赐良机。有了这个机会，他甚至可以恐吓精英阶层中最大胆无畏的人，令他们卑躬屈膝。这里面的讽刺意味尤其浓重。塞扬努斯用以控制元老院的，是一项原本旨在壮大元老院威严的革新。在罗马共和国往昔闹腾喧嚣的岁月里，伟大人物的审判一向是举城共享的娱乐活动，全民皆可观摩。但那样的日子一去不返了。在奥古斯都的治理下，元老们获得了在他人不得入内的元老院内亲自进行审判的许可。那时候，他们都觉得这是对自己地位的提高，还热烈欢迎这种革新的到来。如今，他们发现一切竟是圈套，对此追悔莫及。在审判被控背叛第一公民的同僚时，负责的元老总是不由得产生如履薄冰之感。他的投票情况一定会遭到监视，而他坚持给嫌疑人定罪的热情也同样会受到考量。越是声嘶力竭地要求重惩疑犯，就越能让人看到他的忠诚。塞扬努斯没有必要将敌人打压得缄口结舌。这种事留给元老们就行了。多疑和野心会让他们自相残杀。

尽管如此，为了让自己想传达的信息深入人心，这位禁卫军统帅还是杀鸡儆猴，明示了口无遮拦可能招致的惩罚。先是生硬粗暴、积习难改的卡西乌斯·塞维鲁斯被重审判刑（他在奥古斯都统治末期被流放到了克里特岛），被关入了一座比先前更荒凉的监狱：爱琴海上的一小块岩石。到了第二年，刑罚处置的态势更是有过之而无不及。早在公元 22 年，元老院投票决定是否要在庞培剧院竖立一座塞扬努斯的雕像时，一位名为克莱穆提乌斯·科尔都斯的历史学家兼元老曾站出来奋勇反抗。三年后，这位禁卫军统帅发起了反击。克莱穆提乌斯遭受了一项前所未有、令人不寒而栗的指控：他在历史著作中称赞布鲁图斯和卡西乌斯，并称呼他们为"最后的罗马人"。[67]审判台上，这位可怜的历史学家拍案而起，当即向同僚们抗议道，无论亡者是谁，赞扬他们都是罗马人自古以来拥有的自由权利，也是奥古斯都本人批准的权利。但塞扬努斯的同盟厉声止住了他。"当他们冲着他狂吼时，他就知道自己四面受敌、孤立无援

228

了。"[68]离开元老院后，克莱穆提乌斯直接朝家赶去，不久便绝食身亡。起诉方曾申请对他强制喂食，然后再施加惩戒，但执政官收到申请时已经太晚了，无法再付诸实施。元老院发布正式敕令，将克莱穆提乌斯的作品全部焚毁。

克莱穆提乌斯因为对历史的评判而惨遭毁灭，元老们从他的命运中瞥见了一个可怕的未来。在这个未来里，公民身份、友谊、恩惠与义务之网，都可能成为陷阱。晚宴时的倾诉衷肠、广场上的片刻交谈，骤然之间都危机四伏。"对任何事情加以评论，都无异于冒着被起诉的风险。"[69]在这样的一个世界里，亲友关系成了一种传染途径。

229　　神明对此显然持认可态度。元老院上下本已人心惶惶，但神明像是有意嘲笑这种恐惧情绪似的，又给意大利降下了一场疾病。普通民众和所有阶级的女性全部幸免于难，唯独精锐阶层的男性受到了灾难性的打击。病菌是通过亲吻的方式传播扩散的。先发炎的地方是下巴，然后整张脸和上半身都会"大规模地"[70]被感染。提比略诙谐又严肃地将它称为"羊须疮"（Mentagra）。[71]他下令禁止公民们相互亲吻，哪怕在脸上轻轻啄一口也不行。亲吻礼本是公民团结的象征，如今却只带来了麻烦。关系越近越容易引发灾难。罗马的上层阶级都有自知之明，知道自己已惨遭破相毁容，备受摧残。

第一公民望向镜子中的自己时，也会有同样的感觉。他头顶光秃秃的，年纪大了背也有些驼，脸上坑坑洼洼的，长满了疮。无论是因为羊须疮，还是因为别的病痛，对于亲密接触或许会带来多少危险，提比略都不需要任何提醒。长期以来，奥古斯都家族内部酝酿着对峙和憎恨。为解决这些麻烦而付出的努力，就好像他涂抹在脸上的药膏一样，毫无效果，反而让脸部长了更多斑点。在再神圣、再亲密的时刻，它们都有可能突然"化脓"。

就连为奥古斯都举办的拜祭活动都可能遭到破坏。在提比略向神君奥古斯都祈福时，阿格里皮娜骤然打断伯父，亵渎了这个庄重的仪式。由于又一个密友被推上审判台，阿格里皮娜变得心烦意乱。可她并没有怪罪塞扬努斯，而把一切归咎于提比略。看见伯父站在外祖父奥古斯都的塑像面前，托加袍罩头，显得尤其虔诚，宛如一位名副其实的祭司时，阿格里皮娜抓狂不已。"一个将牺牲奉献给神君奥古斯都的人不应该迫害他的子孙。你以为，他的圣灵都化入一言不发的石头里了吗？错。你若是想见见他的真正样貌，就看向我，我的体内流淌着他神圣的血液！"提比略不怀好意地看了她一眼，然后伸出骨瘦如柴的手，将她拉到身旁。"所以，"他嘘声道，"你是说，你没有掌握权力，就是在遭受迫害吗？"[72]

要让两人关系彻底破裂，还需要一场终极对峙、终极侮辱。毋庸置疑的是，这一切的幕后策划者正是塞扬努斯。这位禁卫军统帅在全国各地安插了眼线，就连阿格里皮娜的交际圈也不例外。他雇用这些眼线向阿格里皮娜传达了一个致命的警告：提比略计划毒死她。其实，这样的指控本是再荒唐不过的了，但阿格里皮娜深信不疑。受邀和提比略共进晚餐时，她故意不去碰自己的盘子。提比略几乎不敢相信自己的眼睛，于是立即递给她一个苹果。可她碰也没碰，便把苹果递给了随从。提比略自少年时代起就手执利剑护卫罗马，生平两次将都城从内爆的命运中解救，并且在漫长而辉煌的戎马生涯中，打过的仗不计其数，无数次与敌人正面对抗，与他们刀剑厮杀、浴血奋战。现在，他被安上了一个如此阴毒而女性化的罪名：这简直是对他的天大的蔑视。

这不单单是对罗马第一公民的蔑视，还是对奥古斯塔的蔑视。自从被擢升到近乎神明的地位后，有关她私下活动的流言（如果有什么不同的话）也只是变得越发阴暗了。人们普遍相信，奥古斯都是被她下毒害死的。据说，奥古斯都临终前一天，莉薇娅走进别墅花园，在无花果树的果实上抹了毒液。众所周知的是，奥古斯都一向喜欢吃无花果，因此迫不及待地吞食了果实。如今，阿格里皮娜公然拒绝提比略递来的水果，无疑是在煽起昔日流言的余烬，既在侮辱儿子提比略，也在侮辱母亲莉薇娅。第一公民不屑直接回应，以免间接增加继侄媳此举的合理性，而是转向奥古斯塔。"一个女人竟说我意图毒害她，"他质问道，"那我打算采取强硬措施提防她，又何罪之有？"[73]

231　　事实上，他已经实施了一项很特别的措施：断然否决阿格里皮娜的再婚权。这对她造成了十分严重的影响，以至于最后她因悲伤过度而一病不起。当然，她肯定辩驳过，说罗马城内总有人不以收容日耳曼尼库斯的遗孀和孩子为耻。事实上也的确有这样的人选，但这也正是提比略不愿意让她再婚的原因。奥古斯都家族的遗孀宛如王朝的黄金。加上和阿格里皮娜传出绯闻的，是第一公民尤其憎恨的一个人，这对事态的演变更是毫无助益。这个人名叫阿西尼乌斯·迦卢斯，精明强干，野心勃勃，曾担任执政官。在元老院内辩论时，他总是冷嘲热讽，十分刻毒。[74]更糟糕的是，他还曾娶提比略的前妻维普萨尼亚为妻。虽然数年前，奥古斯都强行将两人拆散，但她是提比略心中一直无法割舍的挚爱。把这样的人迎进奥古斯都家族的可怕前景，无疑让提比略难以忍受。但迦卢斯的个人缺点并不是最主要的绊脚石。即便他从来不惹是生非，即便他是第一公民的忠诚盟友，第一公民也仍然会拒绝他和阿格里皮娜的婚事。阿格里皮娜和莉薇娅一样都太珍贵了，绝不能草率地解除守寡状态。

就连股肱之臣塞扬努斯都无法动摇提比略的决心。阿格里皮娜并不是他周围急需解决婚姻大事的唯一一人。公元23年，也就是德鲁苏斯去世的那一年，塞扬努斯和妻子阿庇卡塔离婚了。阿庇卡塔虽然给他生了三个孩子，但由于地位低微，支撑不起这位禁卫军统帅的野心，因此只能被迫离婚。两年来，塞扬努斯一直在等待时机。至公元25年终于展开行动时，他设定的目标已经高远至极。他写信给提比略，请求把莉薇娅许配给自己。但在这步棋上，他犯了一个少有的错误。惊讶万分的第一公民支吾其词地将他搪塞了回去。虽然提比略不愿直截了当地斥退塞扬努斯，但还是阐明了心中的疑虑。他解释道，若是允许莉薇娅再婚，只会加深她和阿格里皮娜之间的对抗。两个女人本已是针尖对麦芒，再进一步加深她们之间的仇恨就得不偿失了。"这会令恺撒家族一分为二的。"[75]塞扬努斯明白他话里的深意，于是打消了念头。

但对这位禁卫军统帅而言，这一插曲仍具有一定的价值。一向讳莫如深的提比略在这件事上，表现出了内心深处平日掩藏得很好的强烈情绪。放眼整个罗马，几乎没有人比塞扬努斯更了解主人心里那种铺天盖地的疲惫感了：家里的女人纠缠不休，元老院充斥着各种派系纷争，都城也是事务繁重。"因此，塞扬努斯开始极力丑化城内的苦差事、熙熙攘攘的人群，以及没完没了纠缠提比略的所有人，同时又称赞起僻静安详的生活。"[76]这里面流露的情绪并不偏激。选择退隐对罗马的精英阶层来说并不奇怪。如果公民在任职期间表现良好，那么，他在

233

从混乱的政治舞台上抽身退隐后，也几乎不会引来旁人的忌妒。恰如贺拉斯沉迷于他那迷人的萨宾山庄园一样，卓尔不凡的元老们离开罗马后，也能在合乎身份的外地休闲活动中获得不一样的享受：和哲学家高谈阔论，炫耀千金难买的艺术品，扩建规模已经十分庞大的别墅。在意大利的乡下，新潮时髦的别墅星罗棋布，最大的别墅群坐落在罗马南部海岸附近。那不勒斯湾的房产非常昂贵，除都城内最奢华的住宅区以外，帝国上下无一处能及。这里的别墅多得数不胜数，均坐落在海岸线上，"乍看宛若正形成一座城市"。[77]有些临海而建，也有些高高矗立在悬崖峭壁上，所有的一切都体现了罗马显贵对海景的重视。对罗马人来说，拥有一座俯瞰那不勒斯湾的奢华别墅一向是伟大的标志。尤利乌斯·恺撒遗留给奥古斯都的别墅坐落在一个岩石嶙峋的海角上，以风光秀丽闻名。奥古斯都死前在卡普里岛度过了愉快的几日。在许多罗马人看来，他享受到了最惬意的告别。

那不勒斯湾隶属于坎帕尼亚区。长久以来，这一地区都对奥古斯都高度忠诚。在昔日内战的黑暗岁月里，意大利一度饱受海盗船的威胁，于是阿格里帕将船只系泊在了那不勒斯湾最负盛名的牡蛎养殖场——一处名为卢克林湖的隐蔽水域内，毫不顾忌这会给牡蛎养殖带来什么样的损害。但后来内战结束了，船队也转移到了附近海角的新军事基地，这样能把对贝类生物的破坏降到最低。美丽、诱人而昂贵的那不勒斯湾逐渐成了奥古斯都治下和平的最主要装饰。就连海中的动物也跳出水面，为和平欢呼雀跃：有头海豚似乎是天神派来宣告新时代的，竟和一个家住卢克林湖畔的男孩成了朋友，而且还每天驮他渡水上学。这像是来自远古神话世界的虚构故事，却也是那不勒斯

湾独特魅力的例证。它既代表着潮流前沿，又散发出一丝古老且独特的韵味。毋庸置疑的是，对于一个像提比略这样意趣高雅的人来说，这里所能提供的不止沐浴和牡蛎。虽然它不像他多年前退隐的罗德岛一样浸染着浓厚的希腊风情，但仍保留着一抹异常珍贵的情调：数世纪前，一批希腊人驶入这片海湾，建立了那不勒斯，他们的气息留存至今。简而言之，对冷峻且疲惫的第一公民而言，没有什么庇护所比这里更诱人了。诚然，提比略无法抛弃神明和神君奥古斯都托付给他的重任，但那并不是一个无法逾越的困难。坎帕尼亚离罗马仅有一天的行程。任何一位第一公民若是足够睿智，都能在此地统治世界，只需满足一个条件：他在都城罗马的代理人足够能干、忠诚、值得信任。

早在公元 21 年，提比略就以身试水，在坎帕尼亚待了很长时间。五年后的今天，他计划待得更久一些。他从罗马出发，一路轻装简行。随行队伍中只有一位是元老，其余还有形形色色的文人雅士。他们和提比略一样，痴迷于深奥的神话细节，对于第一公民突然提出的各类刁钻难题总能对答如流。忠心耿耿的代理人塞扬努斯也骑行在队伍之中。尽管身为提比略在都城的代理人，他不能长时间离开罗马，但他还是和队伍中的其他人一样悠闲从容地行进着。从罗马向南行走了 65 英里后，提比略在阿庇亚大道转弯，进入一条支道，继而朝海岸进发。那里，一栋巨大的海滨别墅正在等候他的到来：斯泊朗卡别墅。然而，这栋建筑之所以配得上提比略的卓越伟大，并不只在于它那盛大的规模。住宅外、小山上、海角边、亭台水榭间、花园内、小道边、悬崖上处处都精心布置着巧夺天工的艺术品。黄昏时分，微光洒落，火炬燃起，所有雕塑宛若活物一般栩栩如生。有一些年代久远，也有一些新凿不久，但都彰显了主人的独特趣味。斯泊朗卡有如一面镜子，反射出其主人对神话世界的痴迷。对第一公民来说，它就是一片奇幻的仙境，里面住着神祇、史诗英雄和奇珍异兽。在这样一个神奇的主题公园内，皇帝很可能会感到，自己已经将都城的压力远远抛诸脑后了，哪怕只有一晚也行。

在埃涅阿斯所处的时代，还有一位希腊英雄曾乘船经过斯泊朗卡。虽然他的族人都称呼他为奥德修斯，但他的拉丁名其实是尤利西斯。众所周知的是，他足智多谋又饱经磨难。特洛伊被洗劫后，他乘船返航，一路上与女巫、怪物斗智斗勇，历尽十年艰辛后终于返回家中。提比略无疑在这位英雄身上找到了共鸣，因为他自己就体验过与灾祸、跋扈的妇人打交道的痛苦。[78]海边有一口天然洞穴，洞外就是尤利西斯曾行船经过的水域。提比略在洞内打造了世界上最不可思议的用餐室。这位罗马第一公民本是出了名的抠门，只有在为数不多的奢侈享受上才不会吝惜钱财。高级菜肴就是其中之一。他对酒品非常挑剔，钟爱烟熏的陈年佳酿。此外，他对素食烹饪也饶有兴趣——他发掘芦笋的新品种，追索具有异国风味的日耳曼根菜的来源，并且坚称甘蓝是人间至味，绝不能将其归于普通食材之列，弄得对手美食家们一头雾水。

他对餐桌艺术的着迷在斯泊朗卡表现得最具创新性。海水 **236** 鱼池保证了宾客可以当场享受到现杀现做的生鲜；浅水上漂浮着筵船，使得宾客可以直接在洞口享受饕餮大餐，任凭四周的海浪拍打激荡；幽深的洞穴内，火把燃起，烛光摇曳。"在这里，自然巧妙地临摹着艺术"[79]——却始终没有艺术对自然的修饰那般巧妙。展现尤利西斯各类功绩的巨大雕塑，为宾客们营造了无与伦比的戏剧效果。一头怪物从洞内的池中破水而出；一个独眼巨人伸展四肢躺着，身体填满了幽暗的洞穴深处。精致可口的美食、华丽壮观的雕像、充满神话气息的环境氛围：即便提比略也能在斯泊朗卡找到快乐。

又或许，这个洞穴过于像史诗世界了。洞穴后部，一尊巨人雕像在火炬的照耀下显得狰狞恐怖。这是海神尼普顿的儿子。尼普顿时常挥动三叉戟，因此又被誉为"大地的震撼者"。一天晚上，一场地震毫无征兆地降临斯泊朗卡。岩石开始崩塌，碎块纷纷掉落在了洞口。被砸死的端菜侍从不计其数。宾客们慌忙起身蹚过浅水，朝安全的地方逃去。年迈的提比略挣扎着从座位上站起，但无法逃离崖壁。禁卫军匆忙赶到灾难现场时，发现第一公民卧倒的地方只剩下一地粗石瓦砾，不禁担忧起最糟糕的结果。他们爬上废墟，只听见底下传来了统帅的呼唤声。扒开石块后，他们发现，塞扬努斯双手双膝着地，正趴在第一公民上方，宛如一面人盾，掩护着提比略。

这是一个天大的奇迹，很明显，也一个意义深远的奇迹。提比略从中得出了两个教训。一，塞扬努斯是一个无比可靠的仆人，任何事都能托付于他。二，神祇向他发出了警告，往后再也不得踏入罗马一步。

反复无常

公元 28 年 1 月 1 日是一个吉祥喜庆的日子。这一天，罗马广场的上空氤氲着番红花焚烧后的浓烈香气；神庙开放，祭坛再次开始供奉神明；人们将肥壮的阉牛带到卡庇托尔山山顶，用斧头将其从头颈劈开。与此同时，元老院内念着第一公民依照传统寄来的节日问候。很少有元老担心信中会提到不测事件。

毕竟，今天是过节的好日子。

但这次的节日问候将出现转折。虽然提比略待在坎帕尼亚的时间已经超过一年，但罗马仍然有他的耳目。他所选定的"分忧者"[80]对他交付的大业乐此不疲。塞扬努斯在城市各处都分布了眼线，查找颠覆活动，追踪骚乱。此刻，提比略在书信中通告元老院，他发现了一桩尤其骇人听闻的叛国案。一位名为提图斯·萨比努斯的骑士当着塞扬努斯手下一个卧底密探的面，公然说出了谋逆之词。当时还有三个密探挤进了萨比努斯的阁楼，也将他的话一字不漏地听进了耳中。鉴于禁卫军统帅手下的这四个密探都是举足轻重的元老，他们的证词不容置疑。萨比努斯不仅造谣中伤第一公民，还收买他的奴仆，想要谋害他。元老们听到这里，无疑都清楚了下一步需要采取的举措，于是心照不宣地开展了行动。

禁卫军前来抓捕萨比努斯时，往他头上套了风帽，又给他的脖颈系上了绞索。萨比努斯绝望地抗议着，满嘴双关语，声音凄惨悲凉，堪与最尖酸讥讽的时候的提比略相比。他悲叹道，自己不是被献祭给了雅努斯，而是被献给了塞扬努斯。[81]他的声音隔着风帽传出，显得低沉模糊。接着，禁卫军便将他拖向了城市的监狱。在神庙打开大门的这一天里，监狱的门也打开了，并将萨比努斯一口吞噬到其深处。不久，一捆柔软的尸体被扔在杰莫尼亚台阶上。这里是将死刑犯陈尸示众的地方，站在罗马广场就能看见此地的情形。八年前也是在这里，人们破坏了皮索的雕像。民众被这一场面吸引，纷纷聚集在一起观看。萨比努斯的狗一边守护着他的尸体，一边悲痛地咆哮。人们把食物扔向它后，它又衔着食物回到主人身旁，将吃的放在他嘴巴旁边。随后，几个男人拿着铁钩将萨比努斯拖到台伯河边，一

238

路上那条狗寸步不离，最后还跟随尸体跳进河中，"试图阻止尸体下沉"。[82]

对于一向感情用事的罗马人民来说，这条忠犬的悲惨命运宛如一面镜子，反射了他们对日耳曼尼库斯一家人的惋惜。萨比努斯不仅是他们死去的宠儿的密友，而且当初在和塞扬努斯的密探进行那番致命的对话时，还曾气势汹汹地表达自己对阿格里皮娜的同情。提比略的离去并没有减轻这个可怜的遗孀所承受的压力。恰恰相反，塞扬努斯猜测第一公民已经放任阿格里皮娜不管，因此自认得到了上级许可，可以更加肆无忌惮地去算计阿格里皮娜一家人。他尤其针对的是她的大儿子尼禄。尼禄是提比略的法定继承人，无疑也是禁卫军统帅平步青云路上最大的威胁。好在尼禄本人轻率顽固，而且提比略的第二位顺位继承人德鲁苏斯出于对大哥尼禄的百般妒忌，更倾向于站在塞扬努斯这一方。这一切对塞扬努斯来说都非常有利。

只有阿格里皮娜的小儿子卡利古拉对此洞若观火，因此不会参与禁卫军统帅的游戏。虽然他才十几岁，但家庭遭受的痛苦早已让他冷酷地看清权位之争的反复无常和残酷无情。当然，他自觉没有必要分担家庭的厄运——除非他帮得上忙。因此，当阿格里皮娜被塞扬努斯逼迫离开罗马，并被软禁在坎帕尼亚时，卡利古拉转向了一个权威仍高于禁卫军统帅的人请求庇护。他给奥古斯塔取了一个绰号，"穿着斯托拉的尤利西斯"。[83]这样的话出自一个他这样老练狡诈的小滑头之口，其实是一种很高的赞誉。而在奥古斯塔眼里，这个曾孙简直和他父亲是一个模子刻出来的，因而她非常喜爱他。不管怎么说，卡利古拉暂时算是安全了。

这也好。绞索越收越紧了。萨比努斯死后，提比略又给元老院写了一封信，称赞它在共和国危急关头处事的干脆利落，同时神秘地暗示：还有人在策划阴谋。虽然他并没有点名道姓，但所有人都知道他所指何人。当塞扬努斯在例行报告中警醒主人，要提防邪恶的阿格里皮娜或凶狠的尼禄时，已经没有人能够予以反驳。提比略毅然决然地选择远离宫廷生活所牵涉的各种丑闻及索求，以至于就连坎帕尼亚都无法再满足他。到达当地仅数月后，他就离开了那里各色各样的游乐胜地，转而带着随从撤离到奥古斯都遗赠给他的私人小岛——卡普里岛。没有提比略的明确许可，任何人都不得靠近这座小岛的两处小码头，遑论停船登岸。这一次他终于感到自己远离尘嚣了，而且也远离了自己的家。几十年前在潘诺尼亚或日耳曼领军出征时，身为将帅的提比略总是会把安全放在第一位。征战期间，他从来不扎帐篷睡觉，就为了更有效地降低被刺杀的风险。如今，他却生活在亲属带来的恐惧中：一个受到了惊吓、闷闷不乐的女人和一个笨拙又少不更事的男孩。年轻时候自我防卫的健康本能，到了老年却逐渐演变成了他偏执多疑的性情。

提比略虽然退隐到了悬崖峭壁环绕的小岛，但这并不意味着他从此退位。他仍然是一个有着强烈责任感的人，无法完全抛下奥古斯都托付的重任。这位第一公民坚持对奥古斯都家族和罗马人民负责。这也就是为什么，即便阿格里皮娜面临日益严苛的监禁，他也仍为她同名的女儿安排了一门门当户对的婚事：男方是格奈乌斯·多米提乌斯·阿赫诺巴布斯，第一位率军跨过易北河的罗马将帅的儿子，家世门第无可挑剔的贵胄子弟。这同样是为什么，第一公民会适当地打破自己的孤立状态，或邀请贵客来卡普里岛和自己作伴，或偶尔踏上陆地游玩。他也时不时地会给一小部分有特权的人联系自己的机会。但若是

240 想见他，就必须完全依照他的方式进行。目前为止，提比略还没有一丝回罗马的打算。哪怕再处尊居显的元老都不得不争先恐后地赶往坎帕尼亚，而到了那里以后，又会发现，面见第一公民的渠道很可能会遭到塞扬努斯拦截乃至封锁。许多人万般无奈之下，只能憋屈地在那不勒斯湾同其他有求者一起露营等待。这让他们感到了深深的屈辱。对一个小小的骑士卑躬屈膝、摇尾乞怜，为了从他那里得到好处而如最卑贱谄媚的寄生虫一般曲意逢迎、投其所好，这对罗马的精锐阶层而言实在是天大的侮辱。可除此以外，还有别的办法吗？元老们发现，自己正磕磕绊绊地穿过一个陌生而恐怖的世界，在这片天地内，一切似乎都颠倒过来了。荣誉曾是荣耀和成就的徽章，如今却成了其持有者奴颜媚骨的标签。血统身世和独立思想曾是提比略最赞赏的元老品质，如今似乎越来越有可能招致元老的毁灭。"至于赫赫有名的姓氏，则可能招致死亡。"[84]

奥古斯都的后裔无疑首当其冲。萨比努斯被处决一年后，又有两人相继去世，宣告着游戏的尾声的到来。先离开人世的是阿格里皮娜可怜的妹妹尤利娅。二十多年前，外祖父神君奥古斯都将她流放异地，自此以后，她便在那座小岛上苟延残喘，直到咽下最后一口气。她被关押得太久太久，以至于罗马人在得知她并没有于数年前去世后还觉得新奇。但公元 29 年奥古斯都家族中逝世的第二个成员却不是这样。对罗马人民而言，奥古斯塔的死是一个重大的时刻，是对已经成为神话的往昔岁月的最后告别。她的生父在腓力比战死，她自己与一位神明同床共枕多年，而且被授予的头衔、荣誉和地位象征物远超城市历史上其他任何女人。元老们深受触动，甚至还投票表决为她建造拱门以表纪念。但提比略不予同意。他对母亲的逝去所表现出的忧伤是绝对静默的。元老们默默地放弃了提议，同时也放弃了加封她为女神的投票决议，因为提比略严厉警告说，奥古斯塔本人若是在世，绝不会虚荣到去争夺神圣的荣誉。她的葬礼简单朴素。提比略为是否要离开卡普里岛出席葬礼犹豫了好几天，然而终究没有出现。等到火化那一刻，奥古斯塔的尸体已经开始发臭。葬礼的致辞人——17 岁的卡利古拉博得了众口交誉。

当然，卡利古拉在葬礼上演讲时，肯定也痛苦地意识到：未来又多了一重不确定性。其他人也有理由紧张。在接下来几年里，奥古斯塔的许多被保护者都将遭到毁灭性的打击。这些人从执政官到女性不等，譬如皮索的遗孀普兰西娜。不过最突出的当属阿格里皮娜。尽管她和祖母一向相处得不太融洽，但奥古斯塔总能让提比略遵守义务。只要他还是罗马第一公民，她的存在就提醒着他对奥古斯都的责任，而奥古斯都曾明确表示：日耳曼尼库斯的儿子是指定继承人。然而，奥古斯塔的葬礼差不多才结束，元老院就收到了第一公民声讨阿格里皮娜及其大儿子尼禄的信件，无疑，这在他们的爱慕者看来绝非巧合。罗马广场上，人群慢慢聚拢，手中挥动着阿格里皮娜和尼禄的肖像，同时声称信件有假，令元老们局促不安。元老们不清楚第一公民到底想要他们做什么，因此按兵不动。直到塞扬努斯咄咄相逼、提比略又送来第二封信时，元老们才失去了犹疑的余地。就这样，元老院按照提示做了。阿格里皮娜和尼禄被谴责为谋害第一公民的共犯，此外，尼禄还被列为罗马公敌。可是，他们犯下的罪行那样可怕，这些措施真的够吗？元老院又假惺惺地补充道，应该判他们死刑！但提比略有别的打算。和以往一样，他所参照的是严格意义上的法律条文和奥古斯都的先例。就这样，尼禄和母亲披枷带锁地被重兵押送到意大利本土外的两座囚禁岛上。阿格里皮娜由于提比略一时的恶意捉弄——他身上带着一种不怀好意的幽默，因此这种做法很典型——被流放到了潘达达里亚，也就是多年前奥古斯都流放其母亲尤利娅的地方。

对于长期饱受怨恨的第一公民而言，前妻女儿所遭受的官方谴责有力地向外证实了自己最阴暗的怀疑。对塞扬努斯来说，这也是一场巨大的胜利。但他清楚自己是用了多么肮脏的手段来陷害阿格里皮娜，同时又不被提比略察觉的；他也清楚前面要爬的阶梯会布有多少艰难险阻，哪怕如今他已经爬到了很高的位置。他还需要达到两个目标：彻底清除日耳曼尼库斯的后嗣；获取德鲁苏斯后嗣的监护权。莉薇娅于公元 20 年为丈夫诞下的一对男婴中只有一名幸存，年方 9 岁，小名为"格米鲁斯"（意指双胞胎），以纪念他死去的双胞胎兄弟。如果日耳曼尼库斯的其他两个儿子和尼禄一样都被宣告为罗马公敌，那么提比略的孙子格米鲁斯就会是唯一的继承人。

注意到这一点的不只有塞扬努斯。阿格里皮娜倒台后，没人比莉薇娅更幸灾乐祸了。她十分清楚，禁卫军统帅会是一个有力的盟友。自己的儿子超越尼禄、德鲁苏斯与卡利古拉成为第一公民的美好前景，是被有意设计出来以满足她的嫉妒心与野心的。她早就热诚地参与了塞扬努斯的计谋。她的女儿，格米鲁斯的姐姐嫁给了尼禄。在母亲莉薇娅的指示下，她充当着禁卫军统帅的耳目。正如萨比努斯被自家阁楼里的间谍算计一样，尼禄也被自己的枕边人出卖了。禁卫军统帅似乎真的无孔不入、无所不及。

同僚们慑于他的声名和权力，开始对他毕恭毕敬、屈膝逢迎，好像他并非第一公民的仆人，而是其伙伴一般，但即便这样，塞扬努斯也仍没有忘记自己朝不保夕的危险处境。尽管他的雕像总是和提比略的成双成对地出现，尽管他一回罗马，官方代表团就会在城门口迎接，尽管一些人甚至开始向他的雕塑献祭贡品，就好像他是神君奥古斯都本人一般，但这些都没能蒙蔽他的眼睛。他的命运仍然岌岌可危。一旦圣眷不再，他便一无所有、全盘皆输。阿格里皮娜倒台一年后，他成功扳倒了她的另一个儿子。但讽刺可悲的是，那只是进一步强调了这一点。为除掉德鲁苏斯，他所使用的的肮脏伎俩和以前对付尼禄时是一样的。妻子的挑唆怂恿、密探的小报告，再加上塞扬努斯凑在他伯祖父耳边的诽谤之词，完全足以让这个年轻人陷入万劫不复之地。和哥哥尼禄一样，德鲁苏斯被元老院列为罗马公敌，并被关进了帕拉蒂尼山的地牢。于是，格米鲁斯的继承之路上就只剩卡利古拉一个绊脚石了，塞扬努斯几乎胜利在望——但不尽然。奥古斯塔死后，卡利古拉一直和祖母安东尼娅生活在一起。突然间，提比略将他召唤到了卡普里岛。自然，他到了那里，禁卫军统帅便鞭长莫及。纵然卡利古拉在伯祖父身边既是宾客也是人质，但这对塞扬努斯没有丝毫帮助。在提比略眼皮子底下栽赃陷害几乎是不可能的挑战——即便对于禁卫军统帅这种善于搬弄是非的老手来说也不例外。

不过，若是他能摆脱对主人恩惠的依赖呢？两人权力平衡的变化逐渐在罗马广泛流传。在许多人看来，离都四年的提比略似乎只是一个被淡忘的干瘪老人，"仅是一座小岛的岛主"。[85]禁卫军统帅比谁都了解这一点，但他也知道，自己那厌倦罗马和生活的恩主终究有离去的一天。时间不多了。走到这一步，塞扬努斯再也不能将未来系在一个年迈多病之人的恩宠上。要赢的话，必须大胆出击。

244

被流放到监禁岛一年后，尼禄的死讯传回了罗马。在尼禄悲惨糟糕的结局中，几乎所有人都留意到了禁卫军统帅的行迹。据说，一名守卫曾手舞绞索和屠夫的钩子出现在囚犯面前；尼禄不堪受辱，选择了自尽。不管谣言是否属实，总之它让塞扬努斯在人们心中显得越发凶恶恐怖了——控制面见第一公民的渠道、修建俯瞰罗马的军营、明目张胆地诉诸恐怖手段，其狂妄程度，自后三头同盟时期最黑暗的岁月以来无人能及。不过，即便在恐吓人民的同时，他也会想方设法地去讨好他们。提比略大施恩惠，安排他当选执政官，并同意成为他的搭档，毫无疑问，得到第一公民同僚这个正式地位后，塞扬努斯喜不自禁。终于，他成了一名元老。终于，他的权力是法律许可的了。从当初的无名小卒到如今的位极人臣，当选执政官为他提供了一个提升自我形象的良机：成为人民群众中的一分子。元老院的正式投票活动结束后，这位新任执政官绕平民之山——阿文蒂尼山进行了一场盛大的游行，并在那里举行集会，直接对应了当初被提比略禁止的战神广场选举活动。这很可能给他的主人带来巨大侮辱，但塞扬努斯甘愿冒险。第一公民、禁卫军、人民：他全都需要。

至公元 31 年，身居执政官之位的禁卫军统帅已经饶有自信，相信自己所有的计谋、策略和抱负即将结出胜利的果实。卡利古拉固然依旧逍遥在外，令他十分恼火；但随着酷暑的到来，塞扬努斯越来越强烈地感受到，提比略马上就将走出决定性的一步，透露对自己的这位"劳苦功高的搭档"[86]的长远打算。同年春天，第一公民在卡普里岛与代理人塞扬努斯进行了协商。送别之际，提比略毫不遮掩地表达了自己的满腔热忱。

他与塞扬努斯紧紧相拥，声称自己会全心全意地对待对方，就像塞扬努斯所做的那样。不过，哪怕谣言和辟谣已经席卷了罗马全城，这座热浪滚滚的城市仍旧没有收到确切的通告。

夏去秋来，禁卫军统帅依然汗流不止。终于，10 月 18 日这一天，等待已久的时刻降临了。天刚破晓，塞扬努斯站在阿波罗神庙的台阶上（全体元老当天都会在这座神庙会面），从帕拉蒂尼山望向这座将醒未醒的城市，这时，另一位禁卫军统帅到来了。前消防队队长苏托里乌斯·马克罗刚从卡普里岛归来，身上捎带了一封第一公民的信。信是写给新执政官迈密乌斯·雷古路斯的。雷古路斯是提比略的心腹，三周前刚上任，而且将主持当天早上的元老院会议。马克罗极其小心地将信中内容透露给了自己的长官塞扬努斯。原来，第一公民将授予他保民官特权。的确，这是一个重磅消息。要知道，在奥古斯都主宰的岁月里，阿格里帕和提比略都曾先后被授予同样的权力，而且无论他属于这两种情况中的哪一种，都标志着他从此就是奥古斯都的臂膀。不难想到，塞扬努斯听说消息后既宽慰又喜悦。他疾步迈进神庙，脸上的喜色显而易见。欢呼声和掌声接连响起，以表祝贺。他落座后，元老们一窝蜂地挤上前挨着他坐，迫切地想沐浴在他的荣耀中。同一时间里，马克罗将提比略的信递交给雷古路斯，然后转身离开了。塞扬努斯急不可耐地听着执政官念信，丝毫没有想自己手下的军官是要去哪里。

当然，提比略从来都不是一个直来直去的人。越听雷古路斯念信，元老们就越来越摸不着头脑。信中并没有对塞扬努斯大加赞赏，似乎一味在批评他的同僚。围拢在塞扬努斯身边的元老们开始慢慢走开。塞扬努斯惊慌失措，却寸步难行，因为前方的一众行政官员踏步上前挡住了他的道路。直到雷古路斯三次命他起身，他才终于站起来。到了此刻，所有人都明白，提比略已经和这位代理人一刀两断了。当执政官雷古路斯命人将塞扬努斯抓起来，关进萨比努斯曾经待过的监狱时，没有人试图出面维护他。罗马人民听说禁卫军统帅倒台的消息后，开始在罗马广场聚集。当囚犯戴着镣铐经过时，他们纷纷冲他喝倒彩，嘲笑他，还推翻了他的雕像。塞扬努斯试图用托加袍裹住头部，但人们猛地把它扯开，拿拳头和巴掌伺候他的脸。讨好民意的尝试就此结束。他不仅没有获得任何成功，反而还失去了恩主的支持。

塞扬努斯被关进城市监狱后，当天下午，元老们就在监狱对面的辉煌建筑——协和神殿内再次集会。该神殿是纪念对傲慢平民的镇压运动的终极丰碑。就在此地，元老们投票判了塞扬努斯死刑。同一天晚上，他被处以绞刑，尸体和萨比努斯一样被扔在了杰莫尼亚台阶上。这位禁卫军统帅生前目中无人，凶狠残酷，又野心勃勃。他死后三天内，那些憎恶他的人一群接连一群痛痛快快地踢着他的尸身，将其踩成了肉酱。尸首变得血肉模糊、面目全非后，才被人挂在铁钩上拖着扔进了台伯河。这个意图称霸世界的人就这样沦为鱼儿的盘中餐。

篝火接连燃起，消息慢慢传向了卡普里岛。提比略站在岛上最高处翘首以待，已然做好了最糟糕的打算。岸边停着一艘船，倘若计划告败，他就将乘船撤退至军营基地。他担心马克罗无法顺利夺取禁卫军的指挥权，担心塞扬努斯会抗命不遵、起而反抗，又担心失去对罗马的掌控：对日耳曼尼库斯一家人的怀疑令他染上了这般诡异的被害妄想症。突然间，他才意识到自己犯下的错误有多么严重和可怕。他一直忙着压制阿格里皮娜，未曾想到自己或许在养虎为患。

让提比略认识到危险的是卡利古拉的祖母安东尼娅。目睹前两个外孙都被禁卫军统帅残害，老太太便发疯般地想制止其陷害第三个。她派自己最信任的奴隶，一个名为帕拉斯的希腊人，给大伯哥送去了一封信。信中清楚阐明了她的疑虑。生性缄默多疑的提比略长期以来都将自己的代理人视作唯一可以信任的人。如果让他意识到塞扬努斯很可能一直在背后把自己当傻子一样要，那结果会惨不忍睹。哪怕这位禁卫军统帅只是有可能会造成威胁，这种可能性的存在也足以送他归西了。提比略缓慢但又坚决地拟定了计划。塞扬努斯固然是个老练奸诈的阴谋家，但最终他的主人还是用计打败了他。禁卫军统帅震惊万分地发现，自己被卷入了一张大网中，这张网比自己所织的任何一张都要致命。蜘蛛沦为网中之虫，捕食者成了被捕食者。

塞扬努斯不是唯一一个将死之人。还有许多人被他拖下了水。一些人（他的大儿子和叔叔）被正式判处死刑，其余则被怀恨在心的暴民私刑处置。禁卫军自觉十分有必要表现出对第一公民的忠诚，便在城内到处闹事，一路烧抢劫掠。"塞扬努斯的党派中，没有一人逃脱了罗马人民的踩踏。"[87]但最致命的报复来源于被他抛弃的糟糠之妻阿庇卡塔。她写信给第一公民，指控塞扬努斯犯下了太过可怕且不可告人的罪行，写完后她便自杀身亡。[88]拆开信封后，提比略越读越后怕，方才意识到自己被骗得有多彻底。阿庇卡塔在信中称，提比略最信赖的奴仆和莉薇娅之间保持不正当关系已有十年之久。两人合谋毒死了德鲁苏斯。这对奸夫淫妇堕落腐败、背信弃义，野心没有限度。回想起塞扬努斯当年恳求自己将侄女许配给他的卑鄙模样，提比略恍然大悟。他将德鲁苏斯手下的一位宦官和莉薇娅的医师捉来。两人经不住严刑拷打，证实了阿庇卡塔的指控。提比略深信不疑。他将莉薇娅交给她的母亲处置。后来，莉薇娅被锁在屋子里饿死。她的雕像、碑铭乃至名字全部荡然无存。元老们急于向复仇心切的第一公民昭示自己的忠诚，一个个排着队诅咒她。鉴于塞扬努斯的大儿子已经被处死，他们又下令将他的另外两个孩子带进监狱。男孩年龄较大，知道即将发生什么，但他的妹妹惶惑不解，不明白自己到底做错了什么，一个劲地追问道：为什么不能像惩罚其他孩子那样，打自己几下就行了呢？由于处死处女有违罗马最神圣的传统，行刑者便事先强奸了她。被绞死后，两个孩子的尸体被扔在了杰莫尼亚台阶上。

太多合法却不公正的死刑判决，太多尸体暴露在罗马广场的视线内。塞扬努斯被处决两年后，阿格里皮娜在监禁岛去世了，死亡日期和死敌正好是同一天。提比略没有将她吊起来或扔在杰莫尼亚台阶上示众，借此向外展现自己的宽宏大量。塞扬努斯倒台其实并没有减轻提比略对她的猜疑。在那之后，她和尼禄仍然处于被监禁状态。阿西尼乌斯·迦卢斯也一样。提比略怀疑他图谋和阿格里皮娜结婚，公元 30 年，畏葸且顺从的元老院在提比略的示意下定了他的罪。三年来，这个可怜人被单独拘禁起来，得到的食物勉强能供他活命，每每试图绝食抗议时，又会遭到强制喂食。提比略的报复手段日益毒辣，加上上了年纪的他总是担惊受怕，而且生性懒散拖拉，对他来说，这种让人生不如死的惩罚正是最完美的折中方案。迦卢斯、阿格里皮娜和德鲁苏斯三人最终都饥饿致死。德鲁苏斯的下场尤其凄惨。和母亲一样（她曾被打瞎了一只眼睛），他落到了残酷的狱卒、士兵和被释奴的手中。稍有不从，这些人就会毫不犹豫地抓起鞭子，劈头盖脸朝他打去，哪怕他是日耳曼尼库斯的儿子也无济于事。临终前一周，他饿得只能去啃床褥。他呼喊咒骂着告别了人世。他对提比略的最后一声咒骂令人脊背发凉：提比略是一个谋杀家人的怪物。

当这些细节被报告给元老们时，他们百思而不得其解。让他们倍感疑惑的是，讳莫如深的第一公民竟允许下属公然汇报这样恐怖的消息。但提比略对此没有丝毫懊悔。他必须让罗马人睁大双眼。危机潜藏于四处。就连在最亲密的顾问群和家庭成员中出现叛变都是常态。承认这一点让提比略心里很不好受。他爱过塞扬努斯，也深爱自己的亲弟弟，但最后却把弟弟的两个孙子送进监狱活活饿死。他也深爱过元老院，对这个机构抱有极大信任，为了它的利益呕心沥血，可元老们不仅不感恩图报，反而日益腐败。清除互相勾结的污渍是一项致命的任务。在一个尤其可怕的日子里，刽子手一次性处死了 20 名元老，他们都是塞扬努斯的党羽。护卫们站成一圈，将尸首围起来，禁止其亲友流露伤悲之情。最后，尸体被人从杰莫尼亚台阶上拖走，扔进了台伯河。一大片腐烂的肉块杂乱无章地浮在河中，随波逐流。不过，提比略在感到自身安全没有受到威胁时，仍会愿意对同僚宽大处理，并向元老院坦陈自己的痛苦。"每天，我都觉得痛苦不堪。"[89]

都城是叛变最多但又最诱人的地方。塞扬努斯倒台后，第一公民每年都会前往罗马。但他每年都不会进城，只是在城外的乡村徘徊游玩，抑或在城墙边安营扎寨，然后再像螃蟹一样急急忙忙地溜回卡普里岛。他做不到终生远离罗马；但回归家乡又绝无可能。这或许是神明降下的惩罚，故意要折磨他。提比略不愿穿过城门，这明显和神明有关。斯泊朗卡的地震只是神明制止他回城的其中一个预兆，类似的还有许多。一次，在临近罗马城之际，他前去喂宠物蛇，却发现蛇被蚂蚁吃了。多么赤裸裸的征兆啊，它警示着他进城后暴民可能带来的威胁。他当即调转方向，沿原路返回。提比略是很擅长解读这类神谕的。它们很早就已出现，并且伴随着他的职业生涯。学生时代，"一头毛驴在刷洗过程中散发出耀眼的光亮，预示了他未来的统治地位"；[90]青年任职时，"纪念古代胜战之师的祭坛突然燃起明亮的火光"。提比略精通古老智慧，善于解读未解之谜，通晓星宿命格之学，知道如何看待神明投射在凡物上的图案纹理。

当然，这样的知识若是让心存不轨的人学到，麻烦可就大了。公元前 12 年，奥古斯都没收并焚烧了两千多册声称能透露未来的书籍；提比略执政两年后，元老院又下令将所有占星家逐出意大利。能力非凡的占星家还很可能被抛下悬崖。关系到天下大势的知识都太过敏感了，绝不能被普通公民知道。相比之下，第一公民则需要他所能获得的所有指导。提比略的神秘学师父是名为忒拉绪洛斯的占星家。在罗德岛的流放岁月里，提比略初次与他相见，就对他的过人才华产生了深刻印象，从那以后，他成了提比略的密友。[①] 身边有这样一个经验丰富的占星家，第一公民无疑安心不少。万物的脉搏仍然需要悉知。由于已经和肮脏卑贱的平民隔绝开来，提比略便转而将目光放在更高等的事物上，专注于那些含糊其词的元老、乖戾急躁的暴民和野心勃勃的寡妇无法触及的奇妙领域。

就连奥古斯都都觉得卡普里岛是一片奇妙的土地。他的别墅装饰着许多奇异的物件：巨人的骨头和海怪骸骨。和奥古斯

---

① 这位特别的占星家是如何通过考核的呢？故事版本很多。其中一个版本说，是因为他准确预测到提比略打算将他扔下悬崖；而据另一个版本所述，是因为他准确辨认出，一艘驶近罗德岛的船上载着一位将返回罗马的传令官。

都一样，提比略对这类稀世珍品非常迷恋，以至于全天下人都知道他有这个嗜好。一场地震后，小亚细亚出土了一位巨人英雄的骸骨。人们将其中一颗牙齿献给提比略。他则小心翼翼地对其进行测量，继而命人照原物尺寸制作了一个头骨模型。[①]他总是这般细致地考究怪诞之物的细枝末节。当有人发现西班牙的一口洞穴内有人鱼在玩耍贝壳，或听见一座希腊小岛上传来神秘的疾呼声，称潘神——长着山羊腿和巨大的山羊睾丸的神明——死了时，第一公民都会要求全面汇报。他一边严加盘问目击者，一边开展官方调查。在这片静养地上，他对融合天地人神的痴迷得到了极致的表达。岛上星星点点地分布着十二栋别墅，一些是第一公民在原来基础上改造的，一些则是从零建起的，看得出都是为了向奥林匹斯山致意，因为奥林匹斯山是希腊十二位最强大的神的居住地。有的别墅伫立在悬崖上，底下是尤利西斯和埃涅阿斯曾经行船经过的航道；还有的通向临水的洞穴，洞室内火光闪烁，装饰着人鱼和水妖的雕像，洞外则是一阵接一阵的蓝色海涛。岩穴、花园和门廊等皆按第一公民的高雅品位来规划设计，他还给这些建筑取了几个风雅诙谐的名字。这样的风水宝地为扮演潘神和宁芙的年轻演员们提供了绝佳的背景幕布。和当初在斯泊朗卡一样，身居卡普里岛的提比略深深地沉浸在神话世界的主题公园里。

至公元 37 年，也就是来到坎帕尼亚十一年后，提比略自己也几乎变得像一个神话人物了。在一个如罗马这般沉醉于丑闻秽事的城市里，第一公民久居私人小岛，势必只会招来更多流言。他那闷闷不乐的身影仍然黑压压地笼罩在都城的上空。平

①　该"英雄"几乎可以确定是一头乳齿象或猛玛象。见 Mayor, p146。

民没有忘记或原谅他的自大，元老院因为他暴力铲除阿格里皮娜和塞扬努斯的支持者也同样没有释怀。杰莫尼亚台阶上的血渍不是说洗掉就洗得掉的。步入暮年的提比略越来越像一个恐怖可怕的恶魔：愤世嫉俗、偏执多疑，又杀气腾腾。谈及提比略在与世隔绝的卡普里岛可能做出了什么丧尽天良的事时，城内好事者脊背发凉。各色各样的故事版本在罗马的大街小巷飘飞流散。譬如，有一则故事据说发生在第一公民首次到达卡普里岛没几天后。当时，他站在悬崖上，一名渔夫顺着岩石爬上来，将一条巨大的乌鱼当作礼物献给了他；而提比略，这个在服务罗马期间胆大无畏、连劲敌都对此不予否认的人，竟然被不速之客吓了一大跳。事实上，他被吓得魂不附体，直接令护卫逮住那可怜人，用乌鱼在其脸上摩擦。受刑时，据说渔夫大声叫喊道：“谢天谢地，所幸我没有把抓到的那只大螃蟹送给他！”[91]提比略听后，当即命人拿螃蟹来蹭他的脸。不少人开始认为，罗马其实也遭到了类似的折磨。在提比略的统治之下，罗马早已体无完肤、血流漂杵。

提比略复仇心强几乎算不上什么新鲜事。他刻意隐瞒的那些罪恶也许才更令人不安。在罗马人眼里，隐私的存在是有悖常理的。它意味着释放人性中变态及罪恶的一面。唯独有性怪癖又不希望被其他公民察觉的人，才会渴望拥有隐私。贺斯丢斯·夸德拉曾在贴满镜子的幽闭卧室内，纵情地干一些见不得人的丑事，而提比略则在一座小岛上离群索居了整整十一年。罗马人民不是傻子，不会被提比略的摆文弄字和故作风雅迷惑。他们怀疑，他所谓的对神话细节的兴趣不过是一个幌子，只为遮掩他所热衷的色情表演罢了。几十年前，尚未成为奥古斯都的屋大维为庆祝和莉薇娅的婚礼，令宾客装扮成神明的模样参宴，结果消息传出后，大街上民怨沸腾，暴乱四起。可如今，供提比略消遣玩乐的卡普里岛上，没有苛责挑剔的暴民来抑制他的幻想。他安置在洞穴内的宁芙和潘神演员都不是摆设。在有关这些神祇的神话中，强奸和古怪的交媾情节层出不穷。不难想到，一个痴迷于神明行事风范的老人，在看神明交合的画面鲜活再现时，定会感受到最强烈的快乐吧？

让他震颤的不只是台上的表演，还有演员的阵容。提比略　253
大半辈子都恪守一些基本原则：元老院的尊严、贵族的理想、城市往昔的美德。但恰如奥维德（他被第一公民放逐到世界尽头自生自灭）一贯理解的那样，"禁令会增强欲望"。[92] 从舞台剧的选角来看，提比略实在逾规越矩之至。那都是些年轻貌美的演员，其中许多不仅是谦逊端庄的楷模，还是和第一公民同一阶级的贵族的后代。"面容姣好，身材曼妙；纯洁无瑕，门第显赫：这些特质能让他性欲大增。"[93] 这些贵族后裔在被召唤至卡普里岛后，不得不像妓女一样搔首弄姿，像最低等的性工作者一般招揽生意，而且有时要一连进行三四场表演，所受的屈辱无以复加。这些腐败堕落的画面亵渎了提比略曾经最珍视的一切。当然了，也正是这些，才让他兴致勃勃。

自然，他因此鄙视自己。提比略，克劳狄家族的继承人，同时代人中最伟大的将领，哪怕没有被神君奥古斯都收养，也能凭借自己对共和国的卓越贡献当之无愧地当选第一公民。他知道人们会用什么样的标准去评判他，因为他自己所持的标准和他们相同。可他累了。他拽着狼的耳朵已经二十年之久。快90岁的他感到时间不多了。他为罗马构想的美好愿景已经彻底破灭。元老院辜负了他的期望。事实上，一大把同僚与他沆瀣一气，这正显示了他们的腐化。这些贵族的家族功绩可追溯到罗马的王政时代，那时候神祇尚且行走人间。可如今，贵族宛如皮条客一般，争先恐后地把子女送到他的身旁。他们堕落腐化的证据这般赤裸裸地摆在眼前，提比略无心再考虑公民同胞的明天了。

这倒也无妨，毕竟，令奥古斯都家族四分五裂的厄运，也同样可能给罗马人民带来灾难。要不了多久，恺撒家族就会需要一个新的家长，可是选谁呢？家庭成员中，目前还没有一个254 和当初接替奥古斯都的提比略一样，通晓战争与和平的艺术。事实上，单是男性继承人的预备人选就寥寥无几。第一个是日耳曼尼库斯的弟弟，身体抽搐、说话结巴的克劳狄乌斯，但他残疾得厉害，永远没有希望成为罗马的第一公民。然后是格米鲁斯，但他太小了，而且莉薇娅和塞扬努斯的奸情败露后，提比略总是不由得怀疑他不是自己的亲孙子。最后是平民的最爱，卡利古拉。名气对卡利古拉来说无疑是一个危险的优势，哪怕他受欢迎全是因为父母，和自身资历没有半点干系。提比略的不少党羽认为，这个冷酷的老人绝不会允许阿格里皮娜的儿子接替他。忒拉绪洛斯曾预言，卡利古拉当皇帝的概率，和骑马跨越海洋的概率一样低。但没人比卡利古拉更清楚自己的险恶处境。他谨言慎行，不敢留下丝毫把柄，以免招致伯祖父的怨恨。他的脸上仿佛戴着面具。"人们不曾听见他对母亲被定罪、兄弟被毁灭的事情有过一句嘀咕。"[94]

对提比略来说，卡利古拉的表面功夫已经做得很到位。老年时期的提比略不再抗拒虚伪的乐趣，会饶有兴致地猜想：侄孙在异乎寻常的镇静外表下掩藏着怎样的情绪。说实话，卡利古拉其实不太像一个会为他人遭罪而感到悲伤的人。相反，怎么看，他都好像乐在其中。他对提比略百依百顺，唯命是从。

对于提比略的怪念头和乐趣中的黑暗面，他展现出了最大的热情。纵然阿格里皮娜和哥哥们下场凄惨，卡利古拉却对刑罚产生了非一般的兴趣。他也很乐意像伯祖父一样，享受神话剧表演。自童年时期莱茵河畔的士兵为他套上小军靴（他的绰号卡利古拉就是这么来的）起，卡利古拉就一直热衷于穿衣打扮。而卡普里岛这方舞台让他的一腔热情得到了尽情释放。这里有琳琅满目的假发和戏服可供他试穿，有大把的机会可以让他参与色情表演。提比略很乐意迁就这位侄孙。他知道自己这般对待罗马人民的宠儿，将给他们留下什么，可他不再关心了。"我在为他们养一条毒蛇。"[95]

当然，许多罗马人肯定会回击道，你们都是一丘之貉。人们早已忘记第一公民原来是什么样的了。这位伟大的战争英雄曾两次扶大厦于将倾，但那些故事早已蒙尘。如今公民们津津乐道的是更新鲜的段子。有关提比略性变态的谣言实在太骇人听闻，传到罗马后几乎没人敢信。据说，他让小男孩们在他游泳时钻到他的两腿之间舔舐；他让未断奶的孩子吮吸自己的龟头，就好像吮吸母亲的乳头一般；最恶心的是，他还喜欢舔阴。罗马的街巷酒馆一贯是人们诽谤风流人物、嘲弄其虚荣自负的地方，而在这之外的天地内，还是有人对提比略持完全不同的看法的。他给罗马行省带来了二十三年的稳定，就连亚历山大港最傲慢暴躁的知识分子都可能因此对他大加赞赏。在这些地方，人们普遍将他视为和平之君。"论智慧和学识，"有人曾直截了当地称，"同代人中无人能出其右。"[96]既是沾满血渍的变态，又是满腹哲思的君王：唯独充满矛盾的人才会引来这种双重评价。

至公元 37 年 3 月，提比略漫长而不可思议的职业生涯已经明显接近尾声。最后一次尝试进入罗马失败后，他回到了坎帕尼亚。由于风暴和腰痛，他无法再继续驶向卡普里岛。提比略以一贯的坚韧咬牙硬撑着，想装作一切正常，但最后还是被迫卧倒病榻。不久，一场地震袭来，将那不勒斯湾震得地动山摇。卡普里岛最高峰上的一座高高耸立的灯塔塌入海中，灯火也就此熄灭。[97]多年来，卡普里岛既是提比略的家，也是他的避难所。擅长解读神谕的提比略无须忒拉绪洛斯帮忙，就能得知这一征兆的含意是什么。自然，很快他就开始在床上安排权力交接之事了。他在遗嘱中指定卡利古拉和格米鲁斯为继承人，但对亲孙子格米鲁斯的未来命运，他没有心存任何侥幸。"你将杀了他，而别人将杀了你。"[98]提比略曾如是对卡利古拉说。从这个角度来看，他在临死之际还舍不得印章戒指便不足为奇了。哪怕已经把它从手指上摘下，他也仍然不愿交出去，反而紧紧攥在手中，长时间一动不动。接下来发生的种种就众说纷纭了：卡利古拉本以为伯祖父已死，但在人们拥他为王时，消息突然传来，说提比略还活着；于是，一向见风使舵的老滑头马克罗便命人用枕头闷死了提比略。真实情况其实没这么富有戏剧性。第一公民最后终于有了一丝动静。他呼唤随从入室，却没人进来。于是他踉踉跄跄地站起来，又呼喊了一遍，接着就栽倒在地。

罗马人相信，"人只有活在公众视线里时，才会感到快乐"。[99]

提比略·尤利乌斯·恺撒·奥古斯都孤独死去。

256

第五章　让他们恨我吧

表演时间

不出所料，提比略的死讯传到罗马后，引发了阵阵黑色幽默。"把他扔到台伯河去！"人们呼声高涨。[1]但卡利古拉拒绝了这项要求。他很清楚，用肉钩拖着提比略的尸体在大街穿行，并不会提升自己身为新任第一公民的威望。在坎帕尼亚待了六年后，他披麻戴孝地回城了。他为提比略举行了一场庄严华丽的葬礼，而且亲自为他念诵祭文。不久后，提比略的骨灰被放进了恢宏的奥古斯都陵墓。

但一切仅限于此。丧葬队伍入城时，阿庇亚大道的两旁挤满了欢乐的人群，都将新任第一公民视作自己的小宝贝、小不点、小可爱，对着他欢呼致意。伯祖父提比略在世时，卡利古拉从未因为母亲、兄弟惨遭谋杀而流露出一丁点悲伤，如今，他又开始不亦乐乎地迎合人民大众的心理。在提比略的葬礼上，他所念诵的祭文大多在讴歌日耳曼尼库斯。几天后，他又动身前往阿格里皮娜和尼禄死前待过的囚禁岛。他冒着暴风骤雨，招摇出行，目的就是彰显自己的赤诚孝心。[2]带着亲人的骨灰沿台伯河返城后，他把它们放在一般只用于放置诸神雕像的轿子里，然后又无比庄重浮夸地将其放进了奥古斯都的陵墓。看见自己的宠儿终于心想事成，罗马人欣喜若狂，恣意地庆祝、放纵。一连三个月，全城上下的烤肉味缭绕不绝，因为有数十万

257

258

头牛被献祭给神明，以表感恩。提比略统治的漫长严冬总算过去，春天，似乎终于来了。

卡利古拉并不天真，不会将民众的这种乐观情绪视作理所当然。虽然长期与都城隔离，但他在卡普里岛的岁月并没有白费。长期陪伴在提比略身边，让他对权力的运作有了直觉性的透彻了解。严峻冷酷的提比略不齿于贿赂民心；不同的是，卡利古拉非常乐意收买人心。目前国库还是满满当当的，这位新任第一公民便趁势对其大加利用。他对都城公民、军队，尤其禁卫军广施恩惠。元老院也没有受到怠慢。卡利古拉非常了解元老院有多么敏感。他表示，目前在位的执政官可以一直担任到任期结束；三个月后，卡利古拉正式担任执政官之职。在另一名执政官的人选问题上，他与提比略截然相反。他的叔叔克劳狄乌斯原本连最低级的行政官职都无权竞选，但眨眼间就在46岁的年纪进了元老院，同时还担任罗马的执政官。不止如此，在揽政后的第一场演讲上，卡利古拉明确谴责了提比略统治时期那些令人深恶痛绝的事物：告密者、叛国审判、处决。元老们听着他的演讲，简直不敢相信这一切是真的。

或许确实不是真的。卡利古拉的演讲结束后，元老们匆忙通过了一项法令，规定每年都要宣读他的这场发言。这个措施背后反映出的不是他们对新开端的欢喜，而是对卡利古拉可能会改变念头的担忧。经历了先前的创伤和灾难后，没有一位元老还会去相信华丽的伪善，毕竟，当初就是这层丝衣笼罩了罗马的本来面目。权力平衡的真相因此赤裸裸地暴露在外。如今的元老院宛若备受摧残的妻子，竭力想避免挨打，于是对上任没几天的卡利古拉百依百顺。他们撤销了提比略遗嘱中赋予格米鲁斯的部分继承权，庄严郑重地赋予了卡利古拉"在大小事务上自行裁决的绝对权力"。[3]新主人圆滑的担保几乎没有让任何元老宽下心来。婴孩时期，卡利古拉以小士兵的姿态露面。如今，他开始扮演起新的角色——奥古斯都的角色。无论他的表演有多具说服力，大家都疑心那只不过是一场表演。

只有一点让他们较为放心。新皇帝和接替奥古斯都时的提比略不一样，不是一个在服务罗马的过程中饱经血战的军人，而卡利古拉本人似乎也认识到了这一点。新皇帝最亲近的谋臣是禁卫军统领马克罗，此人在扶持皇帝上位的过程中功劳最大。而元老们之前已经学会害怕只手遮天的骑士，因此，这一点几乎算不上马克罗可以称道的优点。好在马克罗不是塞扬努斯，他品格高尚、性情直率，会毫不犹豫地训诫自己的小徒弟如何做好罗马第一公民："他和所有的优秀匠人一样，会热诚地保护自己的作品不受破坏或毁坏。"[4]即便如此，当卡利古拉要求禁卫军为元老们表演时，元老们看着那一幕幕军事操练的画面仍旧会感到些许惊慌。但马克罗并不是皇帝身边唯一的谋臣，还有一位元老也是。

卡利古拉在揽政四年前成亲。他的岳父深得提比略重视，是德鲁苏斯担任执政官时的同僚，名为尤尼乌斯·西拉努斯。虽然女儿早已难产而死，但西拉努斯作为皇帝岳父，仍然在罗马享有重要地位。和马克罗一样，他自认有权在治术上引导卡利古拉；但和马克罗不一样的是，他是以古老贵族德行的代表人身份这么做的。"他富有涵养，能言善辩，且地位尊贵。"[5]没有人会因为被这样的人影响而感到羞愧，甚至第一公民也不例外。当然，卡利古拉表现出了很强的学习能力。在他治下，提比略打造的繁荣稳定的局面得以维持。边疆依然稳固；任命行省总督时，他选人得当、用人有方；整个罗马世界河清海晏。

260

都城的工人曾咒骂提比略不愿出资完善基础设施，而卡利古拉则命人修建了两条新水道，并全面翻修了帕拉蒂尼山的建筑，令工人们乐不可支。前皇帝们禁止的书籍，包括提图斯·拉比埃努斯和卡西乌斯·塞维鲁斯的演讲和克莱穆提乌斯·科尔都斯的历史著作，再度在市面流传。"简而言之，卡利古拉表现得如此谦逊，如此和善，在罗马人民及帝国臣民中越来越受欢迎。"[6]

但元老院仍然屏息以待。在保守派眼里，名望和年轻似乎是一个可怕的组合。自三头同盟最黑暗的时期以来，罗马还从未像现在这般由一个如此年轻的人全权掌控。元老们恐慌地发现，新皇帝虽然在元老院前摆出奥古斯都二代的姿态，但在面对平民时又换了一个样。看得出，卡利古拉非常享受大众的掌声。他要求人们在问候自己时，摒弃繁文缛节，把他当作普通公民对待，这让人觉得他特别有亲和力；他还恢复了被提比略废除的投票选举行政官员的大众权利，因此被拥护为人民之友。但罗马人最爱慕的，是他的非凡魅力和风采。虽然年纪轻轻就开始谢顶，而且脚大无比，双腿又和父亲的一样细长，但卡利古拉知道如何取悦民众。严肃冷酷的老人早已让他们不胜厌烦，踌躇满志的新皇如今终于降临。同年夏天，卡利古拉乘着镀金的凯旋战车，为奥古斯都的新神庙主持启用典礼。战车由六匹骏马拉动。"这，"有人记载道，"实在太前卫了。"[7]

261　　　　战车的出现总会引发一片欢呼。凯旋式上，骑手身着金色和紫色的礼袍，驾着战车庄重前进；但这场面还不是最危险、最扣人心弦、最震撼人心的。恺撒的家在帕拉蒂尼山上，烟雾缭绕、拥挤不堪的贫民窟在阿文蒂尼山上，两座山丘之间隔着一条幽深的溪谷；自罗慕路斯的时代起，这条溪谷附近就时常有摇摇晃晃的马车驱驰竞技。人们给它取了一个很恰当的名字，叫大竞技场（Circus Maximus，又译马克西穆斯竞技场）。它的规模远远超过了世界上其他城市的体育场。每逢比赛日，就会有成群结队的观众挤进看台，那场面沸沸扬扬、熙攘喧嚣，连奥古斯都看了都不由得心惊胆战。亚克兴海战那一年，奥古斯都命人在大竞技场建了一个私人专用的隔间（Pulvinar），而且还以一贯的花招将其合法化，将其抬高到神明象征物的地位，但几乎没有使用过。坐在那里时，他总感觉自己太显眼、太暴露。几十万双眼睛齐刷刷地投向他，令他不堪忍受。相比之下，他更喜欢在朋友家的楼台上观看比赛。奥古斯都分辨权力的实质与表象的能力向来是无与伦比的。他知道自己在大竞技场上面对的是什么，而且也对其表示尊重：那振聋发聩的声音响彻耳畔，犹如狼的呼吸扑面而来。

因此，每当坐在隔间里观看比赛时，奥古斯都都尽力表现得特别狂热。他有必要让人看到自己这个第一公民也享受平民百姓的乐趣。但这也有个限度。奥古斯都将和平与秩序的礼物撒向人间，不是为了在体育赛事上容忍混乱的。大多数观众总以为，自己想坐哪里就可以坐哪里，其实令第一公民非常不悦。娱乐活动虽好，但不能乱了规矩。和先前立法约束闺阁情趣一样，奥古斯都再次诉诸法律以管制人们在看台上的欲望。公共场地的位置被严谨细致地分割成好几个区。不用说，元老院分到的座位自然角度最佳；最不好的则属女性席位区。如若着一身显眼的白色托加袍，便很有希望坐在看台前几排；如果穿着又黑又脏的束腰外衣，便只能在后排座位碰碰运气了。士兵、异邦使臣、男孩及其教师，都有属于自己的座位区。当然，场地越大，维护秩序就越困难；大竞技场作为天底下最大的公共

263

卡利古拉统治时期的尤利安与克劳狄家族

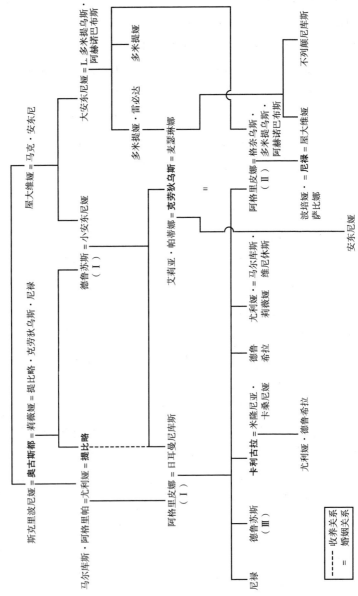

----- 收养关系
=   婚姻关系

场地，监管难度无疑最高。[8]尽管如此，所有受益于奥古斯都所制定的准则的人，都认为这些准则是非常有效可靠的。无论贫富、男女，都必须清楚自己的位置。娱乐活动是很严肃的事。上到第一公民，下到最卑微的被释奴，都会在这些场合中看到自己被映照出来的身影。马克罗凑在小主人耳旁，向他解释了其中的寓意。"在大竞技场观看比赛时，重要的不是赛况，而是在那种场景下举止得体。"[9]

还可以从另一角度来看待这个问题。虽然多年没回罗马，但卡利古拉并没有与都城的青年文化完全脱节。那些受提比略召唤的贵族子弟在来到卡普里岛后，虽如娼妓一般搔首弄姿、登台表演，但也给那座小岛带来了一抹独特的都市时髦气息。其中一人和卡利古拉结为密友。此人非常擅长性爱游戏，据说还因此助父亲一路平步青云，先升执政官，后担任叙利亚总督。奥鲁斯·维特里乌斯是个不折不扣的风流浪子。他迷恋马车竞赛，而且还是位了不起的骑手。毫无疑问，他也成功让卡利古拉喜欢上了这项运动。卡利古拉和提比略在这一点上形成了尤其鲜明的对比。提比略鄙视暴民们喜欢的所有事物，向来不屑挥霍钱财来讨他们开心。如今卡利古拉终于摆脱了那老家伙的控制，便一门心思想着反其道而行之。虽然刚登基时，他曾声称自己对卡普里岛的秽行震惊万分，而且如果再有人那样做，就会被按进水里溺死，但只有被他乔装出来的怒容唬住的人才会信以为真。维特里乌斯的劲敌们永远不会忘记他青年时期做过男妓，但他仍然是皇帝的好朋友。哪怕在马克罗严厉劝诫卡利古拉远离大竞技场的乐趣之际，维特里乌斯都还在火上浇油地鼓动卡利古拉去做其想做的事。

罗马人已经很久没有享受到公共活动了。他们发现，新皇

264

帝是一个非常慷慨的活动赞助人。竞赛从早上一直进行到晚上；中间穿插着盛大的娱乐表演，有野兽和骑兵演练；红绿相间的赛道散发着绚丽明亮的光辉。观看比赛时，卡利古拉不仅没有置身事外、保持中立立场，反而厚颜无耻地为自己喜欢的队伍喝彩打气。该队赢得比赛后，卡利古拉给了冠军骑手许多赏赐，还奖励了其赛马英西塔土斯［Incitatus，意为"飞速的"或"热刺"（Hot Spur）］一间由禁卫军用象牙和大理石打造的马厩。同时，卡利古拉淋漓尽致地表达着自己对马车竞赛的热爱，命人在台伯河远离罗马中心的那一侧建造了私人赛马场，并特意用巨型运输船从埃及运了一块方尖碑加以装饰。对于自己的热情，他没有任何克制。

但对卡利古拉来说，这正是问题的关键。在奥古斯都主宰的年代里，以触怒呆板保守之辈为乐的时尚先驱往往招致了危险后果，有的甚至面临刑事指控的风险。如今，随着卡利古拉在帕拉蒂尼山上安家落户，罗马时尚派中的一员掌握了国家权柄。在年轻的第一公民看来，曾外祖父当初急切维护的礼仪规矩都应该被嘲弄，被推翻，被破坏。在卡普里岛做学徒期间，他屡屡看到元老们的子女像娼妓一样兜揽生意，明白了皇权可以将事物推到多么新奇荒诞的程度。他大肆炫耀自己的至高地位，没有丝毫遮掩。观看马车比赛时，卡利古拉绝不会待在赛场附近的建筑里，一定会坐在私人隔间里大出风头。作为欢乐且心怀感激的罗马人民的祝颂对象、大竞技场有史以来最高贵的观众，他很享受身为罗马之主的感觉。

265　　他主宰着壮观，也主宰着危险。比赛活动危险重重。连维特里乌斯这样老练的骑手都因意外而落下了终生腿疾。维特里乌斯还算幸运的。通常情况下，马车相撞会造成惨重死伤。在内战最黑暗的岁月里，不少人曾担心，罗马将遍布马车碎片、粉碎的轮轴与缠结在一起的缰绳。如今，每当有一辆疾驰的马车失控，使得骑手扭曲着身体倒在赛道边时，罗马人民都会想到一个人：恺撒。恺撒生前会为人们举行前所未有、超乎想象的盛大活动，而且在生死两界都是主人。人们因此十分爱戴他。

在大竞技场夺取胜利免不了承受丧命、残肢的风险。而赛道之外的竞技有时也同样如此。公元 37 年 10 月，也就是掌权八个月后，卡利古拉生了重病。马克罗和西拉努斯担心这会危及自己的地位，惊慌之下马上开始寻找新的保护人。合适人选只有一位。卡利古拉尚在鬼门关挣扎之际，他的两位最出类拔萃的心腹大臣就着手为提比略的孙子、18 岁的格米鲁斯清扫揽政路障。可惜他们的节奏实在太快了。大竞技场上，骑手若想趁着急速擦过对手的马车之际超车，往往会全身扭曲地倒在尘土中。马克罗和西拉努斯犯了一个类似的致命错误。卡利古拉最后并没死，反而恢复如初。从病床上起来后，他狡诈而快速地发动了致命回击。

倒霉的格米鲁斯首当其冲。被控叛国后，两个高级军官前来拜访他，关怀备至地教导他如何以最好的方法自行了断，并亲自验收了教学成果。马克罗由于执掌禁卫军，给卡利古拉带来了更大的潜在挑战，但卡利古拉依然成功制服了他。这位禁卫军统帅宛如一头戴着花环的祭祀牛，先是被授予至高无上的殊荣，接到了埃及总督的任命，接着，还没启程上任，他就收到了自裁的命令。马克罗所遭受的指控言之凿凿，说他曾经称卡利古拉为"自己的作品"：无疑，这是对第一公民尊严的极大侮辱。马克罗自杀后，只剩西拉努斯一人。元老院领会了卡利古拉的本意，知道西拉努斯已经不再享有其女婿的厚爱。西

拉努斯意会后，很快用剃刀割开了自己的喉咙。卡利古拉应该
对自己的清场技能感到自豪。

当然，对罗马的精英阶层而言，年轻的皇帝从容不迫地铲
除自己最强大的两个盟友，这背后的寓意让人有些不安。如果
连马克罗和西拉努斯这样至尊至贵的权力掮客都能被迫自杀，
那世界上就没有人能安枕无忧了。"记住，"卡利古拉据说曾这
般对祖母讲道，"我可以对任何人做任何事。"[10] 不同于提比略，
他对自己巨大的权力范围没有感到丝毫尴尬。当发现自己能随
意处置两个讨厌的导师时，他反而受到激励，想进一步测试自
己的权力限度。卡利古拉甚至懒得做表面功夫，装作在乎已经
消失的共和理想。它们让他厌烦至极，而他没有耐心一直厌烦
下去。尽管如此，在践踏这些理想时，他并不打算与过去的准
则截然相对。毕竟，他所迷恋的大竞技场里的活动是那样有声
有色，也属于非常古老尊贵的罗马传统。相比于天生哗众取宠
的卡利古拉，元老院不免显得沉闷无趣。他不仅决心掌控权力
的基座，还决心卖弄自己的主宰地位。因此，他转向了另一个
方面寻求灵感：罗马人举办比赛的天赋。

卡利古拉喜欢看别人受苦，这并不新奇。数世纪以来，罗
马人民总会聚集在一起，观看他人奋力搏斗厮杀，对其行使生
杀大权。这些活动通常在罗马中心，即罗马广场举行。共和国
的伟大人物时常命人在元老院对面的广场上搭建临时木制圆形
竞技场，为选民举行职业杀手之间的比武活动。这种受过职业
训练的杀手被称作角斗士。他们宣誓忍受"烙印、镣铐、鞭笞
和被剑刺死"，[11] 是下层社会中最低等的人。但观众对他们的态
度不单单是蔑视。罗马人崇尚勇气和战斗力。尤利乌斯·恺撒
一鸣惊人之前，曾让角斗士首次穿上银制盔甲搏斗，借此赢得

了公民同胞的欢心；跨过卢比孔河后，他又训练自己的军团像在竞技场里一样战斗。元老们在被后三头同盟列为人民公敌后，也如同落败的角斗士一般，把脖子露出来，任由凶手将长剑刺入。前执政官们若是在这些奴隶身上看到了城市古典美德的典范，那也没什么可羞耻的。在恐怖的内战期间，整个罗马就是一座圆形竞技场。

当然，在那之后发生了很多变化。奥古斯都把和平的福祉带给了罗马。以前，雄心勃勃的贵族人家尚且有希望靠在罗马广场举办盛大活动来赢取最高地位，可奥古斯都执政以后，那样的岁月一去不复返了。全罗马只剩下一个活动赞助人：恺撒。不用说，第一公民想怎么大手大脚地花钱，就能怎么大手大脚地花钱。奥古斯都执政期间举办的活动达到了空前壮观的程度。一万名角斗士参赛，每八人一批轮番上场决斗。但对粉丝们来说，由第一公民揽权不一定是件好事。提比略对公共娱乐活动厌恶到了极点，自然不屑在角斗士身上浪费金钱。德鲁苏斯生前非常热爱观看角斗士比赛，即便按罗马人的标准来看也算痴迷到了极点——人们因此以一个非常有名的角斗士的名字来称呼他。德鲁苏斯死后，罗马的流血竞技活动一度中止。明星角斗士们纷纷哀悼自己失去了展示技能的机会。"我们失去了一个多么璀璨的黄金时代啊！"[12]事实上，罗马人实在太渴望一睹角斗士的风采了，公元 27 年，一位企业家在罗马附近的费德内小城举办了一场角斗竞赛。"男女老少成群结队"[13]地从都城来到费德内观看。结果，罗马竞技史上最惨重的灾难发生了：观者太多，圆形竞技场无以承受，因而在重压下崩塌，压死了数千人。这场恐怖的灾难将被人长期铭记，因为它引发了一种特别的共鸣。人们走进竞技场观看他人受死，却对自身生命终有结束之日的警示毫不关心。"杀了他！鞭打他！烧死他！"[14]观众们知道自己是主人，看着职业勇士为生存而抗争，也因此变得更加兴奋。卡利古拉对人民的这种心理洞若观火。不止如此，他还乐于故意卖弄这一点。提比略有多轻蔑角斗竞赛，卡利古拉就对其有多热衷。

人在面临惨死的威胁时，不论其地位如何，都会使出浑身解数来逃避厄运，而这提供了丰富有趣的娱乐活动。对于这样的命题，还有谁比卡利古拉更有资格来检验呢？他的权力有多绝对，他的幽默感就有多恶毒。卡利古拉选中的受害者是一位名为阿塔尼乌斯·塞孔都斯的骑士。他所犯下的罪行其实只是奉承过度而已。第一公民卧倒病榻时，阿塔尼乌斯曾立下一个浮夸的誓言。他许诺诸神，如果卡利古拉能痊愈，他将作为一名角斗士上场比赛。他肯定没有料到这番誓言会被当真。他的本意不过只是想从其他奉承者中脱颖而出。然而，皇帝病好后很快就要求阿塔尼乌斯履行诺言。卡利古拉不动声色地命人将这可怜的骑士带进了竞技场，让他为娱乐大众而搏斗。不难想到，阿塔尼乌斯不敌职业杀手，没多久就一命呜呼。他的尸体被人用钩子勾住，从竞技场的沙地上拖走了。这一场面不仅让卡利古拉的玩笑多了一个诙谐但又残酷的笑点，同时也带来了一个威胁。没有一位骑士可以坐在圆形竞技场内自己的那一席合法的座位上，镇定自若地看着同阶成为公众消遣的对象。元老们必定也感到了不安。卡利古拉这一举动所带来的威胁是明确的。哪怕地位再高的人，卡利古拉似乎都保留着拿他们的性命开玩笑的权利。

269　　　这让罗马贵族阶层最为不安。对他们来说，第一公民可以对自己妄加嘲弄的想法既前所未有，又让人震惊不已。无论他们当初是多么痛苦地屈从了奥古斯都的新秩序，至少奥古斯都本人与提比略都未曾故意羞辱他们。恰恰相反，两人都坚决认同罗马传统精英所坚守的价值观。但卡利古拉这位新第一公民却逐渐显露出截然不同的本性。他长大的地方是一个独裁者的私人岛，他的神魂也早已被大竞技场的欢呼声勾走，他的身后又有一众禁卫军。这样的他对于同阶们认定的理念没有丝毫共鸣。掌管世界大权一年多后，他仍然对自己与贵族阶级的合作关系保持着一种嘲弄性的敬重；但显然，他已经懒得安抚他们的情绪了，公元38年他接受了"祖国之父"封号便是标志之一。因为在此之前，出于对年老资深的元老们的尊重，他特意拒绝了这一封号。如今，他不愿再错过这个羞辱长者的绝佳机会了。

事实上，若说卡利古拉有什么忠诚感的话，那也只是对亲人而已——尤其是对他的姐妹。尤利娅·莉薇娅出生在日耳曼尼库斯最后一次征战东方期间，生于莱斯沃斯岛。这时候的她已经是个二十出头的年轻女子。她的两个姐姐，阿格里皮娜和德鲁希拉都已婚配。提比略在世时，三姐妹和弟弟卡利古拉都曾因为母亲的关系面临危险；卡利古拉继承大权后，授予了三人无与伦比的殊荣。她们所获得的许多特权是莉薇娅用了一辈子时间才得到的。就连执政官向卡利古拉宣誓效忠时，都必须把他三个姐妹的名字包括在内。但最令人惊骇且不同寻常的是，兄弟理政第一年，三个人的肖像就被铸在了硬币上。而且她们在硬币上的模样宛如迷人的神明。将大活人的硬币肖像描摹得如神一样，这在罗马历史上还是头一回。传统主义者们估计都被气得吹胡子瞪眼了。

说实话，克劳狄家族的手足情谊一直惹人怀疑。共和国末期，克洛狄乌斯和三个姐妹由于关系亲密，曾一度招致乱伦的恶毒指控。如今，近一个世纪过去了，同样的谣言又不可避免地缠上了日耳曼尼库斯的子女。[1] 考虑到罗马人对绯闻有着一种近乎色欲的迷恋，事情也不太可能朝另一个方向发展了。不过，闲言碎语又怎么可能搅扰世界之主和他的姐妹们呢。尤其是阿格里皮娜，她才不是那种会在意下等人看法的女人。她的抱负、自信和名字都与她母亲如出一辙。提比略在世时，曾将她许配给性情凶暴但家世无比高贵的多米提乌斯·阿赫诺巴布斯。她是兄弟姐妹中唯一育有子女的人，而且养育的还是一名男孩。毫无疑问，她对这个男孩满怀远大期望。但她和母亲一样，都太急功近利了。她急着提醒全天下人卡利古拉没有子嗣，要求他给自己的儿子命名，她深信，这个抉择意味着儿子定会前程似锦。结果卡利古拉轻蔑一笑，扫了一眼身体抽搐又流着口水的叔父，告诉她：他将给孩子取名为"克劳狄乌斯"。

最后，阿格里皮娜只能让儿子随父姓，给他取名为卢基乌斯·多米提乌斯·阿赫诺巴布斯。她知道不能硬逼卡利古拉表态。卡利古拉固然深爱大姐阿格里皮娜，却绝不愿为了照顾她或尤利娅·莉薇娅而让自己最爱的德鲁希拉受到损失。他与德

---

① 提及卡利古拉与亲姐妹乱伦的史料最早出现在《犹太古史记》（*The Antiquities of the Jews*），由约瑟夫斯（Josephus）写于卡利古拉逝世后半个世纪（19.204）。约瑟夫斯对卡利古拉的统治了解甚多，参考的史料也都来源于离卡利古拉执政期相近的时期。在罗马这样沉迷于恶毒流言的城市里，传言的存在并不能说明事实本身便是那样的。卡利古拉同时代的人都未曾提及他乱伦；只有到了苏埃托尼乌斯的时代，这些流言才开始不胫而走。"你和自己的姐妹发生过不正当关系吗？"在苏埃托尼乌斯的笔下，卡利古拉如是询问朋友帕西恩努斯·克里普斯（Passienus Cripus）。帕西恩努斯是出了名的机智幽默，据说当即回复"目前还没有"（评注者引自Juvenal：4.81）。

鲁希拉最为亲近。虽然在他掌权前，提比略已经将德鲁希拉许 271
配他人，但这并不妨碍他在登基后将她嫁给一个他本人非常喜
欢，而且更迷人的男子：马尔库斯·埃米利乌斯·雷必达。此
雷必达是后三头同盟中最无用的成员的曾甥孙，据说年轻时和
卡利古拉有过一段充满激情的恋情。且不论这种秽闻是否属实，
总之两人肯定亲密无间。皇帝不仅多次破格提拔他，赏给他各
种官职，还曾明确指定他为"皇位继承人"。[15]但卡利古拉真正
钟情的不是男方，而是女方。患病期间，他还曾以最令人震惊
的方式清清楚楚地阐明了这一点。他没有明确指定雷必达为继
位者，而是让德鲁希拉做"他世界万物及大权的继承人"[16]。就
连当初的莉薇娅在最志得意满的时候，都不敢去奢望这样的
殊荣。

公元 38 年夏，卡利古拉心爱的妹妹德鲁希拉去世了。不出
所料的是，他悲痛得死去活来，促使城中出现了前所未有的哀
悼场面。他心痛得无法参加她的葬礼，于是退居到罗马外的一
处别墅，在那里天天下棋或剪头发，以转移悲伤；这些方法都
失效后，他又在西西里岛和坎帕尼亚各地东流西窜。与此同时，
在罗马，一位足智多谋的元老声称：他看见德鲁希拉升入了天
堂。卡利古拉听到后，没有像往常那样嘲弄他的谄媚，反而给
了他一大笔奖赏。德鲁希拉被正式确立为神，继尤利乌斯·恺
撒和奥古斯都后成了家族中第三个晋升为神的成员。元老院和
女祖维纳斯神庙内都放置了德鲁希拉真人大小的金色雕像；所
有暗含娱乐性质的活动全部被正式取消；一名售卖（用以添加
在酒中的）热水的商贩被卡利古拉以叛国罪处死。罗马人"不
确定卡利古拉到底希望他们吊唁德鲁希拉，还是敬拜她"，[17]纷
纷蜷缩在悲痛的他的阴影之下。

272 　　至早秋时节，德鲁希拉晋升为神一事已经正式敲定，皇帝也恢复得差不多了，开始盘算未来。德鲁希拉之死让他联想到生命有限，于是他迅速再娶。虽然妻子人选罗利娅·保利娜早已嫁给了主持塞扬努斯倒台一事的执政官迈密乌斯·雷古路斯，但这明显没有给卡利古拉造成一丁点麻烦。罗利娅美艳动人、富甲一方。她喜欢珍珠翡翠，只要条件许可便会随时随地戴这些首饰。虽然她的祖父洛利乌斯在对战日耳曼人的过程中失去了鹰旗，然后又在东线自杀身亡，但这样的耻辱并没有给她的资质打上污点。她所诞下的任何儿子都足以担起恺撒这个姓氏。

　　显然，卡利古拉打算自己生一个继承人的决定对阿格里皮娜和雷必达没有好处，但第一公民没心情考虑他们。他越是习惯了那权力不受限的至高地位，就越容不得任何阻碍。他受过良好教育，曾数年和提比略同坐桌前畅谈文学，因此，引经据典为自己辩护实在是小菜一碟："让世上只有一个领主、一个君王。"[18]为此，皇帝在新年里第二次担任执政官。虽然任期只有一个月，但他的目的达到了：他成功地让元老院明白，他能随心所欲地就任或抛弃罗马的最高官职。与此同时，那熟悉而不祥的鼓鸣再次响起来了。一些人曾在提比略统治时期银铛入狱，又在卡利古拉当权后被释放。可如今，他们再一次被逮捕。卡利古拉原本在刚掌权的几周里大张旗鼓地废除了叛国罪，但现在又悄悄恢复了这项罪名。他一贯恶毒的玩笑中常常混杂着恐怖的意味。处死一位名为尤尼乌斯·普里斯库斯的低级官员后，

273 卡利古拉发现这名官员其实比表面上穷得多，于是仰天大笑，说他死得实在可惜。"他骗了我。他本来不用死的。"[19]

　　和往常一样，这则笑话的产生是因为卡利古拉有着灼人的目光，是因为他愿意撕开伪装的面具，暴露人性中肮脏卑鄙的

一面，质问人类所有行为是否都是为了个人利益。罗马人非常重视他们所谓的德行；但卡利古拉毫不留情地剖析自己的行事动机，早已不想去迎合他们的自负心理。两年来，他一直放任元老们自欺欺人，佯装他统治大业上的伙伴。可现在他厌倦了。他们的伪善臭气熏天。近七十年前，在元老院投票授予奥古斯都新名字的重大日子里，奥古斯都和元老院用幻象在双方之间织起了一层纱，由于它的质地实在太轻薄，自那以后，几乎没有人愿意承认它的存在。现在，卡利古拉准备扯下这层纱，把它踩在脚下。

　　他早就设下了圈套。当权后的最初几周里，他以宽宏大量的口吻通知元老院：他已经烧掉了提比略执政期间所有和叛国罪审判有关的文件、元老们控诉同僚的所有文档，以及他们相互中伤的所有细节资料。但他撒了一个弥天大谎。他其实一直保存着那些档案，现在，他命人将它们当着全体元老的面大声念出来。元老们听着这一切，窘迫得无地自容。更糟糕的还在后面。卡利古拉大费周折又津津有味地挨个罗列了元老院投机取巧、见风使舵的所有罪行。塞扬努斯风光得意时，元老们在他身前溜须拍马；而他潦倒落魄后，他们又纷纷落井下石。提比略在世时，他们对他卑躬屈膝；可他刚刚断气，他们便转而中伤诽谤他。提比略早就看透了他们内心深处的邪恶卑鄙，还告诉了卡利古拉一些关于如何对付他们的建议。"将自己的快乐和安全放在第一位。因为他们全都憎恨你，一个个巴不得你死。如果可以的话，他们会杀了你。"[20]

　　奥古斯都政权于上一世纪在罗马中心、在曾经自由的共和政体内扎下了根，如今终于展露了残酷本性。卡利古拉虽然有一大把缺点，但至少表现得十分诚实。不过，那是一种如非洲大地上的烈日般无情的诚实。元老院现在要藏身何处呢？再也无法用伪善的面具来遮掩自己、装饰自己了。一时间，他们的奴颜媚骨和阴险歹毒全然暴露。但元老院并不是卡利古拉唯一的攻击对象。他的前代们——神君奥古斯都和提比略的谎言也暴露无遗。两人终生维持着罗马仍旧是共和政体的假象，但那样的假象现今已无以为继。皇帝掌握着绝对的大权，而卡利古拉已经看不出掩饰这一点的重要性了。为此，他宣布正式恢复叛国罪，并下令让人将他的话刻在一块黄铜碑上。接着，没等元老们开口发言，他便转身快速离开了。[21]

事实上，元老院无话可说。惊吓过度的元老们坐在原地一言不发，整整一天后才总算能给出回复。经过正式投票后，元老院颁布法令感谢卡利古拉的真诚、赞扬他的虔诚，并且决定每年举行祭拜典礼以感激他的宽宏大量。另外，他们一致同意授予卡利古拉"小凯旋式"（ovation）。这是一种规模稍小的凯旋式，允许将领在城中骑马带队游行。元老院称，他应当"像打败敌人一样"[21]进行庆祝。

他的确打败了敌人。他当着元老们的面嘲弄说，哪怕他们讨厌他，希望他死，"不管愿意与否"，[22]都得继续尊敬他。元老们苍白僵硬的面孔下既隐藏着恐惧，也隐藏着愤怒。而这样的情绪并非元老院"独享"。就连卡利古拉最亲密的圈子里，就连他真心喜爱的少数人中，对未来的焦虑感都在与日俱增。皇帝乐于践踏的不止元老的自尊。当然，他绝不愿意让姐姐的野心对自己造成阻碍。结婚不到一年，卡利古拉便和罗利娅·保利娜离婚了，理由是她没法为他生孩子。他决心不再犯这样的错误，于是又赶紧娶了自己的情妇，她不仅育有三个子女，而且还怀了他的骨肉。米隆尼亚·卡桑尼娅既不年轻也不漂亮，但能满足卡利古拉对女人的所有要求。和丈夫一样，她喜欢盛装打扮，而且经常在军事游行活动中披着斗篷、戴着头盔站在卡利古拉身边。倘若追求刺激的卡利古拉要求她赤身裸体，以飨友人，她也会欣然照做。很明显，这些特质俘获了他的心。因为在往后的日子里，他对她死心塌地，一如当初对德鲁希拉一样。卡桑尼娅生下女儿后，卡利古拉大喜过望，给孩子取名为尤利娅·德鲁希拉。不难想到雷必达和阿格里皮娜二人会闷闷不乐、怀恨在心。毕竟，两人都曾觉得继承权离自己是那样的近；而卡桑尼娅明显有着很强的生育能力，让两人的希冀遭到了致命的冲击。

公元 39 年夏末，8 月的最后一天，卡利古拉为自己庆生。这一年，他 27 岁，已做了两年半的皇帝。对于这两年半的成就，他完全可以感到满意。元老院如今畏首畏尾，人民如今对他感恩戴德，都城里各种表演和盛会更是层出不穷：罗马正按照他的想法如火如荼地进行改造。不过，他是时候把目光放在更遥远的地方了。在莱茵河军团里长大的卡利古拉很清楚，罗马不等同于全世界。父亲当年开启的征程尚未完成，接下来他打算征服的对象是蔑视奥古斯都与提比略的日耳曼野人。城市竞技场上的搏斗固然精彩纷呈、妙不可言，但如今要上演的，是罗马战士与劲敌之间的真实战斗。

盖乌斯·尤利乌斯·恺撒·奥古斯都·日耳曼尼库斯即将奔赴沙场。

开得过火的玩笑

即便在罗马这样习惯闲言碎语的城市里，远疆传来的谣言也仍显特别。战况最初只是在人群间低声传播；随着低语逐渐上升为轰鸣，人们开始大声交谈。倘若捷报来传，听众间或许还会爆发些许掌声。卡利古拉动身前往莱茵河一事注定将给都城所有人带来少有的兴奋。自日耳曼尼库斯以来，罗马还从未这样大规模地调兵遣将过。和父亲不一样的是，卡利古拉是以皇帝身份御驾亲征的。人们满怀厚望。如今的日耳曼人早已回到以往互争互斗的状态。当初大败瓦卢斯的胜利已是过眼云烟。阿米尼乌斯所属的部落——切鲁西部落人口减少得尤其严重。长久以来，阿米尼乌斯的声名对敌对的日耳曼部落首领来说都是一种挑衅。但他自己在很久之前就湮没了：他在劲敌日耳曼尼库斯离世那一年遭到了谋杀。罗马人已经太久没有品尝到军旅神话带来的快感了，热切期待着能更多地了解恺撒在沙场上的细节。

他们不会失望的。虽然那个秋天里，传来的有关卡利古拉的消息只略微关乎战绩，但同样造成了不小的轰动。危险是肯定少不了的，不过皇帝面临的最主要的性命威胁并非源自莱茵河对岸。相反，那些正席卷罗马的骇人谣言若确切属实，便说明了危险就离罗马城不远。早在卡利古拉离开前，罗马就发生了一场涉及上层阶级的危机，相关迹象引得众说纷纭。9 月初，两位执政官被一齐罢黜，他们的法西斯束棒碎得不成样子，其中一位还被迫自杀。[23]接着，在雷必达、卡利古拉两个姐妹和一支禁卫军小队的陪同下，卡利古拉开始马不停蹄地赶往日耳曼前线。他的行进速度似乎快得惊人，以至于他抵达莱茵河沿岸后，当地的罗马使臣吓了一大跳。老滑头格奈乌斯·科内利乌斯·兰图鲁斯·盖图里库斯是塞扬努斯曾经的密友。之所以在保护人塞扬努斯倒台后还能安然无恙，是因为他当时偷偷向提比略透露了一些危险的信息：塞扬努斯手头的兵力情况。当时的提比略由于偏见过深无暇理会，对他一直放之任之，但从长远来看，这造成了巨大的损失。和当初皮索在叙利亚一样，盖图里库斯靠放宽军纪来巩固威望。罗马边疆的军纪涣散了十年，因而军队已经无法再起到保家卫国的作用。越来越多的日耳曼蛮人正悄悄溜过边境、幸灾乐祸地趁机突袭，年老体弱的百夫长们却全在营帐中懈怠偷闲。

卡利古拉人生最早期的记忆就是关于父亲卖力修缮莱茵河防御工事的。这样的军队现状让他大为恼怒。皇帝突然驾到，将盖图里库斯抓了个正着。他命人逮捕并审讯盖图里库斯，最终处死了他。盖图里库斯的继任者名为加尔巴，以纪律严明闻名。加尔巴的任命再次彰显了卡利古拉的唯才是举。这位莱茵河的新将帅走马上任后，没多久就将军队整顿得井井有条，可以着手清除高卢的入侵者了。与此同时，卡利古拉忙着证明自己不愧为日耳曼尼库斯的儿子。他先是彻底铲除了所有的无能军官；然后发动了大量针对日耳曼人的突围。虽然当时已经是征战季末期，但他麾下的将士不止七次拥护他为"凯旋将军"。[①] 为准备来年的征战，他又招募了两支军队：自瓦卢斯的军队在三十年前遭到全歼以来，这还是罗马头一回征兵。[24] 退居卢迪南过冬时，卡利古拉有理由觉得自己已经做出了一番成绩。

278

---

① 狄奥在声称卡利古拉"没有打胜仗，也没有杀敌"时，泄露了这一细节 (59.22.2)。在苏埃托尼乌斯与狄奥等历史学家的著作中，并行着两种关于卡利古拉的截然不同的说法：一方面，卡利古拉的军事征程是冲动和愚蠢的后果，被视作一个笑话；另一方面，卡利古拉又被刻画得严苛高效、厉行军律，践行着其父与提比略遗留的优良传统。尽管浓雾笼罩着卡利古拉的统治期，但我们仍能找到足够的细枝末节来支撑下列说法的可能性：卡利古拉确实在公元 39 年秋出巡了莱茵河，确实对驻扎在当地的军团施威，也的确赢了几场小仗。同样，不得不承认的是，卡利古拉或许是在新年不久后才出发去莱茵河的。

　　只不过，日耳曼蛮族一直是他所有烦恼中最微不足道的。当然，皇帝七次大败日耳曼人的消息肯定在罗马全面散播开了。但一些截然不同的消息也掀起了满城风雨。两位执政官被移除没多久，盖图里库斯就被处死，这一事件并没有逃脱人们的注意。据传，这三人共同参与了一个阴谋。这也解释了卡利古拉当初为什么会急匆匆地赶往日耳曼前线：他决心破除他们的诡计。至晚秋时节，这一版本的故事变成了官方通告。盖图里库斯被处死确实是因为他的"邪恶阴谋"：[25]他图谋煽动莱茵河的军队来反叛卡利古拉，并扶持新皇上位。[26]可新皇是谁呢？答案揭晓后让人始料未及。先是一支代表团受皇帝差遣前往伟大的复仇者玛尔斯神庙，并依照命令向神明玛尔斯献上了三把匕首；再是卡利古拉的姐姐阿格里皮娜神秘露面。正如她母亲当年将日耳曼尼库斯的骨灰从叙利亚带回城一样，阿格里皮娜也抱着一个骨灰罐回了罗马。而罐子里装的正是雷必达的骨灰。

　　卡利古拉没有掩饰丑闻，反而选择对其中的肮脏细节大做文章。据传，雷必达，这个他给尽了关照和赏赐的朋友，彻底背叛了他。此人与阿格里皮娜和尤利娅·莉薇娅之间都有私情；还联合这两姐妹篡夺最高权力；其所编织的阴谋网从元老院一直延伸至莱茵河。至于到底是盖图里库斯为活命而供出了雷必达，还是因为告密者另有其人，没人确切知道；但毋庸置疑的是，卡利古拉因此感受到了剧烈的伤害。他下令让雷必达引颈受戮，雷必达很快被解决了。阿格里皮娜遵照弟弟命令，带着情人的骨灰回到了罗马，然后和妹妹一起被流放。和母亲及外祖母一样，两姐妹被送到了离意大利海岸不远处的荒岛上，他们的家产——珠宝、家具、奴隶等，统统在卢迪南被变卖给渴望提升地位的高卢人。

对阿格里皮娜来说，更糟的还在后头。背叛罪行被揭发后，她的丈夫，也就是粗暴的多米提乌斯·阿赫诺巴布斯很快因水肿去世，儿子转由姑母多米提娅抚养。多米提娅的"美貌和财富不输阿格里皮娜，而且和后者年纪相近"[27]，两人天生就是仇敌。阿格里皮娜为了儿子的前程挖空心思、耍尽花招。多米提娅急于赢得侄子的欢心，因而处处依他宠他。对儿子怀有厚望且极其严格的阿格里皮娜对此惊骇万分。但她现在被关在禁闭岛上，无计可施。她原本已经失去了自由，现在看起来似乎又会失去自己的儿子。即便如此，正如卡利古拉提醒阿格里皮娜和尤利娅·莉薇娅的那样，她们两人还会失去更多的东西。"除了禁闭岛以外，我还有剑。"[28]

执政官、军队统帅，甚至皇室成员全合谋反对他，但计谋都失败了。不过卡利古拉的自信还是遭到了巨大的打击，也难怪他会对姐妹们那样刻薄了。虽然他风驰电掣地粉碎了莱茵河沿岸的反叛，巩固了罗马最具军事意义的边疆，但那个冬天里，他只能暂停征讨日耳曼的计划。叛乱再生所带来的风险实在太大了。元老院力求自保，派遣了一批由显贵要人组成的代表团，在克劳狄乌斯带领下前去祝贺卡利古拉成功挫败雷必达的阴谋。皇帝的多疑在这时暴露无遗。代表团遭受了公然的蔑视。绝大部分元老被视作潜在间谍，因而被拒绝进入高卢；克劳狄乌斯是少数被准许入城的人之一。然而，在率先抵达卢迪南后，他身上还穿着衣服便被人推进了河中。或者据说如此。遑论真假，总之这些流言传达了卡利古拉想传达的信息。背叛他的人将无法再获得任何礼遇和尊重。他已经把元老院和自己家标记为蛇窝了。皇帝与贵族之间的战争如今正式爆发。

这一切使得卡利古拉必须尽快返回意大利。但有一个问题。

280

没有赢取一些值得在罗马宣扬的功绩就离开北方，显然是不现实的。因此，刚开春他便回到日耳曼前线视察军队、验收加尔巴的军纪整顿成果，并再一次对莱茵河对岸发动了突击。[29] 不过最后，卡利古拉迫切需要的战果并不会在日耳曼产生，而是在不列颠。

尽管近一个世纪以来还没有军团跨越过英吉利海峡，但罗马在不列颠的影响力一直在稳步上升。不列颠岛由众多暴躁固执又雄心勃勃的部族首领割据瓜分，这种情况下，罗马的统治者自然成了首领们最便捷的权力模板。不列颠军阀逞威风的最有效方式就是装扮成恺撒。国王若是用地中海进口的珍馐美味来招待宾客，或是命人将自己头戴月桂花环的模样印在银币上，便等同于标榜自己是一个有雄心壮志的人。这种自我标榜往往需要大笔金钱，过程也决不轻松。就连岛上最有权势的部落首领也必须表现出对罗马的尊重，这绝非巧合。库诺贝林是卡图维劳尼族的首领，其影响力覆盖不列颠东部和中部的大片地区，可即便这样，他仍然要到卡庇托尔山上贡献祭品；倘若领地的海域内出现了遇难的罗马水手，他也会不遗余力地将其尸身送回罗马。正因如此，库诺贝林的一个儿子在抢夺肯特失败后遭到流放，考虑到英吉利海峡对面的恺撒后，他断定：那是自己唯一能去的地方。

卡利古拉对于这个意外收获自然无比开心。这位货真价实的不列颠王子来得太是时候了。先接受他的投降，再将此事处理成不列颠全境的投降太简单不过了。卡利古拉迅速派遣信差快马加鞭地赶回罗马。按照他的命令，信差们抵达罗马后，要尽可能兴师动众地骑马穿过街头巷尾，并朝着玛尔斯神庙赶去，然后将缠着月桂枝的信交给两位执政官。就这样，罗马人民迎来了捷报。

当然，这一捷报传遍了整座原本就流言如潮的城市，不断重复着恺撒面临的危险、他所抓获的俘虏，以及他对海洋的征服。这些一直是公民同胞热衷的情节类型。从罗马广场到酒馆再到晾晒着衣服的庭院，有关恺撒在北方所作所为的叙述在全城口口相传，然而与此同时，其余的故事版本也传播开了，且总的来说都是对卡利古拉不太有利的流言。据称，一提到野蛮人，他就从莱茵河对岸溜回来了；所谓的征服海洋后缴获的战利品不过是装满贝壳的箱子；而他即将带回罗马的那些俘虏根本不是日耳曼人，而是染过头发的高卢人。据说，他的妻子，他那浮夸造作的搭档卡桑尼娅，甚至正在搜罗"赭色假发"[30]供他们穿戴。两股消息天差地别，这让远离边疆的城里人如何判断真假？卡利古拉飞速地从英吉利海峡赶往意大利。他清楚自己可能面临怎样的损失，也明白诋毁自己战绩的罪魁祸首是谁。"是的，我要回去了——但只是因为骑士们和人民想让我回去，"他对专程北渡来见他的元老院代表团说道，"别把我当作你们的同胞，我作为第一公民已经不再承认元老院了。"[31]

这一席话说得他们脊背发凉。而卡利古拉说话时又习惯性地猛按剑柄，更是让他们凉意四起。不难理解使者们会因此瑟瑟缩缩、谄媚逢迎了；不过，若是以为皇帝只计划处置政敌的话，那他们便低估了他那骇人的野心。去年秋天整个罗马贵族圈似乎都与他为敌，这已经让卡利古拉下定了决心。他如今的目标是摧毁所有维护元老院威望及自尊的东西，并破坏元老院古老权威的根基。正因如此，元老院颤抖着提出授予他凯旋式时，他没有接受，反而嗤之以鼻；遣散代表团后，他甚至还拒绝任何一位元老出面迎他回城。"因为他不想让人觉得，元老院

282

还有权授予他任何可以提高他声誉的事物，一刻也不行。毕竟，那意味着他们的地位比他高，能居高临下地授予他殊荣，而自己则低他们一等。"[32] 多么富有洞察力的见解。数十年来，帝政宛如一只蚕，在奥古斯都精心设计的幌子下和提比略尤其看重的过时传统中，安然无恙地结茧化蛹；随着卡利古拉从战场归来，这只蚕终于要破蛹而出，继而舒展双翼来惊艳世界了。罗马再容不下元老院的自命不凡，只剩下第一公民和平民百姓之间的纽带。

因此，卡利古拉在公元 40 年 5 月从北疆抵达罗马城外时，没有直接进城，而是一路向南去了那不勒斯湾。① 那里的豪门数代以来大兴土木、攀比成风，但卡利古拉到来后上演了一出冠绝全湾的大戏。任何沿海别墅、装饰建筑和豪华游艇都无法与之媲美。他从地中海内外征集货船，拼接成一座绵延 3.5 英里的巨大浮桥，由此将意大利最繁忙的港口普特奥利（Puteoli）与最著名的游乐胜地巴亚（Baiae）连在了一起。[33] 桥上垒以厚土，一路设有多个供应自来水的驿站，看上去几乎与阿庇亚大道别无二致。卡利古拉抵达巴亚后，先向海神尼普顿献祭，随后做出了一个事先策划好的用来震惊天下的举动。他的前方，浮桥上厚土垒起的大道一直延伸到普特奥利；他的后方，一队耀眼夺目、全副武装的骑兵与战士在等候他的命令。而卡利古拉头戴橡叶皇冠，身穿亚历山大大帝的胸甲，跃然跨上了马背。征服大洋后的他现在要以最实在（尽管非常令人讶然）的方式

---

① 狄奥在公元 3 世纪早期的著作中暗示：面对元老院发表了那番骇人听闻的演讲后不久，卡利古拉在公元 39 年春来到了那不勒斯湾旅游。但塞涅卡在《论生命之短暂》（On the Shortness of Life, 18.5）中明确表示，这场旅行发生在公元 40 年。若确切时间绝无可能确定下来，那么根据当时情形公元 40 年的可能性更高。

向天下昭示他对大海的掌控。他发出前进的指令，在嗒嗒的马蹄声中踏上了浮桥，金黄色的斗篷在夏日骄阳下散发着耀眼光芒。"他成为皇帝的概率，和骑马观光巴亚湾一样大。"[34]这是占星家忒拉绪洛斯对提比略说过的话。但如今，卡利古拉不仅成了皇帝，还正骑马跨越大海。

罗马人民从未见过这般雄奇的景象，纷纷聚在海岸边出神观望。那一刻，他们见证的既是对罗马最骄傲的传统的戏仿，也是对这一传统的打压。卡利古拉的这番大手笔毋庸置疑地与罗马凯旋式相照应。他成心借此去提醒那些保守愚钝的罗马将领要有自知之明。他们只满足于沿着一成不变的路线，在罗马的大街小巷庆祝战功。而服从于习俗就意味着屈从于习俗的守护人，卡利古拉绝不会这么做。罗马古老习俗规定，将领进城参加凯旋式前，须由共和国的主要官员和元老院接待，但这一次，那不勒斯湾不会有他们的身影。卡利古拉在身边布置的都是他认为可以信赖的人员：禁卫军、他的士兵和密友。众船之桥不适合老年人。要成为皇帝的密友，无疑就要和他一样有爱出风头的心。跨越海峡抵达普特奥利一天后，卡利古拉便惺惺作态地驾车回去了，拉车的是罗马最有名的几匹竞赛用马。他的密友随他渡桥返回，也驾着从不列颠带回的马车辘辘地行进。① 诚然，异域风味最应在凯旋式上呈现，但刚从英吉利海峡归来的卡利古拉绝不会满足于只炫耀自己对蛮荒北疆的征服业绩。从太阳升起到落下之地，整个天下都归他掌控。也正因

284

---

① 苏埃托尼乌斯并未明确指出这些马车的发源地，但他用了"esseda"一词来描述它们。该词指数世纪前高卢人使用的战车，以及卡利古拉时期不列颠人专用的战车。时刻立于新潮之上的梅塞纳斯据说拥有"一间不列颠战车库"。（Propertius：2.1.76）

如此，为彰显自己的世界霸权，他还安排了一个帕提亚人质（一个王子）与自己并肩而骑。庆典中没有一个细枝末节和花样不是经过了精心设计的。就连黑夜也无法掩盖其光芒。随着夜幕降临，那不勒斯湾不远处的天空中燃起了大片篝火，照亮了所有参与渡海的人。他们躺在泊于桥边的船只上开怀畅饮。卡利古拉则继续待在浮桥上，吃饱喝足后，他又像捉弄叔父一样拿同伴取乐，并把他们推入海中。最后，他决定不能让庆典陷入低潮，便下令将手下人宴饮的部分船砸碎。他看着那一幕，"情绪万分高涨"。[35]

一直以来，卡利古拉都展现出了一种将奇观、嘲弄与暴力相结合来取乐的天赋。从他修建的众船之桥远眺，卡普里岛的轮廓清晰可辨。而当年就是在那里，他坐在伯祖父提比略脚边学习各种结合了羞耻与表演的艺术。提比略不齿于自己的性癖好，喜欢藏着掖着，但卡利古拉不是如此。无论是角色扮演，还是强迫元老们的后代像娼妓一般兜揽生意，他在提比略的私人岛屿上培养出的趣味最终都展露无遗。卡利古拉丝毫不再顾虑将其公之于众。一个被推翻的失败的政治秩序所衍生的行为标准怎么能约束住"最伟大最优秀的恺撒"呢？[36]毕竟，他连催马渡海都做到了。他已经打定主意，要让罗马贵族意识到他们的无关紧要和无用，还有什么能再阻挡他登上世间最大的舞台呢？他游历在外已经整整一年，现如今，是时候回罗马了。

卡利古拉在8月31日生日当天进入罗马。元老院特意投票授予他新的殊荣。这种场合下皇帝自然乐于接受，但在接过这些荣耀时，他没有忘记炫耀自己权威的真实基础。游行街道时，禁卫军、军队及日耳曼护卫队包围着他，罗马人民也在他身旁围成一团；卡利古拉在罗马广场停下，登上一座长方形会堂的屋顶，开始向空中抛撒金币和银币。大批人被踩踏致死，其中包括 200 多个女人和一名宦官。卡利古拉欣喜万分，连着好几日重复了这一表演。"罗马人民爱他，因为他拿钱收买了人心。"[37]

但那并不包括贵族阶级的心。留给贵族们的只有接连的失望。他们非常清楚皇帝的打算。他们最坚实的权威基础——保护人的权力——正受到他的讽刺和削弱。更糟糕的是，卡利古拉让平民在泥土里摸索自己的慷慨馈赠时，其实也是在提醒元老们：他们和平民一样依赖于自己的无常禀性。哪怕最尊贵的行政职位，就是那些数世纪以来因任职的风云人物而变得神圣的官职，也都由他施舍。不同于前几位皇帝，卡利古拉毫不犹豫地捅破了窗户纸。一向"洞察私欲"[38]的他无情地施展着嘲弄的艺术。而他恶意嘲讽的对象，是数世纪来鞭策罗马贵族为共和国悉心效力的远大愿景。在卡利古拉表示想封爱马英西塔土斯为罗马执政官时，其讽刺程度达到了极点，在贵族们看来几近癫狂。

但他们似乎无从逃脱。绝望无助的元老们不能唆使禁卫军和日耳曼护卫，还谈什么获得解放的切实希望？一次，卡利古拉与两位执政官共进晚宴。他斜靠在躺椅上，突然咯咯一笑，继而喃喃自语道，只需点点头，他便能叫两人血溅当场。这其实是在和整个罗马贵族圈博弈。"让他们恨我吧，只要他们还怕我。"[39]这句话引用自一位古代诗人，概括了皇帝卡利古拉在历经叛变后对元老院所采用的一贯政策。监视与恐惧相辅相成。卡利古拉返回罗马后不久，又一场阴谋被揭发，但这回是一名元老走漏了风声。[40]所有犯事者都属于罗马最高阶层，他们被拖曳着带到皇帝跟前——他此时正住在他母亲在罗马城外的一栋别墅里。皇帝先是命人对他们挥鞭抽打，再酷刑折磨，待他们全盘招供后，又堵住他们的嘴。是夜，火把照亮了卡利古拉与宾客沿河漫步的花园。囚犯们被推搡着跪倒在阳台上，脖颈前伸，嘴里塞满布条，一句反抗的临终之言也没发出便人头落地了。

"谁听说过晚上的死刑？"对许多元老来说，此事的真正丑恶面不在于同僚被处死，更多在于自己沦为饭后消遣的对象。"行刑画面越是弄得兴师动众，就越能以儆效尤。"[41]这是罗马道德学家的真实声音。此人深信任何私下勾当都将滋生堕落与变态。按照古老的观念：卓著的罗马公民在任何情形下都不得有私生活。有关提比略在卡普里岛所作所为的故事就是一个反面典型。但从提比略的故事中也能得出别的经验教训。毕竟，正是在卡普里岛，有了伯祖父提比略的放任，卡利古拉才养成了爱好盛装打扮、参与色情表演、观看贵族阶级自辱身份的品位。如果还有人以为惩罚的唯一目的在于教育罗马人民认清公民责任，那就太落伍了。卡利古拉戏弄元老，不仅是为了震慑整个精英阶层，也是为了自己取乐。有时，他的报复必须既慎重又快速，他便会倾向于在公共场合玩弄受害者。"只有这样的打击才能让他们知道大限将至。"[42]这是卡利古拉珍爱的一句格言。

罗马之于卡利古拉，恰如卡普里岛之于提比略：是上演残酷戏剧的无所节制的舞台。只有少数元老才具备足够技能来应对舞台上各种具有迷惑性的恐怖事物。卢基乌斯·维特里乌斯便是其中一位。他是卡利古拉密友的父亲，也是功绩昭著的前执政官。他就任叙利亚总督期间的成就包括迫使帕提亚国王向罗马军队的鹰旗俯首鞠躬。受传唤回城时，他担心自己的成就引发了皇帝的猜忌。他的担心是正确的。面见皇帝时，他穿着粗糙的平民布衣，像在走近神明圣坛时一样罩住头，扑通拜倒在地，拥护皇帝卡利古拉为神，为其祈祷，并许诺为其献祭。卡利古拉怒气全消，并且开怀大笑。是的，这是一场游戏。卡普里岛的相处时光让小维特里乌斯对卡利古拉的思维方式了如指掌，肯定将这场游戏的性质事先透露给了父亲。但也不全如此。几十年前，在卡利古拉曾外祖父奥古斯都的婚宴上，宾客们也曾装扮成神明出席，结果引发了全民暴乱；如今奥古斯都已经位列诸神，若是卡利古拉当众扮成朱庇特的模样，蓄金色胡须，手持雷霆，不知罗马人民又会做何反应呢？一名高卢补鞋匠见状大笑不止，当着皇帝的面说他“荒谬至极”，[43]卡利古拉微笑着送鞋匠离开了。但当卡利古拉询问密友兼知名演员阿佩莱斯，自己与朱庇特谁看起来更伟大时，阿佩莱斯结结巴巴答不出来，顿时招致卡利古拉的报复。皇帝卡利古拉很在意下属的思维敏捷性与敬重之心，但阿佩莱斯在两方面都辜负了他，因此遭到了相应的残酷鞭刑。阿佩莱斯一词在拉丁语中意为“没皮”。在可怜的阿佩莱斯被抽打得皮开肉绽后，卡利古拉告诉他，他的嚎叫声实在悦耳，他完全可以胜任悲剧演员了。现实与虚构、肮脏与怪诞、滑稽与可怕之间存在一个供卡利古拉的想象力自由驰骋的维度。只有维特里乌斯这种洞察力超群的人才能理解并利用其中的暗示。“我在和月亮对话，”一次，卡利古拉不经意地对他说，“你能看见她吗？”维特里乌斯眼皮低垂，圆滑地附和道：“噢主人，只有你们神明才能看见对方。”[44]

维特里乌斯由于深谙游戏规则，且精于此道，被接纳进了皇帝乐意当作朋友的顶层元老圈。但大部分元老因尊严严重受挫而变得迷惘无助，发现自己唯一的用处就是充当皇帝作恶时的玩物。卡利古拉最大的乐趣就在于创造情境，迫使精英阶层

288

289　自取其辱。他仿若痛苦的鉴赏家，享受着每一个仔细研究受害者的机会。他废除了奥古斯都制定的竞技场座位制，看见元老、骑士和其他人混在一起忙乱地抢占座位——"女人挨着男人，奴隶挨着自由民"[45]——时，简直乐到了极点。同样，有时他也喜欢更近距离地品味人所能忍受的极致痛苦。一次，他以微不足道的罪名处决了骑士帕斯托的儿子，又在同一天宴请帕斯托，并派守卫留意这个可怜人的每一次脸部痉挛。卡利古拉递给帕斯托一杯酒，祝他身体安康，帕斯托接过后一饮而尽，"虽然他喝下的很可能是自己儿子的血"。无论香水、花环还是珍肴美味，帕斯托总是满怀感激地接过。旁观者如果不清楚他儿子的厄运，绝不可能猜到他僵硬的笑容下隐藏的痛苦有多深。但皇帝卡利古拉洞察一切，知道帕斯托的脸上为何一直挂着那样的微笑。"他还有一个儿子。"[46]

　　卡利古拉常年生活在提比略的猜疑之下，从未流露过对母亲及兄弟的悲伤之情。这一经历让他明白了一个险恶的真相。曾经的共和岁月里，义务和职责的神圣纽带可以使名门望族数代昌盛兴旺，但如今在他这样的恺撒治下，这些东西却可被用作束缚望族的工具，供他将其一网打尽。卡利古拉回都六个月后，一大群人质挤满了他在帕拉蒂尼山的府第，那都是"罗马杰出人物的妻室和出身最高贵的贵族子弟"。[47]当年的提比略在召唤贵族子弟侍奉他前，至少先退隐到了卡普里岛；但卡利古拉"在安置并凌辱他们"[48]后，丝毫没有遮丑避嫌的打算。他的一举一动截然相反。半个多世纪以前，奥古斯都曾将通奸列为独立罪名，责令通奸的有夫之妇像妓女一样穿着。而此刻住在290　奥古斯都府第的卡利古拉却反其道而行之。皇宫的房屋及街道被大肆增建扩建，一直绵延扩张到罗马广场。将贵族们的妻儿拘禁在富丽堂皇的豪宅里后，卡利古拉开始邀请罗马"老少"登上帕拉蒂尼山来检阅这些商品。[49]哪怕贵族们已经遭遇了先前的种种痛苦折磨，这样的侮辱对他们而言仍旧是毁灭性的，对奥古斯都明文昭示的价值观亦是如此。在奥古斯都府第内大开妓院，看到这态势恐怕连奥维德都会倒抽一口凉气。这是卡利古拉所有恶作剧中最骇人听闻、最目无法纪、最具破坏力的一出了。

"他虽然有五花八门的恶毒把戏，但真正的爱好是虐待。"[50]继位四年后，公元41年，卡利古拉的欺辱天赋已经令整个罗马精英阶层缩头缩脑，甚至于：他的代理人走进元老院怒目圆睁地瞪着某位元老，控诉其厌恨卡利古拉皇帝时，元老院众同僚就可能猛扑上去，将被控者撕成碎片。没有人敢放松警惕。卡利古拉的密友肯定不敢。皇帝是乐于让他们诚惶诚恐、如履薄冰的。卡利古拉的密友兼前执政官瓦列里乌斯·亚细亚提库斯因妻子性冷淡而备受非难，加上他是一个"高傲敏感的人"，[51]因此进一步沦为卡利古拉的笑柄。即便禁卫军也免不了遭受嘲弄，尤其是禁卫军高级长官卡西乌斯·卡瑞亚。他是一个头发斑白的老兵，不仅在莱茵河服役期间表现突出，还曾在日耳曼尼库斯麾下作战。卡瑞亚性情直爽强硬，符合罗马最严苛的军事传统标准，但他那柔和的嗓音却显得极不相称；因此，每逢卡瑞亚当差，卡利古拉便会给他一些女性化的词作口号，且每次都笑得前俯后仰，而其他禁卫军也跟着笑作一团。卡利古拉就是这样，总是知道怎样精准地戳人痛处。

他也知道如何将其纳为己用。他称呼卡瑞亚为"女孩"；[52] 每当卡瑞亚必须亲吻他的手时，他又总会做出些淫秽的手势。

291

他一遍遍地触碰着这个受害者的敏感神经，却又不全是为了取乐。他需要一个狠角色来充当自己的爪牙，而卡瑞亚拼命摆脱娘娘腔之名的劲头让他断定，此人会是一个极其高效的酷吏或打手。

但这是一桩经过仔细权衡的使命。毕竟，恐怖滋生恐怖。先是雷必达及卡利古拉自己的两个姐妹严重削弱了他对身边人的信任，接着第二场阴谋败露，让他的信任几乎降为零。而给他带来这致命一击的，是一位名为贝提里恩努斯·卡庇托的元老。卡庇托的儿子参与了第二次谋逆。眼睁睁地看着儿子被砍头后，卡庇托宣称自己也是同谋之一，而且还给出了一份其余共谋者的详细名单，里面几乎包括了卡利古拉所有的近侍：有他最信赖的朋友和禁卫军统帅，甚至还有卡瑞亚。"当然，这份清单受到了质疑，列清单的人也被处死了。"[53] 但卡庇托终究达到了目的。卡利古拉对身边人的疑虑，远超他在他们心中激起的恐惧。事实上，新年期间，卡利古拉甚至惊慌到再次计划离开罗马。和之前一样，他还是打算追随父亲的足迹前行。鉴于先前已去过莱茵河，这回他将目光投向了东方。他尤其渴望去亚历山大港看看。他公开表达了自己对这座城市的爱慕，"并计划以尽可能快的速度奔赴当地，在那里长住一段时间"。[54] 他计划的启程时间为 1 月末。

但当前还有纪念奥古斯都的活动需要举办。帕拉蒂尼山上搭起了临时舞台。卡利古拉如痴如醉，乐不可支，最后将原定的活动时间延长了三天。随着 1 月 24 日、节日最后一天的到来，皇帝动身前往亚历山大港的日子也近了。当天的他心情极度畅快愉悦。和以前一样，元老们仓皇地寻找座位的场景仍旧逗得他眉开眼笑。在奥古斯都的献祭仪式上，牺牲的血溅到同伴兼元老阿斯普雷纳斯的身上，更是令他狂笑不已。① 紧接着，为了进一步活跃气氛，他命人将大批甜食和珍禽肉倒向看台。观众们见状疯抢，互相推搡着，令卡利古拉龙颜大悦。欢快的上午最终以罗马最著名的明星麦尼斯特的表演圆满收场。麦尼斯特兼具美貌与才华，独得卡利古拉青睐。他表演的悲剧不仅包含乱伦与谋杀情节，甚至还伴有许多把肠子呕出来的闹剧，遑论十字架刑罚了。待戏剧落幕后，舞台上满是人工血。

午餐时分，卡利古拉决定回私宅用餐休息，于是和随从起身离开了为举办比赛而临时搭建的前庭。进入奥古斯都府第后，他们由克劳狄乌斯与瓦列里乌斯·亚细亚提库斯领着，一路沿站满奴隶的走廊向浴室走去。这时，卡利古拉听说几个希腊公子哥正在为他排练音乐剧，遂转而准备前去视察，几名轿夫跟随在他身后。穿过侧巷时，他瞥见卡西乌斯·卡瑞亚与另一位禁卫军队长科内利乌斯·萨比努斯正带着一队禁卫军走来。卡瑞亚走近皇帝，询问他当天的口令是什么。卡利古拉想当然地给出了一个讽刺性的回复，但他话音刚落，卡瑞亚便一剑刺向了他的颈部。[55]

然而，卡瑞亚刺偏了。刀片穿过皇帝肩膀，被锁骨卡住了。卡利古拉痛苦地呻吟着，赶紧站起身来跌跌撞撞地拼命往前跑。　293
萨比努斯眼疾手快，一把抓住了皇帝手臂，迫使他跪倒在地。众禁卫军纷纷拔剑砍去。卡瑞亚第二次出手准确，成功砍掉了这个摧残自己之人的项上人头。[56]哪怕到了此时，禁卫军们也仍不肯收手，照旧一阵胡砍乱劈。有几个人刺向了卡利古拉的生

---

① 不管真相如何，约瑟夫斯如此描述道。约瑟夫斯的记载是目前史学界最详尽且最接近事件发生的时间的。按照苏埃托尼乌斯（Caligula：57.4）的叙述版本来看，溅出来的血是红鹤血，而且溅到了卡利古拉本人身上。

殖器。据后来传言，还有几人甚至吃了皇帝的尸体。[57]不过，卡瑞亚大仇得报的快慰感是确凿无疑的。直到卡利古拉的尸首面目全非后，他才和同犯逃之夭夭，穿过一连串小巷，然后藏身在曾经为日耳曼尼库斯府第的地方。

轿夫们最初还拿着抬轿杆英勇顽抗，最后却也溜得无影无踪。日耳曼护卫队听说主人遇害后，忙赶到现场击退了剩余的禁卫军，却没有收拾卡利古拉身首异处的尸骨。他们冲上帕拉蒂尼山的街头追捕罪犯时，卡利古拉仍躺在原地无人问津，直到卡桑尼娅及其女儿发现尸身（卡利古拉曾看见卡桑尼娅的女儿作恶多端，抓伤了玩伴的脸还自得其乐，于是开怀大笑地认她为女）。两人匍匐在血泊里悲痛欲绝，但被一位禁卫军逮住。他是受命来取母子俩性命的。卡桑尼娅抬头看着士兵，泪眼蒙眬地催促他赶紧"完成这出剧的最后一幕"，[58]于是士兵割开了她的喉咙，又接连把她女儿的脑浆溅在了墙上。[59]

卡利古拉一脉就此断绝，死因是：玩笑开得过火。

第六章　农神节快乐!

家族之首

混乱孕育着机会。最清楚这一点的莫过于恺撒家族。自奥 294
古斯都在血腥内战中拔得头筹后,恺撒家族一直枭视狼顾地提
防圈外人利用他们的死敌来图谋不轨。可随着卡利古拉被刺身
亡,一切似乎悬而未决了。奥古斯都曾在帕拉蒂尼山维护世界
和平,但如今这里暴乱四起、混乱丛生。嗜血的日耳曼剑客巡
街查巷以寻找着凶手。遇见阿斯普雷纳斯(也就是祭祀时托加
袍沾了血的那位元老)时,他们直接砍掉了他的头。另外两位
元老也遭到了同等残暴的对待。

看台上流言纷飞,众口纷纭。没有人确切知道卡利古拉是
否已经死亡。有消息说死里逃生的他赶到了罗马广场,正在那
里鼓动"爱戴皇帝的愚蠢"[1]平民。元老们坐在原地一动不动,
一方面渴望相信卡利古拉的死讯,另一方面又害怕一切只是一
场恶作剧。不久,一队日耳曼护卫突然出现,还拿着阿斯普雷 295
纳斯及另外两位被杀元老的人头在元老们面前晃悠,继而又把
人头扔在了祭坛上,这更是让他们如坐针毡。好在一位声如洪
钟的拍卖商及时赶来,不仅向剧场所有人确认了皇帝的死讯,
还强烈要求日耳曼护卫将剑收回,这才避免了一场屠戮的发生。
卡利古拉若是还活着肯定会很失望吧。

与此同时,罗马广场上,一些雄心勃勃的元老已经开始思

忖卡利古拉被除对于整个元老院的意义。怒气冲冲的人群将瓦列里乌斯·亚细亚提库斯围成一团，要求知道谁杀了他们敬爱的皇帝。瓦列里乌斯安然一笑道："我只希望是我杀的。"[2]显然，他对妻子受辱一事仍耿耿于怀。但除了私欲的满足外，当前还有更利害攸关的问题需要考虑。卡利古拉继位者的缺乏使得贵族们面前突然呈现出一幅让人眼花缭乱的图景。卡利古拉被刺当天下午，罗马广场上挤满了吵闹的抗议者。指派守卫维持秩序的不是皇帝，而是两位罗马执政官。元老们也没有在经过恺撒们改造的元老院内集会，而是在卡庇托尔山山顶那象征罗马庄严历史的朱庇特神庙内集体商讨未来大计。"对于受过德行教育的人而言，能在一个自由国度生活，只听命于自己，且为铸就国家之伟大的法律所管束，哪怕一个小时都够了。"[3]一位执政官自鸣得意地宣布道。当晚，卡西乌斯·卡瑞亚在向元老院汇报时，郑重地向两位执政官询问了口令，而两人的回复等同于昭示罗马人民古老的政体又回来了："自由。"

当然，单凭豪言壮语不足以恢复共和国。奥古斯都建立的政权早已在罗马根深蒂固，唯独身处政权中心才能看到它的广度。但元老们并不具备这一条件，因为他们的阶层是由法律决定的，他们的舞台也只是公开的集体辩论厅。帕拉蒂尼山上如今人烟稀少，不久前就是在这些错综复杂的小巷、走廊和庭院间，皇帝的刺杀者安然无恙地消失了。凯基纳·拉古斯是目前仍住在这里的少数人之一。和梅塞纳斯一样，他是伊特鲁里亚人，与日耳曼尼库斯在莱茵河的副官来自同一个家族。凯基纳府第的花园里种着几棵漂亮的忘忧树，他对此非常自豪，因为在树荫下，他能比任何同僚都更有利地监测到"权力的奥秘（arcana imperii）"。权力的暗流正在翻涌，但卡庇托尔山上的元老们只隐约有所察觉。无论此刻的卡瑞亚可能多么趾高气扬，凯基纳知道，绝大多数禁卫军和共和政权的恢复之间都是不存在利害关系的。继卡利古拉被谋杀后，他们一直在帕拉蒂尼山追捕凶手，而非与凶手站在同一边。也难怪凯基纳没有加入卡庇托尔山上哗众取宠的元老队伍，而是倾向于玩一场不一样的政治游戏。还有别的更切实的路子可以助他扩大影响力。凯基纳也不是唯一一个猜测罗马未来已定的人。

卡利古拉被杀数月前，曾召见两位禁卫军统帅私谈。这两人与凯基纳都被卡庇托列入了同谋者名单之中。卡利古拉固然不愿相信他们有罪，但仍要求两人作保证。两位禁卫军统领发疯般地向他陈表忠心，最终化险为夷。只不过，这场会谈所引发的猜疑并未烟消云散，两人都很清楚失去卡利古拉的青睐后他们的下场会如何，但也认识到自己及全体禁卫军与恺撒家族的存亡有着怎样唇亡齿寒的利害关系。还有什么合适人选可以继承世界大权呢？被流放的小阿格里皮娜之子、日耳曼尼库斯唯一幸存的男性继承人兼奥古斯都家族成员卢基乌斯·多米提乌斯·阿赫诺巴布斯尚未成年，所以只能另选他人。很明显，这个人必须是奥古斯都家族的成年男性，而且长期备受亲戚们的歧视和贬损，以至于卡利古拉都没动心思除掉他。从这个角度来看，禁卫军统帅们的解决方案不言自明。事实上，这样的人只有一个。

禁卫军的计划不久就传到了卡庇托尔山上还在为共和国未 297
来而辩论的元老耳中。据说，侄子被杀后，克劳狄乌斯一直躲在一块幕布后面。一名匆忙经过的禁卫军看见他露出来的脚后，拉开了幕布。克劳狄乌斯立马下跪求饶，这名士兵却将他扶起，拥他为凯旋将军。当然，很难想象还会有比病弱且身为平民的克劳狄乌斯更不配接受此番大礼的人了。但这并未阻止禁卫军将他塞进轿子，然后绑架到军营里，一齐"授予他最高权力"。[4]不管怎样，消息最后传到元老院时，可以预见的是元老们都惊愕万分。两位执政官立刻召见克劳狄乌斯。克劳狄乌斯却用一种充满戏剧性的悔恨的语气回复道，自己被"武力强制拘禁"[5]了。他是知名学者，很清楚自己的历史。他知道，如果想名正言顺地得到第一公民之位，最稳妥的办法便是一再坚持自己不想成为第一公民。和先前的奥古斯都及提比略一样，克劳狄乌斯一再哀叹自己对最高权力没有任何兴趣——甚至在他正采取各种措施来获取这种权力的时候。共和政体刚恢复一天便彻底覆亡。

第二天清晨，卡利古拉的尸骨依然停放在禁卫军军营。罗马广场上响起了群众要求立新皇的呼声，元老院束手无策，只得同意。唯一剩下的问题是，一个流着口水及全身抽搐、从未服过兵役、从血缘及收养关系来看都并非恺撒的人真的是最合适的人选吗？一些不懂游戏规则的元老当即毛遂自荐。前执政官兼著名雄辩家马尔库斯·维尼基乌斯好歹和奥古斯都家族沾亲带故，因为他和卡利古拉那丢人的小妹尤利娅·莉薇娅曾有过持续近十年的婚姻。第二个人则身处无数张蜘蛛网的中心。安尼乌斯·维尼奇安努斯的身体里流淌着谋逆的血液，充满野心，从姓名上不难发现，他与马尔库斯·维尼基乌斯是亲戚，同时他也是雷必达的生前好友，又与卡瑞亚熟络。当然，很多人都留意到了他在卡利古拉被害一事前后留下的足迹，而维尼奇安努斯自告奋勇之举对于止息这种流言更是毫无助益。

但罗马人向来不喜欢偷偷摸摸的行事风格；这也是第三名选手瓦列里乌斯·亚细亚提库斯可以作风奢靡之人的身份来竞

选的原因。他的地产遍及从意大利到埃及的广大地域；他的花园位于战神广场上方，里面奇花异树争妍斗艳，在全罗马最为著名。他的尊严感符合共和国最高贵的传统，卡利古拉生前还因此故意戏弄他。对贵族圈内那些被吓得大气不敢出一声的人而言，瓦列里乌斯·亚细亚提库斯无异于一抹耀眼的颜色，提醒着他们在恺撒们当权前自己的辉煌过去。尽管如此，瓦列里乌斯和当天早上毛遂自荐的其他元老一样，在继承世界大权一事上实际是没有任何希望的。哪怕他再有魅力、再器宇轩昂，都始终无法弥补这样一个无从避开的缺陷：他不是罗马人，甚至连意大利人都不是，只是区区高卢人。这样的身份怎么能取代日耳曼尼库斯的亲兄弟、提比略的亲侄子兼克劳狄家族成员呢？毋庸置疑，1 月 25 日下午，瓦列里乌斯·亚细亚提库斯与卡庇托尔山上的其他元老最终还是接受了不可避免的事实。前一天他们还在高谈阔论自由政体的恢复，如今便咬牙切齿地将卡利古拉近来行使的所有权力都交给了一个自己最不齿的人。此外，他们还授予了此人一个封号：恺撒。在这之前，元老院是没有必要授予第一公民这样的封号的。当天晚上，50 岁的克劳狄乌斯走出禁卫军军营，打道返回罗马中心。这个曾被生母描述为"畸形物"[6]的病弱之人如今就将占领帕拉蒂尼山了，而且是以一个完美且适宜的新名字来占领的：提比略·克劳狄乌斯·恺撒·奥古斯都·日耳曼尼库斯。

　　新皇帝兵行险招，但好在走了一步好棋。自从小时候起，他便一直无法获得对奥古斯都家族其余成员而言理所当然的各种机会。他迷上了赌博，甚至就此撰写了一部专著。但赌博这种不良嗜好无疑只加深了其余成员对他的蔑视，认为他意志薄弱。然而，克劳狄乌斯笑到了最后。虽然总是处于劣势一方，但他懂得怎么把一手烂牌打好。在人生的这个岌岌可危的时刻，他再次下了赌注，并因此赢得全世界的统治大权。自尤利乌斯·恺撒渡过卢比孔河以来，罗马还从未发生过这般露骨的军事政变。

克劳狄乌斯展现出了精明慎重、善于经营的一面。但精明慎重之人的一大特点就是尽可能地掩藏自己的精明，克劳狄乌斯自然也不例外。他知道自己的地位尚不稳固，不能实施恐怖统治。卡瑞亚已经被处死——毕竟犯下了弑君之罪，其共犯科内利乌斯·萨比努斯也已自杀，但除此以外死亡人数都被维持在最低。元老院内，所有人都长舒了一口气，尤其那些曾反对克劳狄乌斯成为皇帝的元老。数十年前，元老院曾因奥古斯都"保护公民生命"[7]的功劳授予其橡叶花环，如今他们又将同样的荣誉授给了克劳狄乌斯。这并非空洞的姿态。经历了卡利古拉的恐吓及羞辱后，元老们很珍惜新皇所展现出的宽厚仁慈。遭受了半辈子冷嘲热讽的克劳狄乌斯对于他人的尊严感感同身受。他虽患有腿疾，但元老们每次向他致敬时，他都会尽可能地起身回礼；有时，年迈的元老无法听清元老院内的谈话内容，克劳狄乌斯便会允许该元老坐在行政长官的专用板凳上。不同于侄子卡利古拉，克劳狄乌斯并不是一个会引火烧身的人。

300　　　不过对于自己在元老院中的人气，他没有心存幻想。他对自己安危的顾虑达到了被害妄想症的程度。所接见的任何人都得先经历一番极其仔细的搜身；每次用膳时，他的身边都站着一群士兵。掌权一个月后，他终于首次踏入元老院，但照旧有护卫跟随。克劳狄乌斯知道自己欠禁卫军一个大人情，也不怕承认这一点。他所发行的货币中，一种硬币上便刻着禁卫军军营的图案；还有一种印着他与禁卫军扛旗兵握手的图案。这种友谊是皇帝用重金买下来的。他赐给禁卫军的大笔赏赐，等同于他们年俸的五倍。贿赂痕迹如此明显，其本质几乎无法被掩盖。[8]

不止如此。自提比略继位后，驻守边疆的军队便将新恺撒上位后的大笔赏赐视作自己理应得到的。克劳狄乌斯无意对抗这一传统，却因此面临巨大的财政难题。即便在帝国鼎盛时期，军队开支都占据了国家年预算的很大比例。"没有军队，就没有和平；而没有军饷，便没有军队。"[9]但按奥古斯都家族的标准来看，金钱正是克劳狄乌斯一直紧缺的东西。卡利古拉出于贪图享乐等原因，将数以百万计的国家收入挥霍一空，留给叔父克劳狄乌斯的所剩无几。为筹措必要资金来维持元老院正常运作，克劳狄乌斯甚至不得不变卖家产。如今，获取军队支持所需的资金达到了罗马一整年的税收之高。他要怎样平衡支付呢？

最好的办法是将赌注押在那些掌握了独家知识的人身上。身为赌博老手的克劳狄乌斯对此最清楚不过。没有筹到资金便贸然接受禁卫军的支持，日后肯定免不了出乱子。好在当时他并未做出那样致命的错误判断。克劳狄乌斯既需要士兵的支持，也需要会计官的支持。在这一点上，幸运女神对他十分眷顾。禁卫军统帅并非唯一支持他的人。在当年的那场重大会议上，301除这两人外，卡利古拉还召见了另一人并对其严加盘问。盖乌斯·尤利乌斯·卡利斯图斯是罗马职员，他虽非士兵，对政权却同样关键。其余人都忙着在权力的表层争斗，他则主宰着权力背后的秘密运作。他深晓内情，知道恺撒家族已经发展成了什么样——他们的住所再也不是奥古斯都一向佯装的公民私宅，而是不断扩张蔓延、控制着整个世界的神经枢纽。和所有伟大贵族一样，恺撒家族的府第每天门庭若市，请愿者络绎不绝，游客来此访问致敬，贵宾来此赴宴尽兴；但在这片迷宫般的建筑群内，远离接待室和豪华宴会厅的地方，进行着少有人懂的操作。的确，每位元老都需要一位代理人来管理自己的财产，但没有人的资产规模像恺撒的这般庞大。诚然，他的房产、矿藏及仓库——简称可继承财产（patrimonium）——都需要照管，不过那还不是全部。帕拉蒂尼山上的恺撒管理着整个罗马世界的财政：税收、军队支出及一系列造币厂。奥古斯都曾煞有介事地留下国家财政账簿，让提比略在自己死后念给元老院听，但账簿内容都有意被记录得非常模糊："欲了解详情，可咨询必要官员。"[10] 二十五年后，卡利斯图斯成了掌握这些数据的人，由此知道帕拉蒂尼山上哪个不为人知的地方存放着大量钱币。他的名字出现在卡庇托的名单上后，卡利古拉指控他叛国，于是他面临着和两位禁卫军统帅一样艰难的困境：要么怀揣希望，期盼卡利古拉会相信自己的无罪辩护；要么参与共谋，扶持新恺撒。从克劳狄乌斯能出钱发动政变一事来看，不难猜出卡利斯图斯做出了怎样的选择。

　　克劳狄乌斯的政变结束后，卡利古拉的其他得力助手都被铲除了：从他的看护人到一位密切监视贵族阶级的官员不等——后者每次出现时，都拿着"剑"与"匕首"这两本书。就连两位禁卫军统帅也被及时卸任。但卡利斯图斯还在。克劳狄乌斯政权下的他仍然保有原来侍奉卡利古拉时的位置——权力的中心。和凯基纳·拉古斯（也就是那位在帕拉蒂尼山上拥有一座私宅的元老）一样，他太精明，知识太渊博，也太珍贵，是个不容得被置之一旁的盟友。政变一年后，凯基纳得到了回报，以新皇同僚的身份担任罗马人民的执政官。相比之下，卡利斯图斯却并未被授予如此高的荣誉。对外，他的角色仍然比凯基纳卑微许多。凯基纳在扈从护送下阔步穿过罗马广场、进入元老院时，卡利斯图斯则在帕拉蒂尼山上审阅皇帝收到的请愿书，日日案牍劳形。但从许多层面来看，担任皇帝秘书所得到的报酬并不比执政官少。在凯基纳坐拥以忘忧树闻名的花园时，卡利斯图斯斥资用极其昂贵的大理石打造了三十根柱子来装修自己的餐厅。虽然他并非执政官，但审核执政官人选这种事在他看来都算不了什么。"事实上，他拥有的财富与引发的恐惧都空前盛大，以至于他的权力近乎专制。"[11]然而，这个以"骄横跋扈、滥用职权"[12]著称的人既非元老，也非骑士，甚至连罗马公民都算不上。诚然，卡利斯图斯帮助推翻了一位皇帝，又控制了外人接近另一位皇帝的渠道，但他最开始其实是罗马社会中最低等的人：奴隶。

他的名字中藏着线索。"卡利斯图斯"在希腊语中意为"绚烂华丽"（gorgeous）。任何自尊自爱的罗马人都绝不会允许别人这样叫自己。但给奴隶取这种名字是一时的风潮，部分是因为它富有异域风情，部分是因为希腊人是最好的奴隶，后一点天下皆知。不过真正的破绽在于卡利斯图斯采用的前两个名字和卡利古拉一模一样：盖乌斯·尤利乌斯。这可以让他脱颖而出，让人一听就明白他是皇帝释放的奴隶，是由奥古斯都解放的自由民（Augusti Libertus）。当然，这样的地位很难被元老看好，但即便最尊贵的罗马贵族都明白，家世门第再也不能决定一切。这也让他们很是痛苦与遗憾。恺撒的青睐或许比家世门第还重要。如今，帕拉蒂尼山上的密室和元老院一样：只要你沿着阶梯往上爬，到达最高处便会有丰厚奖赏。

然而，大多数人根本没有尝试的机会。恺撒的私宅里有一大把奴隶，其中许多人干着最卑微的杂活，其他专职奴隶的晋

303

升前景也并不会好多少。日日夜夜忙着擦皇帝的镜子、整理他的香油，或缝纫华服绝非通往影响力与财富的康庄大道。但若能争取到财务人员的职位便大有希望了。即便在罗马的各个行省，负责处理恺撒账目或以恺撒名义给军队分发钱财的奴隶都得了不少好处。恺撒在高卢行省的会计拥有十六个奴隶，包括一个医生、两个厨子和一个帮他管理金子的人。还有一个在西班牙的管家因为用银盘子吃饭而臭名昭著，他最终变得肥硕无比，被人戏称为"滚圆"（Rotundus）。但在罗马谋事无疑晋升速度最快。在帕拉蒂尼山上，奴隶"常伴恺撒左右，打理恺撒的事务，知悉众神的秘密"，[13] 与所有公民一样有资格探索权力的奥秘。拿捏不当可能会落得跟奥古斯都秘书一样的下场——他被当场抓住售卖主人的信件内容，然后被打断了腿；处理得有技巧则可能像卡利斯图斯一样，既有钱有权、受人敬畏，还获得了自由。

授予奴隶公民身份一直是罗马的神圣传统之一。就连王政时期文治武功均饱受赞颂的倒数第二位国王塞尔维乌斯·图利乌斯据说也出身于奴隶阶级。诚然，喜爱赌博与古代历史的克劳狄乌斯质疑这项传统，并声称塞尔维乌斯在早期并非奴隶，而是名为马斯塔那（Mastarna）的伊特鲁里亚冒险家，但大部分罗马人没有时间去听这类学究气十足的诡辩。塞尔维乌斯的奴隶身份从他的姓名来看不言而喻；再者，他还坚持主张让公民们选择解放的奴隶加入公民行列只会壮大罗马人民，而非削弱其力量。他曾告诉自己的公民同胞，"如果你们舍不得授予他们公民身份，那你们就是傻瓜。如果你们觉得他们不配得到公民权利，那就别让他们得到自由。但如果你们觉得他们值得尊敬，那为什么要单单因为他们来自异国他乡就选择背弃他们？"¹⁴塞尔维乌斯这番话的逻辑无懈可击；于是，在接下来数世纪里，奴隶身份成了贤能之士晋升罗马公民的跳板。公元前2年，罗马通过了一条法律以限制每位公民可以释放的奴隶总数，明确了城市奴隶主一向坚持的指导原则：唯独富有才干的奴隶才有资格加入公民行列。

这也就是说，漫步广场、察看帕拉蒂尼山脚下的那些待售的异国奴隶时，说不定就能看到将大展宏图的明日之星。他们的手脚都缠着镣铐，脚上有白色粉笔标记——这代表他们作为进口物品的身份。"不尝试，便不会知道自己的能力范围。"这是罗马著名智者普布里乌斯·西鲁斯（Publius Syrus）的格言。正如名字所暗示的那样，普布里乌斯也曾是奴隶，被人戴上锁链从大马士革贩卖到了意大利。但在赢得自由后，他逐渐成了罗马首屈一指的剧作家，还被尤利乌斯·恺撒亲自冠以此等荣誉。他的堂弟也有类似的奴隶身份与遭遇，最后成了罗马第一位天文学家。另一位与这两兄弟在同一艘奴隶船上的被释奴最后创建了拉丁语语法学，还是布鲁图斯和卡西乌斯的老师。多年来，罗马因大量异域人才的涌现而受益匪浅。正如奥维德所说："脚部曾被粉笔标记并非罪。"¹⁵

尽管被释奴无法获得竞选官职的机会，但他们的儿子可以。抓住机会的人不在少数。虽然生为奴隶后代的行政长官通常会尽可能地掩盖自己的卑微门第，但众所周知的是，"无数骑士乃至某些元老都发家于被释奴"。¹⁶奥古斯都虽极力强调不同地位之间的礼仪秩序，却也乐于将几个被释奴的儿子当作朋友看待。

韦迪乌斯·波利奥便是其中之一。他是一名财政人员，把自家府第装修得奢靡无比。还有人比他更受尊敬，也曾为奥古斯都政权添光加彩。第一公民奥古斯都委以此人歌颂罗马之新生的

305

任务。哪怕死后多年，这位诗人仍然备受爱戴。"我是一个被释奴的儿子。"[17]无疑，贺拉斯从未打算否认自己的出身。

父亲的悉心栽培和经济支持让贺拉斯拥有了璀璨的人生开端。但在感激父亲培育之恩的同时，恶心感也如影随形。"再好的运气也无法改变一个人的出身。"[18]贺拉斯已经成为地地道道的罗马人，会像罗马人一样担心奴隶身份可能留下难以磨灭的污点。衡量一个被释奴所获成就的最稳妥的标准，便是看他是否培养出了一个极度鄙视自己奴隶出身的儿子。或许正因如此，许多被释奴的儿子在拥有自己的奴隶后，都不会对其温和相待，反而以极度残暴而闻名。荒淫无度的韦迪乌斯·波利奥喜欢把笨手笨脚的仆童扔给一群巨大的肉食鳗鱼吃。连奥古斯都听说后都大为震惊。且不论布满残肢断臂的鱼塘究竟是怎样一幅奇景，单是这一事件本身就能彰显奴隶身份的本质所在，不然，被释奴们又怎会如此大费周章地证明自己永远地从中脱离了呢。成为奴隶与死缓无异，这就是法律。尽管正常情况下法律不允许奴隶主杀死奴隶，但任何其他形式的暴力都可能被合法地施加在奴隶身上。婢女若不小心扯到女主人头发，女主人可能会将发簪戳进她的手臂；侍者若偷吃了宴会的东西，主人会砍掉他的双手，并将其挂在他脖子上。奴隶若是总梦想着跳舞，则会遭受鞭打。主人下手最狠的时候，奴隶的背上会永远地留下一道道交错的疤痕。皮鞭尖端特意装有金属，鞭打时便能深入皮肉。难怪罗马法律会要求奴隶贩卖商汇报哪些"商品"曾试图自杀。奥古斯都在征战西班牙期间曾俘虏了一支部族，但他们不愿被奴役，于是全族自杀身亡。罗马人尊敬那些宁愿自杀也不肯被奴隶的蛮族。同样，反过来看，那些甘愿为奴的人则显示了自己适合为奴的一面。奴隶身份的卑微低下是绝不可能完全被摆脱的。自由仿若光洁无疤的背部，一旦失去，便永远失去了。

因此，卡利斯图斯之辈身处权力中心，无疑惹得罗马人心惶惶。众所公认的是，奴隶从骨子里就容易沾染上低贱卑劣的坏习惯。几乎没有奴隶主不抱怨手下奴隶爱撒谎偷盗的。从卡利斯图斯那设备齐全到令人发指的餐厅不难看出，哪怕成了自由民，他那偷偷摸摸的禀性和当奴隶时并没有什么不同。他堆山积海的家财让人看了不只愤怒，而且焦虑。曾经将他卖给卡利古拉的那个奴隶商常常被看见站在他家门口排队乞求恩惠，但每次都被卡利斯图斯拒之门外——这无异于往伤口撒盐。这样的场面提醒着奴隶主们一个少有人思考过的真相：命运是变幻无常的，正如奴隶可以摇身成为自由人，自由人也可能沦为奴隶。"要是你敢，就尽情蔑视他们吧，虽然有一天你很可能会在轻视他们的时候沦落到一样的地步。"[19] 数世纪前，塞尔维乌斯·图利乌斯在主张罗马须接纳被释奴为公民同胞时，也曾表达过类似的观点。"有多少城邦从奴役走向自由，又从自由滑向了奴役。"[20] 或许也是出于同样的原因，塞尔维乌斯曾下达规定，让奴隶在十字路口祭典上向神明拉瑞斯献祭，并允许他们在节日期间像自由人一样穿着与活动。那一年的其余时候也出现了类似的不治乱象。7 月初，女奴们穿上女主人最好的衣服，勾引行人与她们野合；12 月，随着"农神节快乐"（Io Saturnalia）的呼喊声响起，一场以角色倒置为特色的更狂荡的庆祝活动拉开了帷幕。这一场合允许奴隶放下手边活，享受主人的款待。在大多数人看来，这是"一年中最好的一天"。[21] 不过若是每天都像农神节一样的话，哪怕最热衷于聚会的罗马公民也不会想生活在这样的世界里吧。毕竟，基本的礼义廉耻仍需维护，否则谁能说得清一切会在哪个时点终结呢？

近年来太多事情已经在暗示这一问题的答案。内战的一大恐怖之处便是让人们担忧：奴役与自由的界限已经开始模糊，甚至正面临威胁。这种界限是铸就罗马人民现今模样的一切事物的根基。目无法纪的被释奴甚至滥用骑士特权，"趾高气扬，高调炫富"；[22]与此同时，许多公民却在时代的混乱中栽倒在肆无忌惮的奴隶商手里，消失在用锁链捆成的一排排奴隶之间。问题实在太过严重，以至于提比略在首次担任行政长官时，竟因参观意大利上下的奴隶舍房及释放所有被绑架的囚犯而被起诉。当然，奥古斯都带来的世界秩序恢复了公民与奴隶之间的鸿沟；但在那些对自身地位非常敏感的人看来，奥古斯都的政权特质只进一步撕裂了伤口。当然，精于施加最大痛苦的卡利古拉更是给他们来了一记猛击。一位尊贵的前执政官一度当着全部元老的面跪倒在卡利古拉面前，感谢他的不杀之恩。卡利古拉则像对待奴隶一样，伸出了左脚让其亲吻。同样让他乐不可支的是，在他用餐时，一群德高望重的元老穿着亚麻束腰短衣，从他的头边排到脚边，奴颜婢膝地侍奉他。最可怕的是，卡利古拉授予了奴隶控诉其主人的权利，而许多奴隶也乐于行使此权利。想到家里就有卡利古拉的耳目，哪怕在他们最私密的时刻，哪怕在他们最卑微的奴隶之中，罗马精英阶层简直恐惧到了极点。

克劳狄乌斯也曾遭遇过家奴的重罪指控，而且差点被定罪，所以对元老们的敏感心理感同身受。当上皇帝后，他所采取的第一批行动之一就是：将一位出言不逊的奴隶在罗马广场公开处以鞭刑。身为一名常年研习罗马传统的克劳狄，克劳狄乌斯并非革命派，但却有充分理由让卡利斯图斯留在原位。和同阶不一样的是，克劳狄乌斯由于身体残疾，不得不局限于由富有才华的被释奴当差的室内空间，也因此对这些被释奴的能力异常了解。他缺乏理政经验，但决心为这个世界提供高效的管理体制，绝不可能不重视身边的能臣。

正因如此，克劳狄乌斯不仅没有打压卡利斯图斯，反而四处搜罗类似的具有经天纬地之才的被释奴来辅佐自己。帕拉斯毛遂自荐。他曾受克劳狄乌斯的母亲安东尼娅之托，送信给提比略，由此间接帮助提比略扳倒了塞扬努斯。安东尼娅看在他侍奉周到的份上，死前不久释放了他。帕拉斯拥有超强的管理能力，而且对克劳狄家族忠贞不渝。另一名被释奴也是如此。那喀索斯擅长幕后操作，他获得权力，部分原因是他曾为克劳狄乌斯的奴隶，还有部分是他精于操纵。无疑，在满腹牢骚的外人看来，那喀索斯对克劳狄乌斯有着极度邪恶的影响，充分证明了新皇就是一个糊里糊涂、轻信于人的傻瓜，和外面的传言毫无二致。但事实恰恰相反，比起批评家们的评说，克劳狄乌斯更在意如何稳固自己的政权。他知道自己统治帕拉蒂尼山并不合法，他能控制这里全是因为他所发动的那场政变；他也知道守住帕拉蒂尼山的最好办法是充分利用它的资源。世界需要良好的治理，克劳狄乌斯也决心供其所需，所以他乐意赋予手下的英才必要的大权。恺撒府第的实质再没有任何遮掩，就是一个真正的宫廷。

纵然发生了这些变化，但政权实质仍然不变。由于克劳狄乌斯对手下三大被释奴信赖有加，罗马政府的效率得到了显著提高，但这未能平息帕拉蒂尼山上错综复杂的阴谋与权斗。它们早已融入了这里的生活节律。蝇营狗苟之辈照常活动，只是如今又有大批新揣客加入而已。有些人能充分适应新态势，有些则不能。卢基乌斯·维特里乌斯对任何风吹草动都很警觉。他圆滑地将帕拉斯及那喀索斯两人的雕像放入了自己的私宅圣龛，因此在克劳狄乌斯政权下的他仍和当年在卡利古拉政权下一样位高权重、备受青睐。另一位元老兼经验丰富的将领西拉努斯则相反，他的能力完全不足以应付帕拉蒂尼山上的派别之争。克劳狄乌斯上台仅一年，他便因政敌算计而被皇帝下令处死了。当然，和其他同类事件一样，个中细节说不清道不明，众所公认的是：天刚破晓，那喀索斯便急急忙忙地跑去求见克劳狄乌斯，声称他梦见主人被西拉努斯杀死了。就是这个梦给西拉努斯带来了致命一击。这一插曲也对外留下了克劳狄乌斯报复心强、轻信于人的印象，加上先前另一桩更具刺激性的事件已经极大削弱了他的权威，他的公众形象更是大打折扣。性、乱伦及流放：掌权还不到一年，新皇帝便发现自己被卷入了各种各样熟悉的丑闻之中。

　　和往常一样，丑闻的形成是因为皇帝试图营造家庭和谐的假象。克劳狄乌斯热切地希望树立自己身为奥古斯都家族之首的权威，于是将被卡利古拉流放的两个侄女召回了罗马。但和阿格里皮娜不同，尤利娅·莉薇娅仍旧不知收敛。据传，她回来不久便和一个被誉为"当代最璀璨的青年才俊"（尤其在克劳狄乌斯自己眼里）的男性好上了。这个人名叫塞涅卡，是杰出的雄辩家及知识分子。不过这一细节还并非最具刺激性的。据传，尤利娅的青春魅力令叔父克劳狄乌斯深深着迷，老人家与她共处的时间多得有些不合时宜了。且不论实情如何，仅谣传便能帮她树敌。克劳狄乌斯的妻子瓦莱瑞亚·麦瑟琳娜年轻貌美，牙齿像珍珠一般白皙，而且人脉广博。和尤利娅一样，她也是奥古斯都的后代，且绝不容许对手抢占优势。更糟糕的是，她是多米提娅·雷必达的女儿，而多米提娅的姐姐在卡利古拉流放阿格里皮娜后将小多米提乌斯接过抚养，阿格里皮娜忌惮她与自己争夺儿子的爱，对她深恶痛绝。这样看来，克劳狄乌斯之妻与两个侄女的关系无疑势如水火。尤利娅与塞涅卡的情事传得满城风雨，许多人都猜测是麦瑟琳娜泄的密。当然，灾难很快因此降临在了这对有情人身上。塞涅卡被流放科西嘉岛，而尤利娅再次被放逐至一座囚禁岛，而且没多久就饿死了。自那场助他揽权的政变发生一年以来，克劳狄乌斯的所有关乎新开端的言谈似乎都成了空话。

　　然而，对他声名打击最大的还在后头。政变一年后，克劳狄乌斯仍旧紧张不安。他的治理手段的确远没有卡利古拉那般凶狠残暴，但这丝毫没能打动他的批评者们。一些元老曾在卡利古拉被害身亡当天公开表达了他们对克劳狄乌斯的怨恨，如今也仍视他为傻瓜，而克劳狄乌斯听凭一个被释奴授意处死西拉努斯，更是让人们对他的政权前景产生了不祥预感。安尼乌斯·维尼奇安努斯尤其愤愤不平。虽然当年禁卫军大力支持克劳狄乌斯，令他主导世界的抱负泡汤，但他一如既往地缠丝结网、以备谋逆。一年后，公元42年年中，他做好了发动政变的准备。巴尔干半岛有两位军队统帅承诺支持他造反起义，罗马也有大量元老及骑士站在他这边。维尼奇安努斯派人给克劳狄乌斯送了一封出言无状的信，要求他赶快退位。克劳狄乌斯读罢惊慌失措，顿觉前景黯淡渺茫。但事实证明，他曾经高价收买军队的举动并非徒劳。巴尔干半岛的士兵拒绝加入造反，其统帅和维尼奇安努斯自杀身亡。其余共谋者犹豫不决，不敢效仿领袖，但最后仍旧羞愧自杀。在这方面最臭名昭著的当属前执政官培图斯了。东窗事发后，他颤抖地拿着剑，却迟迟不敢

311

动手。他的妻子一把将剑夺过砍在自己身上。"培图斯，看见了吗？"她气若游丝地说道，"一点都不痛的。"[23]

培图斯之妻的训诫让人联想到罗马古代女性的英勇精神，让罗马人敬重无比。但这场流产政变的其他方面极为肮脏卑鄙。和提比略最黑暗的统治时期一样，死尸再次被倾倒在杰莫尼亚台阶上，然后被肉钩拖走。元老们再受重创、困顿迷惘，他们的世界似乎再次天翻地覆。有些同谋者出钱贿赂那喀索斯，靠他出手幸而自保。而更令人震惊的是，其余人遭受了严刑拷打。克劳狄乌斯的惊惧在此毕露无遗：在调查叛国罪时，法律规定只能对一种人施加酷刑，那便是奴隶。负责套取情报的酷吏都是从私人殡葬行业找来的，他们靠这些兼职来补贴家用。这种人非常擅长用拉肢架将囚犯五马分尸，也懂得怎么把滚烫的金属贴在皮肉上，或挥舞着镶有铁头的皮鞭狠狠抽打。[24]这般严酷的刑罚施加在部分元老及骑士身上的同时，也给整个罗马精英阶层留下了难以愈合的伤疤。新皇那悦耳动听的仁政之道难道不是一个天大的笑话吗？他曾公开宣扬要做奥古斯都二代，此刻看来难道不是惺惺作态吗？吃了败仗的元老院开始静养，但并没有忘记这一切。

第一场谋逆带来的震撼渐渐消散，克劳狄乌斯有了喘息的空间。但他同样没有忘记。克劳狄乌斯明白，在位第一年的种种不快很可能对他的声望造成了严重影响，进而会危害312 他的长期统治。但他没有灰心丧气。他知道恺撒的身份给自己带来了无穷无尽的潜在资源，尽管他年迈体残、广受歧视，但他仍可以大干一场。无论怎样，他依然是世上最有权势的人。

明年，他将让所有人知道自己的厉害。

面包与不列颠人

公元 42 年，即克劳狄乌斯掌权一年后，罗马的行省总督苏埃托尼乌斯·保利努斯率大军一举跨越了毛里塔尼亚边界。毛里塔尼亚行省与西班牙行省一衣带水，这里的摩尔人以擅长在马背上掷枪且高度注重口腔卫生而闻名，一直以来都生活在罗马的势力范围内，但直到不久前，罗马才突然决定将该民族正式纳为帝国的一部分。毛里塔尼亚有许多让罗马上层人士深深着迷的事物，譬如，元老宽袍上的紫色花边便是用此地出产的染料染制而成的。摩尔人的最后一位国王是安东尼与克莱奥帕特拉的后裔，与卡利古拉沾亲带故。一次，卡利古拉传召他前往卢迪南，而他穿着一件特别闪亮的斗篷去，抢了卡利古拉的风头，结果被杀害。摩尔人听说国王被处决的消息后怒火中烧，很快，毛里塔尼亚便叛乱四起。

克劳狄乌斯从卡利古拉手里接过毛里塔尼亚这个烂摊子，不希望局势变得一发不可收拾，于是下令将该国变成罗马行省。这固然是克劳狄乌斯在重重考虑之下做出的切实的决策，但不尽然。身为学者的他对帝国远疆的兴趣远超乎国政方面。临近海岸的城市里，效仿罗马及亚历山大港的一流建筑随处可见，还有不少意大利商人常来常往。但这些城市以南却是一片截然不同的天地。那里居住着极度野蛮的部族，他们吃生肉、无所顾忌地饮生奶，此前从未受到罗马的武力侵入。他们的更南方还有一片更奇幻的土地，据传，那里常年云蒸雾罩，当地居民从不做梦。苏埃托尼乌斯·保利努斯率军挺进的便是此地：阿特拉斯山脉——"支撑天空的柱子"。[25]

然而，所谓的传奇山脉根本名不副实。这里并没有常年环绕的云雾，即便在夏季也是雪花纷飞、冰冻三尺，山脉更南方则是一片热浪灼人、黑尘滚滚的沙漠。当地土著活得跟狗没什么区别。不过此次出征并非全然徒劳。据保利努斯汇报，山脉周边的树林遍布自然奇观：叶片上覆盖着一层如丝绸一般的"薄薄的绒毛状丝线"[26]的参天大树、野象、各色各样的蛇。克劳狄乌斯获悉后龙颜大悦。他的兴趣爱好得到了极大满足。还是个普通公民的时候，由于腿脚残疾无法出门旅游，克劳狄乌斯便曾满怀热情地将动植物的属性抄录成一部全面的地名辞典：帕提亚人在饮品上撒的带有香味的叶子、生于希腊北部但一天内便会死亡的半人半马怪等。成为皇帝后，他可以在一个比先前宽广得多的舞台上展示兴趣爱好了。罗马征服者一向有着将远方动植物带回城的习惯。正因如此，饱受城市烟雾之害的罗马人才能在瓦列里乌斯·亚细亚提库斯的花园里品咂远疆树林的芬芳，同时纵览各种奇花异树。也正因如此，保利努斯发现的各类野兽一直是风靡罗马的娱乐之源。庞培曾让罗马人大开眼界，看到了第一批犀牛，尤利乌斯·恺撒则给罗马人民带来了第一批长颈鹿。奥古斯都大败埃及骑马回城时，曾将一只河马拴在队伍中，而克劳狄乌斯若逢正式场合也可能命人将大象拴在战车边。该类生物都来自非洲，这绝非巧合。因为非洲大

314 陆又被誉为"野兽孕育地"[27]可单单走走过场、让人瞧个新鲜又怎能令人们深切体会到它们的凶残兽性呢？人们也无法体会到将这些猛兽从世界尽头运过来是多么了不起的成就。更具教益，当然也更得人心的做法是将这些猛兽放入斗兽场，与训练有素的猎人搏斗，至死方休。只有到了那时，观众们才能深切体会到保利努斯这样的罗马使节在驯服一片遍布狮子与鳄鱼的土地时，是为罗马人民开创怎样的丰功伟绩。只有到了那时，

他们才会认可克劳狄乌斯·恺撒为平定世界、号令全球所承担的艰巨任务。

但制服野兽并非衡量罗马伟大的唯一标准。保利努斯在毛里塔尼亚遇到的艰难挑战比起世界另一端的还算不了什么。罗马船只从未在北海那波澜起伏的水面上航行过，也没人确切知道那些水域里潜伏着什么。倒是旅人们间或提到过有几座小岛，上面住着异常野蛮的部族，有的长着一双马蹄，有的耳朵巨大，能把整个赤裸裸的身子包裹得严严实实。更北部便是一片神秘的冰冻之海——图勒（Thule）。北海的狂野与蛮荒尤其引发了克劳狄乌斯的共鸣，因为公元前 12 年，他的父亲成为第一个在此航行的罗马统帅；二十八年后，他的哥哥日耳曼尼库斯也照做了。从那以来再没有罗马将领率舰队横渡这片水域，此刻的克劳狄乌斯终于有机会追随先父和哥哥的足迹，但他的雄心壮志不止于探索。是的，他虽然是个瘸子，而且人生前五十四年里都只是一介平民，但他要开拓一项比前人更伟大的功绩：完成尤利乌斯·恺撒尚未完成的征服大业。现在，不仅是时候横渡北海了，而且还应借此打下一个行省：为罗马人赢得不列颠岛。

公元 43 年初夏，克劳狄乌斯领兵进军不列颠。选择这时候出击是有原因的：形势对罗马出奇有利。不列颠岛正处在王朝更迭中。卡图维劳尼部落的酋长库诺贝林刚刚去世，土地留待两个儿子割分，而且其南岸邻国的党派之争太过严重，连国王都转向罗马人寻求避难。同一时间，英吉利海峡另一边却提早做好了水陆攻击的准备。布洛涅港内，一支足以运输四支罗马军团的舰队正等候命令，准备扬帆起航。这里的士兵见证了布洛涅港数年以来的前瞻性筹划。卡利古拉曾命人在此修建了一

315

座约 200 英尺高的灯塔，可照亮整条渡海航线。而他当年出征北部，其实也并非批评家们指控的那样，只是单纯地信马由缰、胡作非为。正是因为他当初下令征募了两支军队，如今克劳狄乌斯在攻打不列颠时，手中兵力雄厚，不必以削弱当地防守的代价从莱茵河临时调兵遣将。此时的莱茵河亦是风平浪静。加尔巴大战告捷。克劳狄乌斯作为统帅，被授予了凯旋式的荣耀。此外，罗马还彻底摧毁了两个更桀骜不驯的部族。加上找回了被阿米尼乌斯军队夺去的鹰旗，胜利的光辉更添神采。再也想不到比这更好的征兆了。

但当真如此吗？对于驻扎在英吉利海峡沿岸的军队而言，但凡所有能勾起他们对瓦卢斯悲惨下场的回忆的事物，都容易让他们深感不安。被困在莱茵河对岸的下场已经够惨了，若是被困英吉利海峡对岸，他们的结局又会惨多少倍呢？很少人对不列颠有深入了解，但仅有的一点认知已经令他们十分反感了。只能说，不列颠土著比日耳曼人还要野蛮。男性身涂蓝漆，共享妻室，上唇部蓄有胡须，显得矫揉造作至极，拉丁语中甚至找不出相应词来形容他们。女性也好不到哪儿去，据传，她们会将身体涂成黑色，有时甚至光着身子到处行走。毫无疑问，一个有着这种不堪传统的蛮族肯定什么事都做得出来：恰如日耳曼人会在湿漉漉的丛林深处举行杀人典礼一样，不列颠祭司据说也会在遍布槲寄生的小树林里举行人祭或吃食人肉。这些祭司又称"德鲁伊"（Druids），曾像害虫般大批出没于高卢，直到提比略下令发兵镇压才在高卢绝迹；但在罗马法律难以触及的北海对面，他们仍在肆虐地壮大。"不列颠至今仍笼罩在魔法的阴影之下。"[28]难怪在上级下令向这片巫术盛行、威胁重重的土地进发后，不少士兵脸色煞白。没过多久，他们的低声怨言便转化为明目张胆的反抗。军队开始放下武器，斩钉截铁地拒绝登船。

那喀索斯挺身而出，训斥士兵们此举有违军人职责。他是克劳狄乌斯派来打头阵的。在确认攻战胜利前，克劳狄乌斯并不打算涉险进入不列颠。但很快，士兵们此起彼伏的奚落声淹没了那喀索斯的演讲声。全军情绪越发恶劣，似乎军纪全无。这时，其中一位士兵突然大喊"农神节快乐！"，其余士兵顿时开怀大笑。军营上下全回荡着"农神节快乐"的呼喊声。节日的气氛就在这一瞬间涌现。暴力冲突的威胁得以瓦解，军队也恢复了良好秩序。士兵们兴高采烈地登上船，像是去庆祝节日似的。而且从这时候起也再没有发生任何动摇军心的意外。旅途一帆风顺，全按计划者的期望进行。海面风平浪静。罗马军队顺利抢占了三个据点，两次大败不列颠人，而且两位卡图维劳尼酋长中的一位也战死了。诚然，罗马还远远没有粉碎当地部落的反抗。库诺贝林的儿子、狡猾而不知疲倦的勇士卡拉塔库斯仍然在逃，而且不列颠岛北部及西部还居住着一些几乎从未听说过罗马的部族，在那里连陶土罐都算稀品，遑论货币或美酒佳酿。但如今军队已经顺利拿下泰晤士河的一处渡口，而且还在河的北岸修建了军营，是时候派人去迎接统帅克劳狄乌斯了。给卡图维劳尼部族带来最后一击并接受他们正式投降的荣耀只属于他一个人。

克劳狄乌斯虽然跛足，但仍有值得称道的征服者的特质。318他身材高大魁梧，头发花白，五官立体分明，符合罗马人心中典型的政客形象。每当他坐着或站着不动时，便会展现出一种不容置疑的凯旋将军的气派。他年轻时，哥哥日耳曼尼库斯扮演着战争英雄的角色，他自己却只能被困在书房；现在，克劳

高卢与不列颠

奥克尼群岛

北

北海

莫纳岛

大不列颠

爱西尼人

卡姆罗多努
卡图维劳尼族

泰晤士河

英吉利海峡

布洛涅

大西洋

莱茵河

恺撒罗马古斯

奥古斯托迪吕姆

奥古斯托马古斯

奥古斯托波纳

高卢

比斯开湾

卢迪南

阿尔卑斯山

罗讷河

| 0 | 100 | 200 英里 |

| 0 | 100 | 200 | 300 千米 |

地中海

狄乌斯梦寐以求的领兵作战机会终于来了。他没有浪费这个天赐良机，以罗马威仪之化身的身份行进在军队前方，震得卡图维劳尼人的军队瓦解溃散。他沿泰晤士河河口北岸进军卡图维劳尼人的都城卡姆罗多努（Camulodunum），一路几乎没有遭遇任何抵抗。卡姆罗多努城内零零落落地散布着些许堤坝和围屋，且仅由几座粗制滥造的堡垒和一群士气低迷的不列颠驻军守卫，没多久便被罗马军队攻陷。克劳狄乌斯以胜利者的姿态入城，终于可以向外合法声称：自己践行着家族最高贵最英勇的传统。他的声望如今比德鲁苏斯和日耳曼尼库斯的散播得还广。卡姆罗多努被攻陷不久后，克劳狄乌斯的营地里来了许多不列颠酋长，其中一位是奥克尼群岛（Orkneys）的国王。奥克尼地区共有三十座小岛，远在不列颠北部，因此冬天长夜绵绵，几乎没有白昼可言。[29]这样的异邦人物前来投降，无疑让克劳狄乌斯明白，自己已经实现了此次出征的远大抱负。"海洋已被罗马跨越，而且实际上也被罗马征服了。"[30]

登陆不列颠岛十六天后，皇帝返回了罗马。他没必要再在一片阴冷潮湿、缺乏便利设施的边界地逗留。就让下属们继续追捕卡拉塔库斯、攻击山丘上的堡垒、平定整座不列颠岛吧。克劳狄乌斯已经完成了计划。毕竟，不列颠人从来都不是他的主要目标。一直以来，更让他耿耿于怀的是别的对手。给他的安危带来最大威胁的不是卡拉塔库斯，而是罗马的贵族同僚。他是一个饶有经验的赌客，在决定离开罗马六个月前就事先权衡了利弊。虽然维尼奇安努斯及其同犯已死，但叛乱的余烬仍然没有被完全扑灭。在克劳狄乌斯启程前不久，一名骑士被控谋逆，被扔下了卡庇托尔山。接着罗马城内天有异象，一只大雕飞进了朱庇特神庙的圣殿。毫无疑问，在动身出征不列颠前，克劳狄乌斯竭力采取了各种措施严加防范。他将都城的政务托付给忠心不二的宠臣卢基乌斯·维特里乌斯料理。同时，那些较难驯服的元老则被授予了陪同恺撒前往不列颠的至高殊荣，其中较为著名的有瓦列里乌斯·亚细亚提库斯与马尔库斯·维尼基乌斯，两人都曾为罗马最高权力争夺过。随着如今克劳狄乌斯征服不列颠，还有谁有希望、有胜算将最高统治权从他手中夺去呢？克劳狄乌斯的赫赫战功彪炳天下。在科西嘉岛，被流放的塞涅卡非常希望皇帝能让他回家，高赞皇帝为"全人类的慰藉"。[31]在希腊科林斯湾，皇帝的胜利引来了狂热的倾慕者。在爱琴海远岸，阿弗罗狄西亚（Aphrodisias）城内塑造了一座栩栩如生的浮雕，其中不列颠人被描绘为可怜的光着胸脯的美人，被肌肉发达、魁伟雄壮的克劳狄乌斯摔倒在地。这个大半辈子都为自家人所不齿的时常抽搐、流口水的瘸子，如今在边疆之民的想象中变得异常神采飞扬：化身为征服世界的性神。

当然，克劳狄乌斯的胜利在罗马引发的反响最为激烈。元老院对皇帝的期望心知肚明，于是投票授予了他一系列荣誉：一场凯旋式、大量雕像、一座尤其闪亮的凯旋门。他的家人也跟着沾了光。和先前的莉薇娅一样，麦瑟琳娜被授予了乘坐双轮马车在罗马出行的权利。他们出生不久的儿子也被授予了"不列颠尼库斯"的名字。这对克劳狄乌斯而言预示着大好前景。因为他一向明白，自己并非奥古斯都的后裔。前一年，他为祖母莉薇娅力争到了提比略与卡利古拉忘记授予她的殊荣，由此确立了自己身为神明之孙的地位。但单靠着眼过去来寻求统治合法性还不够。克劳狄乌斯知道，自己同样需要着眼未来。在侍臣们的粉饰作用下，他已经开了一个好头，为自己的王朝奠定了一定基础。

皇帝克劳狄乌斯是历史学家，热衷于于研习过去之事。他很清楚自己需要做些什么才能让罗马人民将他视作一个伟大的人。在这一点上，奥古斯都必定是他的绝佳榜样（他曾以奥古斯都的名字起誓）。但和提比略一样，克劳狄乌斯痴恋于罗马远古时期流传下来的故事。共和时期的英雄美德及价值观从来都令他深受触动。他既是研究古文物的学者，又是一名克劳狄，自觉与奥古斯都时期之前那传承了好几个世纪的传统有着深厚联系。对于克劳狄乌斯这样的人来说，进攻不列颠时，那里的兵车、土屋及鬼影出没的丛林无不让他联想到罗马建立之初的情形。他仿若穿越到了曾经的峥嵘岁月，凝视着公民们在玛尔斯广场聚集，继而奔赴前线去攻打仅几英里开外的城市。因此，他决心再在玛尔斯广场上演一出军队攻克卡姆罗多努的剧，哪怕短兵相接的悲壮场面只能在大理石、喷泉及凉亭之间呈现一天也行。

公元 51 年，克劳狄乌斯迎来了一个更耀眼的机会，他得以扮演史书中的英雄角色。卡拉塔库斯在历经一系列垂死顽抗后，被一位敌对酋长俘虏并卖给了入侵不列颠的罗马人。这些罗马人则将他手脚并缚地押回了罗马举街游行。也是在罗马，他的贵族气质惹得众人歆羡。全罗马的目光此刻聚焦在克劳狄乌斯身上，而屡屡以史为鉴的克劳狄乌斯完全知道在这种场合下该怎么做。很久以前，非洲征服者西庇阿曾俘虏了一名非洲国王，并命人押着他参加了自己的凯旋式。待凯旋式结束后，西庇阿又下令释放了他。这其实是在以居高临下的姿态向对方施舍恩惠。如今的克劳狄乌斯顺应民心，也做了同样的事。他命人砍掉了这位不列颠国王身上的枷锁。于是，卡拉塔库斯一边以自由之身在罗马徘徊，一边凝视着这个将自己打败的民族，然后

321

不自觉地扮演起克劳狄乌斯在这出戏剧中专为他设计的角色：不解罗马人为何想征服自己那片寒酸落后的土地的国王。众所公认，这就像那些鼓舞人心的故事中才有的桥段。元老院也对克劳狄乌斯盛赞有加。"他的荣耀堪比任何曾将被俘的异国君王带到罗马人民跟前的人物。"[32]

精明如克劳狄乌斯，怎么可能轻易被元老院的这番热情打动？他深知元老院对自己憎恨未消，但对城市历史如数家珍的他也比任何人都清楚：元老院并不代表罗马。提比略在世时一味注重对传统的延续，结果留下了轻视平民的恶名，而身为侄子的克劳狄乌斯对平民爱护有加。多年的历史积淀让克劳狄乌斯明白，罗马共和国的许多伟大成就不仅归功于元老院，还同样归功于罗马人民。这也就是为什么，在捕获卡拉塔库斯一年前，克劳狄乌斯会利用自己在不列颠的战功来造势。自罗慕路斯犁出"圣界墙"以来，罗马的神圣边界经过数世纪的征服者之手，不断向外延展；而按照传统，只有那些给城市添砖加瓦的风云人物，才能被允许这样做。这一主张是克劳狄乌斯在面向全体元老院讲话时提出来的。所有人都知道他对史料的研究充分透彻，怎敢加以驳斥？[33]自罗慕路斯在建城之战中战胜雷穆斯以来，阿文蒂尼山在八百年的岁月中一直处在"圣界墙"以外，但今时不同往日了。在新皇克劳狄乌斯的命令下，边界石开始如雨后春笋般一一涌现，将阿文蒂尼山坡渐渐包围，由此昭示：阿文蒂尼山和帕拉蒂尼山在罗马城内占据同等重要的位置。早在提比略时期，塞扬努斯就曾试图讨取阿文蒂尼山居民的欢心，但最终只是推动了他自身的灭亡。可十七年后的今天，克劳狄乌斯丝毫不以讨好民众为耻。无疑，克劳狄乌斯没有忘记自己的历史。他很清楚阿文蒂尼山上的利柏耳神庙代表着什么——它纪念的是共和国建立最初数十年间平民所取得的阶级胜利，还象征着平民政治权利的确立。每一块石头都代表着皇帝的特权，时不时地提醒着人们：他拥有保民官大权。是的，他不仅是征服者，而且还是人民之友。

而且在他本人看来，这并非与克劳狄家族历来的风格背道而驰。和冷酷傲慢的伯父提比略不同，克劳狄乌斯并未将家族传统视作肆意轻视平民利益的资本。恰恰相反。斥巨资大兴土木以造福全体公民，本就是一种珍贵且庄严的贵族传统。不然的话，阿庇乌斯·克劳狄乌斯明明在侍奉共和国期间赢得了数不胜数的战利品，又为何要将其悉数散尽，只为了修一条路呢？像法老一般在虚有其表的建筑上挥金如土，这种想法在罗马式准则大行其道的背景下是几乎不可能存在的。因此，哪怕数世纪蹉跎而过，罗马人却仍旧可以自豪地宣称：罗马的绚丽建筑与异国城市的不同，都有切切实实的用处。"比某些毫无意义的金字塔不知强了多少倍。"[34]对过去艰苦岁月有所了解的克劳狄乌斯对此当然十分赞同。他无比敬重公民同胞们奉行的传统价值观，绝不愿在那些不符合他们长期利益的项目上浪费金钱。上位之初赏给军队的大笔贿赂已经作罢，现今他决心更加合理有效地支配金钱，达到物尽其用。从不列颠抢夺来的战利品给他带来了不少帮助，而帕拉斯的聪明才智也发挥了不少作用。这个被释奴虽广招憎恨，被斥为粗俗的暴发户，但算账能力无可挑剔。有两点可以证明：一是和前一位皇帝卡利古拉不同，克劳狄乌斯并未因征收苛捐杂税而遭受憎恨；二是和先前一样，他仍能大力投资罗马基础设施的建设。

在罗马这样的城市里，最稳妥的就业机会一直来源于土木工程。因此，相比于卡利古拉胡乱的散钱方式，克劳狄乌斯的举措无疑能为人民提供更为可靠的收入来源。但克劳狄乌斯所开展工程的主要重心是在都城罗马外很远的地方。当然，这并非因为奥古斯都将整座城市翻修了一番后，罗马就美得无与伦比，不再需要任何修缮了。相反，乌烟瘴气、杂乱无章的贫民窟内的人口仍在扩张。在那些居住于通风别墅的富人的眼里，贫民窟"如同粪便与其他废物的排泄地，狭小而晦暗"，[35] 也正因如此，克劳狄乌斯才决定将这些秽物冲走。他是个狂热的水力学学者，撰写过大量有关美索不达米亚洪涝的文章；同时，身为历史学者的他也会借鉴先例来指导自己的行动。家族中的许多人，从卡利古拉一直上溯到阿庇乌斯·克劳狄乌斯，都曾敕令修建水道。不过，克劳狄乌斯命令修建的这对排水管道，其规模之大，是任何一位前人都没有建成过的。两条水道绵延数英里长，横跨深谷，穿梭于深山之间，输送的水量几乎相当于原先罗马中心的供水量。铅制管道蔓延至城内各处，给一座座喷泉注入水源，继而给全城带来了远方山峦的清凉气息。连最鄙陋的角落也不例外——哪怕这些杂乱的巷道内，废物与粪便堆了满地。虽然最先下令修建这两条水道的人是卡利古拉，但水道的建设很大程度上是克劳狄乌斯一个人的功劳。在都城入口处，两条管道从一大片田野上穿过，高耸的拱顶与独特的石雕工艺相得益彰，没有流露一丝一毫的孱弱，纯粹是粗野的原始风格，仿若是从罗马昔日岁月的基岩中劈砍出来的。"谁能否认这是世上无与伦比的奇迹？"[36] 愤愤不平的元老们可能会，但平民们绝不会，因为平民们明白，克劳狄乌斯是真正在以平民领袖的身份来履行他对他们的职责。

当然，这些职责已经不再是阿文蒂尼山上利柏耳神庙所象征的远古职责了。平民们义愤填膺地争夺政治权利的时代已经一去不返，如今的罗马贫民窟内也没有几人会极度怀念那逝去的时光。毕竟，平民选举从来就改变不了什么，又何必瞎折腾、瞎掺和？也正因如此，当年卡利古拉宣布恢复人民的基本权利时，只等来了几声冷漠的呵欠。该律令也在不久后被低调废除。所有人都明白：今日不同往日。罗马城是那样的庞大，许多人终其一生连玉米地也没见过。可要知道，这些玉米地的收成至今仍不见好转。对穷人们来说，当务之急是消除饥荒，而只有恺撒能给他们这样的保证。克劳狄乌斯身上肩负着让公民同胞吃饱饭的重任。他何尝不清楚，这是一个生死攸关的任务，在后三头同盟执政的黑暗岁月里，就连奥古斯都都差点被饥肠辘辘的暴民撕成碎片。但赈灾与修建排水管道一样，都显示出：皇帝所承担的职责是庄严的。罗马历史上有不少著名保民官都曾为供养人民挺身而出。公元前 123 年，盖乌斯·格拉古最先立法为人民买面包提供津贴。六十五年后，克洛狄乌斯又开始推行政策给每位公民免费发放食物。奥古斯都私下并不赞成这种发放赈济物的做法，担心这会侵蚀罗马人民的坚定品格，使之丧失勤恳踏实的禀性，但自始至终也没有废除该律法。毕竟，对于普通百姓与第一公民的纽带而言，再没有什么能比这个更深得民心了。平民们重视这项政策，不单是因为它能让他们饱肚，还因为它是他们公民地位的表达和象征。"不论品格正直与否，只要享有公民身份便能领到属于自己的那份救济。无论人格好坏，在这一点上都不会有差别。"[37]普天之下只有罗马的恺撒会给城中全体公民发放谷物；然而，在都城各色各样的群体中，唯独公民才有资格领取这些赈济物。如果说穷人单单因为贫穷就该得到施舍，那绝对是异想天开。罗马社会公认，人之所以饱受贫穷的折磨，只能是因为活该。譬如，犹地亚有一年遭受了异常严重的饥荒，物资极度短缺，当地饥民甚至以为发生了"一场席卷全世界的大饥荒"。[38]可哪怕到了这份上，克劳狄乌斯也没有采取任何解囊相助的举动。毕竟，他对区区行省小民负有什么责任呢？然而对于公民同胞，他自认为有义务去关照，所以刚当上皇帝不久，他就开始沉迷于解决罗马的谷物供应问题了。

自他揽政之前的那个夏天起，罗马的谷物供应就已经出现了危机。这都是侄子卡利古拉最盛大浮夸的那场表演所带来的后遗症。当然，若没有船，卡利古拉绝无可能顺利地催鞭渡海；可同样，若没有船，罗马也无法从国外运进粮食。罗马城的胃是个无底洞，意大利农民再怎么忙死累活，也无法将它填饱。也正因如此，从埃及到毛里塔尼亚，辽阔万里的非洲田野被尽数用来耕种，以满足帝国都城罗马的口腹之欲。每年夏天，一艘艘巨大的货船悠悠驶向那不勒斯湾——普特奥利是距离罗马最近的港口，水域深度也足以承载体积庞大的罗马船只。当年卡利古拉从巴亚跨马抵达的正是此地。货船抵达普特奥利港口后，旅程相应进入了新航段：每年会有 50 万吨粮食被装入较小的船中，逆流来到台伯河口岸。[39]那里的盐滩与湿地之间坐落着奥斯提亚港口，再往前便是绵延 16 英里的码头，一路直抵罗马城。这些码头附近分布着一座接一座的巨大货栈，每栋建筑的窗户都被设置得特别高，窄若细缝，远远望去这些货栈就如同一排堡垒。由于将粮食从普特奥利港口安全送达货仓的这一路上实在有太多潜在风险，因此，在解决完粮食供应的燃眉之急后，克劳狄乌斯决定尝试一条更适合罗马人民之伟大及雄心的运输途径。他既胆壮心雄，又诚恳严肃；既痴迷于扩大自己的全球影响力，同时也不放过每个细枝末节；既做好了监督泥泞

卡利古拉面向禁卫军致辞。硬币
图案中很突兀的一点是：没有
　元老院。而奥古斯都和提比
　治时期所发行的硬币上都会
　元老院。
—— Wikimedia Commons

帕拉蒂尼山的一间地下室，很可能是卡利古拉遇害之地。

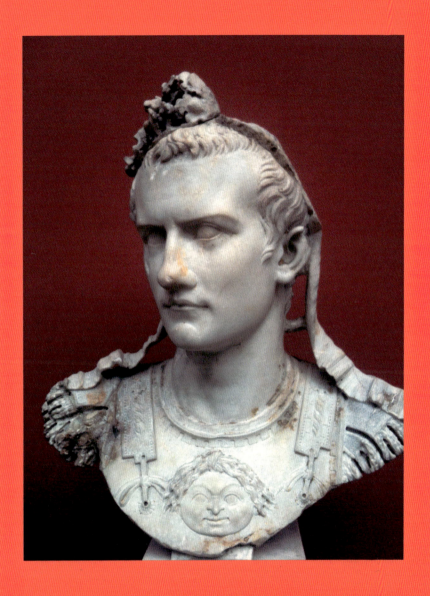

"在我看来，自然孕育他就是要证明，没有限制的罪恶结合了没有限制的权力后，能走多远。" 哲学家塞涅卡如此剖析卡利古拉。

—— Tom Holland

一名士兵拖拽着两名即将成为奴隶的俘虏。对于许多奴隶来说，奴役意味着生不如死的生活。然而对极少部分奴隶而言，奴役却意味着通向权力的大门。

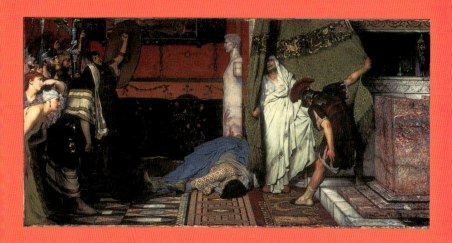

劳伦斯·阿尔玛-塔德玛（Lawrence Alma-Tadema）于1871年绘制。卡利古拉的尸体躺在奥古斯都半身像的下方，克劳狄乌斯则躲在帘子后面瑟瑟发抖。

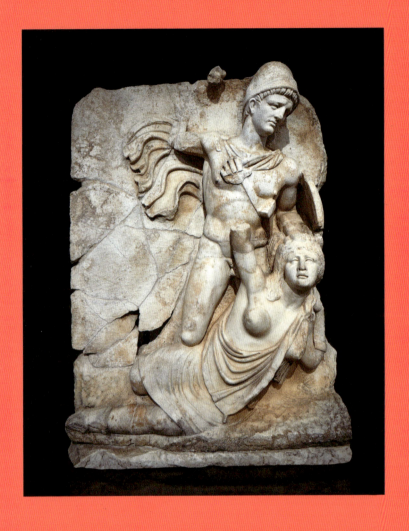

小腹平平的克劳狄乌斯成了征服大洋对岸之土地的主人，正强压在不幸
而顺服的不列颠尼亚身上。

奥斯提亚的新港口，由克劳狄乌斯兴建，他主导完成了该工程的绝大部分，但港口最终在尼禄统治时期时期落成。尼禄毫不犹豫地抢过了功劳。

虔诚的罗马女主人楷模麦瑟琳娜，她的手臂上托着不列颠尼库斯。

复杂的画面：尼禄与母亲。

在拥挤不堪、污染严重的罗马，花园是身份地位的至高象征。
然而，拥有私人花园既意味着威望，也意味着灾祸。

—— Tom Holland

那不勒斯湾的沉船景象，源自庞贝海门（Marine Gates）附近的浴场内。

—————— Tom Holland

罗马大火。休伯特·罗伯特于 18 世纪 70 年代绘制。

阉割钳：奴隶用它来阉割俊俏
童，叙利亚女神的信徒也会以
自宫。

—— Wikimedia Comm

硬币上的图案是尼禄敕令修建的青铜巨雕，该雕像最初放置于黄金屋的入口处。尼禄死后，他的豪华建筑群中的圆形露天剧场以该雕塑命名：科洛西姆竞技场。

尼禄·克劳狄乌斯·恺撒·奥古斯都·日耳曼尼库斯。
—————————————— Wikimedia Commons

河畔改造计划的准备，也做好了指挥海床清理工作的准备。是的，他力争完成一项堪比征服不列颠的雄伟大业。工程师们获悉他打算在奥斯提亚建立一座深海港口时，骇然劝阻，"告诉他想都别想"，[40] 但克劳狄乌斯直接无视了他们的警告。要知道，他可是堂堂恺撒。只要改造大地与大海的事业能为罗马人民带来好处，他便在所不辞。

还在他忙着准备进攻不列颠时，这项工程就已如火如荼地开展了。克劳狄乌斯本人还常常前往工地视察。一天，突然有消息称：他在工地遭遇埋伏被杀了。没曾想罗马城内大有人信。悲愤交加的平民们纷纷问责于元老院，若非演讲台上急忙发布通告肃清流言，确认万事无恙，罗马保不齐会天下大乱。的确，在许多元老眼里，克劳狄乌斯不过一介荒谬凶恶之人，但罗马人民更了解实况。他们对他的忠诚全部来源于他对平民利益的切身关心。这也彰显出：为皇者即便缺乏魅力，也仍有机会赢取民心。卡利古拉在修建私人竞技赛道时，特意从埃及运进一座方尖石塔加以装饰；但克劳狄乌斯却命人把当初将石塔运进台伯河口岸的那艘船拖走，继而将其沉入水中，用作港口灯塔的基底。除此以外，他还敕令修建防波堤、一条直通灯塔的堤道，以及所有一流港口所需的配套设施。如此丰功伟绩就发生在都城门口，无不让罗马人民联想到一切造就现今罗马空前影响力的事物：决策的绝对中心化、对世界资源的掌控、对全球的统治支配。这一点，就连苏埃托尼乌斯·保利努斯昂然扎进的阴影之地内的那些怪物，譬如大象和蛇等，都不得不承认。当半完工的港口游进一条鲸鱼时，克劳狄乌斯当即命令一队禁卫军从船上与鲸鱼对战。由此来看，不难想到他为何会难以离开施工现场了。再也没有一个地方比这里更适合让

326

他扮演他一直渴望成为的那种统治者；也没有一个地方比这里更能让他欢乐地感受到身为恺撒的意义所在。

只是，奥斯提亚港口在吸引他远离罗马的同时，也令他忽略了家族事务。公元48年某天，克劳狄乌斯正在台伯河口岸视327察工程进度，突然收到一份意料之外的请求。请求进见他的女人名为卡尔普尔尼亚，是他的一名小妾，也是他最爱的床头伴侣之一。自然，他同意了对方的请求。而卡尔普尔尼亚来到皇帝跟前后却吞吞吐吐、结结巴巴，几乎与他本人无异。好在最后，她终于鼓足勇气，向皇帝透露了她所要汇报的消息。

克劳狄乌斯·恺撒一边听着，一边惊惧地发现，自己的公众形象已经被人塑造成了政敌口中的那种傻瓜。

比男性更致命

如何博得皇帝注意是一门独到的艺术。

卡尔普尔尼亚进见克劳狄乌斯时，身边还有另一位姬妾陪同。克劳狄乌斯只爱红装美人的癖好众所皆知，因此那些渴望在皇帝耳边吹吹风的人就会利用这一点来投机取巧。他对男性缺乏显而易见的性趣，这就跟他觉得吃饭时可以无拘无束地放屁，或非得在拉丁字母表上加三个新字母一样，显得格格不入。当然，这倒不是说罗马人强烈反对这些癖好。毕竟大千世界，各有不同。有人偏爱金发碧眼的尤物，也有人只钟情于黑发秀美的佳丽；同样的道理，这世上总有少部分人是纯粹的异性恋，也总有少部分人是十足的同性恋。[41]譬如，加尔巴便与克劳狄乌斯截然相反。他只喜欢"肌肉壮实的成熟男人"，[42]不过这丝毫不损害他英勇正气的男子汉形象。饱经沙场磨砺的他知道如何掌握主动、直捣黄龙，并占为己有。

　　毫无疑问，这也是每个罗马公民在性爱时要承担的必要责任。最有悖罗马性文化者，莫过于臭名昭著的贺斯丢斯·夸德拉，为求一时快感而甘为人下。须知神祇将女性的身体塑造成现今模样，无不是为了承受男性之"利剑"的戳插；不过男性的身体同样不乏可供性伴侣攻城略地的缺口。在肛交或口交中处于被动方的公民蒙受着双倍耻辱。这不光是因为他在此情境中扮演着女方角色（虽然这已经足够糟糕了），还因为他也同时扮演着奴隶角色。因为罗马的自由民，不论性别，但凡身体发肤受到一丁点侵犯，都可视对方犯下重罪进行申诉。反而言之，奴隶的职责则在于满足主人的所有性需求。事实上，这也很可能是某些为奴者的主要职责。油光水滑的长发净面小生是任何罗马时髦晚会上都少不了的装饰，若是双胞胎便更妙不过了。奥古斯都时代还曾有一位元老不顾教化礼仪，让女奴赤身裸体地侍奉自己。也正因上述种种，罗马奴隶圈内有着一个公认的事实：强奸和体罚一样，随时都可能降临。

　　但这并不意味着主人不会仁慈地对待奴隶。譬如，卢基乌斯·维特里乌斯疯狂地恋上自己的女奴后，不仅释放了她，还将她的唾液与蜂蜜混合在一起治疗喉疾。但这种情况属于例外。通常而言，主人有权将自己的性欲发泄在奴隶身上，这就像擤鼻涕、上厕所一样正常。一言以蔽之，所有权带来了优越性："奴隶不得有羞耻感。"[43]

　　只可惜，在此时的罗马城内，连元老阶级都饱受肢刑架与鞭笞的折磨，自由又从何谈起？其中透露出的寓意，哪怕是最德隆望尊的公民也会不寒而栗。公元 47 年，也就是卡尔普尔尼亚来到奥斯提亚进见克劳狄乌斯一年前，罗马元老院内最魅力非凡的那颗璀璨明星陨灭了。瓦列里乌斯·亚细亚提库斯被控

328

犯下多桩罪行，在巴亚的度假别墅被捕，继而被五花大绑地押运回了罗马。起诉者是日耳曼尼库斯曾经的副官普布利乌斯·苏利乌斯·鲁弗斯，他为人既钻营取巧又冷酷无情，诡辩才能非凡，能将敌人击得落花流水。当然，在亚细亚提库斯的私人审判会上，他也的确这样做了。克劳狄乌斯与卢基乌斯·维特里乌斯皆出席了这场审判。会上，苏利乌斯悉数痛陈亚细亚提库斯所犯的各项罪状，最后又额外控诉他性变态：像"女人一样柔弱、任人予取予求"。[44]因犯亚细亚提库斯原本一直默不作声，听见此番诽谤后实在不堪忍受，于是叫喊道："苏利乌斯，去问问你的儿子们吧，他们会证明我是个男人。"这不单单是亚细亚提库斯气急败坏之下对苏利乌斯的绝地反击（毕竟，他曾让后者的儿子们像女人一样伏在自己身下），更是对罗马政治秩序的嘲讽，正是因为这秩序已经从里腐朽到外，苏利乌斯这种人才有机会获得权力。后来，亚细亚提库斯被判死刑，经卢基乌斯·维特里乌斯建议，他可自行选择死法。此时的亚细亚提库斯更是无所顾忌地将自己对克劳狄乌斯政权的蔑视展露无遗。他宣称，自己宁愿死在提比略或卡利古拉手里，也绝不愿死在维特里乌斯吐出的几句论断之下，要知道，维特里乌斯的嘴之所以那么油滑且充满恶臭，全是长期吸吮阳器造成的。接着，在确保自己的尸首火化时不会烧到花园的奇花异树后，他选择了割脉自杀。

通过这种选择，亚细亚提库斯毅然决然地维护了自己的男子气概。但这归根结底是因为他没有别的死法可选以保全公民尊严。不难发现，终日担惊受怕的克劳狄乌斯本就不想让亚细亚提库斯存活于世，但这并非故事的全部内容。元老们以往就觉得皇帝精神不太健全，如今更是在亚细亚提库斯的命运中发现自己内心深处最阴暗的疑虑得到了应验：皇帝克劳狄乌斯当真是一个轻信于人、受变态狂摆弄的傀儡；而且更糟的是，"他受奴隶及女人摆布的情况，比同辈中任何一人都更为显著"。[45]当然，至于谁才是导致亚细亚提库斯灭亡的罪魁祸首，全罗马心知肚明。麦瑟琳娜对他的花园觊觎多时，早就想占为己有了。更过分的是：亚细亚提库斯的死，还是为了满足麦瑟琳娜对麦尼斯特的渴求。麦尼斯特原是卡利古拉的情人，也是罗马最著名的演员，据说同时与麦瑟琳娜和另一个地位同等尊贵的美人——波培娅·萨比娜有着不清不楚的干系。起诉亚细亚提库斯对麦瑟琳娜而言无异于一石二鸟。因为在亚细亚提库斯所遭受的一系列指控中，其中一项便是与波培娅暗通款曲。麦瑟琳娜不仅没有谨慎地退居幕后，反而亲自出席了亚细亚提库斯的私人审判会。甚至在亚细亚提库斯被判决之际，她还命人欺辱情敌波培娅，逼迫对方自杀就范。简而言之，没什么能比这更肮脏卑鄙、有失颜面的了。一位曾立志统治世界的显赫元老，竟这样沦为一区区小妇嫉妒心的祭品。

330

"屈从于女人是一件多么羞耻的事。"[46]奥维德的格言总是被罗马道德学家奉为不易之论。可以肯定的是，神意决定了男性无论在战场上还是在床上都要占据上风，也几乎没有人对此产生过质疑。"一个女性篡夺男性特权的国家是不幸的，无论是在元老院、军队，还是在行政阶层，皆是如此！"[47]牝鸡司晨将带来不堪设想的后果。在此时的罗马，女性围绕一名戏子所展开的情爱纠葛似乎导致一位历任两届执政官的元老被毁，某些地方肯定出了大问题。身家显赫的女性或许会代表家族男性施加影响力，这固然是一回事；但若女性大肆卖弄自己的权力与财力，就完全是另一回事了。当初的莉薇娅，在升天化神、与奥古斯都在神界王座上并排而坐之前，无论风言风语怎么传，总是刻意收敛锋芒、暗度陈仓。毋庸置疑的是，她从未想过将丈夫当傻子一样要弄。可麦瑟琳娜不是这么做的——假如那些甚嚣尘上的流言值得相信的话。波培娅·萨比娜自杀数天后，克劳狄乌斯邀请她丈夫共进晚宴，并询问他妻子波培娅去哪里了。得知波培娅已死后，克劳狄乌斯神色间一片疑惑。在那些鄙视皇帝的人看来，这一插曲似乎显示出：麦瑟琳娜已经完全将皇帝玩弄于股掌之中了。他轻信于人又愚蠢糊涂，将一个个显要人物都送到了她的手中。执政官、禁卫军统领、提比略的孙女，一一死于她的阴谋伎俩。惜命如金的人纷纷对她阿谀奉承。墙头草卢基乌斯·维特里乌斯甚至还求着为她脱鞋，"在脱掉她的右拖鞋后，他赶紧将它藏在自己的托加袍和束腰外衣之间，并一直随身带着这只小鞋，而且还时不时亲吻它"。[48] 这不仅是自取其辱，更是娘娘腔至极。

　　事实上，或许正因如此，这一行为还显得有些色情。奥维德若是在世，看见前叙利亚总督对女人的拖鞋吻个不停的话，肯定不会过度惊讶。他一向喜欢探索罗马礼仪规矩的种种矛盾性。

> 别害臊（虽然挺可耻的，不过这也正是趣味所在）
> 像奴隶一样，手里拿面镜子吧。[49]

和通奸偷情一样，角色倒置也是如此：禁忌越严，打破禁忌所带来的快感也就越大。对男性来说，总是需要采取攻势、迫使女性臣服的压力抹杀了所有乐趣。贤良淑德的妇人在行房事时，就应消极地躺在床上，由性伴侣来引领，这是罗马道德学家认

为理所当然的事，却未能阻止某些胆大过人的女性像男性一样
先扭动起来，以增添情趣。虽然这种举动骇人听闻，而且对所
有自尊自爱的罗马公民而言，都不免煞了他们的雄威，但性伴
侣在自己身上扭动双腿、摩擦臀部，或吸吮舔舐自己的阳具时，
男性也总能得到一些无可否认的补偿。诚然，一个女性在性爱
中扮演起男性的猛攻角色，这种可能性会令任何自重的公民都
惊惶不安；但也很少有这般离经叛道之事能让人快意丛生。麦
瑟琳娜这样的野心勃勃、嗜血毒辣的女人既让人敬畏，又惹人
遐想连篇。年轻美艳又危险的她就是色情文化的代表人物。

　　恺撒家族府邸是妓院的说法一直叫人欲罢不能。提比略退
隐卡普里岛期间、卡利古拉在帕拉蒂尼山上居住期间，都曾恣
意大行淫秽之事；但和以前一样，在罗马这般痴迷于流言蜚语
的城市里，真正让一切不胫而走的，是民众的闲言碎语。奥古
斯都家族一直以来不遗余力地将自身形象提升为罗马传统价值
观的化身，这种做法直接导致的一个负面后果就是催生了有关
奥古斯都女儿的那些坊间故事：她是如何"在厌倦偷情后，直
接转为卖淫的"，[50]并且最后还发展到了在罗马演讲台上卖弄风
骚的地步。但罗马人民毕竟对尤利娅喜爱有加；因此关于她的
坊间流言虽然可耻，但多少带着一些感情。相比之下，报复心
强又凶狠残忍的麦瑟琳娜似乎拥有更为可怕的形象。据传，她
的阴蒂巨大无比，简直可以与"勃起的阴茎"[51]相比；她会戴一
头金色假发，乳头漆成金色，据说还在一家廉租妓院里轮班；
而且她曾在帕拉蒂尼山举办宴会，让罗马显赫女性的丈夫亲眼
看着妻子给自己戴绿帽；还曾与罗马一位最富经验的妓女进行
全天候性爱比赛，并且大获全胜。这类故事最初是因麦瑟琳娜
急于找出对手并将其毁灭而产生的，却逐渐让麦瑟琳娜的公众

332

形象变成了精于算计的对立面。就消除敌人的能力而言，麦瑟琳娜的排名更接近于塞扬努斯，而非尤利娅。渐渐地，罗马人开始将她视作一种截然不同的生物：不负责任、不顾任何风险的肉食动物。

这让她暴露在重重危险之中。当卡尔普尔尼亚与另一名姬妾抵达奥斯提亚求见主人时，她们所扮演的角色与当年替安东尼娅将信送到卡普里岛的帕拉斯非常相似。和提比略一样，克劳狄乌斯也十分乐意把脏活交给他人来做，所以才准允妻子用计扳倒亚细亚提库斯等人，同时继续扮演着对凡事都不以为意的皇帝角色。但两人的相似之处不止于此。当年的提比略在读罢安东尼娅的信后，骇然发现：自己一向信任的好帮手竟给自己带来了致命危险。今时今日的克劳狄乌斯何尝没有产生类似的昏聩之感？据卡尔普尔尼亚汇报，麦瑟琳娜公然参与了叛变。

333 叫人惊愕的是，她不仅与罗马最俊美的男子、待任执政官盖乌斯·西利乌斯偷情，还与他举行了婚礼。"禁卫军、元老院和所有人民，都见证了那场婚礼！"[52] 克劳狄乌斯每每受惊第一反应总是恐慌，听说此番消息后更是彻底崩溃。她屡屡攻讦他缺乏男子气概、无力维护家族秩序，甚至进而抨击他的执政能力，这些本就够糟糕了，如今又公然与西利乌斯成婚，允许其抢占属于恺撒的合法财物，似乎是在宣告一场政变的到来。"掌权者还是我吗？"克劳狄乌斯止不住地哀号道，"又或者说，西利乌斯已经接管了权力？"[53]

两位近臣兼元老维特里乌斯与凯基纳·拉古斯将他塞进车厢，一路快马加鞭向罗马赶去，而他则一直深陷震惊之中无法自拔。麦瑟琳娜骑马出城、强行要求会见他时，他只坐在原地一言不发；就连 7 岁的不列颠尼库斯和姐姐屋大维娅出现在马路边时，他那僵硬的面容也是纹丝不动。抵达禁卫军军营后面对全体士兵讲话时，他几乎连话都说不出来。"不论他的愤怒是多么理直气壮，他所蒙受的耻辱终究令他噎住了。"[54]

但行胜于言。克劳狄乌斯选择在禁卫军军营避难，一方面表现出他的极度恐慌，另一方面也彰显出他势必消灭任何骚动迹象的决心。他命人围捕了西利乌斯及其数位出身高贵的同伙，并将他们带到禁卫军面前，干净利落地砍掉了他们的头。麦尼斯特也在其列，纵然他哭天抢地，痛苦求饶，也仍未幸免于难。克劳狄乌斯一开始本打算放过他，但当时毕竟已经有大批元老及骑士被处死，再宽赦一个小小演员明显说不过去。唯独给出一些奇怪辩词的人才有机会被赦免。譬如，为证明维特里乌斯指控不实，苏利乌斯·鲁弗斯的一个儿子宣称自己绝无可能与麦瑟琳娜通奸，因为性交时"扮演女性角色"[55]是他一直以来的习惯，克劳狄乌斯于是轻蔑地释放了他。否则，这就将是一场 334 彻彻底底的大屠杀。普通情境下，克劳狄乌斯或许会恐慌，并且不愿过度参与镇压活动，但一旦遭遇危机，他完全可以做到不留情面、斩尽杀绝。

此时此刻，唯有一人仍然在逃。他的发妻麦瑟琳娜悲狂交加地躲进了去年从亚细亚提库斯处抢夺而来的花园，在花圃间哀声哭泣，她的母亲多米提娅·雷必达看护着她，按照罗马最高贵的为母之道的传统，催促她尽快自裁，保全名节。但最后，麦瑟琳娜的勇气还是败给了恐惧。一队士兵来到花园时，她仍旧不敢自刎，只得由一名士兵拔剑刺穿了她的身体。没多久，她的尸身便被扔在母亲脚下。麦瑟琳娜给罗马人民留下的，不只是一个遗臭千年的女色魔的代称，还有一种不言而喻的迷惘感。她的这出剧中总有些地方令人感觉不对劲。究竟是什么会让麦瑟琳娜误以为，她能在罗马这般痴迷于风言风语的城市里与西利乌斯结婚而不受惩罚呢？不少人试图去寻找背后的解释，却总免不了耸耸肩，承认自己对此事不胜困惑。她当真是被欲望冲昏了头脑，所以才走向不归路的吗？又或者说，克劳狄乌斯认为这中间暗藏阴谋的想法是正确的吗？倘若真是阴谋，麦瑟琳娜又何必将子女的前程放在一桩明显不够成熟、不够有效的阴谋上作赌注呢？没有一处细节合乎情理。

当然，人们对这种失望感并不陌生。恺撒家族的秘密对局外人而言本就费解，而克劳狄乌斯像元老们一样依赖被释奴，这种弱势地位更是让局面越发糟糕。帕拉蒂尼山的党派之争有如暗流，只有极少冲突才会在表层激起波澜。据传，麦瑟琳娜并非不屑参与丈夫部下数位被释奴之间的权斗，反而与其中一位发生了性关系。这位被释奴失去利用价值后，她便很快将他处死。且不论这事真假与否，总之有一点可以确定：麦瑟琳娜在身败名裂前，早已与那喀索斯、卡利斯图斯及帕拉斯三人成了仇敌。纵观她的倒台历程，那喀索斯的足迹尤其明显。是他将克劳狄乌斯的两位姬妾送至奥斯提亚；也是他向克劳狄乌斯担保她们所言句句属实（而维特里乌斯与凯基纳对此却似乎不置可否）；也是他在麦瑟琳娜求见丈夫时厉声喝退了她。出人意料地是，在整场危机中，他甚至还掌控了禁卫军，所以他一声令下，死囚们便被即刻处决。待屠戮结束、血迹也被清理干净后，任何就麦瑟琳娜与西利乌斯成婚一事可以反驳那喀索斯的人都已被永久封口。

麦瑟琳娜的婚姻是否确有其事？又或者说，麦瑟琳娜会不会只是一场精心编织的谎话中的受害者？没有人确切知道答案。她的雕像被人从柱基上移走，名字也被人从所有铭文中除去。

与此同时，那喀索斯独得恩宠，切切实实地体会了一把活跃在聚光灯下的滋味——虽然这种滋味转瞬即逝。在此之前，他由于被释奴身份的束缚，一直只能在暗中活动。如今，为报答他捍卫罗马政体所立下的汗马功劳，元老院颁布正式法令，授予了他一项光荣的行政官职。这对一个被释奴而言简直是史无前例的荣幸。农神节快乐！

但恺撒家族的劲敌一向多如水螅，削掉这只水螅的头，另一只又冒出来了，实在难以根除。的确，那喀索斯成功扳倒麦瑟琳娜，一举夺得了帕拉蒂尼山幕后竞技场的首席。但他的成功打破了克劳狄乌斯部下三大被释奴之间由来已久的势力平衡。一直以来，卡利斯图斯与帕拉斯对克劳狄乌斯宫廷的权力运作洞若观火。卡利斯图斯在历经公元48年的大衰败后，不久便撒手人寰，事实上，这或许正彰显了他的影响力有多大：他是权力中心少数得以善终的人之一。帕拉斯也绝无永久屈居人下的意思，虽然短期看来，他除了忍受那喀索斯的领先地位外暂无他法。帕拉斯非常了解自己的主人。相比于对手那喀索斯，他能更清晰地认识到克劳狄乌斯在这一事件中所受到的巨大屈辱，以及它不可避免地在克劳狄乌斯心中激起的不安全感。麦瑟琳娜既为人妻，又为人母；她的垮台给两个孩子的前程造成了无法估量的影响。而在遭遇这般丑事后，克劳狄乌斯还怎么能再给自己家族贴上罗马美德典范的标签呢？目前看来完全不可能。只要局面仍是老样子，他就不可能不感到自己身为全球统治者的合法性将遭受质疑。毕竟，他与奥古斯都之间的血脉关系，并不比其他雄心勃勃的贵族元老与奥古斯都的关系更紧密。这一老问题再次成了万众瞩目的焦点。不过眼下他有一个不言而喻的选项。远见卓识远胜那喀索斯的帕拉斯知道，主人十有八

336

九会采取这个方法。[56]

麦瑟琳娜春风得意的年头里，阿格里皮娜一直敛声屏气，不露锋芒。她的儿子体内既流淌着日耳曼尼库斯的血液，也流淌着奥古斯都的血液；偏偏她自己还是罗马出了名的美人坯子。数年前，妹妹莉薇娅因招致麦瑟琳娜忌恨，被流放异地、惨死他乡。阿格里皮娜便一直引以为戒，绝不参与宫廷的阴谋纷争，而是全身心修复财力。她嫁给了一位富可敌国的元老，对方在婚后不久便溘然长逝，对她的积财大计助益颇丰。麦瑟琳娜倒台后，急于巩固政权合法性的克劳狄乌斯很快将目光投在了阿格里皮娜身上。但有一个不容逃避的难题是：阿格里皮娜是他的侄女。罗马人一向对乱伦深恶痛绝，因此所有罪行中，唯独对乱伦罪与叛国罪的审判会接受那些饱受折磨的奴隶所提供的证据。但克劳狄乌斯非但没有遮遮掩掩，也没有按常理出牌让其他家族先收养阿格里皮娜，反而大张旗鼓地宣称要娶自己的"孩子"[57]为妻——因为侄女的非凡出身对他来说堪比无价之宝。圆滑老到的维特里乌斯负责解决这其中的道道难题。面对元老院，维特里乌斯再次使出了惯用伎俩，先一本正经地夸赞克劳狄乌斯是庄重自持的典范，继而主张，为了恺撒、罗马乃至全世界的利益，应当对那些禁止叔父与侄女通婚的法律进行修改。"毫无疑问，是神明的先见之明给我们忠贞不渝的第一公民送来了这样一位孀妇。"[58]元老院内掌声如雷；外面的罗马广场上，一群被精心部署好的民众也相继发出了同样热烈的喝彩声。在这一刻，元老院与罗马民众连成了一体。此情此景下的克劳狄乌斯又怎么好拒绝他们的请求呢？

当然，远离了各种精心编排好的激奋人心的表演后，不少人其实都被克劳狄乌斯这招震惊了，担心这般"天理不容的非法结合"[59]结不出什么好果，但阿格里皮娜本人却不这么看。嫁给老态龙钟、口角流沫的克劳狄乌斯固然在生理上令人不大满意，却是她历经重大滑坡后回归权力中心的胜利象征。当然，一个甘心卖身于叔父的女人肯定免不了遭受罗马人的冷嘲热讽。但他们的嘲讽也包含些许勉强的尊重。毕竟，和前皇后麦瑟琳娜不同，阿格里皮娜并非色情狂。"她私底下的作为非常受人尊敬——嗅到权力时除外。"[60]据说，奥古斯都与人通奸的唯一原因是去监视对方的丈夫，同样，阿格里皮娜的不贞则被归因于她力争达到权力巅峰的非凡决心。一个女人能有这般鸿鹄之志，实在非比寻常，令人诧异；但也正是这股野心让她成了罗马权斗场中不容置辩的重量级人物。"她的主宰方式并非不粗暴生硬，而是像男人一样阳刚。"[61]

她嫁给克劳狄乌斯第二年里，各种不祥的征兆越发频繁：预示世界大权已经转移到了一个跋扈果敢的女人手中。很少有人会怀疑阿格里皮娜对儿子的殷殷厚望。不足为奇的是，公元50 年，13 岁的多米提乌斯便被继父克劳狄乌斯正式纳为养子，成了一名克劳狄。曾经的卢基乌斯·多米提乌斯·阿盖诺巴尔布斯就此摆脱以往，拥有了一个更绚烂的名字：尼禄·克劳狄乌斯·恺撒·德鲁苏斯·日耳曼尼库斯。小尼禄略带婴儿肥的圆脸肖像顷刻间风靡全境。但真正照耀世界的，还是他母亲阿格里皮娜的光芒。丈夫慷慨授予了她大把连莉薇娅都不曾享受过的殊荣。第一次，皇帝尚在人世，其妻子便被授予"奥古斯塔"的卓越封号；第一次，罗马皇后的雕塑以头戴饰有新月图案的皇冠的形象示人；也是第一次，皇帝与皇后的头像一齐出现在罗马的货币上。在麦瑟琳娜倒台前，皇后的头像都必须印在硬币的反面，配以图案衬托克劳狄乌斯的赫赫功绩；但现在

338

不一样了。币面上的士兵、凯旋门及自我标榜的标语全部消失得无影无踪，转由阿格里皮娜和尼禄的头像取而代之。这场危机太过严重，只有这一招可选了。毕竟，奥古斯都家族的创口绝不能化脓，不惜一切代价也要让家族未来呈现出稳定的景象。

不少人一向将克劳狄乌斯视为绵弱无骨的傻子，女人与奴隶的掌中玩物。这些举措无疑又加深了他们对他的蔑视。但皇帝一如既往地不以为意。他深信，它们不光牵涉自己的生死存亡，还与罗马人民的长期安全休戚相关。年少时，他便已意识到内战带来的惨痛后果。他本立志撰写一部奥古斯都崛起之路的历史，却招致莉薇娅与母亲的严厉指责，最后在两人劝说下放弃了这项计划。"没有人，"莉薇娅与母亲告诉他，"能准确或直截了当地描绘出具体发生了什么。"[62]数十载弹指间悄然而逝，但他仍旧惶惶不可终日，害怕自己稍有不慎，就挥霍掉奥古斯都遗留的大好江山，破坏罗马延续数十年的长期和平，招致可怕至极的后果。他饱受共和国最艰苦最严峻时期的历史的教育，知道维护公民理想有时需要牺牲。此情此景下，麦瑟琳娜早已湮没入土，儿子不列颠尼库斯也才 9 岁，怎能指望其来接管世界的统治大权？克劳狄乌斯如今年老体弱，尼禄在治国理政的大事上缺乏教管，岂不危险至极。同年冬天，有关恺撒气数已尽的征兆已经遍布全城。卡庇托尔山上，不祥的飞鸟聚集成群；地震突袭，全城地动山摇。与此同时，台伯河畔的粮仓也已见底。饥肠辘辘的暴民将克劳狄乌斯堵在罗马广场，若非一支分遣队及时赶来救急，他恐怕就要被撕成碎片了。这无疑是一则有益的教训。人民的爱戴拥护与禁卫军的钢甲利剑，是为皇者必须始终放在心上的两样东西。

于是，克劳狄乌斯很快着手为未来继承人准备这两样东西，也很快迎来了相应的完美时机。15 岁生日这天，尼禄被允许提前一年举行成年礼。他先是对罗马人民及禁卫军大加赏赐，继而率领禁卫军在城内游行，不久后又在元老院发表了首次演讲。尼禄穿着闪闪发光的托加袍大出风头、披着凯旋式的礼袍在竞技场指挥若定的同时，不列颠尼库斯却只能穿着条纹图案的儿童托加袍闷闷不乐地徘徊闲荡。为了煞煞继兄的威风，他便称呼尼禄为"多米提乌斯"。阿格里皮娜见状，直接找到克劳狄乌斯，要求替换不列颠尼库斯的数位教师，具体人选由她自己钦点。不列颠尼库斯的首席教师以密谋反对尼禄之罪被处以死刑。在玩弄这类花招时，奥古斯塔显露了自己的真面目。她不愿看见任何人身居要职，除非此人由自己扶持。也正因如此，她在嫁给克劳狄乌斯后不久，便劝说他任命塞克斯图斯·阿芙洛尼亚斯·布鲁斯为禁卫军统领。布鲁斯虽无显赫门第，却忠心侍奉她的家族。然而，即使他是一名出色的军官，且有残臂为证，但也仍旧无法改变他出身极度低微的事实，"他的出身低微至此，无法不让人留意助他晋升的幕后推手"。[63]

340

恺撒家族的深水地带是弱肉强食的世界，充斥着饥肠辘辘的恶兽，而阿格里皮娜更是证明了自己是其中一头在凶恶程度上不输任何人的肉食动物。"保障权力最稳妥的手段不是武器，而是予人恩惠的能力。"[64]有了距离提供的视角，塞涅卡在流放之地科西嘉岛发出了这样的感叹。乐于验证这番真知灼见的阿格里皮娜在嫁给克劳狄乌斯后，不久便安排人召塞涅卡回都。她的儿子尼禄需要一名导师，而又有谁比塞涅卡这位罗马一流精英更合适呢？塞涅卡见势自然也一把抓住了机会。正如亚里士多德曾为亚历山大大帝之师，给未来的世界领袖做老师何尝不是任何一位哲学家的梦想呢？当然，阿格里皮娜并不是希望儿子学习哲学这种不着边际的东西，她雇用塞涅卡，主要是看中了他的演讲才能。尼禄踏上元老院的地板致辞时，功课无疑是导师塞涅卡为他做好的。为罗马效力多年、皱纹横生的元老们听着这个16岁的男孩在外交大事上指点江山时，竟然察觉不到他身上任何紧张的迹象。不同于克劳狄乌斯，尼禄仿佛生来就精于此道。他身材魁梧、表达流利，倨傲之中透露出一股震慑力，与年迈的皇帝克劳狄乌斯形成了鲜明的反差。他又偏偏如此年轻，不可避免地激起了元老院的不安（卡利古拉留下的记忆至今仍让元老院耿耿于怀）。于是乎，他的年轻似乎也转化为一种力量之源。

尼禄并非唯一长大成人的孩子。公元53年，他迎娶了克劳狄乌斯与麦瑟琳娜之女屋大维娅为妻，似乎进一步确立了自己身为皇帝意中接班人的地位。然而，这桩婚姻也同时透露了另一则讯息。不列颠尼库斯仅比姐姐屋大维娅小一岁，罗马人民不由得意识到：他也很快就要摆脱稚气、步入成年了。元老院、禁卫军乃至罗马街市内都有他的支持者，恺撒家族内部也不例外。帕拉斯由于早年支持阿格里皮娜得到了无数公共荣誉，甚至超乎那喀索斯所获奖赏，但仍未获得绝对的至高地位。因此，那喀索斯会拉着不列颠尼库斯的手，拥抱他，催他赶快长大。克劳狄乌斯也会抱着儿子，承诺他成年之际，会送他"一部讲述自己毕生成就的记录簿"。[65]随着公元54年不列颠尼库斯满14岁，这一时刻已经近在咫尺。尼禄15岁就能穿上成年男人的托加袍，他的弟弟为什么不可以呢？克劳狄乌斯开始公开谈起自己对不列颠尼库斯的成人礼的期盼。再过一年，皇帝便有两个继承人可供选择了。当然，这样一来，尼禄面对自己的未来似乎便没有从前那般胜券在握了。

　　无疑，不安情绪正在罗马弥散。天空下起了血雨；禁卫军的鹰旗被闪电击中；一头长着鹰爪的猪降临人间。与此同时，不列颠尼库斯的祖母多米提娅·雷必达被控犯下多桩重罪，被带至法庭审讯。始作俑者是谁似乎一目了然，因为在多米提娅遭受的种种指控中，其中一项便是使用巫术谋害皇后。据说，尼禄按照母亲阿格里皮娜的吩咐，还亲自出庭指证多米提娅。不出所料，多米提娅·雷必达最后被判处了死刑。同年 10 月，阿格里皮娜所有死敌中最可怕的一位也离开了罗马。那喀索斯得了富贵病——痛风，而治疗这种病最好的方子莫过于坎帕尼亚的水。那喀索斯肯定不愿在坎帕尼亚待太久，长期远离都城的后果是他无法承担的。他只是暂时休假一小会儿，哪里会出什么差错呢？

　　这一问题的答案在不列颠尼库斯成年前三个月的 10 月 13 日得以揭晓。据传，这天，克劳狄乌斯突然病得不省人事。元老院全体成员被召集在一起。执政官与祭司纷纷向上苍祈祷，以佑护恺撒尽早痊愈。同时，帕拉蒂尼山上所有大门皆被封锁，多条道路被士兵们封堵。情况并非不容乐观。整个清晨，官方发布的公告都比较宽慰人心，还能看见各色各样的喜剧演员朝恺撒府邸赶去——据说，克劳狄乌斯躺在病榻上，表示想乐一乐。可到了中午时分，城门突然大开，紧接着，尼禄在新任禁卫军统领布鲁斯的陪同下走出，站岗的士兵们异口同声地欢呼着，将尼禄迎进了一台轿子，然后尼禄带着侍从径直朝禁卫军军营赶去。抵达军营后，尼禄当众宣布了克劳狄乌斯的死讯，再次赏给了禁卫军一笔慷慨的奖金，继而又对元老院大施恩惠。元老院众成员明白此情此景下自己应当扮演怎样的角色，便将先皇克劳狄乌斯享有的所有权力及荣誉一并授予尼禄。年仅 17

岁的新恺撒——接过元老院的馈赠，但唯独其中一项称号，他谦恭得体地拒绝了：祖国之父。拥有饱满光滑的脸蛋、少女般红唇的尼禄还没有笨到去招致不必要的嘲讽。接着，他为养父克劳狄乌斯争取到了神明的地位，于是自己也跟着获得了一项决定性的终极头衔："神之子。"

那克劳狄乌斯呢？到底发生了什么事，让他甘愿为了神明的金王座而如此火急火燎地离开帕拉蒂尼山？在他去世的那一整年里，罗马似乎饱受热疾之扰。诚然，自小体弱多病的克劳狄乌斯离世时已然是 63 岁高龄，死于自然原因的说法很大程度上也说得过去。但罗马毕竟是一座对任何涉及犯罪的闲言碎语都特别敏感的城市，克劳狄乌斯的死因也不由得让人疑心重重。譬如，尼禄曾无意间说了一句俏皮话，称"蘑菇是神祇的食物，因为克劳狄乌斯就是因为一朵蘑菇而成为神的"，[66] 这在许多人看来像是在暗示克劳狄乌斯之死的真相。这场谋杀案的来龙去脉众说纷纭：有人称，是阿格里皮娜委派一个臭名昭著的投毒家摆了一盘蘑菇；有人说她是亲力亲为；也有人称，是她劝说克劳狄乌斯的医师将一片沾满毒液的羽毛滑下了他的喉咙。个中细节没人确切知晓，但所有人都在往最糟糕的方向猜。

343　　　且不论母亲阿格里皮娜是否为他玩弄了阴招，尼禄知道，自己欠恩于母亲。成为恺撒的当晚，尼禄首次被问及禁卫军的口令。这时，他毫不犹豫地给出了一个回答。他脱口而出的这一口令无不等同于对母亲恩德的极力认可："最好的母亲。"[67]

第七章　多么了不起的艺术家啊

妈妈咪呀

　　没有一位奥古斯都家族成员曾经历过如阿格里皮娜般大起
大落的人生。奥古斯都后裔中惨遭流放的人不计其数，但最终
卷土重来的仅她一个。失败的滋味永生难忘。报仇心切的卡利
古拉将她流放后的一年多里，阿格里皮娜一直忍受着凄凉的小
岛通过对伟大的拙劣戏仿表达出来的讥讽。对罗马精英阶层而
言，再没有什么比饰有水景的大庄园更能彰显自己的成功了。
而在她被流放期间，卡利古拉也的确没有吝惜这样的赏赐。阿
格里皮娜的囚禁岛上遍布水景，从人工鱼塘、新鲜贝类到海景
不等，甚至堪与那不勒斯湾别墅的水景相媲美。这些奢侈品只
是让她的流放生活显得越发悲凄了而已。她的每一分乐趣都饱
含孤独凄苦的意味。毕竟，合适的场景与气氛才能提升人的愉
悦度。没有了满大街飘飞的流言蜚语，没有了飘香的微风中传
来的靡靡之音，哪怕巴亚这般风光胜地也会变得毫无价值。

　　同样，巴亚也不能没有海港。那不勒斯湾的航道虽然一向
被驶往普特奥利的笨重货船与恺撒的大型战船填满，但那不勒
斯湾本身却并非仅用来满足贸易或军事防御所需。在炎炎夏日
泛一叶小舟沿海岸线在清凉透明的海水中漂流，纵览沿途各色
码头及岩穴，一直是罗马精英阶层的一大独特乐趣所在。当年
的卡利古拉更是将这种享受提升到了穷奢极侈的程度。两个姐

妹在囚禁岛上过得生不如死时，他却乘着拥有浴室、雕花柱子、藤蔓的特制桨帆船游览坎帕尼亚的海岸风光。他的游船奢华至极，宛若一座漂浮于水上的宫殿。事实上，罗马显贵一直将水与享乐、游船与奢侈紧密联系在一起，因此坎帕尼亚的几个海湾根本无法满足他们的需求。任何一处水域都是潜在的魅力之源。卡利古拉在不打算前往巴亚时，往往特别留意别的选项。譬如，罗马以南约 20 英里处，阿庇亚大道上方的一排排山峦之间有一个树丛环抱的静谧湖泊——内米湖（Nemi）。卡利古拉为纵情领略它的迷人风情，特意命人修建了一座巨大的船屋，①船上从拼花图案到大理石嵌体再到镀金房瓦，一切应有尽有，造价之不菲自不必说。就连船的排水铅管上都煞有介事地印刻着他的名字。对于早已从流放之地回都的阿格里皮娜而言，这艘船似乎提醒着她昔日不光彩生活中被剥夺的一切。而当年囚禁自己之人敕令修造的豪华游船如今成了儿子的财产，这多少会让奥古斯塔的脸上泛出些许微笑吧。

又或许不会。卡利古拉的这艘游船固然奢华精致，又泊在

346 水平如镜的圆形湖面上（该湖由此得名"月镜湖"），乍看之下这种不祥意味并不明显。和那不勒斯湾一样，内米湖的斜坡见证着罗马人崇尚郊外生活的社会风尚。尤利乌斯·恺撒曾在当地兴建了一座别墅；奥古斯都的母亲出生于附近的城市。内米湖与罗马有着一定相似之处。罗马的帕拉蒂尼山上，一栋栋用混凝土浇灌而成的大理石建筑之间仍旧保留着罗慕路斯时期的

---

① 卡利古拉敕令在内米湖修建了两艘船：第一艘似乎是一座漂浮的宫殿，第二艘是一座漂浮的神庙。尼禄在世时，这两艘船还漂浮在水面上。后来船被沉至内米湖湖底长达近两千年，于 1929 年被捞回，但在 1944 年被毁。究竟是为美国的炮火所毁，还是被德国纵火犯或意大利难民的炊火烧毁，至今也没有确切的答案。

建筑；同样地，在给浮华奢靡之景洒下丝丝凉意的内米湖上，远古的阴影也依旧若隐若现。其实，埃涅阿斯并非特洛伊陷落后逃至意大利的唯一一位英雄。希腊军队统帅兼国王阿伽门农率军归城后，被自己的王后克吕泰涅斯特拉谋杀；而按神祇旨意，克吕泰涅斯特拉后来又被儿子俄瑞斯忒斯杀害。手持火炬与皮鞭的复仇女神为惩罚俄瑞斯忒斯所犯弑母重罪，对他一路严加追捕。俄瑞斯忒斯携带一座阿波罗孪生妹妹兼贞女猎人狄安娜的雕像往西逃命，并在内米湖上方的树丛里为狄安娜女神修建了一座神庙。自那时起，内米湖这片圣地的祭司皆为逃亡者，以表对该礼拜仪式奠基者俄瑞斯忒斯的纪念。亡命天涯的奴隶在逃到这处圣所后，与现任祭司对决，只要成功杀死对方便可继任。每一场胜利都以死亡为代价，因为每位祭司都必须明白并接受一个事实：自己早晚有一天会死在继任者的手中。一千多年以来，围绕祭司继任问题所展开的杀伐在这片圣地循环往复。卡利古拉在此得知当时的祭司已经在任多年后，一时兴起，资助了一个更年轻也更合适的候选人与他决斗竞争，但最后的赢家还是他。其实，相较于内米湖的这处圣所，恺撒家族又何尝不是一个潜在的杀戮场呢？参与竞争者稍不留意就会堕入万劫不复的深渊。和女神狄安娜的祭司一样，卡利古拉最后也倒在了血泊中。不过，若非他先撒手人寰，阿格里皮娜又怎有机会东山再起呢？自然，她绝不希望同样的厄运也降临在自己身上。

　　她一直将内米湖女神放在心上也是有原因的。嫁给克劳狄乌斯时，她便与丈夫在这片神圣的树林里资助举行了盛大仪式以安抚神祇，为自己的乱伦婚姻赎罪。数月后，克劳狄乌斯又正式向狄安娜女神献祭，请求她保佑自己、阿格里皮娜、尼禄及不列颠尼库斯平安大吉。但这明显不够。女神已经放弃了克劳狄乌斯。他敕令在内米湖修建的狄安娜神庙依旧灯火通明，但他本人却已与世长辞，而且民间纷纷传言是妻子阿格里皮娜捣的鬼。遑论真假，总之，阿格里皮娜知道把自身安危寄托在为狄安娜点蜡烛上毫无用处。她一直谨记内米湖神庙带来的教训。狄安娜女神明显更钟爱那些凭自身本事化险为夷的人。因此，克劳狄乌斯刚断气，她便命令自己在亚细亚的细作去毒害当地行省总督，因为对方与她的儿子一样都是奥古斯都的玄孙——不管怎样，那可怜人的死讯传到罗马时，这就是罗马人普遍的猜想，当然也完全合乎情理。随后，克劳狄乌斯的爱奴那喀索斯在从坎帕尼亚匆忙回都的路上被逮捕，更是让人深信阿格里皮娜正在清除障碍，以绝后患。随着那喀索斯在监禁中自杀身亡，阿格里皮娜由此彻底掌控帕拉蒂尼山。帕拉斯继续掌管罗马财政，地位比先前还稳固，布鲁斯统率禁卫军，塞涅卡负责摆布与元老院的交涉往来，她的走卒傀儡简直遍布全国各地。当元老院投票授予她神君克劳狄乌斯女祭司的头衔，并将她的扈从数目增加至莉薇娅守寡时期的扈从数的两倍时，阿格里皮娜的终极回归得以确立。"她敢于争夺神圣世界的统治大权。"[1]在此之前，罗马人还从未有机会这般评价自己民族中的任何一位女性。

但她历经千辛万苦获得的巅峰地位并不稳固。她的成就激起了绝大多数罗马男性的猜疑。元老们受召在帕拉蒂尼山集会时，总对她恨得咬牙切齿，因为她垂帘听政，窃听着他们的所有言语。就连欠她天大人情的塞涅卡也对她的嚣张跋扈深感不安。但在阿格里皮娜看来，自己身为堂堂日耳曼尼库斯之女，凭什么不能既掌管内政，又在边疆树立威望呢？一涉及军事，她便立刻显现出了真面目。早年卡拉塔库斯被押送到克劳狄乌斯皇帝面前时，她便直接坐在了丈夫身旁，在鹰旗下称后，这在罗马史上实为"前所未有之事"。[2]她对日耳曼有着持久的兴趣，父亲曾在那里创下丰功伟绩，她自己小时候也曾在那里生活过。也正因如此，莱茵河都城后来以她的名字命名，乌比安祭坛也改名为科隆尼亚·阿格里皮娜西斯（Colonia Agrippinensis，也就是后来的科隆）。但在她儿子登基的这个月里，占据罗马焦点的不是帝国北疆，而是亚美尼亚。当地的帕提亚人正试图推翻罗马扶持的亚美尼亚国王，另立自己的傀儡王。阿格里皮娜决心一马当先地处理这场危机。亚美尼亚使团来到罗马时，她竟想都没想就觉得自己应该坐在儿子身旁去接待他们。虽然塞涅卡是个不折不扣的文官，但温文儒雅的性情和经年不治的呼吸道疾病只让他对罗马军事传统的敬佩有增无减。见到阿格里皮娜此举，塞涅卡大惊失色。在他看来，至少某些礼义廉耻还是需要维持的，于是便告诫尼禄，让其从座位起身将母亲拉至一边，避开了悠悠众口。

"是我让你当上皇帝的。"[3]阿格里皮娜一而再再而三地提醒着儿子。年方16岁的尼禄从小就开始接受传统的罗马教育，一向顺从父母，只能对她听之受之。城中出现的种种革新现象也向人们传达了同样的信息。譬如，尼禄发行的钱币上同时印着他与阿格里皮娜的肖像，而且两人大小相当，正面相对，像在庆祝合作关系似的；他的碑铭上也同时包括了父母二人的家族谱系。不过一切终归有限度。尼禄毕竟是世界之主，他不能给人留下惧怕母亲的印象。好在他为人聪慧精明，知道塞涅卡是自己理政的绝佳参谋。哪怕成了恺撒，他也仍旧乐于师从塞涅卡。亚美尼亚危机爆发后，塞涅卡劝诫他采取铁腕手段加以治理，于是他加派军队增援东部前线，并调遣日耳曼边境的一位老兵稳定局面。没多久帕提亚人便被打得满地找牙，前来求和谈判了。与此同时，尼禄继续泰然自若地在罗马营造仁君楷模的形象。他优雅从容地拒绝了元老院为他树立金银雕塑的提议，并宣布就此结束那些曾让克劳狄乌斯声名扫地的叛国审判，而且也的确信守了承诺。一次，一份死刑执行令被呈给他签名，他仰天叹息，极具戏剧性地悲叹自己为何要学会写字。"简而言之，他不放过任何一个展示自己慷慨仁厚的机会。"[4]

寻找新战场一向是恺撒家族私下派系之争的一大特色。阿格里皮娜与塞涅卡的嫌隙本就与日俱增，如今在推广小皇帝的形象方面更是迎来了矛盾焦点。他们向外输出的尼禄形象都非常强大有力，却又截然相对。一方面他是日耳曼尼库斯之女奥古斯塔忠实孝顺的好儿子，没有她，他便什么也不是；另一方面，他又是人民的父亲，少年老成，"在照顾孩子们时总是宽厚耐心"。[5]尼禄宛如一只玩偶，只能反复穿脱他人选好的衣物。但要反抗这般侮辱之举对他来说也实属不易。阿格里皮娜的盟友遍布各处，她的非凡血统更是给尼禄的政权合法性添光加彩，堪比无价之宝。可学富五车的塞涅卡在罗马优良传统的研习及造诣上无人能及，能对这些传统加以塑造为自己所用，对尼禄而言同样宝贵。两方都不能被舍弃。尼禄深知自己尚处于弱势地位，因此暂时放弃了尝试。

尽管如此，他越对母亲与导师感到不胜厌烦，也就越渴望有朝一日能小试身手。而这样的机会并不少。阿格里皮娜强行要求他娶克劳狄乌斯之女为妻时，他怒火中烧，断然不肯选择诚挚高洁的屋大维娅，而是开始寻找符合自己品位的女子，最后相中了一个名叫埃克特的被释奴——不难想见阿格里皮娜会有多震惊了。"让一个女仆当我的儿媳妇?"[6]是可忍孰不可忍。但尼禄没有退缩,而是求助于导师塞涅卡,塞涅卡则迅速安排手下给尼禄和埃克特牵线搭桥。然而,不遗余力地向外推广尼禄责任楷模的形象的同时,塞涅卡也面临着挑战。尼禄已经厌倦了花费时间去满足导师的严苛理想,心里更多想着释放自我。在这方面,年轻的风流浪子马尔库斯·撒尔维乌斯·奥托给了他极大鼓励。奥托崇尚奢靡浮夸的生活方式,喜欢将不幸儿们褒在战袍中抛上抛下。这正中尼禄下怀。和塞涅卡不同,奥托不会喋喋不休地在尼禄耳根子旁念叨皇帝的职责;和塞涅卡不同,他还熟悉罗马最肮脏丑陋、罪恶横生的角落。哲学书上鲜有提及的全新体验与机遇尽在城市街头待人探寻,对于尼禄这样"喜爱不可思议之物"[7]的人来说,这无疑令人兴奋不已。渐渐地,尼禄"分享所有计划与秘密"[8]的人不再是塞涅卡,更不是阿格里皮娜,而是奥托这样的同伴。

　　在小恺撒的政权中心,权力的表象与实质之间仍然存在着不祥的紧张态势,而且自他即位起就一直存在。尼禄知道,如若没有母亲在背后操纵,自己根本不可能登上世界之主的位置(因为她一直这么提醒着他);他也很清楚自己并非唯一的恺撒人选。不列颠尼库斯这个名字总在他脑海里盘旋,一再提醒着他:自己并非不可取代。这一点在他执政期间的第一个农神节就得到了确切说明。当时他命令继弟起身唱歌,以示惩戒,而不列颠尼库斯则吟诵了一首影射尼禄鸠占鹊巢的哀歌。早就想管束儿子的阿格里皮娜趁势拿不列颠尼库斯的璀璨前景对尼禄大加威胁。尼禄胆大妄为地辞掉阿格里皮娜最重视的手下帕拉斯后,阿格里皮娜更是大发雷霆,对尼禄发出了致命威胁:"我要带不列颠尼库斯去禁卫军军营!那里的士兵都会听从日耳曼

351

尼库斯之女！"[9]尼禄当然也明白这是终极威胁。和以往一样，阿格里皮娜为达目的无所不用其极，而且每次都志在必得，哪怕对自己的儿子也不例外。

尼禄恼羞成怒，采取了最便捷的方式来发泄怒火：一遍遍强奸自己的继弟。诚然，强奸是罗马人向对手确立主导权时能采取的最残酷的体罚方式，但在尼禄的个案中却彰显了他的无能。看起来似乎还是母亲阿格里皮娜赢了。公元55年年中，尼禄邀请阿格里皮娜赴宴，并且宴请了不列颠尼库斯与屋大维娅二人出席，究竟谁是奥古斯都家族之首在这一场合中似乎是毋庸置疑的。进食过程中，不列颠尼库斯突然被什么噎住似的，眼珠暴凸，呼吸急促，全身抽搐。周围宾客惊恐地起身，但尼禄依旧躺在卧榻上无动于衷地观看。"癫痫症。"他冷若冰霜地低语道，继而横眼瞥向母亲。阿格里皮娜神色僵硬，面无表情，竭尽全力掩饰自己的恐惧，屋大维娅也是如此。当晚，不列颠尼库斯的尸体被漆成白色以掩盖丑陋的尸斑，然后被捆扎好带出了帕拉蒂尼山。[10]经过罗马广场时，滂沱大雨倾泻而下，冲走了尸体上的粉末。不过暴风雨并未阻止战神广场上燃起熊熊柴火，尸体被草草焚化后，不列颠尼库斯的骨灰便被埋进了奥古斯都陵墓。他一死，罗马最强大的家族——克劳狄家族一脉就此断绝，只留下"飞扬的灰尘与灰白的阴影"。[11]

此前，阿格里皮娜一直想方设法取缔不列颠尼库斯的继承权，如今却不能自已地为他的死哀悼不止。无论不列颠尼库斯是如尼禄郑重声称的那般死于癫痫突发，还是葬身于某些更恶毒的阴谋，结局都无法改变：如今的帕拉蒂尼山上再无现成的恺撒继承人。阿格里皮娜再也没有机会将尼禄牢牢拴在手掌心了。尼禄也很快昭示了这一点。他礼貌而坚决地将阿格里皮娜从恺撒府邸里请出，继而将她迁到了她祖母在附近的旧别墅内。她身边的护卫被撤除，她的肖像在帝国钱币上也不复存在。她的家门口再没有一群群索取恩惠的请愿者，这在罗马是麻烦上身的典型症状。鲜血的气息刺激着一只只敏感的鼻子张大了鼻孔。阿格里皮娜树敌众多，一个个都急着推倒她呢。当然，其中最显眼的人物莫过于曾和她争夺尼禄感情的多米提娅——她的妹妹多米提娅·雷必达在克劳狄乌斯去世前夕被控犯下重罪，而此案中阿格里皮娜留下的蛛丝马迹可谓多如牛毛。急于报仇雪恨的多米提娅选择以其人之道还治其人之身。她选择的经办人是自己的被释奴——备受尼禄喜爱的演员帕里斯。帕里斯在夜幕掩护下抵达了帕拉蒂尼山。受到皇帝接见后，他控诉阿格里皮娜犯下了多桩重罪，称她是尼禄堂兄、提比略曾孙卢贝利乌斯·普劳图斯的情人，而且还计划与他成婚。不仅如此，她正筹划让新夫取代儿子，以辅佐他统治世界。尼禄当日喝得烂醉如泥，本就疑神疑鬼的，听完帕里斯的话更是六神无主，当即召唤塞涅卡与布鲁斯前来觐见。塞涅卡先来一步，尼禄便口出狂言（据一则报告称），声称布鲁斯是自己母亲的走狗，要撤掉他的禁卫军统帅一职。禁卫军会对此做何反应关系重大，即便烂醉且暴躁如尼禄也不会不清楚。当然，待布鲁斯抵达帕拉蒂尼山后，尼禄又后悔了，但在一件事上依旧不改初衷。是时候一口气解决母亲在背后玩奸耍滑的问题了。他给布鲁斯下达了一个再明确不过或者说再让人震惊不过的命令：杀死阿格里皮娜。

即便堂堂恺撒有时也会反应过激。布鲁斯当面告诉尼禄他喝醉了，第二天早上醒来想法或许会大不一样。这位禁卫军统帅性情直率，言辞中饱含自信，因为他警觉到禁卫军仍旧对日

353

耳曼尼库斯之女忠心耿耿。当然，尝试除掉阿格里皮娜的行为也会反作用于行凶者本身，因为塞涅卡与布鲁斯都惊恐地承认：如果阿格里皮娜死了，自己也将朝不保夕。归根结底，他们别无选择，只能与奥古斯塔共进退。对昔日女恩主所受指控匆匆调查了一番后，三人重归于好。尼禄没有反对，而是选择了以退为进的战术。于是，阿格里皮娜被免除了所有指控，并趁机克复失地。多米提娅被废除了对帕里斯的保护权，蒙受奇耻大辱。而控告阿格里皮娜的其余人等皆被放逐异地，拥护她的人则纷纷加官晋爵。但凡了解帕拉蒂尼山变幻莫测的权力平衡的人都不会怀疑到底发生了什么。这一次，尼禄被迫对母亲做出了公开让步。他虽为恺撒，权威的有限性也仍然暴露无遗。

"权力的表现形式多种多样。"尼禄在位的第一年动荡不安，塞涅卡因此如是提醒他道，"第一公民对众公民有支配权，父亲对子女有支配权，教师对学生有支配权，军官对士兵也有权职范围内的支配权。"[12]塞涅卡其实早就意识到"第一公民"这个词有些不恰当，也早就意识到尼禄如今的权势更像一位国王的权势，但还是睁一只眼闭一只眼。他对如何合理运用权力的理解仍旧基于那些古老原始的罗马传统：对掌权者的服从；对家庭与军队铁一般的纪律的赞赏；对责任的尊重。这些乃奥古斯都、提比略及克劳狄乌斯都认可的古老美德。诚然，这座熙熙攘攘、流光溢彩的都城有着令人瞩目的剧院与竞技场，五花八门的游戏与剧目，以及形形色色的游行、庆典与竞赛，但都城上方自始至终都飘荡着另一类权力的醉人芬芳。据说，初次被引荐给尼禄的当天晚上，塞涅卡梦见自己正在教导卡利古拉；这一幻象或许是具有预言性的。广结民心、迎合人民的狂热爱好、举办超乎想象的盛事赢取人民拥护：这些，正是尼禄的叔叔卡利古拉的生活方式及死亡根由。

卡利古拉被杀已经过去了十五年，但罗马精英阶层对他的憎恶依旧分毫未减。对阿格里皮娜来说尤其如此，单单想到要将哥哥认作尼禄的楷模就荒谬至极。塞涅卡也是，因为卡利古拉不仅曾对他冷眼相待，还嘲讽他兜售陈腔滥调，并戏称会处死他。然而，在尼禄的圈子中，有一批人对卡利古拉的记忆却十分美好。奥鲁斯·维特里乌斯是卡利古拉寻欢作乐的老伙计，后来凭借老道圆滑的家传本事又成功讨取了新皇的欢心；他参与过马车竞技比赛，还附有赛伤为证，怎么可能不让好大喜功的尼禄称心如意？在台伯河另一侧正对帕拉蒂尼山的地方至今仍保留着卡利古拉那尚未完工的私人竞技赛道，一旁还矗立着罗马最高的方尖石塔。在密友维特里乌斯与奥托等人的鼓励下，尼禄计划完成这项被遗忘的庞大工程。有其叔必有其侄：比起壮观场面与雄伟气象，以及黎民百姓的交口赞许，谁还有空关心那些一本正经的保守派在想些什么呢？

但就目前来看，尼禄的胆量还够不着他的梦想。得知昔日爱徒竟然要在竞技场公开炫耀自己的兴趣爱好，还打算亲自驾车参赛后，塞涅卡惊骇万分，并且竭力劝阻。两人最终达成了一个折中方案。尼禄祖父的赛马技能是广受称道的，他的父亲在阿庇亚大道加速猛冲时也曾可耻地撞倒一个孩子，但尼禄满足于在私底下练习赛马本领。塞涅卡劝告尼禄，称这项运动不失为他处理完重大事务后的一种消遣，但终归不值得他投入过多精力。尼禄则断然拒绝了这番说辞，他对塞涅卡称，这是古代君王的消遣活动，受神祇钟爱，被诗人吟诵。无论那些较迂腐的元老怎么坚持己见，堂堂恺撒驾马车参与竞赛都绝不可能损害罗马尊严，而且恰恰相反呢。物换星移，今时早已不同往日了。想要遮盖 355

尼禄之辈的耀眼光芒，就等同于想遮蔽太阳的光辉，意义何在。

毕竟，奥古斯都即便在为自己塑造罗马人民的行政长官形象时，也曾大胆昭示过世界统治大权的蕴意所在。所以他才会编出母亲受孕于蛇的传言，才会在婚宴上打扮成阿波罗神的模样，才会命人在帕拉蒂尼山的图书馆内竖起一座装扮成自己保护神的自我雕像。这些都是神祇才有的特质。从罗马广场一路攀登至恺撒的府邸，公民们可以在公路前方看见奥古斯都兴建的巨型拱门上立着阿波罗乘驾太阳战车的雕像；爬到帕拉蒂尼山顶峰后再进入阿波罗神庙，会发现里面的神明肖像更是别具一格，阿波罗身穿职业音乐家的衣服，手中拿着一把七弦琴。面对同样的事物，奥古斯都不确定人们会做何反应，所以只满足于隐晦曲折地表达，但年轻气盛的尼禄却喜好炫耀。他不满足于仅修好卡利古拉开建的私人竞技场，力争达成一项远胜前人的成就，那便是掌握以艰深著名的七弦琴弹奏技巧，并且自己谱曲。闲暇时，他不是抚手弄弦便是吊嗓练声，很少干些别的。光与乐乃神祇最美妙又最糟糕的特征，也同样是一个年轻恺撒值得拥有的特质。掌握赛车与七弦琴之术并不会像塞涅卡所说的那样只会给他带来耻辱，一旦将技术练到炉火纯青之境，并将之展示给全罗马人看，他定会开启一个黄金盛世。

不管怎么说，这就是尼禄的长远抱负，但目前看来，那仍旧是一个遥不可及的天方夜谭。尚未成年的尼禄仍试图以自己理解的方式来惊艳世界。前路阻碍重重。他既要面对满脸褶皱又瘦骨嶙峋的元老们酸不溜丢的反对，也要面对帕拉蒂尼山上此起彼伏的派系纷争，还要面对忠心不稳的禁卫军；这一切都是他实现伟大抱负路上的绊脚石。不过，尼禄越对权力上瘾，也就越乐意去探索自己通过对权力的运用可以达到何种目的。

公元 57 年，19 岁的尼禄在战神广场举行了一座圆形竞技场的开幕典礼。这座竞技场在一年内建成，其横梁来自"罗马史上最巨大的树"[13]。该场地的盛大规模与赞助者尼禄的凌云壮志相得益彰。虽然竞技场空间开阔，但尼禄并不打算在此举办一些简单且庸俗的屠杀游戏。该场地的舞台上空悬着一张金丝网，线头绑在象牙上，一切装饰皆体现出尼禄如艺术家般的细致入微。同样地，场地上举行的娱乐表演也反映了尼禄对于将日常生活与神话世界相融合的迷恋。人们成群地挤进露天看台后，会发现自己进入了一个原始而残酷的古老世界，那里的怪物皆诞生于非自然的欲望，还有人背着用蜡与羽毛制成的翅膀试图跃然升空飞翔。为取悦观众，女人会被囚禁在一头木制母牛内，与公牛交配；舞台高空的表演者甚至会突然坠落在地。伴随着观众们发乎内心的尖叫、恐惧与真真切切的屠杀，虚幻莫测的神话霎时成了扣人心弦的壮观场面。一次，一位表演者飞得太高，掉落后鲜血甚至溅在了尼禄身上。

克劳狄乌斯曾向外证明：只要有金钱与愿景，恺撒能敕令完成的成就几乎没有限度。不必说，崇尚创新的尼禄肯定也和克劳狄乌斯一样痴迷于伟大的工程成就。奥斯提亚新港口的码头与防波堤上依旧遍布劳工。项目正式竣工后，尼禄毫不犹豫地抢过了所有功劳。[14]但光是让海洋屈从于自己的意志还不足以与他的万丈雄心相匹配。"没有什么奇观能与之媲美，因为它们已经让我们平生所见种种都相形见绌了。"[15]尼禄上演的这一出好戏，让所有罗马人都自发感到喜悦与激动，即便最见多识广的人也不例外，也更是恰如其分地反映了其出品人所取得的卓越成就。奥斯提亚的工程师们在将海洋变成陆地的同时，他们于罗马城中心的同行也正忙着将战神广场上的陆地转变为海洋。数十年前，奥古斯

357

都曾在城中再现了萨拉米斯海战，如今，同样的剧目又将在尼禄的新圆形竞技场中上演。船桨猛拍水浪、战船在水面上悄然滑行、深水怪物时不时浮出水面，一幅幅雄伟景象就此铺陈开来，仿若从普特奥利与巴亚变出来似的，观者无不目瞪口呆。事实上，某些创意实在太过大胆，哪怕那不勒斯湾的观众也会不由得大吃一惊。尤其叫人惊叹的当属一艘貌似要失事遇难的机械游艇，其船身"几欲解体，里面的奇珍异兽就要被释放出来，却突然间又重新合为一体，完好如新"。[16] 就连尼禄也不免为之感到震撼。

但阿格里皮娜没有尼禄这般震撼。她留意到儿子在奇技淫巧与娱乐活动上花钱如流水。作为一个曾失去巨额财富的女人，她理所当然地对金钱十分看重。在她看来，大手大脚的消费方式既不明智，又具有危险性。一次，尼禄赏了一位被释奴大笔奖金，阿格里皮娜便让人把这些钱财成堆地倒在尼禄面前，好让他亲眼看看自己有多么挥霍无度。但尼禄只是漠不关心地耸耸肩，然后命人将奖赏加倍。"我居然没意识到自己这么小气。"[17] 随着年岁渐长，他越发反感母亲喋喋不休的唠叨。义务、责任与理政的需求摆在那里，日复一日地压迫着他，刺激着他。而恼人的是，他无从摆脱。毕竟，他与这些东西是紧密联系在一起的。他的妻子、克劳狄乌斯那诚挚严肃的女儿就是一个活生生的证明，她的存在提醒着他欠母亲的所有恩情。在尼禄看来，屋大维娅与自己志趣毫不相投，而阿格里皮娜又与她关系亲密，于是他对两个人的恼怒与日俱增。天生宠妻的尼禄对这段无爱的婚姻简直憎恨到了极点。埃克特因为对他有着长久的吸引力，故而变得极其富有，且至今还受他珍爱。但她毕竟曾是名女奴，断无可能成为他的妻子。公元58年，尼禄再次陷入

爱河。这次他所迷恋的对象来自一个截然不同的社会阶级。波
培娅·萨比娜的母亲正是被麦瑟琳娜纠缠致死的波培娅·萨比
娜。小波培娅漂亮、聪慧又时髦，而且还是一位前执政官的孙　　358
女。她的家世虽然很难与屋大维娅持平，但同样不容小觑。尼
禄在观望她的时候，很有可能会将她想象成自己的妻子。

　　当然，他需要清除诸多障碍。波培娅的丈夫是第一关，也
是相对最容易的一关，因为他是尼禄的密友奥托。罗马街头上
疯狂流传着恺撒恋爱生活的细枝末节，而波培娅出轨的具体情
况尤其受到热议：是奥托夸赞妻子性魅力太过频繁了吗？又或
者说，奥托娶波培娅为妻，不过是为了帮朋友尼禄在屋大维娅
背后偷情？遑论确切真相如何，可以肯定的是，至公元 58 年，
尼禄已经决定将波培娅据为己有。那么，是该处死朋友奥托，
还是将他发放边疆好呢？反复权衡后，尼禄选择了仁慈行事，
将奥托调遣到了大西洋边缘的伊比利亚担任卢西塔尼亚行省总
督。虽然两人曾是密友，但奥托早就没什么用处可言，活到现
在已算福大命大。藏着掖着一向不是尼禄的处事风格。相反，
他更喜欢大肆炫耀自己的满腔热忱，怎么可能在这件事上遮遮
掩掩。

　　当然，尼禄完全可以对那些随之而来的流言蜚语置之不理；
事实证明，波培娅也是如此。有人诽谤她为"自负傲慢的婊
子"，[18]但有了恺撒的爱慕，人们的嫉妒与憎恨倒也是一种值得
她去承受的代价。波培娅既野心勃勃又光彩照人，她的非凡魅
力代表着尼禄最倾慕的女性品质。就连她那非浅非深的发色也
为她平添了风情，尼禄将其赞美为"琥珀色"。[19]于是，她的发
色很快就引领了全城潮流，引得深受时尚之害的人竞相模仿。
在波培娅的诱人风韵的对比下，郁郁寡欢的屋大维娅的存在感

不禁越发薄弱。阿格里皮娜的前景亦是如此。事实上，关于她
困兽之斗的传言中好些细节都耸人听闻，但也恰恰反映出管束
如今的尼禄对她来说是多么困难。据说，为了断掉儿子对波培
娅的念想，她竟然自己勾引起他来。据说，尼禄每每醉酒时，
359 她便在身上涂抹油彩，打扮得像妓女一样，对儿子发起攻势。
据说，塞涅卡对阿格里皮娜的举动担忧不已，甚至让埃克特前
去告诫尼禄这有损他的声威。也有传言截然相反，声称是尼禄
先对其母发起攻势的。当然，真相早已被淹没在了深不见底的
浑水中。但和往常一样，乱伦丑闻给罗马人带来的欢乐仅次于
无从辨别真假的流言。

　　但查清谣言来源并非无法攻克的挑战。阿格里皮娜一向是
个庄重自持的女人，连敌党在这方面都对她尊重有加。只是尼
禄非常热衷于制造惊吓。值得注意的是，他的后宫有一名小姜
长得神似阿格里皮娜，"他每次爱抚她或将她的魅力展示给他人
看时，都会说自己是在和亲生母亲睡觉"。[20]这番大话固然离谱
至极，但可以想见的是，这或许是故意去测试公众反应的。尼
禄故意模糊常人的人性界限，似乎想借此测试自己能离经叛道
到什么程度。他似乎在问自己，打破致命禁忌的滋味如何？

　　很久以前，尼禄出生之际，阿格里皮娜曾向一位占星家询
问儿子的星相。这位占星家告诉她两件事，一是他将统治世界，
二是他将杀死自己的母亲。"让他杀死我吧，"据说阿格里皮娜
如此回应道，"只要他能统治世界。"[21]这个故事确切属实吗？如
果是真的，她与儿子日趋紧张的关系肯定会让阿格里皮娜反复
想起当年的预言。不过，两人的关系似乎在公元59年年初有所
缓解。那一年里，尼禄做出了慷慨且友好的姿态，邀请母亲前
往巴亚共度假日。3月中旬，阿格里皮娜乘船从罗马正南方的

安提乌姆城（Antium，二十一年前尼禄在此地降生）抵达目的
地。尼禄亲自出面迎接，并一路护送母亲前往为她安排的别墅，
也就是曾由霍滕西乌斯·霍达鲁斯所有的豪华府邸。将母亲带
到一座码头后，他献给了她一件装配齐全的厚礼：一艘游艇。　360
当晚，阿格里皮娜乘轿沿海岸一路向北来到了巴亚，也就是尼
禄所在的地方。当天的尼禄温柔亲切，不仅让她坐在自己身旁
的座上宾之位，还与她畅谈至深夜。随着天鹅绒般的暮霭在那
不勒斯湾的上空降临，天色渐晚，阿格里皮娜不宜再乘轿回家，
于是尼禄告诉母亲她的新游艇就泊在外面，并陪同她来到了码
头。他对着她拥抱亲吻。"是您生了我，"他低语道，"也是您
让我统治了世界。"[22] 最后他意味深长地看了她一眼，跟她道了
别。游艇被从系泊桩解开后驶入了茫茫黑夜。岸边灯火闪烁不
定，将这片"世间最美海湾"[23]的迷人曲线照得一览无遗，天际
的繁星也泻下一缕缕银色光芒。船桨拍打着海浪，船板嘎嘎作
响，甲板上传来阵阵低语，除此以外，四周几乎静寂无声。

　　随后，船顶霎时塌陷。好在阿格里皮娜的卧榻有一端凸起，
她才不至于被压死。在海上慢悠悠地漂流数分钟后，游艇又突
然开始猛烈颠簸摇晃，阿格里皮娜最后也被甩入了水中。一个
朋友在她身旁忽地冒起，又忽地沉没，疯狂地挣扎着求助，高
声疾呼"我是阿格里皮娜"，但话刚出口此人便被船桨与长杆
齐刷刷地打死。阿格里皮娜于是默不作声地游开了这个死亡陷
阱。她在途中遇见了几个渔人，渔人们将她从水中救起，并划
船将她送回了岸边。[24]满身是血、冷得瑟瑟发抖的阿格里皮娜跟
跟跄跄地回到了自己的别墅。她知道幕后主使最有可能是谁，
但也非常痛心地意识到自己如今处境逼仄，除了扮演无辜者外
别无他法。于是她派人给尼禄送信，告诉了他事情的经过，然

后开始处理伤口。

与此同时，成群结队的人在岸边聚集，手中的一盏盏灯笼照亮了破晓前的天空。哀悼声与祈祷声在海湾上下回响不绝。待阿格里皮娜生还的消息传来后，人们又纷纷围在她的别墅外，

361 准备庆祝她死里逃生。这时，不远处突然传来了一片马蹄声。只见一队披坚执锐的士兵飞奔赶来，粗暴地驱散了别墅外的人群，继而包围了阿格里皮娜的别墅。横冲直撞地闯入室内后，他们发现恺撒的母亲正躺在一间灯火昏黄的房间内，仅由一名奴隶照料着。阿格里皮娜大胆地与士兵们迎面对质，坚称尼禄绝不可能指示他们来杀害自己，直到其中一位士兵手持短棒冲着她的头一记猛击后，她才闭上了嘴。阿格里皮娜头晕目眩，但意识依旧清醒，她抬头看见一位百夫长正在拔剑，决定不再抵抗，而是有尊严地死去：以日耳曼尼库斯之女及英雄后裔的身份死去。"刺我的腹部。"[25] 她指着自己的子宫命令道，然后就葬身在了剑雨之下。

这桩惊世骇俗的罪案带来的冲击直达天庭。阿格里皮娜的尸体在经过草草处理后被埋进了尤利乌斯·恺撒的一座旧别墅旁，也就是一片俯瞰海面的海岬上，据称，那里时常传出喇叭的巨响声，而且还会激起海湾上下轰隆隆的回响声。有人说，尼禄从谋杀现场回到那不勒斯湾后遇到了母亲鬼魂的纠缠；他就像当年的俄瑞斯忒斯一样夜梦难安，屡屡梦见复仇女神手持皮鞭与火炬追赶他。他一向喜欢将古老的神话搬上舞台，只是这一次，他自己扮演起了神话英雄的角色，以最震撼最鲁莽的方式占据了舞台中心。他对戏剧效果的不懈追求，对舞台艺术的满腔热忱，对扮演非凡脱俗之人物的极度醉心，都让这出戏剧成了无与伦比的奇观，而且让全世界都有所耳闻。据可靠消

息称，阿格里皮娜所乘失事游艇的原型其实是尼禄在罗马见过的那艘几欲解体的船。据说，在火化阿格里皮娜的尸体前，他命人将她的衣物剥光，对着她的躯体仔细观摩后喃喃自语道："我还不知道自己有个这么美丽的母亲。"[26] 对于此类谣言的散播者，尼禄不仅不严加惩罚，反倒还很享受随之而来的戏剧效果。城中出现控诉他弑母的涂鸦后，他没有花费精力去揪出背后的主犯；元老院将阿格里皮娜正式列为叛徒时，以严苛而闻名的道德家特拉塞亚·培图斯不愿同流合污，昂然迈出元老院以示抗议，尼禄也直接忽视不予追究。他太了解罗马人了，也准确无误地猜到了他们的反应。他早就知道，正是因为自己所犯罪孽太过深重，所以它们只会增加他的非凡魅力。他的弑母之举并非卑鄙肮脏的罪行，他反倒成功借此将自己塑造成了一位如俄瑞斯忒斯般独具魅力的悲剧人物。他从坎帕尼亚回到罗马时，迎接他的人不计其数，像在欢庆他的凯旋式一样。[27]

362

尼禄的欣慰之情达到了极点。这一次，他乾坤一掷又稳吃三注。禁卫军在最后一刻甚至都还保留着对阿格里皮娜的忠心。获悉阿格里皮娜从设了陷阱的游艇逃脱后，尼禄从禁卫军中调派了一队人马前往她的别墅刺杀她；当时，布鲁斯还旗帜鲜明地告诉尼禄禁卫军绝不可能谋害日耳曼尼库斯的女儿。直到一支特派仇杀队成功取下她的性命，且黎明到来，尼禄才终于能够放下心来：因为布鲁斯最终屈服于形势的巨变，命令手下的高级军官前去觐见恺撒，祝贺他"成功破坏了母亲的阴谋诡计"。[28] 塞涅卡也没能做到洁身自好。尼禄逼迫他代笔给元老院写了一封自我辩解书，因此他发现自己也同流合污，参与了这桩谋杀案。唯一能让塞涅卡与布鲁斯好受一点的是，至少还有其他人参与了这桩罪案。回到罗马后，尼禄当即宣告要举办

"史上最盛大"[29]的娱乐活动，庆祝自己大败母亲。所有罗马人都受到了召唤，受邀从阿格里皮娜的鲜血里分一杯羹。

　　几乎没有人拒绝尼禄的邀请。全城多个场地举办了活动，其规模之盛大、场面之壮观，恰如尼禄所承诺的那般。一位骑士骑着大象在绷紧的绳索上行走。一出出剧目配以时下最流行的特效与大规模的毁灭场面，让观众看得惊心动魄。不计其数的代币被扔向看台，抢到的幸运儿可以用它们兑换从珠宝到野兽、从房屋到金子的各色礼品。同一时间，尼禄忙着在罗马广场礼拜神明。近期，一道闪电击毁了他正在用膳的餐桌；一位妇人诞下一条蛇；日食出现：这些现象在正常情况下很可能预示着大难将至、末日来临。但如果真是这样，那也只会增强而非减弱尼禄头顶的星光。毕竟，他可是杀害了母亲，才将罗马从阿格里皮娜极具破坏性的积习性权欲中拯救出来；而且还因此英勇地付出了巨大代价。为了公民同胞的福祉，他主动揽下了弑母重罪；罗马人民在庆祝得到的救赎时，也在这出史诗般的戏剧中演绎着自己的角色。庆典进行得如火如荼之际，罗马无云的空中划过了一颗明亮但又不祥的彗星，不少人开始往最糟糕的方向想；但更多人将目光投在自称救世主的尼禄身上。在一个世纪前的 3 月 15 日过去后不久，罗马天空中划过了一颗明星，它预示着灾难；但此刻的这颗彗星是不同以往的。只能继续扮演尼禄帮凶的塞涅卡趁势高赞主子的光辉角色："他成功为彗星洗刷了恶名。"[30]此番颂词实在恰如其分，因为公元 59 年的那个夏天，尼禄成功将一桩谋杀案美化成了为民牺牲，也将自己的狼子野心美化成了大公无私，还将弑母重罪美化成了虔诚之举。彗星预示着什么并不重要，谁是真正的明星已见分晓。

　　但单单成为戏剧主办人对尼禄来说还不够。公元 59 年的那个夏天，他还举办了另一场私人庆典，以庆祝自己首次剃胡须。盛大的活动在台伯河远离市中心的那一侧、奥古斯都再现萨拉米斯海战的那个湖与台伯河之间举行，且一直进行到第二天清晨。游船上觥筹交错，歌舞升平；树林内尽是成双入对、浓情蜜意的小情侣。半夜时分，尼禄于一片热烈的欢呼声中从湖面驶入台伯河，在罗马城中心营造出了一片巴亚风韵。但戏剧性的娱乐表演才是主要焦点。和公共竞技赛事一样，这些活动的表演者中有很多罗马精英阶级中的精英。"教养、年龄乃至公共官职都没有约束到他们。"[31] 其中一位舞者是克劳狄乌斯的前妯娌，已经 80 多岁了。[32] 但尼禄的登台首秀才是这场娱乐活动的高潮。他一边拨弄七弦琴，一边吟唱古代神话中令人毛骨悚然的自残与谋杀故事：男孩自宫，母亲弑子。21 岁的恺撒迎来了最炫目最狂喜的时刻。观众们纷纷为之欢呼鼓掌。"我们的阿波罗，"他们叫喊道，"我们的奥古斯都！"[33] 但还有些人只是强颜欢笑。与全体禁卫军官兵站在一起的布鲁斯如此，塞涅卡亦然。塞涅卡的哥哥将尼禄带向了舞台，而他自己和禁卫军统领布鲁斯一样被迫为尼禄加油助威，在空中挥舞手臂，同时拍打自己的托加袍。"虐待者可以展示的刑具越多，所能达成的目的也就越多。事实上，看着这些刑具比长久忍受刑罚之苦更有可能摧毁一个人。"塞涅卡后来向一位友人倾诉道（但没有提及尼禄的名字），"同样，再也没有什么比炫目的大场面更能达到洗脑和奴役的效果了。"[34]

而小试牛刀的尼禄才刚刚开始。

整个世界都是一方舞台

公元 60 年，自翻越阿特拉斯山近二十年后，苏埃托尼乌斯·保利努斯在世界另一端的新征程即将迎来终点。[35]与当年在毛里塔尼亚一样，他在不列颠进行的这场征战进度缓慢且任务繁重。抓获卡拉塔库斯并不意味着不列颠反抗之战的终结，只是给他的平定大业提供了短暂的喘息时间而已。威尔士是一个尤其棘手的挑战，当年的卡图维劳尼酋长就是在此地与罗马人展开了殊死搏斗。这里重峦叠嶂，居住着桀骜不驯的部族，令365数任罗马总督无计可施。翻山经验位居罗马之首的苏埃托尼乌斯由此成了担此重任毋庸置疑的人选。当然，自出使不列颠两年以来，他已经成功为这个国度烙上了罗马霸权的印记，哪怕其中最蛮荒的地方也不例外。迄今为止，唯独莫纳岛［Mona，今天的安格尔西岛（Anglesey）］还在固守顽抗。此时此刻，随着罗马步兵在平底船上集结，骑兵也接到蹚水登岸的指示，苏埃托尼乌斯准备跨越海峡，一举消灭不列颠所有反抗势力。

但士兵们会听从吩咐吗？莫纳岛上难民成群，纷纷围堵在岸边凶恶地嘶吼咆哮，有那么一刻竟然把士兵们吓得呆若木鸡。岸边的女人身着黑袍，头发纠结成团，手中挥舞着火把，状如复仇女神。德鲁伊教徒也站在岸边观望。这时，苏埃托尼乌斯的士兵鼓足勇气开始朝对岸跑去，最后轻松制胜。没多久，守方被自己的火炬点燃。海滩上布满了烧焦的躯干。入侵的罗马人一向将莫纳岛视作德鲁伊教徒与恶灵（教徒们唯有举行杀人仪式才能安抚这些恶灵）栖息的主要圣地，惧之畏之，紧接着就伐掉了岛上的神圣树林。苏埃托尼乌斯击败了凶猛残暴的蛮族，清除了堆积着人体内脏的圣龛，由此完成了双重驱魔的重任。他的胜绩传到罗马后，令居民们心旌摇曳，仿佛提醒着人们遥远的世界尽头仍然存在着一个英雄主义与巫术盛行的维度。如此看来，似乎没有任何一个远疆角落逃得出罗马人民的手掌心。

缺乏军事经验的尼禄自然也乐于传播这种讯息。黑暗至极的北部荒野难道就不能反衬自己的熠熠光彩吗？他的一位负责组织比赛活动的部下领命前往波罗的海寻找琥珀，并满载战利品归来，由此取得了一项特别的胜绩。这位使臣从远疆带回的大批奢侈品足以装点整个竞技场。丝网、武器，乃至用以抬走战死的角斗士的担架，而这一切都是为了给波培娅的秀发增添光泽。"一切都全球化了，"塞涅卡惊叹地写道，"以至于没有什么还停留在原地。"[36] 尼禄名下的这座圆形竞技场不仅闪烁着琥珀色光芒，还可以在其中见到熊捕食海豹的野外场景；熙熙攘攘的集市内甚至兜售着印度等边远之地的货物；战神广场上方的那座山上画着一张巨大的地图，无时无刻不在向路过的罗马公民昭示帝国的强大影响力波及了哪些地方。总之，无论在哪里，类似的标志物都遍地可见，随时随地提醒着人们罗马作为世界顶级城市的地位。① 条条大路通罗马，条条大路也全发端于罗马。奥古斯都为了标记众路段的开端与结束的标准位置，曾在罗马广场竖立了一座镀铜石碑，意指此地为世界中心。罗马的卓越影响宛如一张巨大的蜘蛛网，将辽阔的高山丛林及海洋皆覆盖网下，但总有人仍旧在猜想这张蛛网究竟会止于何处。"兴许将来会有这样一个时代到来：海洋放松了事物之间的联系，大地的宽度得以揭露，新世界呈现在眼前，图勒只不过是通向其他陆地的中转站。"[37]

塞涅卡在想象罗马船只耀武扬威地驶进此前未经发现的大

366

---

① 诗人卡尔普尔尼乌斯·西库路斯将尼禄木制剧院内的熊描述为凶猛的海豹。有一种非常有趣的可能性是：它们很可能是北极熊。但需要注意的是，无人曾提及这些动物的毛发是白色的，因此它们是北极熊的可能性肯定不太高。

陆时，对此却不予苟同。在这位哲学家眼里，一切都处于永恒的变化中，所以没有什么值得庆贺。繁荣气象从表面看是一个庞大帝国的标志，实际上却满是危险且啃噬着灵魂。繁荣之下永远充斥着不安，注定会吞噬一切。但即便在歌颂清贫之乐时，他也仍不由得被自己谴责的那些事物冲昏头脑。尼禄弑母一事没有让他在惊骇之下请辞卸任，反而只加深了他力争抓紧权力的决心。小恺撒越是不乐意采纳他的建议，他就越觉得自己有责任继续进言纳谏。因此塞涅卡一直陪伴在尼禄左右，而常年伴君侧的经历让他彻底沦陷在全球权力所带来的各色诱惑中。"智者无须派遣使节出使海外，并在敌方海岸线上标记对方营地，来决定安营扎寨的绝佳地点。"[38] 无疑，作为尼禄最信任的谋士，塞涅卡只能全身心投入这类细枝末节中。他得及时收集不列颠前线传来的讯息，也要随时留意这座岛的情况。他确信在不列颠部落酋长服从新秩序后，一个少有的投资良机诞生了，于是同意借钱给不列颠人，帮助他们像罗马人一样修建基础设施、穿衣打扮和生活。但他失算了。不列颠人不懂金融运作，也无力偿还高额的借贷利息。更让他不安的是，他越发意识到罗马城内究竟抽走了多大一批人力来征服这座岛。即便有不列颠的冠鸦与猎狗，也很难弥补维护四个作战军团所需的巨大开销。甚至已经传出全盘撤兵以及时止损的风声了。[①] 塞涅卡比其他任何人都更方便进行内幕交易，因此很快就命自己在不列颠的代理人收回所有债款。

可惜为时已晚。这个新行省的收债者们早已倾巢出动。负

---

① 苏埃托尼乌斯（Nero: 18）向我们透露了这一点。尽管他并未给出确切日期，但从尼禄势必要粉碎不列颠暴动的决心中可以明显看出：历经布狄卡叛乱后，他绝不会再对不列颠行省坐视不理。

责金融事务的罗马官员决定这样的收入能捞多少是多少，已经开始向当地的部族首领巧取豪夺，而这些首领都拥有作为罗马盟友而非帝国臣民的合法地位。其中一位是爱西尼人的国王普拉苏塔古斯。爱西尼部族居住在卡姆罗多努以北起伏的平原上。国王普拉苏塔古斯为保护女儿们的利益，指定她们与尼禄一样皆为自己的继承人。但罗马官员在他死后开始侵吞王国的所有财物，将整个国家掠夺得一干二净。普拉苏塔古斯的两个女儿不仅没有得到理应享有的尊重，反而被奸污，而他的妻子，发红似火的武士女王布狄卡则被绑在刑柱上饱受鞭刑。事实会证明，这真是一个致命的错误。

368

　　塞涅卡若是在场铁定不会感到惊讶。他太了解人的贪婪本性了。"若要将我们的生活原原本本地呈现在眼前，你可以想象自己目光所及处是一座被攻克的城市，城中所有对谦虚与正义的崇尚全部荡然无存，而武力成了唯一可以诉诸的途径。"[39] 即便如此，塞涅卡与他谴责的这些事物却并非毫无干系。两年前，苏利乌斯·鲁弗斯曾公开指控他将数个行省榨得一干二净。苏利乌斯是一位擅长揭人丑闻的控诉律师，当年瓦列里乌斯·亚细亚提库斯被扳倒就有他的功劳。不过塞涅卡托关系让苏利乌斯担上了挪用公款的罪名，导致其最后被流放。但即便如此，苏利乌斯对他的指控仍旧让人耿耿于怀。毕竟，塞涅卡处在罗马权力网的中心，他只要稍稍拉拽下其中一条蛛丝，就会促使军靴将远疆村庄踏平，同时让当地的女人遍体鳞伤、血流不止。塞涅卡步步为营，最后却仍参与制造了爱西尼部族这片土地上的灾难，即便他并非有意为之。毫无疑问，这也正是神明在布狄卡遭受鞭笞后把大难将至的预兆同时送达不列颠与罗马的原因。英吉利海峡的滔天巨浪变成了血潮，被海水泡胀后早已面目全非的尸体堆积在海滩上；而同一时间，空荡荡的罗马元老院内却传出了狂野的笑声，尼禄的圆形竞技场上也响起了尖叫声。不管怎样，世界已经收缩。

布狄卡背伤尚未痊愈就召集爱西尼族人揭竿起义，且一路攻无不克、所向披靡。攻克莫纳岛后尚在喘息的苏埃托尼乌斯收到了消息，于是立即集结了一支骑兵队，并命令手下直管的两支军队以尽可能快的速度跟上，然后他自己也翻身上马径直朝风暴中心赶去。自首次抵达不列颠以来，这批罗马入侵者就总是被同一个噩梦侵扰。他们担心此番征战不列颠会与当年占领莱茵河对岸一样，终会在屠杀、烈火与毁灭中结束。现在，这场噩梦似乎就快成真了。克劳狄乌斯在攻占卡姆罗多努后曾将其改建成了一座罗马样板城，如今这座城市被夷为平地。断瓦残垣之间横躺着惨遭屠杀的罗马战俘的尸体，以及恺撒们黄铜雕像的残肢断臂。罗马的名媛闺秀被钉在尖头柱上，尸体早已腐烂，乳房还被缝在了嘴上。与此同时，两支未在威尔士服役的军队中，一支遭遇埋伏，几乎全军覆没；另一支虽然受到苏埃托尼乌斯传唤，其指挥官却按兵不动。许多高级军官不愿遭受与瓦卢斯大军一样的厄运，早已逃到了高卢。苏埃托尼乌斯若是稍犯一点错，罗马就将永远失去不列颠。

好在最后，罗马还是保住了这个行省。苏埃托尼乌斯在仔细分析这场叛乱后选择了撤退，并成功与行进中的军队会合，继而坐待风暴。在决定性的时刻到来之前，又有两处罗马人居住区沦为狼烟四起的废墟。不列颠人并未采取阿米尼乌斯那因地制宜的游击战略，而是选择与罗马人全方位正面交锋。最终结果不由分说，一场腥风血雨的屠戮就此降临。据后来公布的数据，不列颠人在这场战役中死伤约八万，而罗马人仅损失了四百名战士。因性别与凶狠个性被对手视为神话世界的阿玛宗人的布狄卡兵败自尽。苏埃托尼乌斯的战绩传出后，曾经拒不受召出兵的数位军队指挥官也纷纷自裁身亡。苏埃托尼乌斯的胜利大快人心，举国轰动："这是一个光荣且伟大的日子，让人联想到古时候人们创下的战功。"[40] 收到不列颠前线传来的捷报后，罗马人热血沸腾，同时也为此次化险为夷的征战得意狂欢，他们总算能确信本民族的气魄仍不减当年了。

370

武德并不足以解释他们的非凡崛起。神祇不仅赐予了他们作战的天赋，还赋予了他们维护和平的天分。就在苏埃托尼乌斯的报复行动几欲脱离控制时，深感不安的尼禄命令手下一个被释奴奔赴前线考察并汇报军情。不久后，尼禄就召回了布狄卡的征服者苏埃托尼乌斯。自建城之初起，罗马领袖就认识到，胜利后宽大为怀才是实现目标最稳妥的方式："如果征服后就加以压迫，那几乎什么也得不到。"[41] 罗慕路斯当年强抢萨宾妇女虽不可避免地导致这些女人的父兄冲向罗马誓言复仇，但两方的纠葛最终并未演化为屠杀。罗马人与萨宾人达成了和平条约，而且最后萨宾人也成了罗马人。自那时候起，许多其他意大利民族也踏上了同样的路径。马西人、萨谟奈人与伊特鲁里亚人最终都与自己的征服者一样，成了罗马公民。但罗马的视野不再单单局限于阿尔卑斯山以南的土地。既然意大利能成为罗马的一部分，那整个世界为何不可？一些说法开始涌现，声称罗马的使命就是"将先前千秋各异的政权联合为一体，改造不同的行为模式，给说着野蛮语言的无数民族带来共同的语言，教化全人类，简而言之，就是将世界各族人民团结起来，并以其祖国的身份为他们服务"。[42]

此番豪言壮语在满目疮痍的不列颠战场上似乎显得荒谬可

笑；但尼禄派往不列颠稳定政局的新官员尤利乌斯·克拉西奇安努斯并非意大利人，而是高卢人，也是他最早呼吁将苏埃托尼乌斯撤换下来。他的存在就是在向不列颠人保证：罗马的统治手段绝不是简简单单的镇压。克拉西奇安努斯是罗马公民，和一位高卢部落首领的妹妹结了婚，让他担任征服者与被征服者之间的调停者最适宜不过了。他不仅没有压迫不列颠子民，还开始为他们筑桥。不列颠人在饱尝反抗的惨痛代价后，从克拉西奇安努斯那里品咂到了服从带来的好处。事实证明，克拉西奇安努斯的政策非常有效。战争造成的伤口开始愈合，反叛的余烬也逐渐消散。很快，布狄卡揭竿起义的记忆尚未淡去，尼禄就决定将不列颠的罗马驻军由四支军团减为三支。海洋仍由罗马主宰。

当然，罗马人能取得的成就貌似也是有限度的。不论平定不列颠的任务开展得多么顺利，不列颠部落首领这样的野蛮人是绝无希望与罗马分享世界统治大权的。许多罗马人对克拉西奇安努斯及其同类都持这样的看法。诚然，高卢南部的贵族已接受罗马统治近两个世纪，且诞生了一位曾立志以恺撒身份统领世界但很快就销声匿迹的名人——阔气浮夸的瓦列里乌斯·亚细亚提库斯，但罗马贵族对他们出现在元老院一事却依旧心存憎恨。公元48年，元老院就是否将高卢中部及北部的部落首领吸纳入院一事展开了辩论，反对之声此起彼伏，异常激烈。竟然让那些曾与尤利乌斯·恺撒交锋、穿着裤子、胡髭上滴着肉汁之人的后裔进入元老院？"这不就像奴隶商一样，把一大群异邦人引进来？"[43]就事实而论，此类关于高卢野蛮之风的怨言其实有些虚伪矫情。真正引发他们愤懑的，并不是高卢的落后，而是高卢日益强盛的财力。许多元老由于无法再像先辈一样通

371

过抢劫蛮族来增加财富，因此与高卢的巨头一比便显得穷困潦倒。

但对那些着眼未来之人而言，正因如此，高卢人才应该尽快被吸纳进罗马的精英阶级。高卢土地肥沃、人力充足，富裕程度早已超过意大利许多地区。这种情况下，绝不能允许高卢贵族按照自己的意愿行事。熟读史书的克劳狄乌斯以典型的敏锐与博学提出了这番论断。"所有我们现在视作传统之精华的东西，"他曾如此提醒众元老，"在过去都曾是新事物。"[44]他的祖先克劳苏斯——克劳狄家族奠基人当年就是一介移民。元老们对克劳狄乌斯的演讲表示赞同。于是，高卢人被接纳进了他们的行列之中。元老院由此稍微多了一抹多民族色彩。

同一时间里，在元老院的墙外，在这个拥有一百万多人口的城市的密集街道上，许多人开始猜想：罗马人这几个字到底意味着什么。如克劳狄乌斯在演讲中提醒元老院的那样，罗马是建立在移民基础上的。异域语言在这里传播了好几个世纪，一些街道名称见证了异邦人曾在此地定居的过去：伊特鲁里亚人曾经聚集的图斯库斯街区，还有阿非利库斯街区。尽管不少罗马人在城市的多样化中看到了世界对伟大罗马的敬意，也看到了强有力的复兴之源，但同样有许多人没那么信服。只要移民们最后成为罗马人，接纳他们便自然不在话下；可若是他们始终保留着野蛮作风，拿自己的迷信去滋扰得体正派的罗马公民呢？"在都城里，世界各地的那些可怕又有失体面的风俗习惯永远在相互影响，而且开始大行其道。"[45]这无疑发人深省：世界之都的身份很可能使得罗马不再那么"罗马"了。

罗马人并非首次产生这样的担忧。共和国成立后的第一个世纪里，罗马掀起了一股崇尚古怪祭仪的狂热风气，元老院不得不立法确保公民只以传统仪式对传统神明进行礼拜。自那以后，罗马无数次试图清除异域风俗。公元前 186 年，元老院甚至发起了一场针对祭拜利柏耳的镇压运动，理由是一位希腊预言家败坏了其祭祀仪式，由此滋生了许多无可言状的狂欢宴会。埃及人与来自美索不达米亚的占星家也受到了有正义感的公民的强烈怀疑。但最令人惊恐的当属叙利亚人，他们崇拜一位穿戴珠宝、身旁站着狮子的女神。他们对该神明的礼拜仪式与任何叙利亚祭仪一样，让所有体面的罗马人嫌恶不已。罗马最根本的价值观、约定俗成的礼义廉耻，无一不会在该仪式上的狂喜嚎叫声中被他们践踏。据传，这位叙利亚女神会出现在奴隶们的梦境中，鼓励他们揭竿反抗。她把最狂热的信徒迷得发疯，刺激他们将睾丸割掉献祭给她。这些自宫的祭司被称作"加利"（Galli），都是抛弃男性特权及责任、心甘情愿成为女人的可怜虫。他们在脸上涂抹油彩，身穿女人的衣袍，通体脱毛，头发染成金黄色并编成辫子。这一切都是对罗马人鉴赏力的天大挑衅。不难想到罗马官方会竭力避免公民同胞加入"加利"之列了。他们最先彻底禁止了这个习俗，后来从公元前 101 年起，只允许人们在最严苛的规定下进行该仪式。但这丝毫没能降低该祭祀仪式的流行程度：令人不安的是，事实证明，一些罗马人十分向往女儿身的生活。克劳狄乌斯最后不得不屈从于无可避免的现实，解除了罗马公民不得成为"加利"的禁令。但在那个时候，祭拜叙利亚女神的队列早已进入了罗马的寻常画面，而且其中还夹杂着吹长笛、打铃鼓的镜头以及壮观的自残活动。自然，恪守传统价值观之辈仍旧对此深恶痛绝。"如果一位神明喜欢这样的礼拜方式，"塞涅卡直截了当地称，"那她首先就不值得被拜祭。"[46]但对那些立于时尚前沿的人来说，对叙利亚女神顶礼膜拜早已成了一种故意让人震惊的娱乐方式。
譬如，据说在所有神明的祭祀仪式中，只有叙利亚女神的仪式
让尼禄心生尊敬。

不过，论及骇人怪癖，叙利亚人的信仰终究无法与他们的
近邻犹太人相提并论。来自犹地亚的移民在罗马安居了两个世
纪，主要住在台伯河远离城市中心那一侧的廉价住房内，而那
里也同时竖立着叙利亚女神的主庙；整整两百年间，犹太人始
终保持着自己的独特性。世界上没有任何一个民族有着比他们
更乖张或更滑稽的风俗习惯了。他们不吃猪肉；每周第七天休
息；而且冥顽不灵地只崇尚自己的神，拒绝崇拜其他任何神祇。
然而，犹太人的风俗及宗教虽然荒谬绝伦，但仍旧独具魅力，　374
和埃及人的祭仪、美索不达米亚人的星图一样，能够引诱异域
事物爱好者。正因如此，自犹太人首次在罗马落地安居起，罗
马官方就会时不时地想办法将他们驱逐出城。不过这些政策从
未见效过。公元前139年，犹太人因"试图腐化罗马价值观"[47]
被禁止进入罗马；公元19年，提比略重申了这项禁令措施；三
十年后，他们在煽动者克雷斯图斯（Chrestus，单听名字就给人
阴险之感）①的挑唆下惹是生非，再度被克劳狄乌斯驱逐出境。
但无论哪种情况下，犹太人最后又都悄悄溜回了罗马。被克劳
狄乌斯逐出城十年后，他们卷土重来。他们所散发出的神奇魅
力，以及他们在蔑视异邦祭仪之人心中激起的惊慌，一时间全

---

① 苏埃托尼乌斯，*Claudius*：25.4。这很可能在影射罗马犹太人群体中关于耶
稣救世主地位的争论。克雷斯图斯确实是一个常见的名字，尤其对奴隶而
言。但罗马官方记录中并没有任何犹太人的名字为"克雷斯图斯"。众多
学者暗示，苏埃托尼乌斯或许是从官方报告中获取信息的。所谓的"克雷
斯图斯"可能只是"克里斯图斯"（christus，基督）的错误翻译。然而真
相终不可知。

蹿到了顶峰。"他们是世上最邪恶的民族。"[48]据传波培娅对犹太教义饶有兴趣。塞涅卡对犹太人的猜疑无疑因此得到了进一步证实。异邦迷信甚至传播到了恺撒的卧室内。一想到家里的奴隶起居室，想到街道上为怪神竖立的神庙，想到充斥着各地移民的租户区，不少罗马人都会担忧城市或许正滋养着一些令人厌恶的风俗习惯。

公元 61 年，随着负责维护都城秩序的城市长官被捅身亡，全城对大规模移民及随之而来的怪诞祭仪的紧张情绪达到了极点。凶手是这位长官手下的一个奴隶，根据半世纪前通过的严苛法律，被杀之人家中所有奴隶皆应被处死。处罚之野蛮，掀起了广泛且剧烈的反响。元老院就此展开了辩论，其中大部分人持宽大态度。最后，有人提醒元老们近年大批传入罗马的异邦风俗，令他们毛骨悚然。于是，元老们转而支持处死被杀长官家中的数百名奴隶。"我们府邸中的奴隶如今来自世界各地，参与各色各样的怪癖祭仪，抑或什么都不参与。唯独实施恐怖战略才能制约这群乌合之众。"[49]于是，官方遵从律法，定了其余奴隶的死罪。大街上爆发了激烈的游行活动，其中许多抗议者要么是被释奴，要么是奴隶后代。人群拿着石头与火把示威抗议，试图阻止该项判决被落实。尼禄没有放任煽动分子无视法令，而是发布官方通告对其厉声指责，并派遣士兵在奴隶们的行刑之路上严加把守。不过他能准允的报复行动是有限度的。有元老提议围捕并驱逐被害长官的被释奴时，尼禄当即否决。"仁慈手段都无法调和的问题，"他声称，"更不应通过残暴的方式来加重。"[50]

尼禄具备辨别民间情绪的特别天赋。大多数元老对肮脏平民的偏见很少来自个人经历，但尼禄不同，他非常熟悉城中最黑暗的那些角落。年轻时候的他经常和奥托一起去贫民窟溜达。他们扮成奴隶在贫民窟喝酒、偷盗，一路打打闹闹地穿过最香艳腐败的红灯区。正派高尚的观念自然受到了颠覆：一位元老在挥拳打了一个试图抢劫自己的小偷后，发现此人竟是恺撒，又大错特错地当众给他赔礼道歉，最后不得不自杀谢罪。但尼禄深入罗马内部的举动是在进行自我教育，就跟他听从导师教诲一样。塞涅卡教导他，美德是城市高峰才有的事物，那里的空气稀薄又尊贵；罪恶则藏身于城市最阴暗浑浊的深处。"它总潜伏在阴影中，潜伏在公共澡堂与蒸汽浴室的周边，潜伏在时刻忧心官方审查的地带，温软柔弱，不时有酒水与香水滴落，要么苍白暗淡，要么浓妆艳抹得像是在给尸体涂脂抹粉一样。"[51]诸如此类的强烈谴责并没有让尼禄望而止步，反而激起了他想去品味个中乐趣的兴趣。论及如何让罗马人服从于自身意志，他比塞涅卡还要成熟老到。他知道什么时候施行仁政，什么时候加以严治。

376

　　他任命的消防队长官就清楚显示了这一点，奥弗尼乌斯·提格利努斯是臭名昭著的投机主义者，若非担任消防队军官，他很可能会落得队内千夫指的下场。他长得一表人才，但身无分文，职业生涯早期是一个吃软饭的小白脸，与莉薇娅和阿格里皮娜（大抵是如此传的）都有不正当关系，被控通奸后流放希腊，干起了丢脸至极的贸易，后经克劳狄乌斯赦免才得以返回意大利，并做起了赛马训练师的行当。也是凭借这样一个角色，提格利努斯成了尼禄的密友，尼禄不仅让他暴富，还封他做骑士。恶霸气十足的他既能维护街道秩序，又能充分享受街头乐趣，是实现主人目的的完美人选。将提格利努斯迁擢为消防队长官仅仅是一个开端。公元62年，随着布鲁斯在经年累月与喉癌的对抗中溘然长逝，一名雄心勃勃的骑士所能争取的所有职位中最敏感的一个出现了空缺。布鲁斯是个忠诚可靠的人，但提格利努斯与他截然不同。意识到这一点的尼禄于是分割了禁卫军军权。尽管如此，提格利努斯作为两位禁卫军统领中的一位，如今也算处在为主人干脏活的理想位置了——而且眼下碰巧就有一件急事需要他处理。

阿格里皮娜被害距今已有三年；此时的尼禄终于准备斩断自己与克劳狄乌斯政权之间最后的联系了。尼禄与波培娅的情事闹得沸沸扬扬，但布鲁斯在世的这段时间里，屋大维娅一直安然无恙。她美丽高贵又惹人怜悯，恰恰是罗马人所钟爱的女性类型。当年尼禄提出可能会与她离婚时，布鲁斯曾公开表示蔑视。"没问题，"他嘲讽道，"一定要把嫁妆还给她。"[52]但如今布鲁斯撒手人寰，他的继任者提格利努斯对日耳曼尼库斯一家又毫无忠诚之心可言。尼禄指示这位新任禁卫军统领除掉屋大维娅时，提格利努斯丝毫没有犹豫。在不得不除掉一位"绊脚石"公主时，罗马人一贯采用的办法是给对方安上通奸罪名，对于屋大维娅也不例外。虽然提格利努斯一向以滥交闻名，受害人屋大维娅的端庄品性则广受称道，但这并没有让他产生哪怕一刻的踌躇。"她的私处比你的嘴巴都干净！"[53]屋大维娅的一个随从在提格利努斯严刑逼供后这般唾骂道。但他没有理会。屋大维娅的许多女奴都急着自保。于是，她很快就被控与一名奴隶有染。但恰如布鲁斯曾警告过的那样，罗马人民是不会容忍克劳狄乌斯的女儿蒙受耻辱的。罗马城内暴乱四起，人们推翻了波培娅的雕像，并为屋大维娅的雕像戴上花环。有那么一刻，尼禄动摇了，提出要再娶郁郁寡欢的前妻。但随着一桩更详细、设计更天衣无缝的罪案被捏造出来后，他重拾勇气，成

377

功借机给屋大维娅定了罪，并将其关押在潘达达里亚岛上。没多久屋大维娅便在当地被处死。她的项上人头后来被送到尼禄手中，成了他新妻波培娅·萨比娜的战利品。

一个世纪以前，后三头同盟雇用的杀手曾猎取了不少罗马贵族的头颅，那时，这场对贵族的"筛选"一度预示着全球战争将临。但现在不一样了。且不论波培娅手捧屋大维娅头颅的消息究竟让罗马街道多么民怨沸腾，尼禄近十年来为这个世界提供的秩序都没有受到威胁。各行省海晏河清；边陲之地也稳固太平。公元 63 年，也就是屋大维娅被除去首级一年后，罗马与帕提亚展开了长久和平的谈判。双边约定：帕拉提国王之子梯里达底将继承亚美尼亚王位，但届时须前往罗马从恺撒手里接过王冠。再没有什么盛大场面能比这更能拨动尼禄的想象了。数世纪以来，罗马人一直认为，授予异邦国王恩惠是自己与生俱来的权利，但他们从未有机会一饱眼福，亲眼见证这样的场面在城市的中心上演。

是的，亚美尼亚对尼禄来说远在天边。他生平连军队都没见过，更不用说领兵打仗了，可在元老院拥护他为"凯旋将军"，或为庆祝他的胜绩在卡庇托尔山竖起拱门，并在一旁立起他身穿凯旋式王袍的雕像时，这些都成了不值一提的小细节。尼禄知道，对一个远离艰苦军旅生活的民族而言，画面比混乱的传言要生动得多。对公民同胞们来说，他有没有在炼狱般的蛮荒边陲受过伤，有没有苍蝇曾爬到他的伤口上，这些都不要紧，要紧的是他们对他的信任，而他凭此便可化身为他们渴求的和平王子。"曾让世界为之震动的那种内战将不会再发生；腓力比战役那样叫人悲叹的战争也不会再发生。"[54] 尼禄的任务就是让罗马城与全世界都对此深信不疑。

当然，同样的职责曾赋予奥古斯都的职业以生机活力，且在一开始促成了恺撒们统治政权的形成。但今时不同往日，随着时间的流逝，才华横溢又雄心勃勃的第一公民所能获取的机会也发生了改变。不管怎样，这就是尼禄在历经近十年的掌权生涯后逐渐深信的道理。保守且老派的处事风格、对昔日义务与禁忌的无聊沿承，都令人无以继续承受。行事自由上的限制已经叫尼禄忍无可忍了。得把它们统统清除掉。事实上，公元62年，皇帝不止收到了屋大维娅一人的头颅，还派杀手除去了两位与奥古斯都家族有血亲关系的显赫元老。一位是提比略的曾孙兼阿格里皮娜的绯闻情人卢贝利乌斯·普劳图斯，他被流放爱琴海海岸多年，一直平静度日；另一位则是奥古斯都姐姐的后人。听闻两人被害的消息后，元老们战栗不已。尤其是同一时间里，尼禄在当权以来首次以叛国罪给一名元老定罪，更是让他们感到不安。此案的起诉人是提格利努斯手下一名密探，此人获悉这位行政长官不仅写了一部讽刺皇帝的作品，还在晚宴上当众读了出来。这名官员本来是被判死刑的，但在不屈不挠的特拉塞亚·培图斯出面干预后，死刑改为了流放。尽管如此，每位元老都能意识到尼禄通过此举发出的警告。

这尤其让塞涅卡震惊和屈辱。他像被绑在尼禄政权的车轮上似的，眼看行车方向越发危险却始终无力调转车头，而弃车自保又绝无可能。他能做的，最多是取得昔日爱徒的许可，进入半退休状态。可即便这样，他也仍旧郁郁寡欢。自己的身体每况愈下，先前所见的英俊男奴转眼变成了头童齿豁的搬运工，青年时期栽下的梧桐树此时树干扭曲且多瘤，所有的一切都让他看到了衰败的迹象。在塞涅卡看来，就连世界似乎都面临灭顶之灾。全球灾难的威胁总在他脑海中盘旋。末日到来的时候，灾难会起源于海洋："海浪从西方滚滚而来，也从东方汹涌袭来。只需一天便可将全人类埋葬。凭借命运垂青及眷顾而幸存的尊贵事物、所有高贵美丽之物、每一张伟大的王座、每一个伟大的民族，都将被大海吞没。"[55]

但毁灭方式也可能独具创造性。尼禄就是这么认为的。在他看来，将一个乌烟瘴气、索然无味的世界彻底冲洗一番不失为一件好事。与其行尸走肉地将就活着，倒不如重新来过。那些支持严肃无趣的屋大维娅的暴民当初若是真达到了目的，如今就无法再享受波培娅在成为恺撒妻子后的精彩"演出"了。两人成婚仅数月，尼禄就鬼迷心窍地加封她为奥古斯塔。她的骡子的蹄子上钉着金钉；她用驴奶泡澡，以保护自己的完美肤色；她用自己的名字给一系列美容产品命名。"但愿我会在年老色衰前死去。"[56]波培娅瞥见了角度不佳的镜子里的自己后，发出了这样的祈祷，而这也体现了丈夫最倾慕她的一个方面。她的祈祷符合尼禄最深信不疑的一个信条：只有肤浅的人才不以貌取人。奇观、幻象与戏剧都是统治的重要维度。尼禄对烦冗的公务虽然也较为上心，但真正迷恋的还是一项能让他的时间及天赋更具价值的工程：重塑现实。

公元 64 年夏，尼禄着手将都城往符合自己期望与抱负的方向改造。罗马的公共场所成了一系列盛宴的举办地。"似乎整座城市现在都成了尼禄的宫殿。"[57]提格利努斯在战神广场上临湖举办的宴会最为铺张奢靡。和四年前在台伯河对岸举办活动时一样，尼禄坐在一艘铺着紫色软毛地毯与靠垫的豪华竹筏上胡吃海喝。一艘艘饰有象牙与金子的船拉着他的竹筏漂流，水中尽是极富异域特色的海兽。桨手皆为罗马的顶级男妓，按年龄与专长被分成数组。湖岸的人群一窝蜂地抢着享受各种娱乐活动。不难想到人们会如此喧闹。食物与酒水被一视同仁地提供给每一个人，而码头边的妓院里更是出现了罗马历史上最不可思议的妓女组合，有奴隶有自由民，有职业妓女也有处女，有贫民窟的渣滓也有显赫元老的妻子，任何人都不得拒绝所有想**381** 跟自己睡觉的客人。人们抢着享受这种服务，宛如美梦成真：街头乐趣与宫廷乐趣的奇妙融合。

对两种乐趣都如数家珍的尼禄认识到了关于罗马人民的一个深刻事实：在民众对违法且骇人之事的迷恋背后，不仅隐藏着机遇，也同样隐藏着威胁。一个天生的表演者越是试图掩盖丑闻，他的权威就越是会被丑闻腐蚀。相反，把丑事拿出来大肆炫耀取乐，以玩弄那些无聊乏味的落伍之辈，恺撒的权威便只会越发光彩夺目。提格利努斯的盛宴结束数天后，尼禄打算以一种更奢华壮观的方式验证这一论点。和"加利"一样，他在身上涂抹油彩，打扮得像女人一样，然后在婚礼火把的照耀下与自己的一名被释奴结婚了。这绝对能触怒保守派，让他们对他口诛笔伐，但尼禄没有遮遮掩掩，反而公开举行了这场仪式，就连"新娘是女性时该在夜晚的遮蔽下才进行的那一部分活动都包括在内"。[58] 当然，这都是逢场作戏。关键在于，尼禄并没有把这一切当真。即便他祭拜叙利亚女神的举动也并非真心实意。因为后来他还在她的雕像上撒尿。当罗马天际的彗星闪烁着诡异光芒时，被尼禄的恶作剧震惊的人们担心起最糟糕的结果来，而那些更懂时尚的人则不由得沉浸在尼禄所创造的魔幻世界中。在这片世界里，似乎一切皆有可能。

事实的确如此。彗星隐去两天后，7 月 18 日晚，罗马夜空升起一轮明月，火灾突发。[59] 最先起火的是竞技场南端装满易燃物的商铺。火焰转眼间便吞噬了整条巷子，紧接着又以惊人的速度席卷了一片又一片窄小的木制公寓楼，继而烧上了罗马几座山丘的山坡。消防队对此无能为力。全城上下人心惶惶。许多人赶到邻居家帮忙，帮助腿脚不便者逃离火海；还有一些人则拉帮结派地在街头扫荡，准备洗劫被抛弃的房屋，并放火烧掉尚未着火的地区。没人确切知道这些破坏分子是什么人，因为谣言在人们的极度悲痛之下传得和大火一样肆虐。成群难民无家可归，顶着一张张被烟火燎黑的面孔在任何可以落脚的地方避难。起火之际尚在安提乌姆的尼禄急忙回城处理灾难。他将战神广场的公共建筑与自己的私人府邸向难民们开放。与此同时，随着大理石与花坛间搭建起一排排简陋小屋，一场如海啸般汹涌的大火又滚滚袭来，包裹了整座城市。大火一连烧了六天，人们疯狂拆毁建筑以打造防火道，这才止住了火势。但噩梦即便到了这时也没有结束。火灾再次爆发，而且又烧了三天，但最后总算被扑灭了。

382

　　这场灾难使得世界之都罗马四分之一到三分之一的面积沦为仍在冒烟的废墟。[60]尼禄一方面急于了解最坏情况，另一方面为了防止他人洗劫残存的贵重物品，在手下淘完珍宝前禁止任何人返回灾区。但这些侦查员带回的消息不容乐观。城中最负盛名的地标性建筑多数毁灭殆尽。从罗慕路斯与塞尔维乌斯·图利乌斯建立的神庙，到尼禄敕令修建的木制圆形剧场，罗马每个时代的建筑都灰飞烟灭了。不可替代的战利品与财富曾是象征罗马辉煌过去的无价之宝，如今却荡然无存。对无家可归的难民们来说，同样荡然无存的还有城市里的一大片楼房。成千上万的人在这场火灾中财产尽失，连找到栖身之地都成了问题。不难想到他们会既愤怒又绝望。没有人愿意相信这场影响深远的灾难性大火只是简简单单的意外。人们没有忘记曾有一群遮头蒙面的神秘匪徒举着火把在火光和烟雾中穿梭。他们到底是谁？城市的残存区域内，战神广场及尼禄私人庭院那一大片帐篷与摇摇欲坠的小屋内，都有人在热切地争论这个问题。饱经风霜的罗马公民只对一件事特别肯定：纵火者一旦被揪出来，必将遭受与其罪孽对等的惨重报应。

施加报应正是尼禄的看家本领。说到把复仇演成一出大戏，还有谁比这个试图用游船溺死生母的人更适合呢？毋庸置疑的是，肇事者被抓获后便受到了惨绝人寰又怪诞离奇的死刑。有的被猎狗撕成碎末以娱民众，有的被钉在十字架上，而那独特的钉死方式则是故意为了让他们的死相显得荒谬难看的。罗马急需在惩罚纵火者的同时也狠狠嘲弄他们一番，否则他们就可能成为人民脑中始终无法释怀的记忆。这些罪犯是正经罗马公民对移民热潮最畏惧的事物的化身：一种邪恶乃至反社会的邪教的信徒。他们随该教创始人之名被称作"基督徒"。创始人基督则是一名在提比略统治时期于犹地亚被处死的罪犯。基督徒比犹太人还要糟糕，后者的教义至少属于古典派，前者却为"一种对人类社会准则的憎恨"[61]所驱动：他们蔑视神明，轻视所有异教徒。凝视城内满目疮痍的废墟时，谁不会怀疑他们是内敌？谢天谢地，多亏恺撒费心费力将他们揪了出来。终于万事大吉了。表演欲非凡的尼禄还就此设计了一种安抚民心的非常手段。其实，并非所有基督徒都像野兽一样被追捕或被钉死在十字架上。还有人被涂满焦油后点燃以充当人炬：这种惩罚与他们的罪恶程度是相当的。① 这些人炬被摆放在皇帝的私人花园内，照耀着园中的花朵与岩穴。尼禄邀请民众来此纵情探

---

① 根据圣杰罗姆所述，尼禄杀害的基督徒总数达 979 人。

索，自己则打扮得像驾车手一样在人群间和蔼可亲地穿行，为自己树立负责又亲民的第一公民楷模形象。尼禄此举传达了一条明确的信息。大火已被扑灭，险恶的迷信也已被清除。多亏恺撒的精明管理，罗马的未来又是光明璀璨的了。从前一片黑暗的地方如今洒满了光辉。

烧焦的粗石瓦砾尚未冷却，这座遭受重创、被烧得焦黑的都城就开始显露出"光辉"的迹象。尼禄对罗马有许多宏伟计划。贫民窟的羊肠小道曾拥堵得水泄不通，一栋栋摇摇欲坠的木制高楼长年累月将整片街区笼罩在巨大的阴影下；凡此种种皆让罗马备受诟病。而现在，这座城市就将迎来一场全面的升级改造。由于数世纪来没有任何一人曾担起过此番重任，尼禄决心自行重绘城市地图。他所建的新都城内将容不下丑陋、低廉与肮脏之物。宽阔的林荫大道、宜居而非直耸入云的公寓楼、饰有柱廊的石造街面：这些将是他为新生代罗马开出的处方。免受贫穷折磨的工人们满怀感激地清理着废墟，并将碎石倾倒在奥斯提亚旁的沼泽地内；同一时间里，尼禄也忙着与建筑师们钻研城市的规划方案。时不我待，只争朝夕。重建项目完成得越快，就越有机会获得巨额奖赏。有了这样的刺激因素，这座原已倾塌的城市很快就焕然一新。十七年前，克劳狄乌斯曾在选举围场内展示了一只据说为凤凰的动物。这种神鸟每隔五百四十年就会浴火重生。但克劳狄乌斯的展示后来以失败告终。"没有人相信那是真的。"[62]尼禄出资赞助的这出剧目却绝非骗局。是，大火吞噬了罗马，但如今的她正扑打着金色的翅膀涅槃重生。一只无与伦比的凤凰正从灰烬中破土而出。

这在帕拉蒂尼山与其东边的西里欧山及奥庇乌斯山之间的山谷内尤其明显。当地所受损失尤其惨重。大火吞噬了这里的

385

一切，包括尼禄的行宫群以及一座供奉克劳狄乌斯的半完工神庙。就连帕拉蒂尼山也受到了影响。火焰甚至烧到了阿波罗神庙；王政时期的建筑物荡然无存；所有贵族世家的尊贵府邸也化为乌有。要知道，哪怕共和国没落，这些豪宅也仍旧在罗马广场的大道旁矗立了百年之久，一直向外彰显着罗马名门望族的权威。但灾难往往孕育着机遇。这场火灾为世界最昂贵的黄金地带腾出了自由发展的空间。按尼禄的脾性来看，他是绝不可能白白浪费这个天赐良机的。他对公民同胞的计划纵然野心勃勃，却全然无法与他对自己的计划相比。一个他这般高瞻远瞩的艺术家怎么可能会将自己的住处限定在帕拉蒂尼山呢？帕拉蒂尼山太拥挤太沉闷了。不过，若是将住所往西里欧山与奥庇乌斯山挪一挪，尼禄便能像个体面人一样生活。和阿波罗一样，他值得拥有一个与自己的无限才能相匹配的家。阿波罗的诗歌与音乐天赋让他深受触动，他也悉心模仿太阳神驾驭马车的高超技能多年。他理应住在一所让罗马人叹为观止又光芒万丈的房子里：黄金屋。

于是尼禄敕令打造这样的建筑。他手下两位享有盛誉的建筑师皆擅长处理高低不平的地形，并将地形的缺点转化为优点；他的首席画师是个庄严感极强的人，一定要穿着托加袍才肯作画。面对恺撒的挑战，这些奇才迎难而上，最终不负所托。正如他们在规划方案中向尼禄展示的那样，黄金屋落成后必将让罗马人深切地感受到统治世界的意义所在。这一宫殿群包含美轮美奂的住宅、气势宏伟的建筑外观、精湛的艺术品，这些自不必说。但更重要的是，他们打算在这座史上最大的城市的中心建造一样出乎所有人意料的东西：一座美丽的花园。园内将

会有一个大湖，湖边会建起一些代表各城市的建筑，还有可供

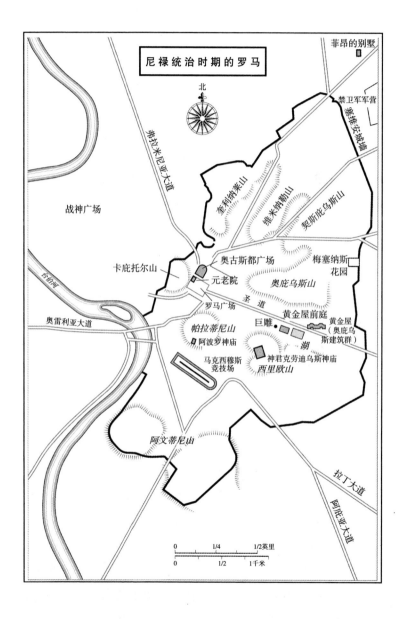

耕种的田野与葡萄园。野生动物与驯养动物将在园中嬉戏游玩。这不仅是一座宫殿，还将提供无穷无尽的其他事物供人寻味。简而言之，它将会是恺撒统治下所有陆地与海洋的一幅画像。

罗马统治下的那片世界就要被带到罗马中心来了。

为黑暗镀金

公元 64 年 5 月，罗马遭遇特大火灾三个月前，尼禄启程前往那不勒斯。访问这座城市本无须任何理由，但尼禄此次却别有目的。自举办盛会庆祝自己首次剃胡须五年后，尼禄决心公开表演自己的七弦琴才艺。除了这座全意大利最负盛名的希腊城市外，还有哪个地方更适合他登台首秀呢？那不勒斯人民见多识广、交游广阔，正是尼禄需要的那种观众。他知道罗马的传统主义者肯定会因此气得冒烟，但这正是趣味所在。毕竟，他将上演的这出好戏不仅独具创意，还尤其标新立异："一位皇帝登台表演。"[63]

必须确保万无一失。尼禄一丝不苟地为这场盛大活动做准备。一连数月，他都做着歌唱家才会做的事，好让嗓子达到较佳状态：定期灌肠；仰面躺着时在胸上放置铅块；数天不进食只吃油水浸泡的香葱。他甚至雇了 5000 名观众为自己拍手喝彩，还命令守卫届时在观众席中充数，确保表演现场座无虚席。其实他根本无须担忧。现场观众爆满。挤进剧院的不只有那不勒斯当地人，还有城外的一众粉丝，包括一批来访的亚历山大港人。他们富有节奏的掌声让尼禄龙颜大悦。于是尼禄转而命自己的私人啦啦队向这批人学习怎么喝彩鼓掌。每场表演结束后，这位风度翩翩的超级巨星就会融入观众群中，用希腊语与他们谈笑风生，并在公共场合用膳。一切都进行得非常顺利。

但一天晚上，尼禄演出之际，一场地震突然来袭，严重破坏了尼禄所在的剧院。尼禄表示无人遇害，并将地震归结为神祇的应允，迅速就此写了一首诗。其他人却不这么肯定。一些人被尼禄对传统观念的嘲弄吓坏了，深信罗马的根基正遭受猛烈的摇晃。同年夏天的那场大火发生后，他们又认为罗马的根基已经付之一炬，因为火势如此凶猛，似在暗示神界与人世的致命失调。火灾结束后不久，尼禄举行了尽可能盛大的祈祷仪式安抚上苍。但这一举动乃至后来处罚恶毒且具有煽动性的基督徒之举都无法遏制民间对恺撒的闲言碎语。无论他在处理灾难余波时表现得多么积极卖力，无论他的重建计划多么引人瞩目，都始终很难减轻那些在大火中丧失一切的人民当下的悲痛。哪怕数月之后，粗石瓦砾早已被清理，民间的愤怒情绪却仍在扩散。不少公民怀念当初拥挤狭小的居住区，讨厌尼禄在原地兴建的宽阔街道与低矮楼房，纷纷抱怨新罗马的生活无法逃离阳光的照射。更揪心的是，另外一些公民还得眼睁睁地看着皇家侦察员在绘制湖与田野的轮廓时，将不久前还是自己家园的那块地皮划了进去。"一处唯我独尊的地产夺走了穷人们的安身之地。"[64]

不光穷人深受其害。元老们也因黄金屋的缘故损失了不少地产。就连那些房产未被没收的元老也清楚，尼禄在城中心兴建花园的举动无异于一只脚踏在了自己的威望上。一个多世纪以来，奇花争妍的花园在罗马一向是地位的终极象征。从梅塞纳斯到麦瑟琳娜，城中精英阶层延颈鹤望地渴盼着有朝一日能坐拥这样的花园。但如今游戏结束了。尼禄的黄金屋群山环抱，绿意葱茏，使得罗马每个人都能一窥先前只为巨富显贵所享的凉亭与草坪的究竟。对于穷人来说，黄金屋至少带来了一阵清新的微风，让他们得以在单调无味的烟尘与砖墙中暂寻一丝解脱。但对元老阶级来说，这只是确定了他们与恺撒相比什么都不是的事实："此时城内只有这一栋建筑赫然耸立。"[65]

罗马中心的各种熟悉场景竟然就此暴露在乡野平民的视线中，这显示了尼禄最让元老们迷惑的一种能力：消除他们认为理所当然的事物边界。对许多元老来说，这似乎是一种让人非常不安的能力，因为它暗含某些超越人类的力量。的确，尼禄看起来并不像鬼神界蹿出来的生物。他有着短而粗的脖子和胖墩墩的体型，至今仍带着一丝婴儿肥。但恺撒的形象并非由血与肉塑造而成。将游船改造成死亡陷阱、将战神广场改造成妓院的尼禄太清楚如何玩弄人民的期望了。世界最著名雕塑家芝诺多鲁斯正在他的作坊内雕刻一尊四米高的黄铜头像。[66]该头像完工后，将被安置在一尊巨型雕像上，把守黄金屋的大门。该头像所绘乃神界的非凡驾车手太阳神，但其面容轮廓却折射着另一位驾车手的影子。这座后来被称作"巨人"的黄铜雕像"被设计得和第一公民非常相似"。[67]完工后的雕像顶部将被饰以太阳光线，整体呈现出世界守护人的模样。全城上下随处都能见到它巍然耸立的模样。它的存在将暗示尼禄近乎神的尊贵地位。

从某个角度看，他的面容似乎散发着些许超乎常人的怪诞恐怖气息；从另一个角度看，他似乎又被一种野兽的野蛮气息笼罩。在尼禄据说曾参与过的千奇百怪的性爱游戏中，最令人不安的一种是将模拟罪犯被撕成碎片的场景与恶心的口交相结合。在这种游戏中，男人女人——或据某些报道记载，男孩女孩——被绑在桩上，尼禄则披着兽皮，被从笼中释放出来，撕咬他们的私处。[68]他的演出一贯设计得极其下流无耻，这里也不例外，而且还恶作剧地戏谑了罗马人之起源的故事。因为众所周知的是，罗马由一位吸吮狼奶的国王建立。城中大部分地方现已沦为废墟，尼禄似乎打算从头创建这座城市。甚至有消息称，他希望用自己的名字给未来的新都城命名：尼禄波利斯（Neropolis）。[69] 遑论真假，总之这类谣言传得满城风雨，一个男人的脸从一个角度看像神明，从另一角度看像狼人，那么把他说成什么样几乎都有人信。火灾发生数月后，罗马精英圈首次听说了一则让人瞠目结舌的重磅消息。听信该消息，便等同于让尼禄成为罗马史上无可匹敌的罪犯。据说，奥古斯都后裔及罗马第一公民尼禄，正是将罗马付之一炬的罪魁祸首。

当然，在这项骇人听闻的指控中，最确凿的证据就是他将此次火灾纳为己用；但同样值得注意的是，第二场火灾发生时，是提格利努斯的一处府邸最先着火。神话级别的罪恶对浮夸凶狠的尼禄来说是不在话下的。毕竟，他连弑母之罪都能大大方方地承认，区区纵火罪又算得了什么呢？他对母亲被害一事流露出了自我放纵又极富戏剧性的愧疚，同样，据说罗马被焚的壮观场面也给他带来了拨弄七弦琴吟咏特洛伊陷落的灵感。至于尼禄曾在何处演奏则成了一个备受争议的话题。有人说是在他的宫殿内，有人说在宫殿屋顶上，也有人说是在梅塞纳斯花园的塔楼上。对那些深信尼禄有罪的人而言，具体细节并不重要。和往常一样，流言蜚语在罗马总是越传越火热。即便火灾当晚月满如玉盘，最不适宜放火；即便尼禄担起重任，不知疲倦地投身到救火工作中；即便弥补损失的花销大得惊人，这一切都没能清除有关他犯下纵火罪的言论。[①] 事实上，这些流言

391

---

① 除塔西佗外，有作品流传至今的古代史学家都认为是尼禄烧毁了罗马。"这场灾难究竟是意外，还是第一公民犯罪所为，"塔西佗表示，"是无法确定的。两种观点都有史学家支持。"这在今天亦是如此，不过大部分历史学家倾向于认为尼禄是无辜的。我做出的判词是"有待考证"——用来形容这种情况已足以为尼禄定罪。

就像曾经的大火一样在罗马疯狂肆虐，随着新的一年到来，火苗很快就开始舔舐尼禄政权的根基了。

"弑母杀妻的谋杀犯、驾车手、公共舞台上的表演者、纵火犯。"[70]尼禄所遭受的指控不胜枚举。罗马上层社会几乎没有人怀疑：若是让尼禄继续存活于世，他肯定还会在这张清单上再添加几项。当然，刺杀恺撒是一件可怕的事情。但在公元 65 年年初，已经有足够多的人深信有必要开始谋划除掉尼禄了。大量元老、骑士乃至数位同等重要的禁卫军军官都被招募到了这桩阴谋中。同谋的所有官员里，地位最高的当属法尼乌斯·鲁弗斯，他在布鲁斯死后与提格利努斯一同被任命为禁卫军统领。提格利努斯为人狡猾可耻，鲁弗斯则恰恰相反，有着广为称道的忠信品德。有这样的人加盟不仅有利于壮大同谋队伍，稳固人心，而且给此次密谋奠定了自一个多世纪前尤利乌斯·恺撒被杀以来最广泛的群众基础。不过密谋者们并无任何恢复共和政体的打算。特拉塞亚·培图斯比其他任何人都更适合被视作元老院的良知所在，他曾郑重纪念布鲁图斯与卡西乌斯的生日，却并未收到参与此次谋划的邀请。事实上，元老们打算让另一位恺撒将尼禄取而代之。就在格奈乌斯·卡尔普尔尼乌斯·皮索蒙羞自杀近半世纪后，同谋者们再次将目光聚焦在了这个杰出家族的一个子孙上，并计划由他来担任领袖。盖乌斯·卡尔普尔尼乌斯·皮索有着非凡的任职记录，而且散发着一种平易近人的魅力。一般人若是不小心将他设想为皇帝，也定然不会因此战栗。诚然，他与奥古斯都家族没有任何关系，但这一点是可以克服的。屋大维娅并非克劳狄乌斯的独女。另一个女儿安东尼娅尚在人世，此时三十多岁。密谋者们一致认为，皮索应与现任妻子离婚，然后与安东尼娅成亲，如此便可建立与奥古斯都之间的联系。即便这种联系十分薄弱，也仍有望满足罗马人民的期许。而剩下的，单凭皮索广结人心的天赋就能解决。塞涅卡一方面对尼禄仍保留着些许忠诚，另一方面也害怕昔日爱徒已经与从前判若两人。但就连左右为难的他也做好了接受新恺撒上台这一前景的准备。密谋者中有一些人甚至希望他最后成为皇帝。这位病恹恹的哲学家如今处于半退休状态，虽然他拒绝单独接见皮索，但有人试探他时，他也没有背叛这个篡位者。相反，他选择了拖延。"让他知道，"他模棱两可地告诉皮索派来的密使，"我的安危与他的幸福息息相关。"[71]

世界性灾难的幻象仍旧困扰着这个老人。噩梦中，他常看见天色黑压压的，整个世界陷入一片黑暗。但在他对终极灾难的沉思背后也暗藏一种解脱。如果局面已经糟糕到无以复加的地步，他便不能再选择屈从。"从未面对逆境的人是最不幸福的人。因为他没有机会证明自己。"[72]曾经的峥嵘岁月里，元老院的杰出人物尚能在前线验证这番箴言的真实性，在内脏成堆、苍蝇成群的环境中为城市的伟大添砖加瓦，抑或马革裹尸、为国捐躯；但那样的日子如今已经一去不返。哪怕对于最出类拔萃的罗马公民来说鼓起勇气建功立业的机会也变得微乎其微。不过，担起大任所需的各种品质却没有变。"无论表现形式如何，德行的衡量标准及价值永远不变。"[73]密谋者们计划在战神广场当着全罗马人的面杀死尼禄，此举需要大得可怕的勇气。有人建议皮索先邀请尼禄前往他在巴亚的豪华别墅，再趁机偷偷下手，皮索轻蔑地拒绝了。要么正大光明地动手，要么什么也别做。若是尼禄的鲜血没有溅在都城内，便无法洗清他的罪孽。因此，请缨刺第一刀的弗拉维斯·斯盖维纳斯不相信自己的匕首，而是从神庙另外拿了一把。如此一来，此次谋杀将不

393

含任何肮脏卑鄙之处，而是对神明的献祭。

正如塞涅卡心知肚明的那样，活在希望中的同时，也需要接受可能会失败的前景。"这样做的人会发现，近在咫尺的未来总是脱离自己的掌控，紧接着绝望感乘虚而入，然后是对死亡的恐惧。这样的诅咒会让其他一切成为灾祸。"[74]事实的确如此。塞涅卡在府邸内焦急等待着刺杀计划的进展情况，但消息真正传来那一刻却简直不能更糟。斯盖维纳斯命令家中一个被释奴替自己磨刀，对方起了疑心，由此泄露了整桩计谋。皮索的拥护者催促他发动政变，但想到尼禄在罗马百姓中的受欢迎程度，皮索最后绝望自杀了。全城开展了大规模追捕。一列接一列的嫌疑人被披枷戴锁地押上了审判台。告密人被集中起来，供词得以备案，有罪者皆被处死。"这桩阴谋的起源、进展乃至镇压过程都得到了全面的记录。"[75]无处可遁了。塞涅卡从坎帕尼亚回罗马时，在离城 4 英里开外的地方被一位禁卫军军官拦住。这位军官要求他解释送给皮索的信件是怎么回事，塞涅卡明白自己无论说什么，无论怎么反驳或喊冤，都不太可能解救自己。终其一生，他都忍受着死亡威胁的纠缠。对他来说，能否正视死亡并欢迎死亡到来（如果有需要的话）是衡量一个男人的标准。终于，此时此刻，他的审判总算到来了。塞涅卡已经准备好迈过这道坎了。

394　　一队禁卫军携带尼禄谕旨来到他的别墅，要求他自裁了断。他的自杀过程漫长而痛苦：先是割开了手腕，继而割开脚腕，最后再割破膝盖后面的腘窝，但失血量都不够多。他专防此类意外而备下的毒参汁也没有发挥作用。直到奴仆们将他带进浴室，把他的身体放在雾气蒸腾的水中，他才终于感到自己的生命在消逝。死时的他仍旧一派哲学家风范。在生命最后一刻，他口述着发人深省的训诫，让随从将其记录在册。但即便到了这时，他也仍纠缠于人生的极端失败与污点。就在割脉前一刻，塞涅卡正式控诉昔日爱徒所犯种种罪孽，而在此之前，他不得不长期替尼禄粉饰遮掩这些罪过。"尼禄在杀死自己的母亲和兄弟之后，除了再对良师益友下手还能做什么呢？"[76]大限将至的塞涅卡知道，自己这番临终遗言必将广泛散播流传，事实的确如此。这是塞涅卡从坟墓那头对尼禄发出的控告。尼禄在获悉塞涅卡自杀后据说龙颜大悦，但仍不免受到刺激。先是自己的母亲，再是自己的老师：两人在临死之际都亲口谴责他为怪物。

被克劳狄乌斯收养以来，尼禄心里一直有两种情绪在翻滚斗争，一是对人民欢呼声的渴望，二是偏执疑虑。正是在竭力平衡这两种天性的过程中，他一而再再而三地牺牲了最亲近的人。随着皮索的阴谋败露，尼禄不受罗马精英阶级喜欢的事实也暴露无遗。仿若大石被搬开了一般，尼禄终于能够亲眼看到他们有多憎恨自己了。只是对他来说，他们的憎恨仅如爬行动物的急促蠕动一样，根本不足挂齿。他一点也不奇怪元老院会被仇恨吞噬，因为他总是不亦乐乎地诋毁嘲弄他们的理想。但禁卫军军营内竟然也有人参与谋逆，这倒令他大吃一惊。禁卫军统领法尼乌斯·鲁弗斯铤而走险，玩了一场双面游戏：一边对同谋们酷刑折磨，一边趁没人注意的时候对他们使眼色。但愤怒的斯盖维纳斯拆穿了他，于是游戏就此结束。其他军官则没有东遮西掩，反而以参与谋逆为荣。当尼禄质问其中一位军官为何背信弃义时，这位百夫长回答道："因为这是唯一能将您从所犯罪孽中解救出来的方法。"[77]不过，绝大部分人没有这样的高风亮节——尼禄也只能这样猜测。在成功平定谋逆并处决数位失信军官后，尼禄开始诉诸金钱来解决麻烦。他给

395

禁卫军发放了大笔赏金，并授予他们新的特权：给禁卫军的赏赐再多都不为过。早已对优柔寡断之人不胜厌烦的尼禄还换了一个和提格利努斯一样臭名昭著的人来担任另一位禁卫军统领。尼姆菲迪乌斯·萨比努斯身材高大，神色严峻，是克劳狄乌斯的被释奴卡利斯图斯的孙子。他的母亲据说曾在帕拉蒂尼山上的奴隶区做过妓女，而他的父亲据说为卡利古拉。

元老院该战栗了。尼禄早已厌倦了他们的狂妄自负，而且这种厌倦情绪此时显然正在迅猛蔓延：提拔尼姆菲迪乌斯、在帕拉蒂尼山和罗马广场为提格利努斯竖立雕像以表奖彰、嘉奖在审判中助力给叛徒定罪的亲信，种种行径都宣示着他对元老院的不胜厌烦。然而，皮索阴谋败露不只验证了尼禄对贵族们的猜疑，也让他确信皇帝需要受人爱戴。死刑犯们的鲜血尚未风干，尼禄便开始准备去实现另一项心心念念的宏伟大计了，他决心登上世界最终极的公共舞台——罗马进行演出。

然而，这方舞台的布景有几分阴沉。瘟疫席卷全城，街道上哀祭之声袅袅不绝，丧葬的火焰将全城映得通红。显然，此时挤进剧院的人群是需要被提振情绪的。尼禄也回应了这番需求。他登台朗诵了一首诗歌，纵然把围观的元老们吓得不轻，却着实让那些爱慕他的粉丝舒展了笑颜。表演结束，他离开剧院，可围聚的人群拍手跺脚地要求他返回舞台，催促他"公开展示自己的所有才能"。[78]善于把控舞台场面的奥鲁斯·维特里乌斯当即追上主人，以人民发言人的身份自居，表示全天下人都渴望看见恺撒参与最佳音乐家的比赛。尼禄腼腆地应允了。他换上平滑的长袍，踏着希腊表演家（citharode）才会穿的厚底鞋，再度回到了舞台上。这一次，他的手中多了一把七弦琴。他拨了拨琴弦，清了清喉咙，很快开始歌唱。哪怕脸上没多久就滚落大颗大颗的汗珠，他也始终没有停下。直到表演结束，他才猛地跪下，尽情沐浴在观众席传来的狂热掌声中。评委席公布比赛结果时，大奖花落谁家早已见分晓。尼禄被授予了代表胜利的棕榈叶，脸上优雅地流露出欣慰之色。但真正的奖品来自人群的欢呼，它缓慢而富有节奏，一直响彻罗马天际。尼禄享受着这样的欢呼，同时心里很清楚：自己受到了人民真正的爱慕。

这是件好事，因为不久之后，他将会有更多理由去珍视这段记忆。诚然，他渴望罗马人民的忠诚，但他此生挚爱是谁却毋庸置疑。波培娅·萨比娜仍一如既往的迷人、时尚、性感。加上她身怀六甲，在尼禄心中的宝贵程度无疑又翻了一番。早些年，她曾为丈夫诞下一名女婴，尽管孩子最后夭折，但她的生育能力不容置疑。可以想见的是，尼禄在所杀之人的长名单上再加上这个自己最舍不得的人时，他所造成的灾祸也随之翻了一番。他从未打算杀死波培娅，是她自己犯傻。他不过是有天晚上参加完赛马比赛回来晚了，她就喋喋不休地叨扰他。他太疲惫了，必须发泄出来。不过即便这样，他也绝不该踢她那隆起的肚子。

尼禄的悲伤和愧疚之情排山倒海、汹涌澎湃。在萨比娜的葬礼上，他焚烧了罗马全年出产的香水以示祭奠，后来又额外焚烧了其他东西。他不愿眼睁睁看着心爱之人就此灰飞烟灭，于是选择像古代法老那样先对尸体进行防腐处理，再将其放入奥古斯都陵墓中。他追封波培娅为神，还从罗马望族女性手中索取钱财为她修建神庙。自此，她不再是那个满肚淤青、死状悲惨的可怜孕妻，而是永恒的美丽与渴望之神："维纳斯·萨比娜"。[79]

这是彻头彻尾的尼禄风格。那些对尼禄又恨又怕的人不免在波培娅的遭遇中窥见了罗马的命运。毕竟，城市也可能遭受虐待和拳打脚踢。波培娅之死发生在皮索谋逆案被镇压后不久，丝毫没能舒缓尼禄的情绪。"无论你处死了多少人，"塞涅卡在阿格里皮娜被杀后曾告诫尼禄道，"都决不能除去你的继位者。"[80]当时的尼禄尚可对这番警告不屑一顾，但现在不行了，他的孩子尚未出生便夭折，所以他没有亲生血脉来接替自己了。他对潜在对手的恐惧也变得愈加强烈。他和母亲早年已经做了许多党同伐异的工作。除他自己以外，奥古斯都的男性后裔中目前仍有一人尚存于世。卢基乌斯·尤尼乌斯·西拉努斯年轻但绝不天真。一队士兵来到他被流放的偏远意大利城市时，他拒不受捕。但反抗终归是徒劳的。他固然强壮，但手头没有剑。杀人小分队的百夫长一刀砍倒了他。厄运很快找上了其他几个声名卓著的可怜人。有些人（如特拉塞亚·培图斯）是皇帝的宿敌。只是皇帝现在一丁点反叛的影子都不打算容忍了。还有一些是因为太过能征善战，只能杀掉他们以宽皇帝的心。其余则是一些家财万贯的富人。继皮索谋逆案之后的司法审判一年以来，似乎整个罗马贵族圈都浸泡在一汪不断漫溢的鲜血之中。

但为祭奠波培娅所焚烧的香水和塞满她尸体的香料，纷纷提醒着人们：尼禄可以在对特定人或物施暴的同时对之进行美化。尼禄并未把因叛国罪被处决的元老的家财储存在自己的小金库中。他对在行省征收的日益沉重的苛捐杂税、从非洲地主那里没收的肥沃庄园的营收，以及手下在帝国神庙内劫掠的各色珍宝也是如此。要重建一座罗马这般庞大的城市定然耗资不菲，而尼禄并不是一个会在重建工程上缩减成本的人。他只能想方设法从任何可能的渠道榨取钱财——因为这项不可思议的

398

浩瀚工程是无法减少开销的。

任何线索都值得追踪。一名迦太基骑士向尼禄汇报说，自己做了一个惊天大梦，梦中他看见自己的土地下藏着一大堆金块，是一千年前的城市奠基人埋下的，正待人挖掘。尼禄听毕便差遣一支寻宝队前去搜寻，但历经日益狂热的漫长挖掘后什么也没发现。这名迦太基人羞愧难当，最后自戕了断。当然，整桩事显得十分尴尬，但不意味着一切就此终结。尼禄将娱乐公民视作自己的最高责任，而且始终对此忠心耿耿。公元 66 年初夏，梯里达底从亚美尼亚来到罗马接受王冠，万众期待的一天就此来临，为尼禄提供了惊艳公民同胞的良机。授位仪式这一天，太阳从罗马广场升起，照耀着广场上身穿白色托加袍的公民，一列列禁卫军整齐划一，盔甲与鹰旗在阳光下"亮如一道道闪电"。[81]礼毕，他们又在舞台、墙面乃至柱子都溢彩流光的庞培剧院内举办了第二场加冕仪式。一顶紫色遮阳篷将尼禄描绘成众星拱月的战车手，梯里达底在篷下冲他大行顿首之礼。身着蛮族服装的异邦国王这般匍匐在恺撒脚下，无不让人深信世界的边陲之地都已向罗马这个全球中心臣服。这确实如众口相传，是"一个盛世之日"。[82]

即遍城市边缘仍散落着因火灾流离失所之人所搭建的贫民窟，即便在混杂着汗臭味和绝望气息的密室内，叛国罪的审判并未因亚美尼亚国王进城而中止，但又有什么关系呢？梯里达底回国后，庞培剧院的金片不久便被剥得一干二净，罗马广场的一地玫瑰花瓣也很快被扫净，可尼禄的璀璨光芒分毫不减。罗马广场上竖起了芝诺多鲁斯铸造的巨型铜像的基座。竣工后，其王冠所散发的光芒甚至会让群星黯然失色。巨像另一边是效仿世界各地自然风光的湖、森林与田野，而它们都位于这座都城的中心。与此同时，黄金屋的正立面鎏金镶珠，从奥庇乌斯山一侧向外延伸，整个夏天都灿如明火。似乎是太阳神在这座饱受烧灼、紧张不安的城市里建起了自己的宫殿。

尼禄完全可以蔑视敌人。十多年来，他一直忙着挣脱身上的重重束缚，急于从一种混乱且过时的秩序中解脱，进而创建一个不辱自己顶级艺术家身份的现实世界。元气大损、士气低落的元老院似乎无力抵抗他了；而被一系列奇幻壮观冲昏头脑的平民百姓则迫不及待地参与到他对罗马人的身份重塑工程中来。似乎尼禄只要想做什么，就能让什么顺遂自己的心意。

回归现实

公元66年早秋，恺撒及随从乘船驶入科林斯港口。[83]科林斯城坐落在一条将希腊大陆与其南部的伯罗奔尼撒半岛分割开来的狭长地峡上，是一座非常符合尼禄口味的城市。此地以盛产名妓与铜像著称，还有一个有名的节日：伊斯特米亚竞技会（Isthmian Games，又译地峡竞技会）。该节日每隔两年举办一次，城外往往会聚集大片人群，竞相观看各色各样的体育与艺术竞赛。"亚细亚与希腊的人们齐聚于此观看这些竞赛。"[84]此时，一位意大利访客也正计划光临此地。才在那不勒斯湾和罗马取得胜利的尼禄准备去征服希腊竞技圈了。

各种盛大比赛的组织方服从尼禄命令，特意调整了活动时间，确保所有比赛都能在同一年举行。于是，其他节日纷纷被提前，而希腊首次推迟了奥林匹克运动会的举办时间。尼禄打算在所有比赛上都试试身手。在这之后，他决定继续东征，通过平定高加索山脉另一边的蛮族以赢取更大荣耀。继克劳狄乌斯出征不列颠以来，还没有一位恺撒曾启程亲赴行省；继奥古

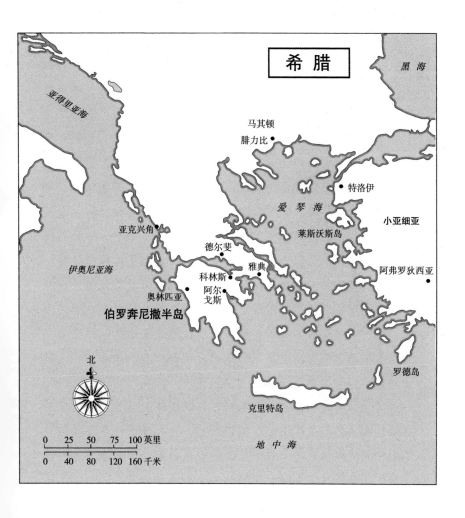

斯都周游地中海东部并从帕提亚赢回鹰旗以来，也还没有一位世界之主曾打算远离都城如此长的时间。尼禄的东行之旅造势迅猛。一位占星家预言他将在科林斯地峡内凿出一条运河，进而让伯罗奔尼撒半岛变成一座岛。第二位占星家预言他将坐在耶路撒冷的金王座上。整个希腊翘首引领，满怀期待。

但大量罗马人对尼禄的东征计划愤愤不满。这种愤怒在越高级的圈子里越强烈。当然了，蔑视是相互的。尼禄的随行队伍借着跳板踏上科林斯这片土地时，罗马精英阶级已经被尼禄轻蔑地甩在了阴影里。自提比略退隐卡普里岛以来，他们还未曾受过如此大辱，连面见恺撒的渠道都被堵死。尼禄沿阿庇亚大道出发准备乘船前往希腊之际，有人警醒他接下来将有一场针对他的刺杀阴谋。此桩罪案的败露让他确信了自己对元老院的怀疑。这样的怀疑本能给卡利古拉带来不少好处。"我讨厌你，恺撒，讨厌你属于元老阶层。"[85] 他的党羽瓦提尼乌斯曾是一名跛脚补鞋匠，总是不亦乐乎地在他面前开这种玩笑，而且每次都能逗得尼禄眉开眼笑。确实，不是所有元老都被禁止面见恺撒。在展望接下来的高加索山脉征战之旅时，尼禄带上了性情古怪的老兵韦斯巴芗。韦斯巴芗曾是罗马的执政官，也是参与过不列颠大战的老兵。他在尼禄吟诵诗歌之际不幸熟睡，好在军功赫赫足以弥补。但韦斯巴芗的血统只略胜瓦提尼乌斯些许。哪怕曾经率军出征、担任政职，也始终无法掩盖其祖父为收债人的卑微出身。对于家族历史可追溯至罗马建国之初的元老们而言，这实为奇耻大辱。一个曾为修鞋匠、一个是一跃成为执政官的农民，两者之间有什么可选呢？虽然瓦提尼乌斯是一只恶毒且声名狼藉的寄生虫，而韦斯巴芗是一位荣誉加身的战争英雄，但一切并无不同。两人此时都深得恺撒重视。整个世界已经天翻地覆。

但还有更糟糕的。堂堂奥古斯都后人的随从队伍中不是只有士兵和朝臣，还有成群的音乐家、声乐教练与私人训练师。尼禄作为奥林匹克运动会或伊斯特米亚竞技会的参赛者，若缺乏一个庞大的幕后智囊团，还怎么顺利施展才能呢？在希腊这个戏剧与竞技之乡内，剧院或赛道上所发生的种种都相当于一面镜子，映射着一个更广阔世界的境况。当然，这种理念并不新鲜。但在尼禄之前，还没有人曾考虑将两者之间的界限模糊得如此彻底，如此让人眩晕。和游览希腊行省的大部分人不同，尼禄并非游客。他对纯粹的观光并无兴趣。他要体验的希腊不是艺术与古典的沃土，而是一片充满活神话的土地。在奥林匹亚、科林斯地峡，或阿伽门农统治过的阿尔戈斯，抑或有着最著名的阿波罗神庙的德尔斐进行比赛，无异于和古代的传奇英雄进行交流。这种机会是罗马本土的任何节日都无法提供的。

也是这一点给参赛者增添了无限魅力；也正因如此，尼禄即便贵为恺撒，也绝不肯把第一名的位置视作理所当然。毕竟，403他的胜利若缺乏真枪实剑的角逐，将变得毫无价值。因此，他和其他参赛新手一样会怯场，会在对手背后发牢骚，会生活在对评委的恐惧中。不管是不是世界之主，他都无法承受一场会让自己看起来像骗子的表演。所有人对此心知肚明。评委们别无他法，只能接连把第一名的大奖颁发给他。不过这没有削弱观众对尼禄所获佳绩的敬畏。希腊最盛大的节日都是由神祇或拥有皇族血统的英雄所创立。随着恺撒对这些节日的隆重推广，充斥着歌谣与神话的古老时光似乎再现了。帝国东部但凡有剧院和体育竞技的地方，都散发着尼禄的骄人成绩的夺目光彩。

罗马的元老们兴许对此嗤之以鼻，但尼禄没有把目光单单放在都城内。他放眼的，是自己主宰的所有土地。

在希腊，他能呼吸得更自在。参加节日盛典的访客和他有着水平相当的鉴赏力。可在罗马，即便尼禄本人都会犹豫是否应以演员身份登台表演。在那些道德感极强的罗马公民眼里，穿异国服装、说异族语言、大庭广众之下暴露身体比做妓女好不了多少。这也就是为什么，在罗马这座城市里，演员会和通奸者及角斗士并列同一阶层，被法律定义为"贱民"。反对剧院是一项尊贵的罗马传统。道德学家们对其口诛笔伐，认为其威胁到了"罗马人一向闻名于世的男子气概"。[86] 不少人曾严厉指出，演员易矫情，对男性与女性之间的边界缺乏应有的尊重。只有采取严格手段才管控得住他们。一名演员为寻乐之故曾让一位已婚妇女剪掉头发，变成男性模样，做自己的侍童，结果奥古斯都亲自下令对该演员鞭刑处置，并将他逐出了罗马。而公开饰演他人者更是在各个层面都可能带来颠覆性威胁。哪怕最基本的原则都可能面临被破坏的危险。塞涅卡在观看一出剧时，眼见饰演阿伽门农的奴隶在台上作威作福，一时联想到了阶级制度的虚幻性。"'阿尔戈斯之主'是谁？"他沉思道，"什么，竟只是个奴隶！"[87]

但恺撒不会有这样的顾虑。和剧中的许多英雄一样，尼禄是神祇后裔，且手握君主大权，这些都只会给他的登台亮相增加分量。表演对他来说易如反掌。上位之初，他面对元老院发表了一场演讲，演讲稿是塞涅卡为他准备的，为此他遭到了背后的露骨嘲讽："记忆力好的人会注意到，他是第一位使用借来的口才的皇帝。"[88] 即便如此，那时候的尼禄也已深刻知晓第一公民这个身份的意义。以恺撒身份进行统治，就是在扮演恺撒这个角色。演技就是一切。抵达希腊后，尼禄决心让全天下都明白这一点。登台表演时，他有时会把面具漆成自己正在扮演的英雄形象，有时则漆成自己的模样。没有人会误解其中折射出的蕴意。尼禄那多舛的人生经历与神话故事一样，是极富价值的戏剧主题。观看他扮演俄瑞斯忒斯时，不难发现克吕泰涅斯特拉被杀和同等可怕的尼禄弑母案颇有匹敌之处。当他扮演一位正在生产的妇人时，不难想到这其实是在映射他后继无人的悲剧。当他戴上波培娅的人像面具时，许多人会就此联想到众多遭受神祇戏弄而发狂伤人的古代英雄，进而也对尼禄报以类似的同情。这是一个充满勇气的举动。预见、胆识、自负心，在他的表演中应有尽有。唯独尼禄才可进行这般尝试；唯独他才可以表现得如此震撼人心。

　　但在舞台上复活波培娅只是开端。在剧院之外，尼禄还立志让现实也根据自己的意愿改变。丧妻之痛依旧强烈。波培娅死后，他曾短暂考虑娶克劳狄乌斯唯一幸存后裔安东尼娅为妻。但不出所料的是，安东尼娅断不肯与谋杀亲姐的刽子手成亲，于是尼禄转而以谋反罪将安东尼娅处死。他后来选择的新妻显然是一个与波培娅非常相似的女人。斯达提莉亚·麦瑟琳娜时髦、美丽、聪慧，上一任丈夫是罗马执政官，于皮索阴谋案露馅后被处死。麦瑟琳娜和新婚丈夫尼禄都迷恋练嗓子，但在尼禄眼里，即使这一共同爱好也无法弥补她的一项固有缺点：她不是波培娅。[89]也正因如此，尼禄会像曾经与貌似母亲的妓女上床一样，下令让人搜寻被自己踢死的亡妻的"分身"。当然，下属们找到了一个与波培娅神似的女人并将她送至他的床前，可他很快厌倦了她。接着下属们开始追踪其他人选：细皮嫩肉、琥珀发色、让人无法抵抗的那种类型。对尼禄而言，这般珍品

405

被呈现眼前时，恰如亡妻归来。因此，他尽情想象着自己再度凝望她的脸庞，抚摸她的脸颊，并搂她入怀，以至于波培娅对他而言似乎真的从坟墓中复活了。可惜事情出现了新的变数。被找来的这人尽管与波培娅极其相似，但不是个女人，甚至连女孩也不是——哪怕在与波培娅的相似度上足以让一个悲痛欲绝的丈夫信以为真，却并非每个细节都完美无瑕。这个酷似尼禄挚爱波培娅·萨比娜的人是个男孩。

没有什么比这样的美丽更短暂了。恰如春天的花朵，因为转眼即逝所以给人带来更大的愉悦感。这种特质让俊秀小生们成了不一般的奢侈品。与卢克林湖的牡蛎一样，他们的价值备受买家珍视，而买家看中的也恰恰是他们的青春易逝。奴隶贩子迫切希望自己的商品不会贬值，可能会拿蚂蚁卵来延缓男奴们腋下长毛的速度，或用羊睾血涂抹他们的脸蛋，好让他们皮肤光滑；主人不愿接受买来的珍贵男童步入成熟期，可能会将他打扮得像女孩，"并且除掉他的须发或将其连根拔起，好让他看起来没有胡须"。[90] 但可怕的现实是，保存男孩韶华时光的可靠方法只有一种，而且尼禄也的确采取了这种方法。

他给这个受害者取了一个绰号——"斯波鲁斯"，意为勇气。即便在嘲弄罗马传统价值观时，尼禄也依旧保留着十足的罗马人禀性，会觉得阉人有些可笑。这些因主人一声令下而被阉割的男奴虽没有自宫的"加利"那般邪恶，却在一举一动之间都散发着反文化气息。他们温柔可人、毫无生育能力，让人不可避免地联想到东方暴君的后宫，与罗马血性文化下的严苛美德实在太背道而驰了。当然，对罗马时髦派而言，这正是关键。亚克兴海角大战期间，负责管理意大利的梅赛纳斯曾当众让两个阉人做自己的护从，刻意以此冒犯保守派；塞扬努斯名下曾有一个名为"玩具男孩"的阉人，其高额售价创下一时纪录，哪怕数十年后仍能招致阵阵惊叹。[91]但值得注意的是，尼禄只是和往常一样，在中伤传统教条上稍微过火了一点而已。诚然，他阉割了斯波鲁斯以保留他的美貌，但那并非唯一的原因。毕竟，尼禄真心想带上床的并不是一个阉人，而是他死去的妻子。他渴望重新拥有波培娅·萨比娜。

因此，他赐予了她的分身那样一个名字，并指派一个地位高贵的女人——卡尔维亚·克里斯皮尼利亚做其指导人，助其成为一名奥古斯塔。卡尔维亚作为服装师的资历鲜有人及。她打扮时髦，一身贵族气派，且赢得了一个天下皆知的名号："尼禄在性事上的女导师"。[92]斯波鲁斯被送到卡尔维亚的手中后，相应地被套上波培娅的衣袍，头发也被梳理成她偏爱的风格，脸上涂抹着她特有的化妆品。"他必须以女人的角色来做所有事"[93]——而且也要以恺撒之妻的角色来做。尼禄在希腊观光时，斯波鲁斯便坐在奥古斯塔的专属轿辇中，由一队女仆照料着，与尼禄同游。只需做最后一件事，斯波鲁斯便可彻底完成转型。两人的婚礼在尼禄旅居希腊期间举行，是很明显的罗马传统风格。提格利努斯负责将头戴番红花面纱的新娘交予新郎。 407 希腊行省上下举行着狂热的庆祝活动，甚至有人祈祷上苍保佑这对幸福夫妇能诞下子嗣。唯独一件事阻止了这场美梦成真：新一代波培娅·萨比娜不具备女性的生理构造。

可这也不会阻止尼禄的尝试。如果可以的话，尼禄当初定会将斯波鲁斯生殖器的残余部分完全切除，在这苦命男孩的腹股沟中间切开一道口子，植入女性的子宫。实现这个远大抱负的可能性纵然微乎其微，却并未阻止尼禄高额悬赏任何可能完成此举的人——无论是通过手术，还是通过某些更阴暗的方法。

在一个先前没有渠的地方劈出一条道来，这正是尼禄一向热衷的工程。在意大利，他曾命人开凿了一条由普特奥利直抵台伯河的运河，总长约150英里。接着在希腊，他又迎面应对神谕设下的挑战，一抵达科林斯便命人在地峡中间开凿运河。该工程的意义可不仅是为了促进贸易流通。工程开幕之日的仪式最为清楚地阐释了个中深意。尼禄哼着赞美海神的圣歌从一顶奢侈的帐篷中现身，仪式大幕就此拉开；接着，他举起一把金色音叉向地面敲打了三次。他骄傲地宣称，把伯罗奔尼撒从希腊大陆分离将是一个堪与神话英雄所建伟业相媲美的壮举。一边是幻想，一边是宏伟的基础设施工程；一边是金色音叉，一边是一列列劳累的囚犯；一边是赞美海神的歌谣，一边是劈开顽石的汗珠与蛮力：这些都是无法被效仿的尼禄特色。

可若现实偏不受他的想象支配，非要与之势不两立呢？斯波鲁斯的腹股沟内仍没有阴道；旨在将普特奥利与台伯河相连的那条运河似乎在那不勒斯湾堵住了；科林斯地峡的挖掘招来了背后的黑暗警告，声称尼禄越轨干涉神界事务。与此同时，在希腊的露天竞技场及剧院外，帝国远疆与偏僻行省的局势仍不够稳定。东部传来的消息尤其不利。形势一向紧张得一触即发的犹地亚如今已经爆发了公开的叛乱。尼禄抵达科林斯后不久，耶路撒冷维稳失败的消息就传到了他的耳中。尼禄没有放弃此次希腊之行赶赴犹地亚，而是差遣手边最优秀的人韦斯巴芗前去处理此事。同一时间里，罗马城内风声四起，传言元老院将被废除，行省职权将被移交到骑士与尼禄的被释奴手中，这更不利于稳固人心。追踪潜在反叛阴谋的密使们注意到，高卢与西班牙的数位总督近日通信往来异常频繁。最显眼的当属尼禄在卢迪南的特使盖乌斯·尤利乌斯·温代克斯。这位元老是高卢贵族子弟。"他身材健硕，头脑机敏，作战经验丰富，而且胆大无畏，不会因为事业艰险而退缩。他既热爱自由，又胸怀壮志。"[94] 这些特质若放在共和国濒死挣扎之际，很可能会令他在内战的盛大游戏中脱颖而出，成为一名强劲的竞争者。但那样的日子早已远逝。现在，只要不是奥古斯都后裔，便无任何主宰世界的希望。尼禄对于这一点还是满怀信心的。不过温代克斯私通加尔巴（此人当时已经担任西班牙总督八年）的消息传来后，他还是感受到了一阵轻微的惊慌。他在防微杜渐上饶有经验，于是给密使头目下了令。加尔巴将被铲除。发布完这些指令后，尼禄将注意力转回到了一件更重要的事上：继续游历希腊。

他最大胆、最令人毛骨悚然的壮举要相应地在最壮观的竞技舞台上完成。奥林匹亚所举办的诸多盛事中，最惊险、最振奋人心的莫过于马车竞技。此类比赛原是节日上用以展示技巧与勇气的终极场合。尼禄参赛，无异于将身家性命攥在了双手之间。考虑到他并没有使用正常的四马马车，而是打算以十匹马来参赛便更是如此。当然，这是神一般的行为，却也需要极致的练习，而任何日理万机的人都无从达到这一要求。不出所料，在灰尘、碰撞和急转弯之间，尼禄被甩出了车外。他躺在赛场的炙热泥土上，在其他马车经过的致命赛道旁蜷缩着，再靠前几英寸便会被碾死。任何人见到这一幕都不会责怪他中途退赛。可他是堂堂恺撒，天生就能耐非凡。尽管头晕目眩、伤痕累累，尼禄还是坚持爬回马车上继续竞赛。虽然最终他的确无力跑完整个赛程，人们仍旧起身为他鼓掌。评委们授予了他一等奖。

一桩感天动地的"情事"就此落定。这是史上第一位恺撒

409

在凌然跃居元老精英阶层之上后，还赢得了全罗马人、无公民身份之人乃至行省之民的欢心。公元 67 年 11 月 28 日，在科林斯举行的一场盛大仪式上，尼禄正式将其落实。"希腊之民，我现赐予你们一件你们想未曾想的礼物。"他大行慷慨之姿，告诉希腊人将取消对他们的征税。"授予你们的这项恩惠是出自善意而非同情，同时也为表达我对希腊众神的感激，我时常感到他们通过陆地与海洋对我表达关注。"[95]

但罗马世界其他地区的赋税并没有减少。甚至在犹地亚烽烟四起之际，其余行省仍饱受压榨，好为尼禄重建罗马的工程及拟定的东征计划提供财政支持。在高卢、西班牙与非洲，当地人对尼禄特使的怨愤越积越深："他们征收的苛捐杂税既罪恶，又残酷，且具压迫性。"[96]尼禄的成就在希腊及东部行省广为流传，但在西班牙，嘲弄之声却滔滔不绝，当地人还公开翻唱讽刺他的文学作品。加尔巴先前拦截了从希腊下达的针对他的死刑执行令，此时更是有意不加制止，但他仍在犹豫是否要公开反抗尼禄政权。其余总督也如此，他们害怕引起主人的猜疑，彼此又互不信任，都倾向于等待时机、静观其变。

几乎没有人会怀疑他们的赌注有多大。世界处于和平状态已近一个世纪。没人还记得当年公民自相残杀的那个时代。但有关罗马人曾经几近毁灭自身乃至世界的血腥内战的记忆依旧鲜活。塞涅卡在宣誓效忠尼禄时，采用了小主人会尤其欣赏的语言表达方式。他宣称，只有一直拴在恺撒的战车上，罗马人民才能免遭灾难："如果他们手滑，缰绳脱落了，那么他们所有的成就和力量定将碎成一地。"[97]他并非狂妄自负。伤残的马匹、破碎的车轮、躺在尘土中粉身碎骨的尸体：一次又一次，在奥古斯都登上巅峰地位之前的世界里，人们早已在这类壮烈场面

410

中看到了更可怖的毁灭迹象。毕竟，对一个民族而言，还有什么比知道自己正失控猛冲却无力阻止更令人毛骨悚然的呢？"战车冲出围栏后，每一圈都在加速，驾车手被马匹携带着前进，使劲拽住缰绳却无济于事，然后便发现战车不听从摆布了。"[98]因此，不难想见手握重兵的权臣会犹豫是否应公开反叛。同样可以想见的是，尼禄在奥林匹克运动会撞车的消息传到罗马后，也激起了一大片回响。

最后，尼禄委派的在自己离城期间代为管理都城的被释奴不得不亲自来到希腊，劝说主人事态已经紧急到了千钧一发之际，急需他回朝理政。尽管眼下便有机会行军至高加索扮演一回大将军，但尼禄绝不会让这档子事阻止自己大出风头。他进入罗马的阵列如以往一样威武壮观。事实上，尼禄驾驶着一辆高曾祖父奥古斯都曾使用过的战车，有意模仿其被授予的凯旋式。但尼禄此番庆祝的是任何一个罗马人都未曾取得的胜利。411他戴着象征奥林匹克运动会优胜者的野橄榄花环；身旁则站着世界最负盛名的七弦琴演奏者——他在最近的公开比赛中的手下败将。空中旌旗招展，大书特书尼禄的光彩头衔，他在希腊赢得的诸多王冠也被一一抬到他的面前，以教化并娱乐罗马民众。与此同时，芬芳的游行路线上放飞了一只只鸣禽，缎带与糖果被撒向路边欢呼的人群。"我们的阿波罗！尼禄万岁！"他们呼喊道，"奥古斯都！奥古斯都！圣音啊！听见您声音的人都有福！"[99]

不论安全顾问们发出了多么不祥的警告，尼禄始终相信自己依旧深得民心。他一向依赖自己无与伦比的形象塑造术来迷惑敌人，而且至今没有改变战术的打算。但终极考验正飞速降临。尤利乌斯·温代克斯正在高卢伺机以待，准备揭竿起义。

对尼禄来说，温代克斯就是一个在宣传造势能力上与自己不相上下的对手。公元 68 年 3 月，温代克斯命人锻造了一种钱币，上面印着的图案是两把匕首和一顶奴隶被授予自由时所戴的帽子，用意十分鲜明。一百一十二年前的布鲁图斯与卡西乌斯在 3 月 15 日（恺撒被杀之日）之后采用过一种类似的图案；如今又一个 3 月 15 日到来了。[100] 在那不勒斯游春的尼禄从温代克斯本人处收到了起义消息。3 月 19 日，这位叛逆总督的一封信被送到尼禄手中，而当天正是尼禄母亲阿格里皮娜的忌日。温代克斯再次刻意制造了一个巧合。他拥有一种激人发怒的天赋。单单称呼尼禄为"阿赫诺巴布斯"还不够，他故意在尼禄的伤口上撒盐，嘲弄尼禄的音乐才华。尼禄被刺得痛心入骨，抑制不住地流露出愤怒之情。"他会反反复复将人民逼至绝境，强取豪夺，他们知道有人能与他匹敌吗？"[101]

412　　但通常而言，他对叛变的威胁都装出嗤之以鼻的态度。一周多过去后，他才对温代克斯的侮辱信做出了正式回应，在这一周多里，尼禄确保自己沉浸在平常的兴趣爱好中，以展示出冷静从容、漠不关心的完美形象。他知道眼前的温代克斯代表着什么。强硬的责任感，大谈特谈军事价值，不断重复在罗马人靠萝卜充饥的艰苦岁月中形成的道德准则：这正是他最轻视的一切。过去，他曾试图踩在元老精英们头上，以讨好那些对元老院的傲慢不屑一顾的大众。从那时起，他便开始有意嘲弄温代克斯所代表的一切事物，且至今仍在继续嘲弄着。他没有亲自面对元老院致辞，而是派人给他们送了一封信解释自己嗓子疼痛，需要少说话以便日后歌唱。后来，他的确邀请了数位德隆望尊的元老一同议事，却在大部分时间里向其展示自己欲创造一种新型水力风琴的计划，甚至承诺将在适当时机为他们演奏——"只要温代克斯不反对"。[102] 尼禄的挖苦讽刺并非因为他满不在乎。恰恰相反，是因为他坚决不肯从敌人的角度对他们的宣传造势做出回应。一天晚上，在离开一场醉醺醺的酒席时，他公开宣称要赤手空拳地出现在温代克斯的大军面前，什么也不做，只哀声哭泣；"接着，以这种方式成功说服叛军改变主意后，他会在第二天与欣喜的子民们一起庆祝，并且吟唱胜利的赞歌，而他此时此刻便应开始构思这首歌曲了"。[103]

事实上，在幕后尼禄相当严肃地应对着这股针对他的政权的威胁。尽管他忍不住委派了一列货车将各种辎重运至前线，同时也不忘将后宫妃嫔武装成阿玛宗人模样，并给她们所有人分发短装护腰及护背，但他也深知当下最好不要追求戏剧效果。因此，他召集了当初为高加索战役准备的远征军，征召了大批水兵乃至奴隶加入匆忙组建而成的军队，并派遣他们北进以巡逻接近高卢边界处的动向。他选择了一位前不列颠总督来统率这支大军，此人名为佩特罗尼乌斯·图尔皮利亚努斯，在镇压皮索谋逆案中担任重角，展露出对尼禄的耿耿忠心，令他大为满意。同一时间里，他差人送信给新任命的正直过人的北方大将军维吉尼乌斯·鲁弗斯，命其集结莱茵河大军，挥师南下对抗温代克斯。于是，哪怕在和元老们漫不经心地闲聊乐器时，尼禄也能满意地推测出死敌正受到钳形攻势的威胁。叛军似乎定会被击碎。不过，尼禄仍额外抛出重金，悬赏温代克斯的项上人头。

但到 4 月中旬，战况出现了变数。加尔巴最终大显身手。他自命为元老院及罗马人民特使，而非恺撒的使节。意识到这位出身高贵的日耳曼前线老兵代表着比温代克斯更可怕的对手类型，尼禄当即晕厥。他恢复意识后，老奶妈劝告他过去许多

413

王子都曾面临过类似的艰险，想以此宽他的心，但他对这番善意的宽慰不予理会，还用带着些许粗暴的语气告诉她，自己遭受的苦痛完全是史无前例的。可更糟糕的还在后头。加尔巴揭竿而起，激起了众多此前静观其变的枭雄的响应，其中有许多熟悉的名字。本在西班牙担任总督的波培娅前夫奥托趁势返回，毫不犹豫地宣誓效忠加尔巴。与此同时，在非洲，邪恶的卡尔维亚·克里斯皮尼利亚（她曾教导苦命的斯波鲁斯如何成为一名奥古斯塔）投靠了当地行省总督，并煽动他加入叛变。在紧接着的 5 月，尼禄又迎来最心酸的一击。这次叛变比以往更为残暴，因为是以凯旋式的形式到来的。尼禄的莱茵河大军在与温代克斯的军团交战过程中将敌方一举歼灭，温代克斯自杀了断。可胜军并未在战场上重申效忠尼禄的誓言，而是转而拥护他们的大将军为帝。忠于自己正直声誉的维吉尼乌斯拒绝了他们，却宣布在即将到来的世界控制权争夺战中保持中立。与此同时，据前方来报，被尼禄授予防御意大利北部重任的大将佩特罗尼乌斯也产生了动摇。奥古斯都及其历位继承人用了一个多世纪让罗马人养成了服从恺撒家族的习惯，可这种习惯此时突然面临崩塌的危险。看来，罗马建国之初那股原始的狼性似乎并未被完全驯化，而当初就是这股野性见证了罗慕路斯击倒雷穆斯。维吉尼乌斯与温代克斯的军团在互相厮杀的狂喜中迎战，完全无视指挥官努力克制他们的举动。"战场上的碰撞一向糟糕，恰如驾车手的马儿不听使唤时的碰撞那般。"[104] 与奥古斯都独领风骚前的黑暗岁月一样，如今的局势正严重失控。

尼禄身为一名老练的驾车手很清楚这一点。佩特罗尼乌斯变节的消息传来时，正在用餐的他气得掀翻餐桌，把几只宝贵的酒杯猛地摔在了地上。接着，他命人找来毒药，然后离开了宏伟的黄金屋，朝着城外的一处房产奔去。在那里，他纠结着该做出怎样的选择，整个人陷入了深深的绝望。此时此刻，就连他一直极力讨好的禁卫军似乎也动摇了。尼禄催促禁卫军长官在自己面前集结时，他们显得拖拉懈怠。"死真的是一件很糟糕的事吗？"[105]一位禁卫军长官当着尼禄的面直截了当地说出了这番话，令他寒彻心扉。很明显，不忠的痼疾正开始往自己的政权中心扩散。近臣中现在还有哪些人值得信任，不会变节倒戈呢？当然，肯定不会有提格利努斯与尼姆菲迪乌斯·萨比努斯这两位禁卫军统领。尼禄不得不去猜想，两人肯定已放弃了自己的大业。在他有难的紧急时刻，两人可一点也没有辱没他们唯利是图、背信弃义的名声。

在越发强烈的绝望感中，尼禄开始反复考虑其他计划。也许，他应该在第二天早上到来时身穿黑衣，走向罗马广场直接诉诸人民群众，使出浑身解数求得他们怜悯？或是逃往亚历山大港？尼禄决定先睡一晚，把问题留到第二天解决。但他的梦断断续续。半夜醒来，他惊惧地发现别墅内几乎空无一人，守卫离去了，朋友也走了，甚至连看守人也已不在，而且雪上加霜的是，看守人还顺走了他自尽用的毒药。有那么短暂的一瞬，尼禄想到了自己是否应投进台伯河自尽；他夸张地闯入茫茫夜色，然后又决定自己并没有准备彻底放弃希望，于是回到了屋内。他的身边仍有少数忠诚伴侣陪着他：斯波鲁斯——那神似亡妻的脸蛋和琥珀色头发提醒着尼禄过去的更欢乐的日子，还有三位随从。其中一位名为菲昂的被释奴主动提出将其在罗马北部的别墅借给主人使用。尼禄接受了。目前他想不到更好的避难所。仍赤着双脚的他将自己包裹在一块褪色斗篷中并遮住了头部。攀上马背后，他用手帕捂住了脸。闪电将夜空劈裂，大地在震颤，他与四位同伴策马慢跑进街道，就此踏上了远离罗马的逃亡之路。

这是一段令人毛骨悚然的旅程。经过禁卫军军营时，五位骑手能听见营内传来的狂野口号声，预言尼禄末日将临、加尔巴将大获成功。一个路人见他们骑速飞快，以为正在追击逃亡的皇帝，还为他们鼓劲打气。最惊心动魄的一幕是，尼禄的马因一具路边野尸的臭气受惊，使得他遮脸的手帕当即滑落，一位退役的禁卫军在这时认出了他。不过这位士兵只向他敬了个礼；就这样，尼禄冲破万难，顺利抵达了菲昂的别墅。可即使在这里，他也有新的侮辱需要忍受。菲昂坚持要求他们从后门进入，因此尼禄不得不在芦苇与荆棘间跌跌撞撞地穿行。同伴们挖好地道后，他又不得不挤进地洞里继续前行。他身心俱疲、万念俱灰，踉跄着走进奴隶住所后，便重重扎进了脚步所至的第一间房间，那里破败肮脏，除一张凹凸不平的床垫外，没有任何家具可供他倚靠歇息。尼禄哀悼着这场令他措手不及的灭顶之灾，命同伴替自己架好柴堆，挖好坟墓。可无论众人怎么催促，他最后还是犹豫了。倒台的规模之大，已让他麻木。他无法让自己迈出最后一步。相反，他只能黯然哭泣，悲叹自己的死亡会给这世界带来多大的损失。

接着，菲昂的一位信使送来了一封信。[①] 尼禄抢过信读了起来，脸色越发苍白。元老院已将他列为公敌，不会对他施以任何仁慈。元老们似在纪念恺撒们独揽光环前的岁月，对他判处了一项既古老又野蛮的死刑。他将被剥光衣服、套上枷锁、

---

① 这封信揭示的一个有趣的点在于：菲昂将尼禄的行踪透露给了外人。罗马处决小队很快到来则暗示着：加尔巴的密使可能就在这些人之中。

被牵着游行街道，然后被乱棍处死。尼禄知道，如若不想遭受这样的厄运，就必须自己做个了断。他拿起一对匕首，试了试刀尖的锋利程度，然后又放下了。"致命时刻，"他叫喊道，"尚未到来。"[106]

但其实已经到来了。甚至在教导斯波鲁斯如何行吊唁亡夫之礼时（他的做法是号啕大哭地撕扯她的头发与衣服），他就已经听见了马蹄逼近别墅的震耳声响。他再次伸手去拿匕首。这一次，在一个被释奴的帮助下，他鼓起勇气将它插入了喉咙。一位冲进房间的百夫长试图用斗篷堵住他喉头如注的鲜血，但已为时过晚。"这般忠心。"[107]将死之人喃喃低语道，紧接着他的眼珠开始骇人地往外鼓。尼禄·克劳狄乌斯·恺撒·奥古斯都·日耳曼尼库斯殁。

他曾是恺撒王朝最后一个幸存的成员。伴随着他的殒命，恺撒王朝就此终结。对于善读预兆之人而言，该王朝的灭亡并不意外。在莉薇娅曾拥有过的别墅内，月桂丛中有四棵枯树。每棵都由一名恺撒栽下，而且都在该恺撒过世前不久凋败。尼禄种下的那棵树也在他自杀前不久呈现枯萎迹象，此后整片月桂丛连根死亡。当年奇迹般被扔向莉薇娅大腿的母鸡孵出了数只小鸡，而这些小鸡后来也全部死去。个中寓意再明显不过。恺撒这一脉系注定要随着尼禄的死亡而终结，事实也的确验证了这一点。无疑，在他之后还会有许多个皇帝，而且所有皇帝都会被冠以恺撒的头衔。但再无一人会以奥古斯都后裔的身份进行统治。加尔巴太老、太严格也太残暴，人民心里又还存着一半对尼禄的爱，他没能博得他们的欢心，故而皇帝这一位置他坐得并不长久；不出意料，公元 69 年 1 月，罗马广场上，在当年马尔库斯·库尔提乌斯纵身跃下深渊的那个地方附近，

417

加尔巴被人乱刀砍死。三个月后轮到了奥托。八个月后又是维特里乌斯。三位皇帝在同一年毙命，最后只剩从犹太战争归来的韦斯巴芗称帝。不止如此，韦斯巴芗还成功建立了一个新王朝。十年后，他寿终正寝，其帝位由大儿子继承，然后是小儿子。与奥古斯都及克劳狄乌斯一样，韦斯巴芗最后甚至晋升为神。

但此后的罗马皇帝都不再具备奥古斯都家族成员身份赋予奥古斯都继承人的那种纯粹的神秘魅力与强大力量。登台表演的尼禄意识到了自己体内富含的神秘性。在这一点上他是对的。他全家人都拥有这种魅力。他们的血液里沾染着一种神性。先王被视作神明是实至名归的。奥古斯都不仅抚平了内战伤口，还在一个厌恶国王的民族中建立起牢固持久的独裁政权。只要还有人使用恺撒这一称号，奥古斯都的名字便永远神圣不朽。这是在向人类许诺，处在尘世与神界之间的人或许能以世界和平王子的身份进行统治，并且胜利升入天堂。奥古斯都大败敌手的胜利在历史上本已无出其右，最后他还成功战胜了死亡本身。他的几位继承人亦是如此。甚至在卡利古拉当年被害的那间房和被火化的那座花园里，曾有人看见过卡利古拉的魂魄出没。尼禄自尽并使得奥古斯都血脉断绝时，许多人直接拒绝相信。几十年过去了，罗马世界的人们仍旧深信他会再次归来。"每个人都希望他还活着。"[108]

一些人曾在尼禄手中吃尽了苦头，有充分理由憎恨有关他的回忆，但即便他们都不得不承认恺撒家族的非凡魅力。尼禄自杀约三十年后，基督徒约翰记载了天使向他揭示的末日幻象。他看见，遥远的海中有一只七头兽："有一个似乎受了死伤。"[109]不少人在解读约翰这番幻象时都惧怕地猜想：那道伤口若非尼禄刺向喉咙的一剑，还能是什么呢？① 同样，天使也向约翰揭示道，这道口子注定会愈合；而那只"先前有，如今没有"[110]的野兽将从无底深渊中站起。它的背上将坐着一个女人，她将"穿着紫色和朱红色的衣服，用金子宝石珍珠为妆饰。手拿金杯，杯中盛满了可憎之物，就是她淫乱的污秽"。[111]在此之前，由奥古斯都家族主宰的罗马很少被描绘得如此迷人。

"我的死将葬送一个多么伟大的艺术家啊。"[112]在鼓足勇气准备自杀时，尼禄以他一贯的自大这般宣告道。他所言并不夸张。他的确是一名艺术家，他之前的几位皇帝都是。奥古斯都、提比略、卡利古拉和克劳狄乌斯：每个人都以一种独特的方式在统治期间成功铸就了一个神话，而且这些神话将在后世永久地给恺撒家族打下怪诞与超尘的标签。这是一部用鲜血与黄金写就的历史，带着让人惊惧交加的魔力一直让罗马人民深深着迷。哪怕不一定神圣，也一定不朽。

419

---

① 潘诺尼亚行省的主教，毕多的圣维多利诺（Victorinus of Pettau）在公元303 年殉教，是第一位将七头兽喉咙的伤口解读为尼禄引颈自戕之映射的基督徒作家。《日内瓦圣经》评论道："将它理解为尼禄是可以理解的。是尼禄发起了对基督教堂的首次迫害，然后又自尽，使得整个恺撒家族因此覆没。"

北海

不列颠

卡图维劳尼人
卡姆罗多努

爱西尼人

巴达维人

切鲁西人
科隆尼亚·阿

日耳曼

乌比安人

莱茵河

高卢

大西洋

卢迪南

阿尔卑斯山

意大利

西班牙

卢西塔尼亚

科西嘉岛

那不勒

撒丁岛

西西里

迦太基

毛里塔尼亚

阿特拉斯山脉

阿非利加

撒哈拉

北

公元69年的罗马世界

0   100   200   300   400   500 英里
0   200   400   600   800 千米

戈娜西斯

高加索山脉

多瑙河

托米斯

黑海

亚美尼亚

利里亚

底格里斯河

马其顿

腓力比

珀迪西乌姆

卡莱

小亚细亚

希腊

爱琴海

幼发拉底河

克兴角

雅典

安条克

叙利亚

克里特岛

地中海

犹地亚

耶路撒冷

亚历山大港

埃及

尼罗河

红海

大事年表

公元前 753 年：罗马建立

前 509 年：王政崩塌，罗马共和国建立

前 504 年：阿提乌斯·克劳苏斯来到罗马

前 390 年：高卢人洗劫罗马

前 312 年：阿庇亚大道开工

前 205 年：非洲征服者西庇阿在 31 岁当选罗马执政官

前 187 年：非洲征服者西庇阿被控挪用公款

前 186 年：元老院试图禁止利柏耳崇拜

前 91 年：意大利人叛乱爆发

前 67 年：庞培被授予整个地中海的指挥权

前 65 年：盖乌斯·屋大维诞生

前 59 年：尤利乌斯·恺撒当选罗马执政官。前三头同盟缔结

前 53 年：卡莱之战，克拉苏丢失鹰旗

前 49 年：尤利乌斯·恺撒跨过卢比孔河，罗马内战爆发

前 45 年：尤利乌斯·恺撒在战场上打败最后一批敌人

前 44 年：尤利乌斯·恺撒被暗杀

前 43 年：莉薇娅与提比略·克劳狄乌斯·尼禄成亲。后三头同盟缔结。"公敌宣告"开始

前 42 年：腓力比之战。昔日的盖乌斯·屋大维成为恺撒·神之子。莉薇娅诞下提比略

前 41 年：意大利境内广泛没收土地

前 40 年：佩鲁贾被洗劫。莉薇娅与丈夫逃离意大利

前 39 年：莉薇娅返回罗马

前 38 年：莉薇娅嫁给恺撒·神之子，并诞下第二个儿子德鲁苏斯。恺撒·神之子恺撒自封凯旋将军·恺撒

前 33 年：罗马市政官阿格里帕带人清理罗马下水道

前 31 年：亚克兴角战役。梅塞纳斯将萨宾的一家农场赠予贺拉斯

前 30 年：安东尼与克莱奥帕特拉离世。罗马兼并埃及

前 29 年：凯旋将军·恺撒举行了三次凯旋式。克拉苏击溃巴斯塔奈人

前 28 年：帕拉蒂尼山的阿波罗神庙竣工

前 27 年：凯旋将军·恺撒成为奥古斯都。"奥古斯都体制"建立

前 23 年：奥古斯都死里逃生。他放弃执政官一职，又被元老院授予了更多的权力。马凯鲁斯逝世

前 22 年：奥古斯都离开罗马，巡游东部

前 21 年：阿格里帕与尤利娅成亲

前 20 年：奥古斯都收回克拉苏丢失的鹰旗。阿格里帕与尤利娅诞下盖乌斯

前 19 年：奥古斯都返回罗马

前 18 年：奥古斯都颁布通奸法。盖乌斯的弟弟卢基乌斯出生

前 17 年：罗马庆祝新时间周期的到来。奥古斯都收养盖乌斯与卢基乌斯。马尔库斯·洛利乌斯的鹰旗落入日耳曼突袭部队手中

前 15 年：日耳曼尼库斯诞生

前 12 年：奥古斯都成为"最高祭司"。阿格里帕去世

前 11 年：提比略与尤利娅成亲。克劳狄乌斯诞生

前 9 年：德鲁苏斯逝世。提比略将其尸首护送至罗马

前 8 年：贺拉斯逝世

前 6 年：提比略退隐罗德岛

前 2 年：奥古斯都被授予"祖国之父"的称谓。奥古斯都为复仇者玛尔斯神庙举行献祭典礼。尤利娅深陷性丑闻，被流放

前 1 年：盖乌斯远征东部

公元 2 年：提比略返回罗马。卢基乌斯离世

4 年：盖乌斯离世。奥古斯都收养提比略，提比略收养日耳曼尼库斯

6 年：潘诺尼亚叛乱

8 年：奥古斯都外孙女尤利娅被流放。奥维德被流放

9 年：奥维德抵达托米斯。条顿堡山口战役

10 年：提比略取得日耳曼前线的指挥权

12 年：提比略返回罗马参加凯旋式。卡利古拉诞生

14 年：奥古斯都逝世。提比略成为第一公民。阿格里帕·波斯图穆斯被处决。潘诺尼亚与莱茵河岸发生叛乱。

15 年：塞扬努斯成为罗马禁卫军的唯一统领

16 年：提比略召唤日耳曼尼库斯回罗马。克莱门斯被抓

17 年：日耳曼尼库斯出使东部。奥维德离世

19 年：日耳曼尼库斯逝世。阿格里皮娜返回意大利。阿米尼乌斯去世

20 年：皮索的审判与自杀

23 年：提比略之子德鲁苏斯逝世

25 年：塞扬努斯试图与莉薇娅成婚，但失败了。克莱穆提乌斯·科尔都斯的审判

26 年：提比略离开罗马，前往坎帕尼亚

27 年：提比略在卡普里岛定居。费德内的露天圆形剧场崩塌

28 年：提图斯·萨比努斯的审判

29 年：莉薇娅离世。日耳曼尼库斯发妻阿格里皮娜被流放

31 年：卡利古拉被召至卡普里岛。塞扬努斯倒台

33 年：阿格里皮娜离世

37 年：提比略离世。卡利古拉成为罗马皇帝，后生病并痊愈。尼禄降生

38 年：德鲁希拉逝世，并被追封为神

39 年：卡利古拉斥责元老院，与米隆尼亚·卡桑尼娅成婚并远赴日耳曼。雷必达被处决，卡利古拉依旧在世的两个姐妹阿格里皮娜与尤利娅·莉薇娅被放逐

40 年：卡利古拉来到英吉利海峡海岸，后返回意大利。他跨过了巴亚的一座用船组成的大桥。他进入罗马，镇压了一桩谋逆案

41 年：卡利古拉被刺杀。克劳狄乌斯成为罗马皇帝。阿格里皮娜与尤利娅·莉薇娅从流放地被召回。尤利娅·莉薇娅不久后再次被流放。塞涅卡被流放至科西嘉岛

42 年：针对克劳狄乌斯的一场军事政变被镇压平息。苏埃托尼乌斯·保利努斯越过阿特拉斯山脉。奥斯提亚的开发工程启动

43 年：入侵不列颠

47 年：瓦列里乌斯·亚细亚提库斯与马尔库斯的审判与自杀

48 年：麦瑟琳娜倒台

49 年：克劳狄乌斯与阿格里皮娜成婚。塞涅卡从流放地被召回

50 年：克劳狄乌斯收养尼禄

51 年：卡拉塔库斯被抓获

53 年：尼禄与屋大维娅成婚

54 年：克劳狄乌斯逝世。尼禄成为罗马皇帝

55 年：不列颠尼库斯离世

58 年：尼禄爱上波培娅·萨比娜

59 年：阿格里皮娜被谋杀。尼禄庆祝自己第一次剃胡须

60 年：布狄卡叛乱

61 年：城市长官被自己的一名奴隶谋杀

62 年：布鲁斯离世，提格利努斯被提拔为禁卫军统领。尼禄与屋大维娅离婚，将她流放，并处死了她。尼禄与波培娅·萨比娜成婚

64 年：尼禄在那不勒斯首次公开演出。提格利努斯在战神广场举办宴会。罗马火灾

65 年：皮索的阴谋。塞涅卡自杀。波培娅·萨比娜逝世

66 年：梯里达底访问罗马。尼禄前往希腊

67 年：尼禄参与奥林匹克竞赛并迎娶斯波鲁斯。尼禄返回罗马

68 年：尤利乌斯·温代克斯叛变。尼禄离世。加尔巴成为罗马皇帝

69 年：加尔巴离世。奥托、维特里乌斯与韦斯巴芗接连成为罗马皇帝

人物表

奥古斯都时代之前

罗慕路斯（Romulus）：罗马建国者与第一位国王

雷穆斯（Remus）：罗慕路斯的双胞胎弟弟，死因离奇

高傲者塔克文（Tarquin the Proud）：罗马最后一位国王，于公元前 509 年被驱逐

布鲁图斯（Brutus）：塔克文的妻弟，领导了那场推动罗马共和国成立的革命

科内利乌斯·科苏斯（Cornelius Cossus）：继罗慕路斯后赢得"荣誉战利品"的第二位罗马将军

马尔库斯·库尔提乌斯（Marcus Curtius）：为城市利益跳入神秘深渊，将自己献祭给神的罗马人

非洲征服者西庇阿（Scipio Africanus）：迦太基征服者

马凯鲁斯（Marcellus）：继罗慕路斯与科内利乌斯·科苏斯后赢得"荣誉战利品"的第三位罗马将军

提比略·格拉古（Tiberius Gracchus）：平民领袖与罗马保民官，于公元前 133 年被谋杀

盖乌斯·格拉古（Gaius Gracchus）：提比略·格拉古的弟弟，于公元前 121 年被谋杀

马尔库斯·李维乌斯·德鲁苏斯（Marcus Livius Drusus）：意大利人的领袖，于公元前 91 年被谋杀，导致了意大利人叛

变。莉薇娅的养祖父

"伟大的"庞培（Pompey "the Great"）：罗马共和国末期最炙手可热的人

塞克斯图斯·庞培（Sextus Pompey）：庞培之子。在尤利乌斯·恺撒被暗杀后成为海盗，是后三头同盟的敌对方

克拉苏（Crassus）：权力掮客兼罗马巨富，死于公元前53年征讨帕提亚人的过程中

霍滕西乌斯·霍达鲁斯（Hortensius Hortalus）：以才华与奢华闻名的罗马雄辩家

霍滕西娅（Hortensia）：霍滕西乌斯之女

卡西乌斯（Cassius）：尤利乌斯·恺撒的刺杀者

布鲁图斯（Brutus）：尤利乌斯·恺撒的刺杀者，是那个驱逐塔克文的布鲁图斯的后代

尤尼娅（Junia）：布鲁图斯的姐姐。长寿

安东尼（Antony）：尤利乌斯·恺撒的将军。后三头同盟成员。热衷于寻欢作乐

卢基乌斯（Lucius）：安东尼的兄弟

尤鲁斯·安东尼乌斯（Iullus Antonius）：安东尼之子

克莱奥帕特拉（Cleopatra）：埃及女王。最初为尤利乌斯·恺撒的情妇，后为安东尼情妇

雷必达（Lepidus）：前三头同盟成员兼最高祭司

尤利安家族

埃涅阿斯（Aeneas）：维纳斯之子，特洛伊王子，在城市遭洗劫时逃至意大利

尤鲁斯（Julus）：埃涅阿斯之子。尤利安家族祖先

尤利乌斯·恺撒（Julius Caesar）：高卢征服者。他跨越卢比孔河的行为直接引发了罗马内战。后来担任了罗马独裁官一职。于公元前44年被暗杀

屋大维（Octavius）：尤利乌斯·恺撒的外甥与养子。后三头同盟成员。后来成为凯旋将军·恺撒·神之子·奥古斯都，并以第一公民的身份统治罗马，直至公元14年离世

斯克里波尼娅（Scribonia）：奥古斯都第一任妻子

尤利娅（Julia）：奥古斯都与斯克里波尼娅之女。与尤鲁斯·安东尼乌斯是密友。于公元前2年被流放。

屋大维娅（Octavia）：奥古斯都的姐姐。曾嫁给安东尼，后离婚。尤鲁斯·安东尼乌斯的继母

马凯鲁斯（Marcellus）：屋大维娅在第一次婚姻中所生的儿子，是那个赢得"荣誉战利品"的马凯鲁斯的后代，于公元前23年离世

大安东尼娅（Antonia the Elder）：屋大维娅与安东尼的大女儿

小安东尼娅（Antonia the Younger）：屋大维娅与安东尼的小女儿。也是日耳曼尼库斯、莉薇娅与克劳狄乌斯的母亲

盖乌斯（Gaius）：尤利娅与阿格里帕的大儿子，奥古斯都养子，于公元4年在小亚细亚离世

尤利娅（Julia）：尤利娅与阿格里帕的大女儿。拥有罗马最小的侏儒。于公元8年被流放

卢基乌斯（Lucius）：尤利娅与阿格里帕的二儿子，奥古斯都养子，于公元2年在高卢南部离世

阿格里皮娜（Agrippina）（Ⅰ）：尤利娅与阿格里帕的二女儿。日耳曼尼库斯之妻，尼禄（Ⅰ）、德鲁苏斯（Ⅲ）、卡利古

拉、阿格里皮娜（Ⅱ）、德鲁希拉与尤利娅·德鲁希拉之母。
带着丈夫的骨灰罐返回了罗马。与提比略极为不和

阿格里帕·波斯图穆斯（Agrippa Postumus）：尤利娅与阿
格里帕的三儿子，奥古斯都养子，于公元9年被奥古斯都流放

克劳狄家族

阿提乌斯·克劳苏斯（Attius Clausus）：于公元前504年迁
至罗马。克劳狄脉系的始祖

盲人阿庇乌斯·克劳狄乌斯（Appius Claudius the Blind）：
阿庇亚大道建造者

克劳狄乌斯·普尔喀（Claudius Pulcher）：阿庇乌斯·克劳
狄乌斯之子。他的后代普尔喀族系是克劳狄家族中成就相对较
高的一个分支

克劳狄乌斯·尼禄（Claudius Nero）：阿庇乌斯·克劳狄乌
斯之子。尼禄族系的始祖。尼禄族系在罗马共和时期的成就低
于普尔喀族系

阿庇乌斯·克劳狄乌斯·普尔喀（Appius Claudius
Pulcher）：罗马共和国末期克劳狄家族之首，以骄傲闻名，热衷
于解读神谕

克洛狄乌斯·普尔喀（Clodius Pulcher）：阿庇乌斯的弟弟，
罗马保民官，拥有一支准军事部队

克洛狄娅·梅特利（Clodia Metelli）：阿庇乌斯·克劳狄乌
斯与克洛狄乌斯的三个姐妹中年龄最大的一位。以热衷于时尚
闻名

德鲁苏斯·克劳狄亚努斯（Drusus Claudianus）：最初为尤
利乌斯·恺撒的支持者，后又开始追随尤利乌斯·恺撒的刺杀

者。莉薇娅之父

莉薇娅·德鲁希拉（Livia Drusilla）：提比略之母、奥古斯都之妻，后被加封为神

提比略·克劳狄乌斯·尼禄（Tiberius Claudius Nero）：莉薇娅的第一任丈夫，失败的反叛者

提比略（Tiberius）：莉薇娅与提比略·克劳狄乌斯·尼禄的大儿子。先成为奥古斯都女婿，后成为奥古斯都养子。罗马最高效的将军。接替奥古斯都成为罗马第一公民，统治时期为公元14~37年

德鲁苏斯（Drusus）（Ⅰ）：莉薇娅与提比略·克劳狄乌斯·尼禄的小儿子。与小安东尼娅成亲，带兵出征易北河。日耳曼尼库斯、莉薇娅与克劳狄乌斯之父

维普萨尼亚（Vipsania）：提比略心爱的第一任妻子，直到奥古斯都要求他与她离婚。后嫁给阿西尼乌斯·迦卢斯

德鲁苏斯（Drusus）（Ⅱ）：提比略与维普萨尼亚之子，与莉薇娅结婚。格米鲁斯之父

日耳曼尼库斯（Germanicus）：德鲁苏斯与小安东尼娅的大儿子。风度翩翩，妻子为阿格里皮娜（Ⅰ）

莉薇娅（Livilla）：德鲁苏斯与小安东尼娅之女。恶毒刻薄，丈夫为德鲁苏斯（Ⅱ）

格米鲁斯（Gemellus）：德鲁苏斯（Ⅱ）与莉薇娅的儿子，提比略之孙

克劳狄乌斯（Claudius）：德鲁苏斯与小安东尼娅的小儿子。说话结巴且流口水。公元41~54年的罗马皇帝

安东尼娅（Antonia）：克劳狄乌斯与第二任妻子艾莉亚·帕蒂娜之女

麦瑟琳娜（Messalina）：克劳狄乌斯之妻，奥古斯都的曾侄外孙女，因风流韵事而臭名昭著

屋大维娅（Octavia）：克劳狄乌斯与麦瑟琳娜之女。尼禄第一任妻子，他们的婚姻并不成功

不列颠尼库斯（Britannicus）：克劳狄乌斯与麦瑟琳娜之子。克劳狄家族最后的成员

尤利安－克劳狄家族

尼禄（Nero）（Ⅰ）：日耳曼尼库斯与阿格里皮娜（Ⅰ）的大儿子，下场悲惨

德鲁苏斯（Drusus）（Ⅲ）：日耳曼尼库斯与阿格里皮娜（Ⅰ）的二儿子，下场悲惨

卡利古拉（Caligula）：日耳曼尼库斯与阿格里皮娜（Ⅰ）的小儿子。原名为盖乌斯。"卡利古拉"是他幼年时获得的绰号。公元 37~41 年的罗马皇帝

罗利娅·保利娜（Lollia Paulina）：极其貌美且富有。于公元 38 年与卡利古拉成亲，但六个月后便离婚了

米隆尼亚·卡桑尼娅（Milonia Caesonia）：卡利古拉最后一任妻子，喜欢盛装打扮

尤利娅·德鲁希拉（Julia Drusilla）：卡利古拉与米隆尼亚·卡桑尼娅之女，据说是一个非常邪恶的小孩

阿格里皮娜（Agrippina）（Ⅱ）：日耳曼尼库斯与阿格里皮娜（Ⅰ）的大女儿。卡利古拉的妹妹，克劳狄乌斯的侄女与妻子，皇帝尼禄的母亲

尼禄（Nero）：阿格里皮娜（Ⅱ）与格奈乌斯·多米提乌斯·阿赫诺巴布斯之子。公元 50 年由克劳狄乌斯收养。公元

54~68 年的罗马皇帝

德鲁希拉（Drusilla）：日耳曼尼库斯与阿格里皮娜的二女儿。卡利古拉最喜爱的妹妹，后被追封为神

尤利娅·莉薇娅（Julia Livilla）：日耳曼尼库斯与阿格里皮娜的小女儿，先后被卡利古拉与克劳狄乌斯流放

阿赫诺巴布斯家族

卢基乌斯·多米提乌斯·阿赫诺巴布斯（Lucius Domitius Ahenobarbus）：大安东尼娅的丈夫。第一位渡过易北河的罗马将军

格奈乌斯·多米提乌斯·阿赫诺巴布斯（Gnaeus Domitius Ahenobarbus）：卢基乌斯之子，阿格里皮娜（Ⅱ）的丈夫，尼禄之父

多米提娅（Domitia）：尼禄的姑母。尼禄母亲被流放期间，尼禄由她照顾

多米提娅·雷必达（Domitia Lepida）：多米提娅的妹妹。麦瑟琳娜之母

奥古斯都的罗马

马尔库斯·阿格里帕（Marcus Agrippa）：奥古斯都的参谋。尤利娅（Ⅰ）的丈夫

梅塞纳斯（Maecenas）：伊特鲁里亚王室后裔。诗人群体的庇护者

贺拉斯（Horace）：诗人。（因梅塞纳斯之故成了）萨宾农场的主人

韦迪乌斯·波利奥（Vedius Pollio）：在奥古斯都的个人喜

好上投入大把金钱的金融家

埃格那提乌斯·鲁弗斯（Egnatius Rufus）：消防队的资助者，未来的罗马执政官

贺斯丢斯·夸德拉（Hostius Quadra）：罗马最堕落腐败的人，钟爱镜子

奥维德（Ovid）：挑战极限的浪子

提图斯·拉比埃努斯（Titus Labienus）：历史学家。他撰写的内战史被奥古斯都下令烧毁

卡西乌斯·塞维鲁斯（Cassius Severus）：伶牙俐齿的律师

总督与将军

马尔库斯·李锡尼·克拉苏（Marcus Licinius Crassus）：亡于卡莱之战的克拉苏的孙子。马其顿总督，但并非如他自己希望的那般殊荣满身

巴尔布斯（Balbus）：除奥古斯都家族成员外最后一位举行凯旋式的罗马公民

洛利乌斯（Lollius）：被日耳曼部落夺去鹰旗的高卢总督。盖乌斯东行的守护人。罗利娅·保利娜的祖父

瓦卢斯（Varus）：日耳曼行省总督。曾率三支军团进入条顿堡山口

凯基纳（Caecina）：日耳曼尼库斯在日耳曼的副将

格奈乌斯·卡尔普尔尼乌斯·皮索（Gnaeus Calpurnius Piso）：叙利亚行省总督。与提比略关系密切，日耳曼尼库斯的对手。后陷入严重的法律纠纷

普兰西娜（Plancina）：皮索之妻。莉薇娅之友

塞提乌斯（Sentius）：由皮索政敌任命的叙利亚总督

加尔巴（Galba）：卡利古拉任命的莱茵河指挥官。后受尼禄派遣前往西班牙

苏埃托尼乌斯·保利努斯（Suetonius Paulinus）：担任毛里塔尼亚总督时跨越了阿特拉斯山脉，担任不列颠总督时镇压了布狄卡的叛变

禁卫军

塞伊乌斯·斯特拉波（Seius Strabo）：伊特鲁里亚人。奥古斯都任命的禁卫军统领。最后成为埃及行省总督

埃利乌斯·塞扬努斯（Aelius Sejanus）：塞伊乌斯之子。提比略将他提拔为禁卫军统领，后来成为罗马唯一的禁卫军统领。提比略的臂膀

阿庇卡塔（Apicata）：塞扬努斯之妻，两人于公元23年离婚

马克罗（Macro）：塞扬努斯之后的禁卫军统领

卡西乌斯·卡瑞亚（Cassius Chaerea）：头发斑白、声音柔和的老兵

科内利乌斯·萨比努斯（Cornelius Sabinus）：禁卫军长官。卡西乌斯·卡瑞亚的同僚

布鲁斯（Burrus）：阿格里皮娜的追随者，在克劳狄乌斯统治期间被任命为禁卫军统领，以嘴快直言闻名

提格利努斯（Tigellinus）：男妓，驯马师，热爱宴会。布鲁斯离开后，被尼禄任命为禁卫军统领

法尼乌斯·鲁弗斯（Faenius Rufus）：除提格利努斯外的另一位禁卫军统领

尼姆菲迪乌斯·萨比努斯（Nymphidius Sabinus）：接任法尼乌斯·鲁弗斯的禁卫军统领，据说为卡利古拉之子

受害者

克莱穆提乌斯·科尔都斯（Cremutius Cordus）：历史学家，声称布鲁图斯与卡西乌斯是"最后的罗马人"，并因此付出了代价

阿西尼乌斯·迦卢斯（Asinius Gallus）：提比略前妻维普萨尼亚的丈夫，十分喜欢明嘲暗讽

提图斯·萨比努斯（Titius Sabinus）：日耳曼尼库斯的副官，间谍行动的受害者

尤尼乌斯·西拉努斯（Junius Silanus）：前罗马执政官，卡利古拉的岳父

阿塔尼乌斯·塞孔都斯（Atanius Secundus）：骑士。夸下海口后自食恶果

尤尼乌斯·普里斯库斯（Junius Priscus）：并不像传闻中的那般富有

帕斯托（Pastor）：儿子被害

阿斯普雷纳斯（Asprenas）：身上溅到红鹤血的元老

西拉努斯（Silanus）：因一个噩梦而遇害

波培娅·萨比娜（Poppaea Sabina）（Ⅰ）：麦瑟琳娜的情敌

苏利乌斯·鲁弗斯（Suillius Rufus）：臭名昭著的起诉者，最后还是得到了报应

卢贝利乌斯·普拉乌图斯（Rubellius Plautus）：提比略的曾孙。被疑与阿格里皮娜（Ⅱ）有染

卢基乌斯·尤尼乌斯·西拉努斯（Lucius Junius Silanus）：除尼禄外，最后一个奥古斯都后裔

特拉塞亚·培图斯（Thraesa Paetus）：以正直闻名，坚守元老院最严苛的道德传统

共谋者

马尔库斯·埃米利乌斯·雷必达（Marcus Aemilius Lepidus）：卡利古拉的密友，也是卡利古拉的妹妹们的密友

盖图里库斯（Gaetulicus）：塞扬努斯的追随者，在提比略与卡利古拉统治时期担任莱茵河指挥官

贝提里恩努斯·卡庇托（Betilienus Capito）：儿子被杀

马尔库斯·维尼基乌斯（Marcus Vinicius）：尤利娅·莉薇娅的丈夫，卡利古拉死后的皇帝人选之一

安尼乌斯·维尼奇安努斯（Annius Vinicianus）：雷必达的朋友，卡利古拉死后的皇帝人选之一

培图斯（Paetus）：勇气不胜发妻

盖乌斯·西利乌斯（Gaius Silius）：罗马最俊美的男人，据说踏入了一段不明智的婚姻

盖乌斯·卡尔普尔尼乌斯·皮索（Gaius Calpurnius Piso）：出身高贵，教养良好，胸怀登顶的大志——虽然和奥古斯都家族并无血缘关系

弗拉维斯·斯盖维纳斯（Flavius Scaevinus）：从神庙拿走匕首的元老

幸存者

迈密乌斯·雷古路斯（Memmius Regulus）：罗马执政官，追随提比略并受其信任。罗利娅·保利娜的丈夫，但后来卡利古拉迫使两人离婚了

忒拉绪洛斯（Thrasyllus）：提比略的占星师。差点被扔下悬崖

卢基乌斯·维特里乌斯（Lucius Vitellius）：叙利亚行省总督。任期满后，返回罗马，先后成为卡利古拉与克劳狄乌斯的信臣。非常善于钻营

凯基纳·拉古斯（Caecina Largus）：早期支持克劳狄乌斯成为皇帝。在帕拉蒂尼山上拥有一套房产，内种有忘忧树

被释奴与奴隶

克莱门斯（Clemens）：阿格里帕·波斯图穆斯的奴隶与长相酷似的替身——又或者说，他的真实身份当真如此吗？

帕拉斯（Pallas）：最初为小安东尼娅的奴隶。克劳狄乌斯最器重的被释奴之一

卡利斯图斯（Callistus）：卡利古拉与克劳狄乌斯政权下势力强大的被释奴。寿终正寝。尼姆菲迪乌斯·萨比努斯的祖父

那喀索斯（Narcissus）：克劳狄乌斯政权下三大被释奴中的第三位。不喜欢麦瑟琳娜

卡尔普尔尼亚（Calpurnia）：克劳狄乌斯的姬妾

埃克特（Acte）：尼禄的第一位恋人。主持了尼禄的葬礼

斯波鲁斯（Sporus）：长相阴柔的少年，被尼禄阉割并迎娶

菲昂（Phaon）：一座罗马北部别墅的主人

演员与艺术家

阿佩莱斯（Apelles）：演员，没有剧本时说话容易结巴

麦尼斯特（Mnester）：演员，备受卡利古拉爱慕

帕里斯（Paris）：演员，备受尼禄喜爱

芝诺多鲁斯（Zenodorus）：尼禄巨像的雕刻师

高卢人

盖乌斯·尤利乌斯·维康达利杜卜纳斯（Gaius Julius Vercondaridubnus）：罗马的大祭司，奥古斯都在卢迪南的大祭司

瓦列里乌斯·亚细亚提库斯（Valerius Asiaticus）：富甲一方。卡利古拉被刺后本有机会成为罗马皇帝。拥有数座名贵花园

尤利乌斯·克拉西奇安努斯（Julius Classicianus）：布狄卡叛变后，克劳狄乌斯差遣他恢复不列颠秩序

尤利乌斯·温代克斯（Julius Vindex）：桀骜不驯的高卢王室后裔

蛮族

德尔多（Deldo）：巴斯塔奈国王

弗拉特斯（Phraates）：帕提亚国王，热衷于缓和与奥古斯都的关系

阿米尼乌斯（Arminius）：罗马骑士，切鲁西部落族长

库诺贝林（Cunobelin）：卡图维劳尼族族长

卡拉塔库斯（Caratacus）：库诺贝林之子，领导了不列颠人对抗罗马入侵的战争

普拉苏塔古斯（Prasutagas）：爱西尼部落国王

布狄卡（Boudicca）：爱西尼部落女王，性格凶悍

梯里达底（Tiridates）：亚美尼亚国王，在罗马被尼禄加冕

尼禄的朋友与敌人

塞涅卡（Seneca）：哲学家、雄辩家与作家。克劳狄乌斯将

他流放，阿格里皮娜（Ⅱ）将他召回罗马。尼禄的老师

奥鲁斯·维特里乌斯（Aulus Vitellius）：卢基乌斯·维特里乌斯之子。卡利古拉与尼禄的朋友。赛车手

奥托（Otho）：尼禄夜间寻欢的伙伴。波培娅·萨比娜（Ⅱ）的丈夫

波培娅·萨比娜（Poppaea Sabina）（Ⅱ）：琥珀发色的美人，麦瑟琳娜劲敌的女儿，尼禄终生的挚爱

瓦提尼乌斯（Vatinius）：尼禄的宫廷弄臣

韦斯巴芗（Vespasian）：出身低微但经验丰富的将军。在不列颠参过战，曾陪同尼禄前往希腊

斯达提莉亚·麦瑟琳娜（Statilia Messalina）：尼禄的第三任妻子，以聪慧闻名

卡尔维亚·克里斯皮尼利亚（Calvia Crispinilla）：曾教导斯波鲁斯为妇艺术

佩特罗尼乌斯·图尔皮利亚努斯（Petronius Turpilianus）：前不列颠总督。尼禄驻意大利军队的指挥官

维吉尼乌斯·鲁弗斯（Virginius Rufus）：莱茵河指挥官

注　释

除特殊注明处外，注释中的"Tacitus"表示 *The Annals*；Valerius Maximus 表示 *Memorable Doings and Sayings*；Livy，Justin，Florus，Appian，Dionysius of Halicarnassus，Cassius Dio，Velleius Paterculus and Herodotus 指他们各自撰写的史书；Lucretius 指 *On the Nature of Things*；Petronius 指 *The Satyricon*；Lucan 指 *The Civil War*；Strabo 指其作品 *Geography*；Aulus Gellius 指 *Attic Nights*；Macrobius 指 *The Saturnalia*；Pliny 为 Pliny the Elder，指他的作品 *Natural History*；Artemidorus 指 *The Interpretation of Dreams*；Vitruvius 指 *On Architecture*；Frontinus 指 *On Aqueducts*。

前言

1. Suetonius. *Caligula*：46
2. Ibid：22
3. Ibid：50. 2
4. Seneca. *To Helvia*：10. 4
5. Eusebius. *The Proof of the Gospel*：3. 139
6. Philo. *On the Embassy to Gaius*：146 – 7
7. Ovid. *Letters from Pontus*：4. 9. 126
8. Mark 12. 17
9. Dio：52. 34. 2
10. Ibid：53. 19. 3
11. Tacitus：3. 19
12. Ibid：1. 1
13. Tacitus：3. 65
14. Valerius Maximus：3. 6. preface
15. Seneca. *Letters*：57. 2

16. Seneca. *On Clemency*：1. 11. 2

17. Ovid. *Sorrows*：4. 4. 15

第一章　狼之子

1. 譬如，公元前 3 世纪末期或公元前 2 世纪早期，一个希腊人在爱琴海的希俄斯岛上留下了关于"罗慕路斯与雷穆斯"的铭文："根据故事来看，两人皆由（战神）所生。考虑到罗马人的英勇禀性，人们很容易认为这是真的。" Quoted by Wiseman（1995），p. 161.

2. Livy：31. 34

3. Justin：38. 6. 7 – 8

4. Ennius：fragment 156

5. Florus：1. 1. 8

6. Sallust. *The Conspiracy of Catiline*：7. 1 – 2

7. Livy：7. 6. 2

8. Lucretius：3. 834

9. Livy：37. 45

10. Valerius Maximus：2. 2. 1

11. Livy：38. 53

12. Livy：38. 50

13. Valerius Maximus：6. 2. 8

14. Cicero. *On Piso*：16

15. Cicero. *On his House*：66

16. Manilius：*Astronomica*：1. 793

17. Petronius：119

18. Suetonius. *The Deified Julius*：20

19. Livy. *Periochae*：103

20. Propertius：3. 4，line 2

21. Appian：2. 31

22. Lucan：1. 109 – 11

23. Petronius：121

24. Virgil. *Aeneid*：2. 557. 在原诗中，无头尸体是普里阿摩斯（Priam）。维吉尔笔下这一细节呼应了塞尔维乌斯对庞培的描述。这类描述手法几

乎可以确定是源自阿西尼乌斯·波利奥的内战史。 ［See Morgan（2000）, pp. 52–5.］

25. Dionysius of Halicarnassus: 7. 70. 1

26. Justin: 28. 2. 8

27. Suetonius. *The Deified Julius*: 77

28. Cicero. *Philippics*: 6. 19

29. Plutarch. *Titus Quinctius Flaminius*: 12. 6

30. Livy: 1. 3. 这番评论可能源自恺撒被刺后十年。See Luce.

31. Cicero. *In Defence of Marcellus*: 27

32. Pliny: 8. 155

33. Cicero. *Philippics*: 3. 12

34. Ovid. *Fasti*: 2. 441. 奥维德将这一神谕的时间归为罗慕路斯时期，但事实上是公元前 276 年。See Wiseman（2008）, p. 76.

35. Plutarch. *Julius Caesar*: 61. 4

36. Dio: 44. 11. 3

37. Cicero. *Republic*: 2. 30. 52

38. 商人盖乌斯·马提乌斯（Gaius Matius）在整个职业生涯中都对政治表示深刻怀疑。西塞罗在引用他的话时，是带着强烈的反对态度的。*Letters to Atticus*: 14. 1

39. Josephus. *Antiquities of the Jews*: 14. 309

40. From the *Memoirs* of Augustus, fragment 6. Quoted by Ramsey and Licht, p. 159.

第二章　回到未来

1. 莉薇娅的出生地几乎可以确定是罗马，出生日期为 59 年（或 58 年）1 月 30 日。See Barrett（2002）, pp. 309–10.

2. Virgil. *Eclogues*: 4: 61

3. Plutarch. *Roman Questions*: 102

4. Seneca. *On Mercy*: 1. 14. 3

5. Barrett（2002: P. 348, n. 18）表示目前缺乏明确证据来验证李维乌斯·德鲁苏斯是否为德鲁苏斯·克劳狄亚努斯的养父，但他承认的确存在大量间接证据。

6. Dionysius of Halicarnassus：3. 67. 5

7. Cicero. *Against Verres*：5. 180

8. Cicero. *On the Responses of the Haruspices*：13. 27

9. Cicero. *For Marcus Caelius*：21

10. Tacitus：1. 4. 3. 学界普遍认为，克劳狄家族的名声是在公元前 1 世纪开始衰败的。Wiseman（1979）认为是该世纪 50 年代末期与 40 年代，这种说法可信度较高。

11. Valerius Maximus：1. 4. 3

12. Lucan：2. 358

13. Cicero. *On his House*：109

14. 欲了解番红花花蕊用于 "改善妇女经期与生殖周期" 的意义，见 Sebesta, p. 540, n. 33。

15. Plutarch. *Romulus*：15. 5

16. Appian：4. 11

17. Velleius Paterculus：2. 71. 2

18. Valerius Maximus：6. 8. 6

19. Suetonius. *The Deified Augustus*：2

20. 但根据 Dio 所述（47. 49. 3），布鲁图斯的头颅丢失在了海里。Plutarch（*Brutus*：53. 4）记录了另一项罗马传统。他记载道，安东尼火化了布鲁图斯的尸体，并将其骨灰带给了布鲁图斯的母亲。

21. Appian：4. 8

22. 《图利亚赞歌》（ "In Praise of Turia" ）：该段落引用自一位服丧的丈夫刻在亡妻墓碑上的悼词。这个死去的女人一直被认为是英勇无私的楷模，名为图利亚。据 Valerius Maximus（6. 7. 2）记述的一则逸事所言，为了令丈夫免受 "公敌宣告" 的迫害，图利亚孤注一掷，铤而走险。古典学家则一贯对该女人的楷模身份持怀疑态度，在今日更甚，虽然并非全然嗤之以鼻。

23. Appian：4. 4

24. Suetonius（*Augustus*：15）表示，200 名元老与骑士成了祭品。该故事显然源自敌对方的史料，虽然夸张了不少，但明显可以看出，该故事定是源自真实案件。

25. Suetonius. *Augustus*：62. 2. 此处引用的是奥古斯都的原话（fragment 14）。

26. Ibid

27. By Brunt (1971), pp. 509 – 12

28. Virgil. *Eclogues*: 1. 11 – 12

29. Propertius: 4. 1. 130

30. Virgil. *Eclogues*: 9. 5

31. Horace. *Satires*: 2. 1. 37

32. Ibid: 1. 6. 72 – 3

33. Virgil. *Georgics*: 1. 505

34. Strabo: 6. 1. 2

35. Propertius: 2. 1. 29

36. Velleius: 2. 88. 2

37. Horace. *Epodes*: 7. 17 – 20

38. Horace. *Odes*: 2. 13. 28

39. Horace. *Satires*: 2. 2. 126 – 7

40. Appian: 5. 132

41. Ibid: 5. 130

42. Plutarch. *Antony*: 24

43. Virgil. *Aeneid*: 4. 189 – 90

44. Seneca. *Letters*: 94. 46. 出自 Sallust, *The Jugurthine War*: 10. 6。

45. Seneca. *On Benefits*: 3. 32. 4

46. Strabo: 5. 3. 8

47. Horace. *Epodes*: 9. 5

48. Horace. *Satires*: 1. 5. 29

49. Ibid: 1. 6. 61 – 2

50. Ibid: 2. 6. 58

51. Ibid: 2. 6. 1 – 3

52. *Res Gestae*: 25. 2

53. Virgil. *Aeneid*: 8. 678 – 9

54. Horace. *Odes*: 1. 37. 1

55. Ovid. *Fasti*: 1. 30

56. Cicero. *On Duties*: 2. 26

57. Livy: 1. 10

58. Cornelius Nepos. *Life of Atticus*：20. 3

59. 或者说，小恺撒遵循的，只是他与部下声称的所谓"古老传统"。整个古老仪式也很可能是捏造出来的。See Wiedemann, p. 482.

60. 屋大维娅这一名字被印在弹丸上。此外，弹丸上还有文字谴责小恺撒为不检点的"狗杂种"。See Hallett（2006），p. 151.

61. 首次将屋大维大败塞克斯图斯与采用"凯旋将军"这一名号联系在一起的，是 Syme 所著的一篇经典论文（1958）。

62. Horace. *Satires*：2. 6. 55 – 6

63. Virgil. *Georgics*：4. 90

64. 一层密不透风的黑雾笼罩着凯旋式的起源，欲了解详情请参考 Beard（2007），pp. 305 – 18。

65. Dionysius of Halicarnassus：2. 34. 2

66. Virgil. *Aeneid*：8. 717

67. Propertius：2. 8. 14

68. Virgil. *Aeneid*：1. 291

69. Cassius Dio：51. 24

70. Livy：4. 20

71. 近年发现的硬币上所刻文字。该硬币铸于公元前 28 年。See Rich and Williams.

72. *Achievements of the Deified Augustus*：6. 1

73. Ibid：34. 1

74. Aulus Gellius：5. 6. 13

75. 该铭文源自公元前 19 年铸造的一枚硬币。See Dear, p. 322

76. Cassius Dio：53. 6

77. Ibid：53. 20

78. Horace. *Odes*：3. 8. 18

79. Ibid：1. 35. 29 – 30

80. Ibid：3. 14. 14 – 16

81. Ovid. *Sorrows*：4. 4. 13 – 16

82. 一些学者争论该神庙是否真的被建造出来了。但硬币上存在证据，而且 Dio 也明确指出，该庙"仿朱庇特神庙"（54.8），建于卡庇托尔山。这两样证据在我看来是无法驳斥的。

83. Ovid. *Fasti*：1. 609 – 10

84. Macrobius：2. 4. 20

85. Ibid：2. 4. 12

86. Quoted in Suetonius. *Life of Horace*

87. Suetonius. *The Deified Augustus*：70. 2

88. Servius. *On the* Aeneid：4. 58

89. Velleius Paterculus：

90. Plutarch. *Antony*：75

91. Virgil. *Aeneid*：8. 720

92. 恰如卡庇托尔山的朱庇特神庙用来敬奉朱诺与弥涅尔瓦，利柏耳神庙也同时用来敬奉刻瑞斯与利柏拉。Wiseman（2004：p. 68）表示，这并非巧合，利柏耳神庙是有意要与卡庇托尔山的巨庙形成鲜明对比的。这种说法具有很强的说服力。

93. Suetonius. *The Deified Augustus*：79. 2

94. Ovid. *Sorrows*：1. 70

95. Suetonius. *The Deified Augustus*：94. 4

96. Ibid：72. 1

97. Cicero. *In Defence of Murena*：76

98. Horace. *Satires*：1. 8. 16

99. Cicero. *On the Agrarian Law*：2. 17

100. Ibid. *To Atticus*：1. 19. 4

101. 接下来的几十年里，罗马保民官的数量增加了。至公元前 449 年已经达到十位。

102. Cassius Dio：54. 10

103. Macrobius：2. 4. 18

104. Horace. *Odes*：3. 6. 1 – 2

105. Ibid：7 – 8

106. Ovid. *Fasti*：1. 223 – 4

107. "In Praise of Turia"

108. Horace. "*Carmen Saeculare*"：47 – 8

109. Ibid：57 – 60

110. Ovid. *Fasti*：6. 647

111. From Suetonius's life of Horace

112. Suetonius. *The Deified Augustus*：58. 2

113. Ovid. *Fasti*：3. 709

114. Ibid：5. 553

115. 据 Suetonius 所述，这些雕像中的人物从穿着来看似在庆祝一场凯旋式。但从考古发现的碎片来看，一些雕像身上穿的其实是托加袍。

116. Suetonius. *The Deified Augustus*：31. 5

117. Horace. *Odes*：4. 14. 6

第三章　疲于残忍

1. *Funeral Lament for Drusus*：351. In *Poetae Latini Minores* 1, ed. E. Baehrens（1879）

2. Plutarch. *Life of Cato the Censor*：16

3. Ovid. *Loves*：3. 15. 6

4. Dionysius of Halicarnassus：6. 13. 4

5. Ovid. *The Art of Loving*：3. 121 – 2

6. Ovid. *Sorrows*：4. 10. 35

7. Ibid：4. 10. 37 – 8

8. Ovid. *The Art of Loving*：3. 122

9. Ibid：1. 17

10. Cato the Censor, in Plutarch's life of him：17

11. Ovid. *Loves*：1. 15. 3

12. Ibid：1. 7. 38

13. Cicero. *Tusculan Disputations*：2. 53

14. Petronius：92. 语调虽然颇具讽刺意味，但确实是事实。

15. Pliny the Younger. *Letters*：3. 1. 2

16. *Priapea*：25. 6 – 7

17. Valerius Maximus：6. 1. preface

18. Cato the Elder：fragment 222. 后世的法学家规定，父亲有权按法律处死偷情被抓现行的女儿，但丈夫不可如此处置自己的妻子——除非对方的偷情对象来自社会底层，或社会地位卑贱。

19. Ovid. *Loves*：3. 4. 37

20. Ibid: 3. 4. 17

21. Ibid: 3. 4. 11

22. Ovid. *On Women's Facials*: 25 – 6

23. Seneca. *Natural Questions*: 1. 16. 6

24. Ibid: 1. 116. 9

25. Ibid: 1. 16. 7

26. Horace. *Odes*: 3. 6. 19 – 20

27. Ibid: 3. 24. 33 – 4

28. Pseudo – Acro, scholiast on Horace: 1. 2. 63. 引自 McGinn, p. 165。

29. Tacitus. *Annals*: 3. 28

30. Horace. *Odes*: 4. 5. 21 – 2

31. Ovid. *Loves*: 3. 4. 5 – 6

32. Dio Cassius: 48. 52

33. Ovid. *Sorrows*: 3. 1. 39 – 40

34. Velleius Paterculus: 2. 79. 1

35. Pliny: 15. 137

36. Dio Cassius: 54. 6

37. Suetonius. *Tiberius*: 51. 2

38. Macrobius: 2. 5. 9

39. Ibid: 2. 5. 8

40. Ibid: 2. 5. 4

41. Philo. *Embassy to Gaius*: 167

42. Seneca. *To Polybius*, *On Consolation*: 15. 5

43. Ovid. *The Art of Loving*: 1. 184

44. Ibid. 1. 177 – 8

45. Ibid, 1. 175

46. Ovid. *Loves*: 1. 5. 26

47. Pliny: 7. 149

48. Seneca. *On Mercy*: 1. 10. 3

49. Ibid: 1. 11. 2

50. Ovid. *The Art of Loving*: 2. 573

51. Ibid: 2. 552 – 3

52. Ibid：2. 2. 599 – 600

53. Artemidorus：2. 9

54. Velleius Paterculus：2. 91. 4

55. Ovid. *Fasti*：5. 145 – 6

56. Plutarch. *Moralia*：207e

57. 源自美塞尼亚的一处碑文，发现于 1960 年。引自 Zankel, p. 259。

58. 源自比萨市政会颁布的一条法令。可见于 Lott (2012), p. 72。

59. Ovid. *The Art of Loving*：1. 203

60. Dio：55. 13. 1

61. 源自公元 1 年奥古斯都写给盖乌斯的一封信，引自 Aulus Gellius：15. 7。

62. Tacitus：6. 25

63. Ulpian. *Digest*：1. 15. 3

64. Dio：55. 27. 1

65. 尤利娅丈夫的命运结局充斥着许多令人迷惑之处。因为他的名字出现在一处碑文中的祭司名单里，且按碑文所述，他死于公元 14 年。但诗人 Juvenal 的一番评注明显透露：尤利娅丈夫被处死了。因此上述祭司十有八九是他的儿子。

66. 一些学者（e. g. Claassen, p. 12 – 13）将奥维德被流放的日期归于公元 9 年。但对我来说，内外部的证据似乎都确凿指向公元 8 年。就法律角度而言，奥维德并非被流放之徒（exsul），而是遭遇了贬黜（relegatus），并未丧失公民权利。但奥维德经常将自己的孤独与悲戚描述为"坠落之境"（exsilium）——他也的确很可能这样做。

67. Ovid. *Sorrows*：2. 207

68. Ibid：6. 27

69. Ovid. *Black Sea Letters*：2. 2. 19

70. 欲调查有关奥维德流放之谜的诸多理论，参见 Thibault。我的解读参考的是 Green (1989)。如 Claassen 的评论（P. 234），"除却政治因素外，再没有其他原因能合理解释奥维德为何被流放"。

71. Ovid. *Sorrows*：1. 11. 3 – 4

72. Ibid：2. 195 – 6

73. Ovid. *Sorrows*：5. 10. 37

74. Ovid. *Letters from Pontus*：1. 2. 81 – 2

75. Ovid. *Sorrows*：5. 7. 46

76. Ovid. *Fasti*：2. 291

77. Ovid. *Sorrows*：2. 199 – 200

78. Ibid：5. 10. 19 – 20

79. Valerius Maximus：6. 1. 11

80. Velleius Paterculus：2. 115. 5

81. Ovid. *Sorrows*：2. 171 – 2

82. Cicero. *On Duties*：2. 27

83. 《奥古斯都功业记》（*Res Gestae*）的开篇

84. Virgil. *Aeneid*：1. 279

85. Albinovanus Pedo：3, quoted in Benario, p. 166. "阴云笼罩的禁区"特指瓦登海。该诗歌描述的是公元 16 年的一次海上征程。

86. Tacitus：2. 24

87. Tacitus. *Germania*：4

88. 或者，按照某些解读来看，是在公元前 10 年。

89. Strabo：4. 4. 2

90. Ovid. *Amores*：1. 14. 45 – 6

91. Tacitus. *Germania*：19

92. Dio：56. 18

93. Velleius Paterculus：2. 118. 2

94. Florus：30. 3

95. Suetonius. *The Deified Augustus*：23

96. Ibid. *Tiberius*：21. 3. 这是奥古斯都的原话。

97. Ibid. 奥古斯都引用（或改编）自诗人 Ennius。

98. Ovid. *Black Sea Letters*：2. 1. 37 – 8

99. Ibid：2. 1. 61 – 2

100. Seneca. *On Benefits*：3. 38. 2

101. *Consolation to Livia*：356

102. Tacitus：5. 1

103. Ibid

104. Cicero. *On the Republic*：1. 67

105. Ovid. *Black Sea Letters*：3. 1. 118

106. Velleius Paterculus：2. 130. 5

107. Ovid. *Black Sea Letters*：3. 1. 125

108. Suetonius. *The Deified Augustus*：64. 2

109. 不管怎样，这是利基翁所发现的一处碑铭所提供的证据。该碑铭记述道，尤利娅的一名被释女奴是莉薇娅的一名被释女奴的女儿。See Barrett，p. 51.

110. Tacitus：4. 71

111. 该铭文由 Flory（p. 318）援引。该庙是"时运女神"的庙宇。在提西努姆拱门也有同样的铭文："*Drusi f. uxori Caesaris Augusti.*"

112. Livy：8. 18. 6

113. Virgil. *Georgics*：128 – 30

114. Suetonius. *The Deified Augustus*：51. 3

115. Seneca the Elder. *Controversies*：10，Preface 5

116. Tacitus：1. 72

117. Velleius Paterculus：126. 3

118. Suetonius. *The Deified Claudius*：3

119. Ibid：41. 2

120. Dio：55. 32

121. Tacitus：1. 5

122. Velleius Paterculus：11. 123. 1

123. Ibid：11. 123. 2

124. Suetonius. *The Deified Augustus*：99. 1

125. Tacitus：1. 6. Pettinger（p. 178，n. 28）令人信服地称，这一插曲的细节来自 Tacitus 对一份独家史料的解读，而该史料是其他历史学家都无从参阅的：日耳曼尼库斯之女阿格里皮娜（皇帝尼禄之母）的回忆录。"塔西佗对小阿格里皮娜私人回忆录的使用可以说是独家资料……"

126. Ibid

127. Suetonius. *Tiberius*：22

128. Ibid：23

129. Tacitus：6

第四章 最后的罗马人

1. 这座花园最初属于庞培。

2. Ovid. *Black Sea Letters*: 4. 13. 27

3. Suetonius. *The Deified Augustus*: 99. 1

4. Tacitus: 1. 11

5. Suetonius. *Tiberius*: 21. 2

6. Velleius: 2. 126. 3

7. Tacitus: 1. 13

8. Dio: 56. 26

9. Velleius: 2. 124. 2

10. Dio: 57. 1

11. Suetonius. *Tiberius*: 25. 1

12. The suggestion is Syme's (1986), p. 300

13. Suetonius. *Tiberius*: 24. 1

14. Tacitus: 1. 17

15. Luke 7. 8

16. Tacitus: 1. 23

17. Ibid: 1. 51

18. Velleius: 2. 125. 1 – 2

19. 'Senatus Consultum de Cn. Pisone Patre': line 161

20. Tacitus: 3. 33. 这是日耳曼尼库斯在莱茵河的副将塞维鲁斯·凯基纳的原话，当时他刚从前线返回不久。不难揣测阿格里皮娜对他的情绪产生了多大的影响。

21. Valerius Maximus: 3. 2. 2

22. Tacitus: 2. 26

23. Velleius: 2. 129. 2

24. Tacitus: 1. 33

25. Suetonius. *Tiberius*: 50. 3

26. Tacitus: 1. 53

27. Velleius: 2. 126. 3

28. Tacitus: 2. 39

29. Ibid: 2. 40

30. Ibid

31. Tacitus: 2. 26

32. Valerius Maximus: 5. 5

33. See Syme (1980), p. 336: 'the surmise is easy'.

34. Seneca. *On Anger*: 1. 18

35. Cicero: *The Republic*: 5. 1. 2

36. Tacitus: 4. 38

37. Dio: 57. 15

38. Tacitus: 2. 43

39. Ibid: 2. 53

40. Artemon. *Anthologia Graeca*: 12. 55

41. 此处转写自 Josephus, *Antiquities of the Jews*: 18. 171 – 6。

42. Polybius: 31. 4

43. Tacitus: 1. 55

44. Ibid: 1. 56

45. Philo. *Special Laws*: 3. 174

46. Ehrenberg and Jones, p. 138 (320b)

47. *Res Gestae*: 27

48. Tacitus: 2. 71

49. '*Senatus Consultum de Cn. Pisone Patre*': lines 55 – 6

50. Ibid: line 46

51. Tacitus: 2. 83

52. Ibid: 3. 4

53. Ibid: 3. 15

54. See Versnel, pp. 383 – 7

55. Ovid. *Fasti*: 2. 551

56. Ovid. *Black Sea Letters*: 4. 8. 49 – 51

57. Seneca. *On Benefits*: 5. 25. 2

58. Seneca the Elder. *Controversies*: 10. 3. 5

59. Statius. *Silvae*: 3. 3. 200 – 1

60. '*Senatus Consultum de Cn. Pisone Patre*': lines 115 – 16

61. 提比略时期的大量硬币上出现了这些文字。

62. Tacitus：3. 34

63. Ibid：4. 8

64. Ibid：3. 65

65. Ibid：11. 21

66. Cicero. *On Duties*：2. 50

67. Tacitus：4. 34

68. Seneca. *To Marcia*, *On Consolation*：22. 5

69. Tacitus：6. 7

70. Pliny：26. 2

71. 该词可能是提比略杜撰的。见 Champlin：http：//www. princeton. edu/ ~ pswpc/pdfs/champlin/090601. pdf, pp. 5 – 6。

72. Tacitus：4. 52

73. Ibid：4. 54

74. 欲了解迦卢斯与阿格里皮娜的绯闻，参阅 Shotter (1971)，pp. 454 – 5。

75. Tacitus：4. 40

76. Ibid：4. 41

77. Strabo：5. 4. 8

78. 提比略可能在自比尤利西斯，见 Stewart, pp. 87 – 8。欲探究这种自我认定背后更广阔的深意，可参考 Champlin 有关提比略的文章 "Tales of Brave Ulysses"。一个世纪后的 Juvenal 明确将提比略比作尤利西斯（10. 84）。

79. Ovid. *Metamorphoses*：3. 158 – 9

80. Dio：58. 4

81. 非常感谢 Llewelyn Morgan 指出这一点。

82. Pliny：8. 145

83. Suetonius. *Caligula*：22. 2

84. Tacitus：3. 55

85. Dio：58. 5

86. Tacitus：4. 2.

87. Valerius Maximus：9. 11. ext. 4

88. 阿庇卡塔的自杀细节源自一处铭文，据该铭文记载，在塞扬努斯被处决八天后，与他有关系的某人（几乎可以确定是塞扬努斯之妻）自杀了。但如 Jane Bellemore 指出的，文中所列之人可能并非阿庇卡塔，而是莉薇娅。但倘若这样，我们便有证据证明两人曾在某一时间点悄悄成婚了。此争议悬而未决，有待确定。

89. Tacitus：6.6

90. Plutarch：fr. 182，in *Plutarch's Moralia*，ed. F. H. Sandbach（1969）

91. Suetonius. *Tiberius*：60

92. Ovid. *Loves*：3.4.25

93. Tacitus：6.1

94. Tacitus：6.20

95. Suetonius. *Caligula*：11

96. Philo. *Embassy to Gaius*：142

97. 欲了解该灯塔的地理位置与高度，参见 Champlin（Journal of Roman Studies, 2011），p.96。

98. Tacitus：6.46

99. Seneca. *Letters*：43.3

第五章 让他们恨我吧

1. Suetonius. *Tiberius*：75.1

2. Suetonius. *Caligula*：15.1

3. Ibid：14.1

4. Philo. *On the Embassy to Gaius*：41

5. Tacitus：3.24

6. Josephus. *Antiquities of the Jews*：18.256

7. Dio：59.7.4

8. 奥古斯都的就座法最初针对的是剧院，然后是竞技场。但大竞技场内的确切执法情况并不清楚。据 Dio（55.22）所述，元老与骑士阶级由奥古斯都分配位置。但按 Suetonius 的描述来看，在克劳狄乌斯统治时期之前，元老与骑士一直就座于普通人民中间（*Deified Claudius*：21.3）。

9. Philo. *On the Embassy to Gaius*：45

10. Suetonius. *Caligula*：29

11. Petronius：117

12. Seneca. *On Providence*：4. 4

13. Tacitus. 4. 62

14. Seneca. *Letters*：7. 5

15. Dio：59. 22. 7

16. Suetonius. *Caligula*：24. 1

17. Seneca. *To Polybius on Consolation*：17. 5

18. Homer. *The Iliad*：2. 204.　据 Suetonius 撰写的卡利古拉传记描述（22. 1），卡利古拉引用了这句话。

19. Cassius Dio：59. 18. 5

20. Ibid：59. 16. 5 – 6

21. Ibid：59. 16. 11

22. Ibid：59. 16. 6

23. Dio 对相关事件的解读有些断章取义，可参考 See Winterling, p. 108。

24. See Barrett（1989），pp. 125 – 6.　一名百夫长的墓碑提供了证明卡利古拉曾招募过两支军团的确凿证据。Smallwood, 278.

25. 源自一份记录了 Acta Fratrum Arvalium（"阿瓦斯"祭司兄弟会之协定）的铭文。该铭文可见于 Smallwood, p. 14。

26. Suetonius 只是漫不经心地提到了盖图里库斯与雷必达二人关系一次（*The Deified Claudius*：9. 1）。但 Dio 强烈暗示两人之间的关系。他在描述两人被处决、卡利古拉两个姐妹被流放时，使用的是连贯的句子。

27. Tacitus：12. 64. Tacitus 将那个照顾尼禄的多米提娅与其同名姐妹多米提娅·雷必达混淆了。

28. Suetonius. *Caligula*：29

29. 此次突袭针对的很可能是一个名为坎尼那法特斯的部落，他们住在莱茵河三角洲的一座小岛上。但该突击的结局似乎充其量为"悬而未决"。See Tacitus, *Histories*：4. 15. 3.

30. Persius：6. 46

31. Suetonius. *Caligula*：49. 1

32. Dio：59. 23. 3

33. Suetonius 可能如是说（*Caligula*：19. 1）。Dio 称，该桥起自普特奥利，连至巴亚附近的一个名为包里（Bauli）的地方。Josephus 却表示，该桥的终点为小城米塞努姆（Misenum）。该城与巴亚坐落于同一片海角，但距离普特奥利太远，因此后一说法可信度不高。

34. Suetonius. *Caligula*：19.3

35. Dio：59.17.11

36. Suetonius. *Caligula*：22.1

37. Josephus. *Antiquities of the Jews*：19.121

38. Philo. *On the Embassy to Gaius*：263

39. 由 Suetonius（*Caligula*：30.1）引自诗人 阿基乌斯（Accius）。

40. 并没有任何史料明确记载了这一点，但通过交叉考证 Dio 对共谋案的记述与 Tacitus 的描述可以推断出来。Tacitus 曾提到，一名元老在尼禄执政期间被迫自尽，而在二十六年前，这名元老曾向卡利古拉揭发了一桩谋逆案。See Barrett（pp. 156 – 7）and Winterling（pp. 136 – 7）.

41. Seneca. *On Anger*：3.19.2

42. Suetonius. *Caligula*：30.1

43. Dio：59.26.9

44. Ibid：59.27.6

45. Josephus. *Antiquities of the Jews*：19.86

46. Seneca. *On Anger*：2.33.4

47. Dio：59.29.9

48. Ibid

49. Suetonius. *Caligula*：41.1. 该故事的真实性一直广受质疑，但应该为其辩解，还是假定卡利古拉此举既在打压罗马贵族的威望，也在讽刺奥古斯都遗留的价值观，同时又是在以自己的典型方式放大当年卡普里岛的性游戏？相比之下，后者对我来说似乎更为合理。

50. Seneca. *On Firmness*：18.1

51. Ibid：18.2

52. Dio：59.29.2

53. Ibid：59.25.7

54. Philo. *On the Embassy to Gaius*：338

55. 这份记述主要源自 Josephus。关于卡利古拉被暗杀这一事件，Josephus有非常充分的史料。Suetonius 则给出了两种说法，但只在细枝末节上略微有所差异。其中一种说法是卡利古拉遭受的第一刀是在下巴上。

56. 这种说法出自 Seneca (*On Firmness*：18.3)。

57. Dio：59.29.7

58. Josephus. *Antiquities of the Jews*：19.199

59. Josephus 称，卡桑尼娅在丈夫死后没多久便被杀死了。但据 Suetonius 记述，卡利古拉遇刺时，卡桑尼娅及其女儿就在他的身旁。两人与他一同丧命。

第六章 农神节快乐!

1. Josephus. *Antiquities of the Jews*：19.115

2. Ibid：19.159

3. Ibid：19.168

4. Dio：60.1.3

5. Suetonius. *The Deified Claudius*：10.3

6. Ibid：3.2

7. 这句话发现于克劳狄乌斯执政时期的一枚硬币上，该硬币源于公元 41 或 42 年。通过 "EX. S. C." 这一表述可以确定，这是元老院颁布的法令。

8. See Suetonius, *The Deified Claudius*：10.4. 欲了解克劳狄乌斯的军事开销，可参考 Campbell, pp. 166 – 8 和 Osgood (2011), pp. 35 – 7。

9. Tacitus. *Histories*：4.74

10. Suetonius. *The Deified Augustus*：101.4

11. Josephus. *Antiquities of the Jews*：19.64

12. Ibid：19.65

13. Statius. *Silvae*：3.3.64 – 6

14. Dionysius of Halicarnassus：4.23.2

15. Ovid. *Loves*：1.8.64

16. Tacitus：13.27

17. Horace. *Satires*：1.6.45

18. Horace. *Epodes*：4.6

19. Seneca. *Letters*：47.10

20. Dionysius of Halicarnassus：4.23.2

21. Catullus：14.15

22. Horace. *Epodes*：4.5

23. Pliny the Younger. *Letters*：3. 16. 6

24. See Bradley (1994), pp. 166 - 7

25. Herodotus：4. 184

26. Pliny：5. 1. 14

27. Vitruvius：8. 2. 24

28. Pliny：30. 13

29. 奥克尼国王向克劳狄乌斯臣服一事出自 Eutropius 较晚期的历史著作，但来源可靠。值得注意的是，地理学家梅拉（Pomponius Mela）披露了一个细节：奥克尼群岛的人口仅为 30 人。梅拉写作时，克劳狄乌斯刚从不列颠班师回朝，并且处处散播军功。参阅 Stevens［1951 (1)］。另一个说法是，Eutropius 将克劳狄乌斯的这次征战与后来公元 83 年塔西佗的岳父阿格里科拉（Agricola）派舰队围堵不列颠混淆了。

30. Suetonius. *The Deified Claudius*：17. 3

31. Seneca. *To Polybius on Consolation*：14. 1

32. Tacitus：12. 38

33. Boatwright 令人信服地辩称，这项传统是克劳狄乌斯倚仗着自己古文物研究学者的名声编造的，借此确保自己提出的主张得到广泛认可。

34. Frontinus：16

35. Artemidorus：2. 9

36. Pliny：36. 123

37. Seneca. *On Benefits*：4. 28. 2

38. Acts 11. 28

39. 罗马每年谷物进口量的数据是由 Aldrete 预测的（p. 134）。

40. Dio：60. 11. 3

41. 此类比可见于 Williams (2010)，p. 190。

42. Suetonius. *Galba*：22

43. Seneca. *Trojan Women*：91

44. Tacitus. 9. 2. "Mollitiam corporis" 字面意思是"身体柔软"，但 mollitia 词在形容男人时则不单指柔软，而是指像女性一样柔软；换句话说，就是允许自己成为性爱关系中的受动者。

45. Dio：60. 2. 4

46. Ovid. *Loves*：2. 17. 1

47. Cicero. *Republic*：1. 67

48. Suetonius. *Vitellius*：2. 5

49. Ovid. *The Art of Loving*：3. 215 – 16

50. Seneca. *On Benefits*：6. 32. 1

51. Juvenal：6. 129

52. Tacitus：11. 30

53. Ibid：11. 31

54. Ibid：11. 35

55. Ibid：11. 36. See Williams（2010），p. 217. Tacitus 笔下"扮演女性角色"的苏利乌斯·卡桑尼乌斯很可能（如非绝对）是亚细亚提库斯起诉者的儿子。恰如 Williams 所说，"在充斥着讽刺与谴责色彩的罗马文字中，很少出现这么一刻让我们几乎能真正弄清真相，这太具诱惑力了"。

56. 据 Tacitus（12. 1 – 2）描述，那喀索斯、卡利斯图斯、帕拉斯都在向主人进献女人。这一幕让人联想到古希腊神话的某一桥段：三位女神在特洛伊王子帕里斯面前进行选美竞赛。从该角度看，这种说法明显是虚构的。然而，考虑到帕拉斯是阿格里皮娜的强劲追随者，那喀索斯又明显与阿格里皮娜追随的大业势不两立，这确实是对克劳狄乌斯宫廷的有趣讽刺。

57. Suetonius. *Claudius*：39. 2

58. Tacitus：12. 6

59. *Octavia*：14. 从传统观点看，塞涅卡应是这出剧的创作者，尽管这有些令人难以置信。真正的创作者目前仍然不详。

60. Tacitus：12. 7

61. Ibid

62. Suetonius. *Claudius*：41. 2

63. Tacitus：12. 42

64. Seneca. *To Polybius on Consolation*：12. 3

65. Suetonius. *Claudius*：43

66. Dio：61. 35. 4

67. Suetonius. *Nero*：9

第七章 多么了不起的艺术家啊

1. *Octavia*：156

2. Tacitus：12. 37

3. Dio：61. 7. 3

4. Suetonius. *Nero*：10. 1

5. Seneca. *On Mercy*：1. 14. 2

6. Tacitus：13. 13

7. Ibid：15. 42

8. Suetonius. *Otho*：3. 1

9. Tacitus：13. 14

10. 无论如何，这是 Tacitus 的说法。据 Suetonius 称，不列颠尼库斯在去世当天便被火化了。

11. *Octavia*：169 – 70

12. Seneca. *On Mercy*：1. 16. 2

13. Pliny：16. 200

14. 可能是因为尼禄的后继者皆同意是尼禄的功劳。公元 2 世纪早期的罗马皇帝图拉真一直被罗马人誉为最好的皇帝，但据说他曾声称"没有任何皇帝在执政的前五年内能与尼禄相提并论"。图拉真也同样在奥斯提亚建造了一座港口，据可靠线索透露，他是为了在此地向尼禄致敬（Thornton, 1989）。

15. Calpurnius Siculus：7. 45 – 6

16. Dio：. 61. 12. 2

17. Ibid：61. 5. 4

18. *Octavia*：125

19. Pliny：37. 50

20. Dio：61. 11. 4

21. Ibid：61. 2. 2

22. Ibid：. 61. 13. 2

23. Horace. *Epistles*：1. 1. 83

24. 这是 Tacitus 的说法。据 Dio 所述，阿格里皮娜在没有任何帮助的情况下游到了岸边。Dio 还记载道，阿格里皮娜乘坐的船是当即沉没的。

25. Tacitus：14. 8

26. Dio：61. 14. 2

27. 若想了解阿格里皮娜被杀时的戏剧性一幕，可参考 Baldwin 的作品，以及关于尼禄的杰出之作 Champlin（2003），pp. 84 – 111。

28. Tacitus：14. 10

29. 尼禄将这些游戏称作 "Ludi Maximi"，意指 "史上最盛大的游戏"。

30. Seneca. *Natural Questions*：12. 3

31. Tacitus：14. 15

32. 据 Dio 引述（61. 19. 2），此妇人为艾莉亚·卡泰拉（Aelia Catella）。"艾莉亚·卡泰拉被认为是性神之女。埃利乌斯·卡图斯（Aelius Catus），艾莉亚·帕蒂娜的姐妹。"（Syme 1986, n79）艾莉亚·帕蒂娜是克劳狄乌斯的第二任妻子。两人于公元 28 年成婚，31 年离婚。

33. Dio：19. 20. 5

34. Seneca. *Letters*：14. 6

35. Tacitus 固然是研究布狄卡叛变事件的最佳史料来源。但 Tacitus 误将布狄卡起义的时间记载为公元 61 年。

36. Seneca. *Medea*：371 – 2

37. Seneca. *Medea*：376 – 9. 这出剧表面上描绘的是希腊英雄伊宋及其与阿尔戈的旅程，但显而易见的是，塞涅卡在创作时，脑中所思的定然是罗马在不列颠的扩张。

38. Seneca. *On Benefits*：7. 3. 2

39. Seneca. *On Benefits*：7. 27. 1

40. Tacitus：14. 37

41. Tacitus. *Agricola*：19

42. Pliny：3. 39

43. Tacitus：11. 23

44. Ibid：11. 24

45. Ibid：15. 44

46. Quoted by Augustine in *The City of God*, 6. 10

47. Valerius Maximus：1. 3. 3

48. Quoted by Augustine in *The City of God*, 6. 11

49. Tacitus：14. 44

50. Ibid：14. 45

51. Seneca. *On the Happy Life*：7. 3

52. Dio：62. 13. 2

53. Ibid：62. 13. 4

54. Calpurnius Siculus：1. 49 – 51

55. Seneca. *Natural Questions*：3. 29. 9

56. Dio：62. 28. 1

57. Tacitus：15. 37

58. Ibid

59. 据中国史料记载，该彗星连续出现了 75 天，从 5 月 3 日一直到 7 月 16 日。See Rogers, p. 1953.

60. Dio（62. 18. 2）表示，大火烧毁了罗马三分之二的面积。Tacitus（15. 40. 2）声称：罗马城分为 14 个区，只有 4 个区没有受到火灾影响。考古证据揭示两人都夸大事实了。See Newbold, p. 858.

61. Tacitus：15. 44

62. Pliny：10. 2. 5

63. Pliny the Younger. *Panegyric in Praise of Trajan*：46. 4

64. Martial. *On Spectacles*：2. 8

65. Ibid：2. 4

66. Albertson 基于该雕像高度的多项数据做出了这样的估测。他认为雕像的高度为 31. 5 米。

67. Pliny：34. 45

68. Suetonius 与 Dio 都记载过这场骇人事件，欲了解详情参阅 Champlin（2003），pp. 169 – 71。

69. Suetonius. *Nero*：55

70. Tacitus：15. 67

71. Ibid：15. 60

72. Seneca. *On Providence*：3. 3

73. Seneca. *Letters*：71. 21

74. Ibid：101. 10

75. Tacitus：15. 73

76. Ibid：15. 62

77. Ibid：15. 68

78. Ibid：16. 4

79. Dio：63. 26. 3

80. Ibid：62. 18. 3. 阿格里皮娜被谋杀后，塞涅卡发出了这般警告。

81. Ibid：63. 4. 2

82. Ibid：63. 6. 1

83. 现在无法找到任何有关尼禄在希腊逗留的编年体史料。人们推断的他抵达科林斯的具体时间从 8 月到 10 月都有。

84. Livy：33. 32

85. Dio：63. 15. 1

86. Valerius Maximus：2. 4. 2

87. Seneca. *Letters*：80. 7

88. Tacitus：. 13. 3

89. 讽刺家 Juvenal 的一位古代评论家揭露，该诗人笔下那位热衷于雄辩术、博学多识、令人望而生畏的贵族女性正是斯达提莉亚·麦瑟琳娜。*Scholiast on Juvenal*：6. 434

90. Seneca：47. 7. 如何让男孩不长体毛的细节源自 Pliny：30. 41。

91. 将"Paezon"翻译为"玩具男孩"（Boy Toy）的是 Champlin（2012），P. 380。而发出惊叹的则是 Pliny（7. 129）。

92. Tacitus. *Histories*：1. 73

93. Dio Chrysostom. *On Beauty*：11

94. Dio：63. 22. 1

95. 源自希腊卡尔季察（Karditza）1887 年发现的一处铭文。Smallwood，p. 64

96. Plutarch. *Galba*：4. 1

97. Seneca. *On Mercy*：1. 4. 2

98. Virgil. *Georgics*：512 – 14

99. Dio：63. 20. 5

100. 虽然只有间接证据证明这不仅仅是巧合，但是这些间接证据非常具有说服力。

101. Suetonius. *Nero*：41

102. Ibid

103. Ibid：43

104. Plutarch. *Galba*：6. 3

105. Suetonius. *Nero*：47. 2. 该句引自维吉尔。

106. Suetonius. *Nero*：49. 2

107. Ibid：49. 4

108. Dio Chrysostom. *On Beauty*：10

109. Revelation 13. 3

110. Ibid：17. 8

111. Ibid：17. 4

112. Suetonius（Nero：49. 1）与 Dio（6. 29. 2）皆对此进行了记载。显然，如 Dio 所述，这是"一句被广泛引用的话"。

参考文献

Albertson, Fred C., 'Zenodorus's 'Colossus of Nero', *Memoirs of the American Academy in Rome* 46, 2001

Aldrete, Gregory S., *Floods of the Tiber in Ancient Rome* (Baltimore, 2007)

Alston, R., *Aspects of Roman History AD 14–117* (London, 1998)

Andrade, Nathanael J., *Syrian Identity in the Greco-Roman World* (Cambridge, 2013)

Andreau, Jean and Raymond Descat, *The Slave in Greece and Rome*, tr. Marion Leopold (Madison, 2006)

Badel, Christophe, *La Noblesse de l'Empire Romain: Les Masques et la Vertu* (Seyssel, 2005)

Baker, G.P., *Tiberius Caesar* (New York, 1928)

Baldwin, B., 'Nero and his Mother's Corpse', *Mnemosyne* 32, 1979

Ball, Warwick, *Rome in the East: The Transformation of an Empire* (London, 2000)

Balsdon, J.P.V.D., *The Emperor Gaius (Caligula)* (Oxford, 1934)

Barrett, Anthony A., *Caligula: The Corruption of Power* (New Haven, 1989)

——*Agrippina: Sister of Caligula, Wife of Claudius, Mother of Nero* (London, 1996)

——*Livia: First Lady of Imperial Rome* (New Haven, 2002)

Barry, William D., 'Exposure, Mutilation, and Riot: Violence at the 'Scalae Gemoniae' in Early Imperial Rome', *Greece & Rome* 55, 2008

Barton, Carlin A., *Roman Honor: The Fire in the Bones* (Berkeley and Los Angeles, 2001)

Bartsch, Shadi, *Actors in the Audience: Theatricality and Doublespeak from Nero to Hadrian* (Cambridge, Mass., 1994)

Batty, Roger, *Rome and the Nomads: The Pontic-Danubian Realm in Antiquity* (Oxford, 2007)

Bauman, Richard A., *Women and Politics in Ancient Rome* (London, 1992)

Beard, Mary, 'The Sexual Status of Vestal Virgins', *Journal of Roman Studies* 70, 1980

——*The Roman Triumph* (Cambridge, Mass., 2007)

Bellemore, Jane: 'The Wife of Sejanus', *Zeitschrift für Papyrologie und Epigraphik* 109, 1995

Benario, Herbert W., 'The Text of Albinovanus Pedo', *Latomus* 32, 1973

Bergmann, M., 'Der Koloss Neros, die Domus Aurea und der Mentalitätswandel im Rom der frühen Kaiserzeit', *Trierer Winckelmannsprogramme* 13, 1993

Bicknell, P., 'The Emperor Gaius' military activities in AD 40', *Historia* 17, 1968
Bingham, S., 'Life on an island: a brief study of places of exile in the first century AD', *Studies in Latin Literature and Roman History* 11, 2003
Birley, Anthony, 'Sejanus: His Fall' in *Corolla Cosmo Rodewald. Monograph Series Akanthina* 2, ed. Nicholas Sekunda (Gdansk, 2007)
Boatwright, M.T., 'The Pomerial Extension of Augustus', *Historia* 35, 1986
Bradley, Keith, *Suetonius' Life of Nero: An Historical Commentary* (Brussels, 1978)
——'The Chronology of Nero's Visit to Greece A.D. 66/67', *Latomus* 37, 1978
——'Nero's Retinue in Greece, A.D. 66/67', *Illinois Classical Studies* 4, 1979
——*Slavery and Society at Rome* (Cambridge, 1994)
Bradley, Keith and Paul Cartledge (eds), *The Cambridge World History of Slavery: The Ancient Mediterranean World* (Cambridge, 2011)
Brunt, P.A., *Italian Manpower, 225 B.C.–A.D. 14* (Oxford, 1971)
——*Social Conflicts in the Roman Republic* (London, 1971)
——'The Role of the Senate in the Augustan Regime', *Classical Quarterly* 34, 1984
——*The Fall of the Roman Republic, and Related Essays* (Oxford, 1988)
Buckley, Emma and Martin T. Dinter, *A Companion to the Neronian Age* (Chichester, 2013)
Campbell, Brian and Lawrence A. Tritle (eds), *The Oxford Handbook of Warfare in the Classical World* (Oxford, 2013)
Campbell, J.B., *The Emperor and the Roman Army* (Oxford, 1984)
Cancik, Hubert and Helmuth Schneider (eds), *Brill's New Pauly* (Brill, 2009)
Carandini, Andrea, *La Casa di Augusto dai 'Lupercalia' al Natale* (Rome, 2008)
——*Rome: Day One*, tr. Stephen Sartarelli (Princeton, 2011)
Carey, Sorcha, 'A Tradition of Adventures in the Imperial Grotto', *Greece & Rome* 49, 2002
Carlson, Deborah N., 'Caligula's Floating Palaces', *Archaeology* 55, 2002
Cartledge, Paul, 'The Second Thoughts of Augustus on the *res publica* in 28/7 B.C.', *Hermathena* 119, 1975
Chamberland, Guy, 'A Gladiatorial Show Produced *In Sordidam Mercedem* (Tacitus *Ann.* 4.62)', *Phoenix* 61, 2007
Champlin, E., 'Nero Reconsidered', *New England Review* 19, 1998
——*Nero* (Cambridge, Mass., 2003)
——'Nero, Apollo, and the Poets', *Phoenix* 57, 2003
——'God and Man in the Golden House', in Cima and la Rocca
——'Sex on Capri', *TAPA* 141, 2011
——'Tiberius and the Heavenly Twins', *Journal of Roman Studies*, 101, 2011
——'Seianus Augustus', *Chiron* 42, 2012
——*Tiberiana 1–4*, Princeton/Stanford Working Papers in Classics http://www.princeton.edu/~pswpc/papers/authorAL/champlin/champlin.html
Chilver, G.E.F., *A Historical Commentary on Tacitus' Histories I and II* (Oxford, 1979)
Cima, Maddalena and Eugenio la Rocca, *Horti Romani* (Rome, 1995)
Claassen, Jo-Marie, *Ovid Revisited: The Poet in Exile* (London, 2008)
Claridge, Amanda, *Rome: An Oxford Archaeological Guide* (Oxford, 2010)

Coarelli, Filippo, *Rome and Environs: An Archaeological Guide*, tr. James J. Clauss and Daniel P. Harmon (Berkeley and Los Angeles, 2007)

Coates-Stephens, Robert, *Porta Maggiore: Monument and Landscape: Archaeology and Topography of the Southern Esquiline from the Late Republican Period to the Present* (Rome, 2004)

Cohen, Sarah T., 'Augustus, Julia and the Development of Exile *Ad Insulam*', *Classical Quarterly* 58, 2008

Coleman, K.M., 'Fatal Charades: Roman Executions Staged as Mythological Enactments', *Journal of Roman Studies* 80, 1990

Colin, Jean, 'Juvénal et le mariage mystique de Gracchus', *Atti della Accademia delle Scienze di Torino* 90, 1955–6

Commager, Steele, 'Horace, *Carmina* 1.37', *Phoenix* 12, 1958

Cooley, Linda, 'The Moralizing Message of the *Senatus Consultum de Cn. Pisone Patre*', *Greece & Rome* 45, 1998

Corbier, Mireille, 'Child Exposure and Abandonment', in Dixon (2001)

Cornell, T.J., *The Beginnings of Rome: Italy and Rome from the Bronze Age to the Punic Wars (c. 1000–264 BC)* (London, 1995)

Crook, John, *Consilium Principis: Imperial Councils and Counsellors from Augustus to Diocletian* (Cambridge, 1955)

Dalby, Andrew, *Empire of Pleasures: Luxury and Indulgence in the Roman World* (London, 2000)

D'Amato, Raffaele, *Arms and Armour of the Imperial Roman Soldier: From Marius to Commodus, 112 BC–AD 192* (Barnsley, 2009)

D'Arms, John, *Romans on the Bay of Naples: A Social and Cultural Study of the Villas and Their Owners from 150 B.C. to A.D. 400* (Cambridge, Mass., 1970)

Dasen, Véronique and Thomas Späth, *Children, Memory, and Family Identity in Roman Culture* (Oxford, 2010)

Davis, P.J., *Ovid and Augustus: A Political Reading of Ovid's Erotic Poems* (London, 2006)

Dear, David R., *Roman Coins and Their Values: The Republic and the Twelve Caesars 280 BC–AD 96* (London, 2000)

De La Bédoyère, Guy, *Defying Rome: The Rebels of Roman Britain* (Stroud, 2003)

Demougin, S., *L'Ordre Équestre sous les Julio-Claudiens* (Paris, 1988)

Dixon, Suzanne, *The Roman Mother* (London, 1988)

——*The Roman Family* (Baltimore, 1992)

Dixon, Suzanne (ed.), *Childhood, Class and Kin in the Roman World* (London, 2001)

Drogula, Fred K., 'Controlling Travel: Deportation, Islands and the Regulation of Senatorial Mobility in the Augustan Principate', *Classical Quarterly* 61, 2011

Dueck, Daniela, *Strabo of Amasia: A Greek Man of Letters in Augustan Rome* (Abingdon, 2000)

Dupont, Florence, *Daily Life in Ancient Rome*, tr. Christopher Woodall (Oxford, 1992)

Du Quesnay, Ian M. Le M., '*Amicus Certus in Re Incerta Cernitur*: Epode 1', in Woodman and Feeney

Eck, Walter, *The Age of Augustus*, tr. Deborah Lucas Schneider and Robert Daniel (Oxford, 2007)

Edmondson, Jonathan (ed.), *Augustus* (Edinburgh, 2009)

Edwards, Catherine, 'The Truth about Caligula?', *Classical Review* 41, 1991

——The Politics of Immorality in Ancient Rome (Cambridge, 1993)

——Death in Ancient Rome (New Haven, 2007)

Ehrenberg, V. and A.H.M. Jones, *Documents Illustrating the Reigns of Augustus and Tiberius* (Oxford, 1955)

Elsner, Jás and Jamie Masters, *Reflections of Nero: Culture, History & Representation* (London, 1994)

Erdkamp, Paul (ed.), *A Companion to the Roman Army* (Oxford, 2011)

Evenpoel, Willy, 'Maecenas: A Survey of Recent Literature', *Ancient Society* 21, 1990

Eyben, Emiel, *Restless Youth in Ancient Rome*, tr. Patrick Daly (London, 1993)

Fagan, Garrett G., 'Messalina's Folly', *Classical Quarterly* 52, 2002

——*The Lure of the Arena: Social Psychology and the Crowd at the Roman Games* (Cambridge, 2011)

Fantham, Elaine, *Julia Augusti: The Emperor's Daughter* (Abingdon, 2006)

Favro, Diane, *The Urban Image of Augustan Rome* (Cambridge, 1996)

Fears, J. Rufus, 'The Theology of Victory at Rome: Approaches and Problems', *Aufstieg und Niedergant der römischen Welt* 2, 1981

Ferrill, A., *Caligula: Emperor of Rome* (London, 1991)

Flory, Marleen Boudreau, 'Sic Exempla Parantur: Livia's Shrine to Concordia and the Porticus Liviae', *Historia* 33, 1984

Flower, Harriet I., 'Rethinking "Damnatio Memoriae": The Case of Cn. Calpurnius Piso Pater in AD 20', *Classical Antiquity* 17, 1998

——'Piso in Chicago: A Commentary on the APA/AIA Joint Seminar on the "Senatus Consultum de Cn. Pisone Patre"', *American Journal of Philology* 120, 1999

——'The Tradition of the *Spolia Opima*: M. Claudius Marcellus and Augustus', *Classical Antiquity* 19, 2000

——*The Art of Forgetting: Disgrace & Oblivion in Roman Political Culture* (Chapel Hill, 2006)

Flower, Harriet I. (ed.), *The Cambridge Companion to the Roman Republic* (Cambridge, 2004)

Forsythe, Gary, *A Critical History of Early Rome: From Prehistory to the First Punic War* (Berkeley and Los Angeles, 2005)

Fraenkel, Eduard, *Horace* (Oxford, 1957)

Freudenburg, Kirk, '*Recusatio* as Political Theatre: Horace's Letter to Augustus', *Journal of Roman Studies* 104, 2014

Galinsky, Karl, *Augustan Culture* (Princeton, 1996)

——*The Cambridge Companion to the Age of Augustus* (Cambridge, 2005)

Gambash, Gil, 'To Rule a Ferocious Province: Roman Policy and the Aftermath of the Boudiccan Revolt', *Britannia* 43, 2012

Gibson, A.G.G., *The Julio-Claudian Succession: Reality and Perception of the 'Augustan Model'* (Leiden, 2013)

Ginsburg, Judith, *Representing Agrippina: Constructions of Female Power in the Early Roman Empire* (Oxford, 2006)

Goldsworthy, Adrian, *Antony and Cleopatra* (London, 2010)

Goodman, Martin, *The Roman World: 44 BC–AD 180* (London, 1997)

——*Rome & Jerusalem: The Clash of Ancient Civilizations* (London, 2007)

Goudineau, C. and A. Ferdière (eds), *Les Villes Augustéennes de Gaule* (Autun, 1985)

Gowing, Alain M., *Empire and Memory: The Representation of the Roman Republic in Imperial Culture* (Cambridge, 2005)

Grandazzi, Alexandre, *The Foundation of Rome: Myth and History*, tr. Jane Marie Todd (Ithaca, 1997)

Gray-Fow, Michael J.G., 'Why the Christians? Nero and the Great Fire', *Latomus* 57, 1998

Green, C.M.C., 'Claudius, Kingship, and Incest', *Latomus* 57, 1998

——'The Slayer and the King: 'Rex Nemorensis' and the Sanctuary of Diana', *Arion* 7, 2000

Green, Peter, '*Carmen et Error*: The Enigma of Ovid's Exile', in *Classical Bearings: Interpreting Ancient History and Culture* (Berkeley and Los Angeles, 1989)

Grether, Gertrude, 'Livia and the Roman Imperial Cult', *American Journal of Philology* 67, 1946

Griffin, Jasper, 'Augustus and the Poets: "*Caesar qui cogere posset*"', in Miller and Segal

Griffin, Miriam T., *Nero: The End of a Dynasty* (New Haven, 1984)

——*Seneca: A Philosopher in Politics* (Oxford, 1992)

Grossi, Olindo, 'The Forum of Julius Caesar and the Temple of Venus Genetrix', *Memoirs of the American Academy in Rome* 13, 1936

Gruen, Erich S., *The Last Generation of the Roman Republic* (Berkeley and Los Angeles, 1974)

——*Culture and National Identity in Republican Rome* (Ithaca, 1992)

Grüll, Tibor and Lászlo Benke, 'A Hebrew/Aramaic Graffito and Poppaea's Alleged Jewish Sympathy', *Journal of Jewish Studies* 62, 2011

Gurval, Robert Alan, *Actium and Augustus: The Politics and Emotions of Civil War* (Ann Arbor, 1998)

Habinek, Thomas and Alessandro Schiesaro (eds), *The Roman Cultural Revolution* (Cambridge, 1997)

Hallett, Judith P., 'Fulvia, Mother of Iullus Antonius: New Approaches to the Sources on Julia's Adultery at Rome', *Helios* 33, 2006

Hallett, Judith P. and Marilyn B. Skinner, *Roman Sexualities* (Princeton, 1997)

Harrison, S.J., 'Augustus, the Poets, and the Spolia Opima', *Classical Quarterly* 39, 1989

Heckster, O. and J. Rich, 'Octavian and the Thunderbolt: The Temple of Apollo Palatinus and Roman Traditions of Temple Building', *Classical Quarterly* 56, 2006

Henderson, John, 'A Doo-Dah-Doo-Dah-Dey at the Races: Ovid *Amores* 3.2 and the Personal Politics of the *Circus Maximus*', *Classical Antiquity* 21, 2002

Herbert-Brown, Geraldine (ed.), *Ovid's Fasti: Historical Readings at its Bimillennium* (Oxford, 2002)

Hersch, Karen K., *The Roman Wedding: Ritual and Meaning in Antiquity* (Cambridge, 2010)

Hind, J.G.F., 'The Middle Years of Nero's Reign', *Historia* 20, 1971

——'The Death of Agrippina and the Finale of the "Oedipus" of Seneca', *Journal of the Australasian Universities Language and Literature Association* 38, 1972

——'Caligula and the Spoils of Ocean: A Rush for Riches in the Far North-West?' *Britannia* 34, 2000

Hopkins, Keith, *Sociological Studies in Roman History*, Volume 1: *Conquerors and Slaves* (Cambridge, 1978)

——*Sociological Studies in Roman History*, Volume 2: *Death and Renewal* (Cambridge, 1983)

Houston, George W., 'Tiberius on Capri', *Greece & Rome* 32, 1985

Humphrey, J., *Roman Circuses: Arenas for Chariot Racing* (London, 1986)

Hurlet, Frédéric, *Les Collègues du Prince sous Auguste et Tibère: de la Légalité Républicaine à la Légitimité Dynastique* (Rome, 1997)

James, Simon, *Rome and the Sword* (London, 2011)

Jenkyns, Richard, *Virgil's Experience: Nature and History: Times, Names, and Places* (Oxford, 1998)

Jeppesen, K.K., '*Grand Camée de France*: Sejanus Reconsidered and Confirmed', *Mitteilungen des Deutschen Archäologischen Institut, Römische Abteilung* 100, 1993

Joshel, Sandra P., 'Female Desire and the Discourse of Empire: Tacitus's Messalina', *Signs: Journal of Women in Culture and Society* 21, 1995

Judge, E. A., '"Res Publica Restituta": A Modern Illusion?', in *Polis and Imperium: Studies in Honour of Edward Togo Salmon*, ed. J.A.S. Evans (Toronto, 1974)

Keppie, Lawrence, '"Guess Who's Coming to Dinner": The Murder of Nero's Mother Agrippina in its Topographical Setting', *Greece & Rome* 58, 2011

Kiernan, V.G., *Horace: Poetics and Politics* (Basingstoke, 1999)

King, Charles W., 'The Roman *Manes*: the Dead as Gods', in *Rethinking Ghosts in World Religions*, ed. Mu-chou Poo (Leiden, 2009)

Kleiner, Fred S., 'The Arch in Honor of C. Octavius and the Fathers of Augustus', *Historia* 37, 1988

Knapp, Robert, *Invisible Romans* (London, 2011)

Knox, Peter E: 'The Poet and the Second Prince: Ovid in the Age of Tiberius', *Memoirs of the American Academy in Rome* 49, 2004

Koortbojian, M., *The Divinization of Caesar and Augustus: Precedents, Consequences, Implications* (Cambridge, 2013)

Kovacs, Judith and Christopher Rowland, *Revelation* (Oxford, 2004)

Kuttner, *Dynasty and Empire in the Age of Augustus: the Case of the Boscoreale Cups* (Berkeley and Los Angeles, 1995)

Lacey, W.K., 'Octavian in the Senate, January 27 B.C.', *Journal of Roman Studies* 64, 1974

Lange, Carsten Hjort, *Res Publica Constituta: Actium, Apollo and the Accomplishment of the Triumviral Assignment* (Leiden, 2009)

Leach, Eleanor Winsor, 'Claudia Quinta (*Pro Caelio* 34) and an altar to Magna Mater', *Dictynna* 4, 2007

Lega, C., 'Il Colosso di Nerone', *Bullettino della Commissione Archeologica Comunale in Roma*, 1989–90

Leitão, David D., 'Senecan Catoptrics and the Passion of Hostius Quadra (Sen. Nat. 1)', *Materiali e Discussioni per l'Analisi dei Testi Classici* 41, 1998

Lendering, Jona and Arjen Bosman, *Edge of Empire: Rome's Frontier on the Lower Rhine* (Rotterdam, 2012)

Levick, Barbara, 'Tiberius' Retirement to Rhodes in 6 BC', *Latomus* 31, 1972

——*Claudius* (Oxford, 1990)

——*Tiberius the Politician* (London, 1999)

——*Augustus: Image and Substance* (Harlow, 2010)

Littlewoood, R.J., 'Ovid among the Family Dead: the Roman Founder Legend and Augustan Iconography in Ovid's *Feralia* and *Lemuria*', *Latomus* 60, 2001

Lobur, John Alexander, Consensus, Concordia *and the Formation of Roman Imperial Ideology* (London, 2008)

Lott, J. Bert, *The Neighbourhoods of Augustan Rome* (Cambridge, 2004)

——*Death and Dynasty in Early Imperial Rome* (Cambridge, 2012)

Luce, T.J., 'The Dating of Livy's First Decade', *TAPA* 96, 1965

Lyne, R.O.A.M., *Horace: Behind the Public Poetry* (New Haven, 1995)

MacMullen, Ramsay, *Enemies of the Roman Order: Treason, Unrest, and Alienation in the Empire* (Cambridge, Mass., 1967)

Malitz, Jürgen, *Nero*, tr. Allison Brown (Oxford, 1999)

Malloch, S.J.V., 'Gaius on the Channel Coast', *Classical Quarterly* 51, 2001

Mattingly, David, *An Imperial Possession: Britain in the Roman Empire* (London, 2006)

——*Imperialism, Power and Identity: Experiencing the Roman Empire* (Princeton, 2011)

Mayor, Adrienne, *The First Fossil Hunters: Paleontology in Greek and Roman Times* (Princeton, 2000)

McGinn, T.A., *Prostitution, Sexuality, and the Law in Ancient Rome* (Oxford, 1998)

McPherson, Catherine, 'Fact and Fiction: Crassus, Augustus and the *Spolia Opima*', *Hirundo* 8, 2009–10

Meiggs, Russell, *Roman Ostia* (Oxford, 1960)

Michels, Agnes Kirsopp, 'The Topography and Interpretation of the Lupercalia', *TAPA* 84, 1953

Miller, Fergus and Erich Segal, *Caesar Augustus: Seven Aspects* (Oxford, 1984)

Miller, J.F., *Apollo, Augustus, and the Poets* (Cambridge, 2009)

Momigliano, Arnaldo, *Claudius: The Emperor and his Achievements* (Oxford, 1961)

Morgan, Llewellyn, 'Tacitus, *Annals* 4.70: An Unappreciated Pun', *Classical Quarterly* 48, 1998

——'The Autopsy of C. Asinius Pollio', *Journal of Roman Studies* 90, 2000

Murdoch, Adrian, *Rome's Greatest Defeat: Massacre in the Teutoburg Forest* (Stroud, 2006)

Murison, C.L., *Galba, Otho and Vitellius: Careers and Controversies* (Hildesheim, 1993)

Nappa, Christopher, *Vergil's Georgics, Octavian, and Rome* (Ann Arbor, 2005)

Newbold, R.F., 'Some Social and Economic Consequences of the A.D. 64 Fire at Rome', *Latomus* 33, 1974

Nicolet, Claude, *The World of the Citizen in Republican Rome*, tr. P.S. Falla (London, 1980)

Oliensis, Ellen, *Horace and the Rhetoric of Authority* (Cambridge, 1998)

Olson, Kelly, *Dress and the Roman Woman: Self-presentation and Society* (Abingdon, 2008)

Oost, Stewart Irvin, 'The Career of M. Antonius Pallas', *American Journal of Philology* 79, 1958

Osgood, Josiah, *Caesar's Legacy: Civil War and the Emergence of the Roman Empire* (Cambridge, 2006)

——*Claudius Caesar: Image and Power in the Early Roman Empire* (Cambridge, 2011)

Parker, Philip, *The Empire Stops Here: A Journey Along the Frontiers of the Roman World* (London, 2009)

Perrin, Y., 'Êtres Mythiques, Êtres Fantastiques et Grotesques de la Domus Aurea de Néron', *Dialogues d'Histoire Ancienne* 8, 1982

Pettinger, Andrew, *The Republic in Danger: Drusus Libo and the Succession of Tiberius* (Oxford, 2012)

Pollini, John, *From Republic to Empire: Rhetoric, Religion, and Power in the Visual Culture of Ancient Rome* (Norman, 2012)

Potter, David S. (ed.), *A Companion to the Roman Empire* (Oxford, 2010)

Potter, D.S. and D.J. Mattingly: *Life, Death, and Entertainment in the Roman Empire* (Ann Arbor, 1999)

Powell, Lindsay, *Eager for Glory: The Untold Story of Drusus the Elder, Conqueror of Germania* (Barnsley, 2011)

Raaflaub, Kurt A. and Mark Toher (eds), *Between Republic and Empire: Interpretations of Augustus and his Principate* (Berkeley and Los Angeles, 1990)

Ramsey, John T. and A. Lewis Licht, *The Comet of 44 B.C. and Caesar's Funeral Games* (Chicago, 1997)

Renucci, Pierre, *Caligula l'Impudent* (Paris, 2007)

Rich, J.W., 'Augustus and the *Spolia Opima*', *Chiron* 26, 1996

——'Augustus's Parthian Honours, the Temple of Mars Ultor and the Arch in the Forum Romanum', *Papers of the British School at Rome* 66, 1998

Rich, J.W. and J.H.C. Williams, '*Leges et iura p. R. restituit*: A New Aureus of Octavian and the Settlement of 28–27 BC', *Numismatic Chronicle* 159, 1999

Rogers, Robert Samuel, 'The Neronian Comets', *Transactions and Proceedings of the American Philological Association* 84, 1953

——'Heirs and rivals to Nero', *TAPA* 86, 1955

Roller, Duane W., *Through the Pillars of Herakles: Greco-Roman Exploration of the Atlantic* (London, 2006)

Roller, Matthew B., *Constructing Autocracy: Aristocrats and Emperors in Julio-Claudian Rome* (Princeton, 2001)

Romm, James, *Dying Every Day: Seneca at the Court of Nero* (New York, 2014)

Rose, C., *Dynastic Commemoration and Imperial Portraiture in the Julio-Claudian Period* (Cambridge, 1997)

Rosenstein, Nathan, *Imperatores Victi: Military Defeat and Aristocratic Competition in the Middle and Late Republic* (Berkeley and Los Angeles, 1990)

Rosenstein, Nathan and Robert Morstein Marx, *A Companion to the Roman Republic* (Oxford, 2010)

Rousselle, Aline, 'The Family under the Roman Empire: Signs and Gestures', in *A History of the Family*, vol. 1 (Cambridge, 1996)

Rudich, Vasily, *Political Dissidence Under Nero: The Price of Dissimulation* (London, 1993)

Rutledge, Steven H., *Imperial Inquisitions: Prosecutors and Informants from Tiberius to Domitian* (London, 2001)

Saddington, D.B., '"Honouring" Tiberius on Inscriptions and in Valerius Maximus – a Note', *Acta Classica* 43, 2000

Sailor, Dylan, *Writing and Empire in Tacitus* (Cambridge, 2008)

Saller, R., 'Anecdotes as Historical Evidence for the Principate', *Greece & Rome* 27, 1980

Scullard, Howard Hayes, *Scipio Africanus in the Second Punic War* (Cambridge, 1930)

Seager, Robin, *Tiberius* (Oxford, 2005)

Sealey, Paul R., *The Boudiccan Revolt Against Rome* (Oxford, 2004)

Sebasta, J.L., 'Women's Costume and Feminine Civic Morality in Augustan Rome', *Gender and History* 9.3, 1997

Shatzman, Israël, *Senatorial Wealth and Roman Politics* (*Latomus*, 1975)

Shaw, Brent D., 'Raising and Killing Children: Two Roman Myths', *Mnemosyne* 54, 2001

Shotter, D.C.A., 'Tacitus, Tiberius and Germanicus', *Historia* 17, 1968

———'Tiberius and Asinius Gallus', *Historia* 20, 1971

———'The Fall of Sejanus: Two Problems', *Classical Philology* 69, 1974

———'Cnaeus Calpurnius Piso, Legate of Syria', *Historia* 23, 1974

———'Agrippina the Elder – A Woman in a Man's World', *Historia* 49, 2000

Sijpesteijn, P., 'Another *ovaia* of D. Valerius Asiaticus in Egypt', *Zeitschrift für Papyrologie und Epigraphik* 79, 1989

Sinclair, Patrick, 'Tacitus' Presentation of Livia Julia, Wife of Tiberius' Son Drusus', *American Journal of Philology* 111, 1990

Small, Jocelyn Penny, *Cacus and Marsyas in Etrusco-Roman Legend* (Princeton, 1982)

Smallwood, E. Mary, *Documents Illustrating the Principates of Gaius, Claudius and Nero* (Cambridge, 1967)

Speidel, M.A., 'Roman Army Pay Scales', *Journal of Roman Studies* 82, 1992

Stevens, C.E., 'Claudius and the Orcades', *Classical Review* 1, 1951

———'The Will of Q. Veranius', *Classical Review* 1, 1951

Stewart, A.F., 'To Entertain an Emperor: Sperlonga, Laokoön and Tiberius at the Dinner-Table', *Journal of Roman Studies* 67, 1977

Swain, Simon (ed.), *Seeing the Face, Seeing the Soul: Polemon's Physiognomy from Classical Antiquity to Medieval Islam* (Oxford, 2007)

Swan, Peter Michael, *The Augustan Succession: An Historical Commentary on Cassius Dio's Roman History, Books 55–56 (9 B.C.–A.D. 14)* (Oxford, 2004)

Syme, Ronald, *The Roman Revolution* (Oxford, 1939)

———'Seianus on the Aventine', *Hermes* 84, 1956

———'*Imperator Caesar*: A Study in Nomenclature', *Historia* 7, 1958

———'Livy and Augustus', *Harvard Studies in Classical Philology* 64, 1959

———'Domitius Corbulo', *Journal of Roman Studies* 60, 1970

———'The Crisis of 2 B.C.', *Bayerische Akademie der Wissenschaften*, 1974

———'History or Biography: The Case of Tiberius Caesar', *Historia* 23, 1974

———*History in Ovid* (Oxford, 1978)

———'The Sons of Piso the Pontifex', *American Journal of Philology* 101, 1980

———*The Augustan Aristocracy* (Oxford, 1986)

Tatum, W. Jeffrey, *The Patrician Tribune: Publius Clodius Pulcher* (Chapel Hill, 1999)

Taylor, L.R., 'Horace's Equestrian Career', *American Journal of Philology* 46, 1925

———'New Light on the History of the Secular Games', *American Journal of Philology* 55, 1934

Thibault, John C. *The Mystery of Ovid's Exile* (Berkeley and Los Angeles, 1964)

Thomas, Yan, '*À Rome, pères citoyens et cité des pères (IIe siècle av. J.C.-IIe siècle ap. J.C.)*' in Aline Rousselle, Giulia Sissa and Yan Thomas, *Famille dans la Grèce et à Rome* (Paris, 1986)

Thompson, E.A., 'Early Germanic Warfare', *Past and Present* 14, 1958

Thornton, M.K., 'The Enigma of Nero's Quinquennium', *Historia* 22, 1973

———'Nero's Quinquennium: The Ostian Connection', *Historia* 38, 1989

Todd, Malcolm, *The Early Germans* (Oxford, 2004)

Torelli, Mario, *Studies in the Romanization of Italy*, tr. Helena Fracchia and Maurizio Gualtieri (Edmonton, 1995)

———*Tota Italia: Essays in the Cultural Formation of Roman Italy* (Oxford, 1999)

Townend, G.B., 'Calpurnius Siculus and the *Munus Neronis*', *Journal of Roman Studies* 70, 1980

Townsley, Jeremy, 'Paul, the Goddess Religions, and Queer Sects: Romans 1:23–28', *Journal of Biblical Literature* 130, 2011

Treggiari, S., *Roman Freedmen During the Late Republic* (Oxford, 1969)

Van Voorst, Robert E., *Jesus Outside the New Testament: An Introduction to the Ancient Evidence* (Grand Rapids, 2000)

Versnel, H.S., 'Two Types of Roman *Devotio*', *Mnemosyne* 29, 1976

Vout, Caroline, *Power and Eroticism in Imperial Rome* (Cambridge, 2007)

Walbank, Frank W., 'The Scipionic Legend', in *Selected Papers: Studies in Greek and Roman History and Historiography* (Cambridge, 1985)

Wallace-Hadrill, Andrew, '*Civilis Princeps*: Between Citizen and King', *Journal of Roman Studies* 72, 1982

———*Rome's Cultural Revolution* (Cambridge, 2008)

Warden, P.G., 'The Domus Aurea reconsidered', *Journal of the Society of Architectural Historians* 40, 1981

Wardle, David, 'Caligula's Bridge of Boats – AD 39 or 40?' (*Historia* 56, 2007)

Warmington, B. H., *Nero: Reality and Legend* (London, 1969)

Weaver, P.R.C., *Familia Caesaris: A Social Study of the Emperor's Freedmen and Slaves* (Cambridge, 1972)

Weinstock, Stefan, '*Victor* and *Invictus*', *Harvard Theological Review* 50, 1957

Welch, K.F., *The Roman Amphitheatre: From its Origins to the Colosseum* (Cambridge, 2007)

Welch, Tara S., *The Elegaic Cityscape: Propertius and the Meaning of Roman Monuments* (Columbus, 2005)

Wells, C.M., *The German Policy of Augustus: An Examination of the Archaeological Evidence* (Oxford, 1972)

Wells, Peter, *The Barbarians Speak: How the Conquered Peoples Shaped Roman Europe* (Princeton, 1999)

——*The Battle That Stopped Rome: Emperor Augustus, Arminius, and the Slaughter of the Legions in the Teutoburg Forest* (New York, 2003)

Whitmarch, Tim, 'Greek and Roman in Dialogue: the Pseudo-Lucianic *Nero*', *JHS* 119, 1999

Wiedemann, Thomas, 'The Fetiales: A Reconsideration', *Classical Quarterly* 36, 1986

Wilkinson, Sam, *Republicanism During the Early Roman Empire* (London, 2012)

Williams, Craig A., *Roman Homosexuality* (Oxford, 2010)

Williams, G., 'Did Maecenas "Fall from Favor"? Augustan Literary Patronage', in Raaflaub and Toher

Wilson, Emily, *Seneca: A Life* (London, 2015)

Winterling, Aloys, *Politics and Society in Imperial Rome*, tr. Kathrin Lüddecke (Oxford, 2009)

——*Caligula: A Biography*, tr. Deborah Lucas Schneider, Glenn W. Most and Paul Psionos (Berkeley and Los Angeles, 2011)

Wiseman, T.P., *Clio's Cosmetics: Three Studies in Greco-Roman Literature* (Leicester, 1979)

——*Remus: A Roman Myth* (Cambridge, 1995)

——*The Myths of Rome* (Exeter, 2004)

——*Unwritten Rome* (Exeter, 2008)

Wistrand, E., *Horace's Ninth Epode and Its Historical Background* (Göteborg, 1958)

Wood, Susan, '*Memoriae Agrippinae*: Agrippina the Elder in Julio-Claudian Art and Propaganda', *American Journal of Archaeology* 92, 1988

——'Diva Drusilla Panthea and the Sisters of Caligula', *American Journal of Archaeology* 99, 1995

——*Imperial Women: A Study in Public Images, 40 BC–AD 68* (Leiden, 1999)

——'Tacitus' Obituary of Tiberius', *Classical Quarterly* 39, 1989

Woodman, A.J., 'Amateur Dramatics at the Court of Nero: Annals 15.48–74', in *Tacitus and the Tacitean Tradition*, ed. T. J. Luce and A. J. Woodman (Princeton, 1993)

Woodman, A.J. (ed.), *The Cambridge Companion to Tacitus* (Cambridge, 2009)

Woodman, Tony and Dennis Feeney, *Traditions and Contexts in the Poetry of Horace* (Cambridge, 2002)

Woods, David, 'Caligula's Seashells', *Greece & Rome* 47, 2000

——'Caligula, Incitatus, and the Consulship', *Classical Quarterly* 64, 2014

Woolf, Greg, *Becoming Roman: The Origins of Provincial Civilization in Gaul* (Cambridge, 1998)

Yavetz, Z., *Plebs and Princeps* (Oxford, 1969)

——'Seianus and the Plebs. A Note', *Chiron* 28, 1998

Zankel, James E. G., 'New Light on Gaius Caesar's Eastern Campaign', *Greek, Roman and Byzantine Studies* 11, 1970

Zanker, Paul, *The Power of Images in the Age of Augustus*, tr. Alan Shapiro (Ann Arbor, 1990)

索　引

(索引中的页码为原书页码，即本书页边码)

图书在版编目（CIP）数据

王朝：恺撒家族的兴衰／（英）汤姆·霍兰
（Tom Holland）著；严华容译. -- 北京：社会科学文
献出版社，2020.10
书名原文：Dynasty：The Rise and Fall of the
House of Caesar
ISBN 978 - 7 - 5201 - 6481 - 8

Ⅰ.①王… Ⅱ.①汤… ②严… Ⅲ.①罗马帝国 - 历
史 Ⅳ.①K126

中国版本图书馆 CIP 数据核字（2020）第 054502 号

王朝：恺撒家族的兴衰

著　　者／〔英〕汤姆·霍兰（Tom Holland）
译　　者／严华容

出 版 人／谢寿光
组稿编辑／董风云
责任编辑／钱家音

出　　版／社会科学文献出版社·甲骨文工作室（分社）（010）59366527
　　　　　　地址：北京市北三环中路甲 29 号院华龙大厦　邮编：100029
　　　　　　网址：www. ssap. com. cn
发　　行／市场营销中心（010）59367081　59367083
印　　装／三河市东方印刷有限公司

规　　格／开 本：889mm × 1194mm　1/32
　　　　　　印 张：17.125　插 页：1　字 数：385 千字
版　　次／2020 年 10 月第 1 版　2020 年 10 月第 1 次印刷
书　　号／ISBN 978 - 7 - 5201 - 6481 - 8
著作权合同
登 记 号／图字 01 - 2016 - 5308 号
定　　价／92.00 元